Uni-Taschenbücher 1035

UTB

Eine Arbeitsgemeinschaft der Verlage

Birkhäuser Verlag Basel und Stuttgart
Wilhelm Fink Verlag München
Gustav Fischer Verlag Stuttgart
Francke Verlag München
Paul Haupt Verlag Bern und Stuttgart
Dr. Alfred Hüthig Verlag Heidelberg
Leske Verlag + Budrich GmbH Opladen
J. C. B. Mohr (Paul Siebeck) Tübingen
C. F. Müller Juristischer Verlag – R. v. Decker's Verlag Heidelberg
Quelle & Meyer Heidelberg
Ernst Reinhardt Verlag München und Basel
K. G. Saur München · New York · London · Paris
F. K. Schattauer Verlag Stuttgart · New York
Ferdinand Schöningh Verlag Paderborn
Dr. Dietrich Steinkopff Verlag Darmstadt
Eugen Ulmer Verlag Stuttgart
Vandenhoeck & Ruprecht in Göttingen und Zürich

Wilhelm Theodor Elwert

Die italienische Literatur des Mittelalters

Dante, Petrarca, Boccaccio

Francke Verlag München

ISBN 3–7720–1296–5

Einbandgestaltung: A. Krugmann, Stuttgart
Gesamtherstellung: Friedrich Pustet, Regensburg

Inhalt

1. Il vero dottore non solamente dee sapere li detti altrui, ma eziandio egli dee sapere da se dire.
7. Quegli che in niuno modo sa di suo trovare, egli è recitatore ma non dottore.
8. Ma però non è da biasimare usare gli altrui detti, spezialmente a chi non sa de suoi trovare.

Bartolomeo da San Concordio, Ammaestramenti degli Antichi, Distinzione decima, Rubrica I

Vorwort

Die italienische Literatur gliedert sich in drei Epochen: die erste, die mittelalterliche, steht unter dem Zeichen der mittelalterlichen Rhetorik. Sie geht mit dem Tode Petrarcas (1374) und Boccaccios (1375) zu Ende. Eine neue Zeit setzt um 1400 ein mit der Entfaltung des Renaissancehumanismus. Die italienische Dichtung steht fortan unter dem Zeichen der Antike. Sie setzt mit deren Nachahmung im Stofflichen und Formalen ein und erlischt mit der Abwendung von der Antike; das besagt, daß sie im 15. Jahrhundert mit Lorenzo dem Prächtigen beginnt und mit Alfieri an der Schwelle zum 19. Jahrhundert ausklingt. Die dritte Epoche steht unter dem Zeichen des von der Romantik geforderten dichterischen Individualismus, der keine Regeln, keine Vorschriften und Vorbilder anerkennt. Sie hebt mit Foscolo an und dauert bis heute noch fort.

Die erste Epoche ist Gegenstand des vorliegenden Buches. Sie bildet ein in sich geschlossenes Ganzes. Nach ihm setzt etwas Neues ein. So ist die Herauslösung dieser Zeitspanne inhaltlich gerechtfertigt.

Dichtung und Dichter dieser Zeit, vom Beginn des 13. bis zum Ende des 14. Jahrhunderts, liegen heutigem Empfinden und Denken am fernsten. Darum will meine Darstellung dem Leser möglichst viele Hilfen für das Verständnis dieser Epoche geben, gehören ihr doch die drei Großen der italienischen Literatur an: Dante, Petrarca und Boccaccio. Diesem Verständnis soll die Einbeziehung der in Italien gleichzeitig in lateinischer, provenzalischer und französischer Sprache verfassten Werke dienen. Der gleichen Absicht entspringt das Eingehen auf Formprobleme.

Auf einen Anmerkungsapparat wurde verzichtet. Die Namen der Autoren, auf die ich mich stütze oder von deren Meinung ich abweiche, sind gelegentlich in Klammern angegeben. Ausführliche bibliographische Angaben findet der Leser in den im Anhang genannten Werken.

Vorbemerkung

Im Frankreich des 11. und 12. Jahrhunderts blüht mit dem französischen Epos und dem provenzalischen Minnesang die Dichtung in der Volkssprache auf. Italien bleibt zu dieser Zeit noch stumm. Das hat im 19. Jahrhundert die italienischen Literaturhistoriker auf den Plan gerufen. Sie empfanden es als einen Mangel, ja einen Mißstand. Verschiedene Gründe wurden aufgeführt: die größere Nähe des Italienischen zum Latein, welches deshalb leichter verständlich gewesen sei, das höhere Ansehen des Lateins in Italien, wo es geradezu als Nationalsprache in Anspruch genommen wurde, und anderes mehr. Keiner dieser Gründe hat sich als stichhaltig erwiesen, ganz abgesehen davon, daß politische und soziale Momente mitspielen, die sich unserer Einsicht entziehen. Das Problem läßt sich rational nicht lösen; es ist auch im Grunde gar kein Problem. Der Zeitpunkt des Einsetzens der italienischen Literatur sagt über ihren Wert oder Unwert überhaupt nichts aus.

Zudem wird bei dieser Fragestellung übersehen, daß das italienische Schrifttum sich nicht nur im Wettstreit mit dem Lateinischen, sondern auch mit dem Provenzalischen und Französischen durchsetzen muß. Hier erhebt sich die weit fruchtbarere Frage, unter welchen Umständen und in welcher Weise diese Lösung geschieht. Es anschaulich zu machen diene die Betrachtung des literarischen Lebens in Italien vom 11. Jahrhundert an. Nur in diesem Zusammenhang wird die frühe italienische Dichtung des 13. Jahrhunderts verständlich, ihre Eigenart und ihr Wert faßbar.

Kapitel I: Die Anfänge

Die altfranzösische Dichtung, Eulaliasequenz im 9. Jahrhundert, Passion Christi und Leodegarlied im 10., Alexiuslied im 11. Jahrhundert gehen unmittelbar aus dem Stoffkreis der lateinischen Dichtung hervor. Das altfranzösische Heldenepos, zuvor das Rolandslied, ist von Lateinkundigen geschaffen. Die Verse der altfranzösischen Dichtung, ebenso wie der altprovenzalischen Minnedichtung fußen auf der mittellateinischen rhythmischen Metrik. Ebenso wächst auch die italienische Dichtung stofflich und formal aus der lateinischen Dichtung des Mittelalters hervor, freilich nicht auf einmal, sondern in einem langsamen Ablösungsprozeß, den man vom 11. an und das ganze 13. Jahrhundert hindurch genau verfolgen kann, ohne sich deswegen fruchtlosen Spekulationen hingeben zu müssen.

Für die italienische Literatur ist freilich im Unterschied zur französischen etwas sehr Wesentliches hervorzuheben. Das Italienische hat sich als Ausdrucksmittel nicht nur gegen das Lateinische durchzusetzen, sondern auch gegen das Französische und Provenzalische. Den Italienern stehen nicht nur die Werke der lateinischen (der mittelalterlichen wie der klassischen) Dichtung als Muster vor Augen, sondern auch die großen, allgemein bewunderten Werke der Provenzalen und Franzosen. Die literarische Produktion der Italiener steht von Anbeginn unter dem Eindruck der Vorbilder aus diesen drei Literaturen.

Im 11. und 12. Jahrhundert wird in Italien zwar zunächst nur Latein geschrieben. Aber die altfranzösische Literatur wird gelesen. Die Namen der Helden des höfischen Epos wie des Heldenepos erscheinen in italienischen Urkunden als Eigennamen seit dem Beginn des 12. Jahrhunderts; die Inschrift an der Kathedralkirche von Nepi aus dem Jahr 1131, Skulpturen an den Domen von Modena und Verona legen ebenfalls Zeugnis ab von der Vertrautheit mit den französischen Epen. Die altprovenzalischen Troubadours sind nicht nur durch ihre Werke bekannt, sie weilen gegen Ende des Jahrhunderts auch als Gäste an den Fürstenhöfen der Poebene, bei den Markgrafen von Monferrato, von Este. Als im letzten Drittel des 12. Jahrhunderts die ersten tastenden Versuche einer Dichtung in italienischer Sprache begegnen, tragen sie in Sprache und

Versbau unverkennbar bereits die Spuren französischen und provenzalischen Einflusses.

Im 11. und 12. Jahrhundert spielt sich das literarische Leben Italiens zunächst in lateinischer Sprache ab, aber auf das italienische Schrifttum der Folgezeit nachwirkend. Im 11. Jahrhundert steht die Geisteswelt der Kleriker im Vordergrund. Es geht um drei Dinge: Geschichte, Belehrung, politischen Kampf. Das historische Schrifttum besteht aus Bischofslisten, Bistumschroniken, Klosterchroniken. Unter diesen ragen zwei hervor: das «Chronicon novalicense», und das «Chronicon farfense». Sie sind sehr verschiedener Art. Das «Chronicon novalicense» des Benediktinerklosters Novalesa am Fuß des Mont Cenis ist anekdotisch, voller persönlicher Anteilnahme, nicht ohne poetischen Reiz, aber ungeordnet im Aufbau, unkritisch. Das «Chronicon farfense» ist das Werk eines Gelehrten mit kritischem Sinn: Gregorio da Catino, Bibliothekar der Abtei Farfa in den Sabinerbergen.

Neben diese historische Literatur tritt die lehrhafte religiöse. Der fruchtbarste Autor ist der hl. Petrus Damiani aus Ravenna, nachmals Kardinal-Bischof von Ostia, der in mehr als 60 Schriften zur Weltflucht mahnte. Den gleichen asketischen Geist atmen die dichterischen Werke seines Zeitgenossen Alfano di Salerno; dieser, Mönch im Kloster Montecassino, war ein Mann von großer Gelehrsamkeit, begeisterter Künder der Größe des alten Rom. Schließlich sind im 11. Jahrhundert von Bedeutung eine Reihe von Schriften, in denen anläßlich des Investiturstreits der moderne Staatsbegriff herausgearbeitet und das Verhältnis zwischen Kirche und Staat erörtert wird. Benzone d'Alba steht auf seiten des Kaisers, Bonizone von Sutri und Placido di Nonantola vertreten die Rechte der Kirche. An deren Gedankengänge knüpft Dante mit seiner Schrift «De Monarchia» an.

In der lateinischen Literatur Italiens im 12. Jahrhundert spiegelt sich die Intensität des politischen Lebens der Zeit insofern, als das historische Schrifttum weitaus überwiegt. Außerdem prägt sich in der Beschaffenheit dieses Schrifttums das Selbstbewußtsein der aufstrebenden Stadtgemeinden aus. Zahlreich sind weiterhin Klosterchroniken. Falcone di Benevento schreibt die Chronik des Klosters S. Clemente di Pescara, das auf einer «Casa aurea» genannten Insel lag, daher der Titel der Chronik: «Liber instrumentorum seu chronicarum monasterii casauriensis». Bemerkenswert sind ferner zwei Werke des Pietro da Montecassino, in denen der

Verfasser, Archivar des Klosters, Biographien berühmter früherer Insassen desselben zusammenstellt. Daneben begegnen nunmehr städtische Lokalchroniken. Unter diesen ragen hervor die «Annales januenses». Deren Verfasser, Caffaro (ca. 1180–1266), war Bürger der Stadt Genua und hatte in der politischen Führung seiner Heimatstadt als «console», Ratsherr, eine bedeutende Rolle gespielt; er schrieb seine Geschichte Genuas vom Standpunkt der Stadtgemeinde. Zu den bewegendsten Ereignissen der Zeit gehört der erstaunliche Aufstieg der Normannen. Amato da Montecassino erzählt ihre Geschichte aus dem Blickwinkel des Klosters. Zwei andere Chronisten stellen je eine der Herrschergestalten in den Mittelpunkt, Guglielmo Pugliese schreibt seine «Gesta Roberti Wiscardi» in Hexametern als Epos. Goffredo Malaterra, ein Franzose, stellt Roger in den Mittelpunkt seiner Schilderung «De rebus gestis Rogerii et Roberti Wiscardi». Das Normannenreich und die Auseinandersetzung zwischen Kaiser und Lombardischem Bund bilden den lebendigsten Teil der ersten italienischen Weltchronik, die Romualdo, Erzbischof von Salerno (gestorben 1181), verfaßt. Von der Heftigkeit politischer Parteinahme im Kampf zwischen Kaiser und Stadtgemeinden zeugen einige Werke, die die Person des Kaisers, beziehungsweise die Stadtgemeinde verherrlichen. Die «Gesta Friderici I» berichten in klassisch aufgeputzen Hexametern vom Kaiser als Erneuerer der antiken Kaisermacht. Das Unabhängigkeitsstreben der Stadtgemeinde preisen die ebenfalls mit klassischen Reminiszenzen erfüllten Hexameter des Gedichtes «De destructione Mediolani», das von der Zerstörung Mailands durch Barbarossa handelt. Das Ende des normannischen Herrscherhauses und den Aufstieg des Staufers Heinrich VI. hat zum Gegenstand das «De rebus siculis carmen» des Pietro da Eboli, dem es weniger auf die Verherrlichung des Kaisers als auf die Kaiseridee ankommt, auf die Wiederherstellung der kaiserlichen Macht und der Einheit des Reiches als Hort des Friedens. In prophetischem Ton werden Wünsche und Gedanken vorgetragen, die im darauf folgenden Jahrhundert bei Dante ein Echo finden in dessen «Monarchia» wie auch in der Göttlichen Komödie.

Die fromme Begeisterung, welche die Kreuzzugsbewegung trägt, findet im lateinischen Schrifttum Italiens des 12. Jahrhunderts keinen Niederschlag. Doch die religiöse Bewegung, die Italien im 13. Jahrhundert erfüllt, kündigt sich an in den Schriften des Zisterziensermönchs Joachim von Floris, Gioacchino da Fiore (geb. 1130 in Celtico bei Cosenza). Auf Grund einer allegorischen, historisch-typologischen Auslegung der Heiligen Schrift entwirft er ein neues Bild der Menschheitsgeschichte, die sich in drei Stufen entfalte. Prophetisch kündet er das Anbrechen des dritten Zeitalters, des mönchischen Zeitalters des Heiligen Geistes, in dem die getreue Einhaltung der Bergpredigt dem Geist der Armut zum Durchbruch verhelfen und das Ende aller Kriege bringen werde. In Joachim von Floris werden um die Mitte des 13. Jahrhunderts die Spiritualisten der Franziskaner den Propheten ihres Ordens erkennen. Den Kleinen wie den Großen seiner Zeit erschien Joachim als Prophet. Als solchen hat ihm auch Dante ein Denkmal gesetzt (Par. XII, 140f.):

> «Il calavrese abate Gioacchino,
> Di spirito profetico dotato.»

(... Joachim, Abt aus Kalabrien,/ Der einst Prophetengabe hat besessen. Übers. H. Gmelin).

Großer Erfolg in der Folgezeit war schließlich der «Elegia de diversitate fortunae» des Arrigo da Settimello beschieden. Mehr als nur eine Nachahmung der «Tröstungen der Philosophie» des Boëthius und der ovidischen Elegien «ex Ponto», ist seine Elegie Ausdruck persönlichen Erlebens; der Dichter findet seinen Trost vor den Schlägen des Schicksals nicht in der Hoffnung auf das Jenseits sondern in dem Bewußtsein, daß der Mensch durch die Kraft seines Geistes sich über das Schicksal erheben kann. Das Werk fand weite Verbreitung als Schullektüre und wurde im 14. Jahrhundert mehrfach ins Italienische übersetzt. Dante hat es geschätzt, Petrarca es zu übertreffen versucht.

Gegenüber der durch ihren Inhalt beachtlichen lateinischen Literatur Italiens im 12. Jahrhundert fällt das, was in dieser Zeit in italienischer Sprache geschrieben wird, stark ab. Es sind Werke von Klerikern oder von Spielleuten. Thematisch stehen diese Erzeugnisse den Gedankenkreisen der lateinischen Literatur der Zeit nahe; Gelegenheitsgedichte teils, die sich auf Zeitereignisse beziehen, teils Gedichte geistlichen Inhalts und alle zunächst nur sehr bescheidene Versuche, sich in der Sprache des Volkes, im «Volgare», auszudrücken.

Die älteste dieser Dichtungen und zugleich die älteste vollständig erhaltene dürfte der «Ritmo laurenziano» sein, so genannt, weil er in einem Kodex der Biblioteca Laurenziana in Florenz überliefert ist, entstanden zwischen 1151 und 1157 in der Gegend von Arezzo. Es ist das Gedicht eines Spielmanns, der einen Bischof mit Lobsprüchen überschüttet, um ihn dazu zu bringen, ihm, dem Spielmann, ein Pferd zu schenken; witzig, nach den Regeln der Rhetorik aufgebaut («salutatio», «captatio benevolentiae», «petitio», «exemplum»); Latinismen und Französismen verraten den Schriftkundigen. Von «Volksdichtung» kann hier keine Rede sein.

Mehr gegen das Ende des Jahrhunderts hin zu datieren ist der «Ritmo cassinese», in einer einzigen Handschrift aus dem Kloster Montecassino überliefert, ein Lehrgedicht asketischen Inhalts in Form eines Zwiegesprächs. Der Verfasser ist Kleriker; seine Gelehrsamkeit schimmert nicht nur in den zahlreichen Latinismen durch, sondern auch in der unveränderten Übernahme lateinischer Wörter. Die verwendete Volkssprache trägt hier Züge der Mundart Campaniens. Ebenfalls aus dem Bereich der süditalienischen Mundarten stammt die umfangreichste dieser frühen Dichtungen, die Legende vom Heiligen Alexius in 257 Versen, der «Ritmo di Sant' Alessio», gegen Ende des 12. Jahrhunderts in den Marken verfaßt. Wiederum verraten zahlreiche Latinismen, Provenzalismen und Französismen, ja ein lateinisches Zitat den geistlichen Verfasser. Das Gedicht war für den Vortrag durch einen Bänkelsänger bestimmt. Die Legende ist nicht vollständig erzählt; sie reicht nur bis zu der Stelle, wo der Heilige in Edessa Buße tut. Künstlerisch kann sich diese Reimerei nicht mit dem anderthalb Jahrhunderte älteren altfranzösischen Alexiuslied messen. Dieses hat der Verfasser sicherlich nicht gekannt; als Vorlage diente ihm ein lateinischer Text. Zeitlich, örtlich, stilistisch und thematisch in die unmittelbare Nähe des «Ritmo di Sant'Alessio» gehört ein hundertzwanzig Zeilen umfassendes Klagelied, die «Elegia giudeo-italiana», in der Mundart der Marken, das, in hebräischer Schrift geschrieben, in zwei Handschriften aus dem 14. Jahrhundert überliefert ist. Der Verfasser, ein Schriftkundiger, der für das Volk schreibt, hat den Stoff dem Talmud entnommen. Das Lied war für den Vortrag beim Gottesdienst in der Fastenzeit bestimmt. Sprache und Versbehandlung lassen erkennen, daß Dichtungen wie der «Ritmo di Sant'Alessio» und der «Ritmo cassinese» wenn nicht als Muster, so doch als Anregung gedient haben müssen. Von einem weiteren Zeugnis volkstümlicher religiöser Dichtung Mittelitaliens, einer Marienklage, «Pianto della Vergine», in einer

Mundart südlichen Typs, sind nur drei Verse aus einem sonst lateinisch geschriebenen Passionsspiel erhalten, und zwar in einer Handschrift aus Montecassino.

Anderen Charakter haben zwei in lateinische Chroniken eingeflochtene Versdichtungen. Beide sind Bruchstücke von umfänglicheren Bänkelsängerliedern. Das ältere Bruchstück umfaßt vier Verse in friaulischer Mundart. Es spielt auf einen Sieg an, den die Bürger von Belluno über die von Treviso davontrugen; der «Ritmo bellunese» ist auf das Jahr 1193 datierbar. Die Schwelle zum 13. Jahrhundert ist mit dem anderen, achtzig Verse umfassenden Gedicht überschritten, das von einem Sieg der Lucchesen über den Grafen von Massa im Jahr 1213 berichtet. Im Ausdruck ist dieser «Ritmo lucchese» ebenso wie der «Ritmo bellunese» weit schlichter als die Dichtungen geistlichen Ursprungs.

Schließlich erscheint im ausgehenden 12. Jahrhundert zum ersten Mal die Vulgärsprache in längeren Prosatexten, nämlich in 24 Predigten in einer Mundart des piemontesischen Alpengebiets.

An den ersten Versuchen, im ausgehenden 12. Jahrhundert die Vulgärsprache in Versen zu verwenden, ist hervorzuheben, daß hier noch nicht von irgendeiner überregionalen italienischen Sprache die Rede sein kann. Ausdrucksmittel ist jeweils die örtliche Mundart: die der Gegend von Ancona oder Montecassino oder Arezzo oder Lucca oder Belluno oder eines Alpentales. Es handelt sich um voneinander unabhängige Versuche, sich der Volkssprache zu bedienen; die Initiative dazu liegt bei bestimmten regionalen Zentren, die über eine gewisse Grenze hinaus keinen Einfluß haben. Die Toskana ist keineswegs führend, sondern nur ein Gebiet unter anderen, ja innerhalb der Toskana stehen verschiedene Zentren voneinander unabhängig Seite an Seite. Die toskanische Vulgärsprache gewinnt erst gegen Ende des folgenden Jahrhunderts ein Übergewicht durch die Menge und den Wert der Werke, die toskanisch geschrieben werden. So sind die «Ritmi» des 12. Jahrhunderts durchweg mundartliche, regionale Erzeugnisse, vereinzelte Versuche, sich vom Latein zu lösen.

Die metrische Form dieser Reimereien ist unbeholfen und offensichtlich nicht durch das Streben nach Korrektheit und Formenstrenge gezügelt, also keine Kunstdichtung. Der «Ritmo laurenziano» und die zeitlich nachfolgenden sind nicht in Strophen gegliedert, sondern in Serien von Versen verschiedener Anzahl, die durch den gleichen Endreim zusammengehalten werden, entsprechend den Laissen der französischen Heldenepik. Ebenso verraten die Französismen und Provenzalismen der Sprache, daß diese ersten italienischen Versuche, in der Volkssprache zu dichten, unter dem Eindruck der französischen und provenzalischen Dichtung stehen. Das ist vielleicht das einzig Interessante an ihnen.

Kapitel II: Die Literatur des Duecento vor Dante

1. Übersicht über die literarische Entwicklung im 13. Jahrhundert

Das 13. Jahrhundert erlebt die letzte Glanzperiode des Kaisertums unter Friedrich II. von Hohenstaufen. Sein Hof wird für die Entwicklung der italienischen Dichtung von entscheidender Bedeutung. Der Kaiser, ein «Fabeltier seiner Zeit», führt einen dramatischen Kampf, der mit dem Sieg des Papsttums endet. Tragisch enden Manfred in der Schlacht bei Benevent (1266), Konradin bei Tagliacozzo (1268). Zu Anfang des Jahrhunderts begründet Innozenz II. (1198–1216), eine bedeutende Persönlichkeit, die weltliche Macht des Papstes. In den folgenden Jahrzehnten haben die politische Führung die Stadtgemeinden, die ihre völlige Selbständigkeit erringen und zu Trägern des kulturellen Lebens werden. Hier gibt es aufsehenerregende Kräfteverschiebungen. Pisa wird 1284 bei Meloria von den Genuesen besiegt und damit in den engeren Kreis der Toskana zurückverwiesen. Doch wird Genua in der Levante von Venedig überflügelt. Gegen Ende des Jahrhunderts bildet sich an anderen Stellen Oberitaliens eine aristokratische Herrschaft aus mit der Entstehung der Signorien: die Visconti in Mailand, die Della Scala in Verona, die Este in Ferrara erringen eine fürstliche Stellung. Die reine Stadtgemeinde, die Kommune, hielt sich am längsten in der Toskana; sie wird aber auch der Schauplatz heftiger innerer Machtkämpfe.

Intensiver als im 12. Jahrhundert wird in Italien das religiöse Leben. Hatte sich im 12. Jahrhundert bereits ein Drang nach religiöser Erneuerung bemerkbar gemacht in den zahlreichen Sekten, die vor allem im Kleinbürgertum der Städte Oberitaliens beheimatet waren, die Katharer, Waldenser, Patariner, Humiliaten, so werden deren Bewegungen weit übertroffen durch die religiöse Volksbewegung der Geißler, die um die Mitte des Jahrhunderts das Land durchziehen. Doch viel tiefgreifender ist die schon zu Anfang des Jahrhunderts einsetzende Erneuerung des kirchlichen Lebens, die ausgeht von dem Auftreten des hl. Franz von Assisi.

Zugleich mit dem Predigerorden der Franziskaner, der 1223 gegründet wird, gewinnt der 1216 von Domingo de Guzmán gestiftete Predigerorden der Dominikaner in Italien rasch an Boden. Die beiden Bettelorden erringen eine führende Stellung.

Mit dem wirtschaftlichen und politischen Aufschwung der Städte und dem Erstarken des religiösen Lebens, das den Bettelorden den Rückhalt gibt, geht das Aufblühen der Baukunst einher. Um die Mitte des 12. Jahrhunderts in Frankreich entstanden (St. Denis 1190/1250), hält der gotische Stil in Italien seinen Einzug. Der Stolz der Stadtgemeinden läßt die Marienkirchen in Mailand, Orvieto und Siena sowie in Florenz S. Maria del Fiore erstehen. Die Dominikaner erbauen ihre Stammkirche San Domenico in Bologna; die Franziskaner die ihre in Assisi; sie erbauen S. Croce in Florenz, den «Santo» in Padua, S. Maria dei Frari in Venedig. Prächtige Profanbauten im gotischen Stil als Ausdruck politischer Macht und Selbstbewußtseins werden von den Stadtgemeinden erstellt, in Siena der «Palazzo pubblico», in Florenz der «Palazzo Vecchio» und der «Bargello», die Rathäuser in Perugia, Orvieto, Pistoia, Volterra, San Gimignano. Die Blüte der bildenden Kunst in dieser Zeit setzt die Blüte der vorausgehenden Jahrhunderte fort. Nun tritt aber zur Blüte der bildenden Kunst auch die Dichtung.

Während im 12. Jahrhundert die dichterische, im Gegensatz zu der künstlerischen Produktivität, im Zeichen einer noch tastenden Unsicherheit und Zurückhaltung steht, – sie ist ja im Wesentlichen auf die Betätigung in lateinischer Sprache beschränkt und hat auch da wenig Nennenswertes aufzuweisen, – bietet Italien vom Beginn des 13. Jahrhunderts an ein ganz anderes Bild. Fast schlagartig entfaltet sich auf der ganzen Halbinsel ein reges literarisches Treiben. Man ist nicht mehr nur der dankbare Empfänger und Bewunderer dichterischer Werte, sondern man wird selbst schöpferisch. Es wird nun nicht mehr nur in lateinischer Sprache geschrieben und gedichtet, sondern auch in französischer und provenzalischer. Damit nicht genug, behandelt man die gleichen Themen und Stoffe, die schon bisher in den drei herrschenden Kultursprachen des 12. Jahrhunderts behandelt worden waren, nunmehr auch in italienischer Sprache, genauer gesagt: in italienischen Mundarten, denn eine überregionale Gemeinsprache gibt es immer noch nicht. Je weiter das Jahrhundert fortschreitet, desto spürbarer wird zugleich der Vorsprung, den das Toskanische unter den konkurrierenden Mundarten gewinnt.

Von der Dürftigkeit und provinziellen Abseitigkeit des italienischen Schrifttums im 12. Jahrhundert unterscheidet sich das des 13. Jahrhunderts nicht nur durch die Fülle des Geschriebenen, sondern auch durch dessen Gewicht. Das auf philosophischem und theologischem Gebiet noch im Schlepptau Frankreichs befindliche lateinische Schrifttum wird abgelöst durch die Werke großer Persönlichkeiten. Der rationalistische Denker Thomas von Aquino und der Mystiker Bonaventura von Bagnoregio sind Italiener. Einige der bewegendsten lateinischen Hymnen entstehen in Italien. Von dem religiösen Leben, das Frankreich seit dem 11. Jahrhundert erfüllt und in der Kreuzzugsdichtung, allem voran das Heldenepos von Roland, seinen Niederschlag fand, hatte Italien abseits gestanden. Doch nun wird es selber von religiöser Begeisterung erfaßt. Umbrien wird die Wiege einer neuen kirchentreuen Frömmigkeit, die der hl. Franz von Assisi erweckt; in allen Mundarten Italiens werden die frommen Gesänge der Lauden gedichtet, und ein Umbrer wiederum ist es, der die hervorragendsten dieser Lieder dichtet, Jacopone von Todi. Bologna beherbergt Juristen von europäischem Ruf wie den Florentiner Accursius, der in lateinischer Sprache seinen Kommentar zu den Institutionen Justinians schreibt. Grundlage der Erneuerung der mathematischen Studien im Abendland bilden die lateinisch geschriebenen Abhandlungen über Arithmetik und Geometrie des Pisaners Leonardo. Von Italienern verfaßt sind schließlich drei der großen Erfolgswerke des Mittelalters: nämlich die erste umfassende Sammlung der Heiligenlegenden, die «Legenda aurea» des Jacobus de Voragine (Giacomo da Varazze), das französisch geschriebene «Livre des Merveilles» des bedeutenden venezianischen Reisenden Marco Polo und endlich, in italienischer Sprache, die «Divina Commedia» des Florentiners Dante Alighieri.

An dem Aufblühen des literarischen Lebens haben alle Landschaften teil; jede trägt ein eigenes Gepräge. In der westlichen Poebene findet an den Fürstenhöfen die provenzalische Minnedichtung eine neue Heimstatt; aber auch von den Patriziern der Seerepubliken Genua und Venedig wird sie gepflegt; ebenso findet sie Eingang am kaiserlichen Hof in Sizilien, dort aber, um in die Landessprache umgesetzt zu werden. An den Fürstenhöfen der östlichen Poebene sowie im Veneto, findet vor allem das französische Heldenepos Aufnahme. Hier werden die Handschriften abgeschrieben, der heimischen Mundart angenähert und schließlich umgearbeitet und mit neuen Fortsetzungen versehen. Das sektiererische Bürgertum der lombardischen Städte bildet den Nährboden für die moralisierende Erbauungsliteratur, während der Schwerpunkt der geistlichen Lyrik in lateinischer und italienischer Sprache bei den Laienbruderschaften Umbriens und dem Orden der Franziskaner liegt. Die Universitätsstadt Bologna bildet den Ausgangspunkt für die Erneuerung der rhetorischen Studien und für die Schaffung einer italienischen Kunstprosa. Erst spät, von der Mitte des Jahrhunderts an, tritt die Toskana in Erscheinung. Das Großbürgertum ihrer nun rasch politisch und wirtschaftlich aufstrebenden Stadtgemeinden öffnet sich schnell allen Anregungen, die von Norden wie von Süden kommen; in Florenz, das bald die Führung übernimmt, findet der Ausgleich statt zwischen provenzalischen, französischen und lateinischen Einflüssen, und der anderwärts vollzogene Übergang zur Vulgärsprache wird hier weitergeführt und besiegelt.

Die Loslösung vom lateinischen, provenzalischen und französischen Vorbild, die zu Beginn des 13. Jahrhunderts in Italien einsetzt, geschieht schrittweise, und zwar so, daß die Thematik die gleiche bleibt, nur das sprachliche Ausdrucksmittel verändert wird und neben einander her Werke gleichen Stoffes in der einen wie in der anderen Sprache verfaßt werden; es ist für die italienische Situation sogar bezeichnend, daß auch weiterhin bedeutende Werke nicht in italienischer Sprache geschrieben werden. Die Loslösung vom überlieferten Ausdrucksmittel erfolgt je nach der literarischen Gattung zu verschiedener Zeit. Am spätesten löst sich die gelehrte wie die bloß unterhaltende Prosa vom Latein, spät aber auch vom Französischen. Am frühesten wird die Lösung vom Provenzalischen vollzogen, indem am Hofe Friedrichs II. in Sizilien eine Minnedichtung in italienischer Sprache entsteht. Damit beginnt die italienische Kunstdichtung. Das ist das wesentlichste literarische Ereignis der ersten Jahrhunderthälfte.

2. Die provenzalische Dichtung in Italien. Sordello und Lanfranco Cigala

Die italienische Kunstlyrik entsteht in Nachahmung und im Wetteifer mit der provenzalischen Minnedichtung. Während des ganzen Jahrhunderts wird in Italien in provenzalischer Sprache gedichtet, erst von Provenzalen, dann auch von Italienern. Diese provenzalische Dichtung ist aus der Dichtung Italiens nicht weg zu denken. Sie bildet mit ihr eine Einheit, die nicht wegen der sprachlichen Verschiedenheit zerrissen werden darf. Schon in der Blütezeit der lyrischen Dichtung in der Provence (1180–1260) kommen Minnesänger an die oberitalienischen Fürstenhöfe, wo sie auf ähnliche Sitten und Gebräuche stoßen, wie in ihrer Heimat, und wo die Sprache dem Provenzalischen nicht allzu fernsteht. Auch das Bürgertum der Stadtgemeinden findet an dieser Dichtung Gefallen. Unter den ersten Provenzalen, die nach Italien zogen, sind zwei der bedeutenderen Raimbaut de Vaqueiras und Peire Vidal. Sie weilten beide im letzten Jahrzehnt des 12. Jahrhunderts am Hofe des Markgrafen Bonifaz von Monferrat. Beatrix, die Tochter des Markgrafen, hat Raimbaut in einem seiner Lieder besungen («Truan, mala guerra»). Raimbaut hat als erster eine italienische Mundart in der Kunstdichtung verwendet, nämlich das Genuesische in einem Scherzgedicht von einem Streit mit einer Genueserin («Contrasto con la donna genovese: Domna, tant vos ai pregada») aus dem Jahre 1194. Ferner ist in seinem mehrsprachigen «descort» («Eras quan vey verdeyar») jeweils eine Strophenzeile toskanisch. Die italienischen Mundarten verwendet Raimbaut, ebenso wie er und andere Provenzalen zu besonderen Effekten andere romanische Sprachen in ihre provenzalischen Gedichte einflechten. An eine Verwendung des Italienischen an Stelle des Provenzalischen hat Raimbaut nicht gedacht. Als man etwa zwei Jahrzehnte später daran geht, das Italienische dem Provenzalischen gleichzustellen, brauchte und konnte man nicht an Raimbaut anknüpfen. Gleichzeitig mit ihm weilt Peire Vidal bei Bonifaz. Von Peire sind Strophen («cobbole») überliefert, auf die Manfred I. Lancia, Marquis von Brescia, antwortet, der somit einer der frühesten italienischen Dichter in provenzalischer Sprache ist. Bei dem Markgrafen von Monferrat hielten sich auch Folquet di Romans, Gaucelm Faidit u. a. auf. Vom Beginn der Albigenserkriege an (1209), die die Fürstenhöfe Südfrankreichs veröden ließen, wird der Zustrom der Provenzalen in Oberitalien stärker. Von den Fürstenhöfen Norditaliens, an denen Provenzalen Aufnahme fanden, ist als der räumlich nächstgelegene der der Grafen von Savoyen zu nennen; Peire Raimon de Tolosa und Aimeric de Belenoi weilten dort, vielleicht auch um 1240 Uc de Saint Circ. Albertet de Sestaro hielt sich in Monferrat und Ravenna auf. Andere besuchten die Höfe der Del Carretto und der Malaspina; Alberto Malaspina (gest. 1210) tat sich selber als Dichter hervor. Bei den Este in Ferrara weilte Aimeric de Peguilhan, der auch bei den Malaspina zu Gast war, mit besonderer Vorliebe; den Tod Azzos VI. betrauerte er in einem bekannten Klagelied; dessen Tochter Beatrix pries er in anderen Liedern. Bei den Da Romano in Padua und Treviso waren Uc de Saint Circ und Guilhem Ramon zu Gast. Andere kamen im Gefolge Karls von Anjou nach Italien. Groß ist die Zahl der fürstlichen Frauen Italiens, die von den provenzalischen Minnesängern in ihren Liedern genannt werden; gleich einem ganzen Damenflor huldigt Raimbaut de Vaqueiras in einem Lied, das er zum Preise der Beatrix von Monferrat verfaßt; ebenso huldigt einer ganzen Schar von Damen Guilhelm de la Tor am Hofe der Del Carretto.

Vom Ende des 12. Jahrhunderts an bedienen sich auch die Italiener des Provenzalischen, angefangen bei fürstlichen Gönnern wie dem Marquis Manfred I. Lancia und Alfredo Malaspina. Bald schließen sich Bürgerliche an, Notare, Juristen in hoher Stellung. Die frühesten sind Peire de la Caravana (vielleicht aus Cavarana bei Verona) und der Bologneser Rambertino Buvalelli, der in mehreren Städten Oberitaliens nacheinander als Podestà wirkte. Eine besondere Pflegestätte fand die provenzalische Dichtung in Genua.

Hier dichteten Lanfranco Cigala, Bonifacio Calvo, Lucchetto Gattilusio, Scotto Scotti, Luca Grimaldi, Giacomo Grillo, Simone Doria, Percivalle Doria und Calega Panzano. Hier dichtete auch während seiner siebenjähriger Gefangenschaft der Venezianer Bartolomeo Zorzi. An verschiedenen Höfen Oberitaliens weilte Sordello di Goito aus Goito bei Mantua. Gegen Ende des Jahrhunderts dichten provenzalisch auch einige Toskaner: Paolo Lanfranchi da Pistoia, Dante da Maiano. Die letzten Verse in provenzalischer Sprache verfaßte im 13. Jahrhundert Dante Alighieri – die

Schlußverse im Purg. 26, die er dem von ihm verehrten Minnesänger Arnaut Daniel in den Mund legt. Noch im 14. Jahrhundert dichten Fazio degli Uberti in seinem «Dittamondo» (1346–67) sowie der unbekannte Verfasser der «Leandreide» (ca. 1381–83) in seiner Aufzählung provenzalischer Dichter auf Provenzalisch.

Der bedeutendste und fruchtbarste unter den italienischen Minnesängern ist Sordello; sein abenteuerliches Leben führte ihn von den Fürstenhöfen Oberitaliens, wo ihn seine Frauenaffairen in Gefahr brachten, nach der Provence, nach Spanien, ins Poitou, wieder in die Provence und schließlich im Gefolge Karls von Anjou erneut nach Italien, wo er vermutlich auf dem ihm von Karl verliehenen Lehen in den Abruzzen um 1269 verstarb. Seine Liebesgeschichten und sein prunkvolles Auftreten nicht weniger als seine Dichtung ließen seinen Ruhm bis Portugal erstrahlen. In seiner Liebeslyrik besingt er die hohe Minne, in der idealistischen Färbung, die zuerst bei dem Provenzalen Montanhagol erscheint; in seinen politischen und persönlichen Gedichten («serventés») tritt uns eine starke und selbstbewußte Persönlichkeit entgegen. Allbekannt und mehrfach nachgeahmt war sein Klagelied auf den Tod des Troubadours und Gönners der Troubadours, des Ritters En Blacatz aus dem Jahre 1237, das zugleich ein politisches Rügelied war. Seine Fruchtbarkeit und seine Originalität machen Sordello zum ersten Dichter Italiens von europäischem Ruf und Rang vor Dante. Dante beruft sich auf Sordellos Zeugnis im «De Vulgari eloquentia» (I, XV, 2), und in der Göttlichen Komödie huldigt er dem Meister («quell'anima gentil»; Purg. VI,79; «il buon Sordello»; Purg. VII, 52), indem er ihn drei Gesänge des Purgatorio hindurch im Tal der säumigen Fürsten zum Führer für sich und Vergil bestellt und das äußere Schema der Szene im 7. Gesang dem Klagelied Sordellos für Blacatz entlehnt. Unter den anderen provenzalisch dichtenden Italienern ragt noch Lanfranc Cigala hervor; seine Auffassung von der entsinnlichten Minne, die Sinn und Wesen der Liebenden läutert, stellt ihn zwischen den Provenzalen Montanhagol und den Begründer des Stil Nuovo, Guido Guinzelli; zu seinen schönsten Dichtungen gehört seine Klage über den Tod der Berlenda, der Frau des Marquis Malaspina («Eu non chant ges per talan de chantar»); ferner verfaßte er eine Anzahl Lieder zum Preise der hl. Jungfrau Maria und zwei Kreuzlieder.

Besonderes Interesse darf eine Gruppe von Sirventesen beanspruchen, in denen die in Italien weilenden Provenzalen und die provenzalisch dichtenden Italiener zu den Zeitereignissen Stellung nehmen, als zeitgenössische Stimmen zum Zeitgeschehen, ja als Versuche, die Geschehnisse zu beeinflussen. Unter der großen Anzahl dieser Dichtungen sind einige von starker Ausdruckskraft. Um 1194–1195 ruft Peire de la Caravana anläßlich des Italienzugs Heinrichs VI. die Italiener zum Kampf gegen den Fremdling auf («D'un serventes faire») mit dem Refrain: «Lombart, be us gardaz/Que ja non siaz/Peier que compraz,/Si ferm non estaz!». Im Jahre 1220 vergleicht Aimeric de Peguilhan Friedrich II. von Hohenstaufen mit einem berühmten Arzt der Medizinschule von Salerno, der gekommen sei, Italien zu heilen. («En aquel temps que'l reis moric N'Amfos»). Im selben Jahr geißelt Guilhem Figueira die Verderbtheit der römischen Kirche («D'un serventes far en est son que m'agensa»). Am heftigsten erklingen die Klagen und Anklagen, in denen die Dichter für und gegen Hohenstaufen und Anjou Partei ergreifen, meist stehen sie auf der Seite des Kaiserhauses. Vor der Schlacht von Tagliacozzo (1268) knüpft Calega Panzano seine Hoffnungen an Konradin und spart nicht mit Schmähungen gegen die Kirche und Karl von Anjou («Ar es sazos c'om si deu algerar»). Aber das ergreifendste Gedicht ist das von Bartolomeo Zorzi – sein bestes – auf den frühen Tod des jungen Konradin («Si'l monz fondes, a maravilla gran»).

Wenn von den siebziger Jahren an in der Toskana nur noch wenige Italiener sich des Provenzalischen bedienen, so liegt es daran, daß man inzwischen gelernt hat, die gleichen Gedanken, Gefühle und Bilder in die eigene Sprache zu kleiden und sich bereits anschickt, die Lehrmeister zu überflügeln. Sie bleiben aber nach wie vor das hehre Vorbild für Dante ebenso wie in der übernächsten Generation für Petrarca. Kein Wunder, daß man in der Toskana um die Pflege der provenzalischen Sprache bemüht war. Der Provenzale Uc Faidit schreibt auf Veranlassung zweier Italiener eine provenzalische Grammatik, «Lo Donatz proensals», als Lehrbuch des Provenzalischen für Italiener, und Terramagnino da Pisa schreibt eine Grammatik und Verslehre des Raimon Vidal, «Razos de Trobar», in provenzalische Verse um. Der Donatz wurde zum leichteren Verständnis ins Lateinische übersetzt und später, im 16. Jahrhundert, als das Interesse für die provenzalische Minnedichtung neu erwachte, ins Italienische. Für italienische Leser mußte auch die Neugier über das Leben der Minnesänger befriedigt und zu ihren Gedichten erklärende Erläuterungen gegeben werden;

einige von diesen «vidas» und «razos» wurden wahrscheinlich von Uc de Saint Circ während seines Italienaufenthaltes (von 1253 bis 1255) verfaßt. Sie wurden in die Liederhandschriften aufgenommen. Alle Liederhandschriften mit «vidas» und «razos» sind in Italien geschrieben worden, ja die meisten provenzalischen Liederhandschriften überhaupt sind im 13. und 14. Jahrhundert in Italien entstanden. Die große Sammelhandschrift der provenzalischen Dichtung aus der Bibliothek der Este in Ferrara (Cod. D) wurde in ihrem ersten Teil um 1264 angefertigt; den Schlußteil (D^c) bildet die Blütenlese, die sich der letzte italienische Troubadour, Ferrarino da Ferrara, zu Zeiten Azzos III. (1293–1308) zusammengestellt hat. Man wird sich über die Bedeutung Italiens für die Überlieferung der provenzalischen Minnedichtung klar, wenn man bedenkt, daß die ältesten erhaltenen Sammelhandschriften (bis auf eine) alle aus Italien stammen, während keine einzige Handschrift aus Südfrankreich erhalten ist. Aber das ist nur eine, die materielle Seite, des Überlebens. Die provenzalische Dichtung, die schon im 14. Jahrhundert in Frankreich selber in Vergessenheit zu geraten begann, lebte in der Lyrik der Italiener weiter, die deren Formen und Geist über die Jahrhunderte hinweg dem Abendland weitergaben.

3. Die sizilianische Dichterschule

Während in Norditalien provenzalische Minnesänger von Hof zu Hof zogen, die Edelfrauen in ihren Gedichten priesen und sich in die politischen Händel ihrer Gönner mischten, während Italiener, Adlige und Patrizier, sich in provenzalischer Sprache mit den Sängern der Provence maßen, ist im Königreich der beiden Sizilien zunächst nichts von solchem Treiben zu spüren. Am Hofe Friedrichs II. waren die Troubadours anscheinend nicht gern gesehen; wahrscheinlich hat nur einer längere Zeit dort geweilt, Guilhem Figueira. Es ist dies umso auffallender, als Friedrich ein sehr tatkräftiger Förderer des geistigen Lebens war, ließ er doch bis dahin im Abendland unbekannte griechische Autoren aus dem arabischen Text ins Lateinische übertragen, setzte er sich doch für die Pflege der lateinischen Dichtung ein und förderte die Abfassung theologischer Werke in griechischer Sprache. Sein Kanzler war

Pier della Vigna, einer der Meister der lateinischen Epistolographie. Wenn an Friedrichs Hof weder Provenzalen weilten, noch Italiener provenzalisch dichteten, so muß eine Absicht dahinterstehen, eine persönliche Entscheidung Friedrichs. Die glanzvolle neue Dichtung, wie sie die Provenzalen geschaffen hatten und für die die vornehme Welt ganz Europas sich begeisterte, durfte an seinem Hof nicht fehlen. Aber das Ausdrucksmittel sollte das eigene, italienische, d. h. sizilianische Volgare, nicht das Volgare der Provence sein. Wie weit sich der Kaiser des revolutionären Schrittes bewußt war, können wir nicht wissen, doch es war in der Tat ein revolutionärer Schritt, wenn man bedenkt, daß im Norden die Italiener provenzalisch dichteten. Jedenfalls hat der Kaiser diesen Schritt selbst vollzogen, indem er selber als Dichter in seiner Landessprache hervortrat. Ein weiterer Antrieb zu diesem Entschluß mag gewesen sein, daß der Kaiser in Gestalt seiner besten Hofbeamten einen festen Kreis von literarisch Gebildeten um sich hatte. So scharte sich um den Kaiser eine Gruppe von Italienisch Dichtenden, anfänglich wohl aus seinen engsten Mitarbeitern bestehend, zu denen aber bald Zuzug aus dem Norden kam. Jedenfalls entstand ein Dichterkreis, der erste seiner Art in der Geschichte der italienischen Literatur, den gemeinsames Streben und Wollen zusammengeführt hatte.

Auch die Zeitgenossen waren sich dessen bewußt. Dafür besitzen wir ein unmißverständliches Zeugnis in der Äußerung des hervorragendsten Vertreters derjenigen Gruppe, die sich als eine neue von der alten abheben wollte. Dante Alighieri, das Haupt des «süßen neuen Stils», des «Dolce stil nuovo», berichtet in seiner Programmschrift «De vulgari eloquentia» (I, XII), alle Dichtung vor seiner Zeit sei als «sizilianisch» bezeichnet worden, weil die hervorragendsten Dichter der Kaiser und sein Sohn Manfred gewesen seien, um die man sich geschart habe. Diese Bezeichnung habe sich eingebürgert, und daran wolle auch er festhalten; die Nachwelt werde daran auch nicht viel ändern können. Dante hat Recht behalten. Die schon bei Dantes Zeitgenossen übliche Bezeichnung für die Dicher vor ihm ist die übliche geblieben.

Doch tut man gut, zwei Gruppen zu unterscheiden: die ältere Generation, die um Friedrich und Manfred, die «sizilianische» im engeren Sinne, und die jüngere, die nicht mehr zu diesem Kreis gehört, sondern zwar im gleichen Stil weiterdichtet, aber in verschiedenen Städten Mittelitaliens, vornehmlich der Toskana, ansässig ist. Für diese zweite Gruppe hat es sich eingebürgert, sie als die Sikulo-Toskaner zu bezeichnen. Die erste Gruppe bestand aus dem Kaiser und seinen Beamten, der zweiten gehören die Patrizier und Beamten der Stadtgemeinden an.

Der sizilianischen Dichterschule im engeren Sinne («Schule» bedeutet soviel wie Gruppe, Clique), dem höfischen Kreis um Friedrich, gehören an, außer dem Kaiser selbst, seine Söhne Manfred (1232–1266) und Enzio (1224–1272; it. Enzo), sein Schwiegersohn Johannes von Brienne (1180?–1237), sein Kanzler Pier della Vigna (nach 1190–1249), ein anderer Kanzler, Stefano Protonotaro (sein Name erscheint 1261 in einer Urkunde), sein Falkner Jacopo Mostacci (gest. nach 1277). Von den Lebensumständen dieser Dichter weiß man nicht viel, von einigen sind nur die Namen bekannt. Wo die Quellen reichlicher fließen, erfährt man, daß sie Herren von Stand und Beamte des Kaisers waren. Notar war Giacomo da Lentini (gest. vor 1250), Richter waren Odo und Guido delle Colonne (letzerer ist vielleicht der Übersetzer des «Roman de Troie» des Benoît de Sainte-Maure). Nicht alle waren Sizilianer; einige kamen aus dem festländischen Teil des Königreichs, aus der Neapeler Gegend Rinaldo d'Acquino, der vielleicht Falkner des Königs war, Giacomino Pugliese (geboren vor 1210, gestorben nach 1251), der als Podestà diente und andere hohe Ämter bekleidete; vom Festland stammt auch Folco di Calabria (gest. 1270). Ja selbst Norditaliener finden sich in dem Kreis, wie ihr Name verrät, Compagnetto da Prato und Paganino da Serezano (Sarzana?), aus Florenz Folcacchiero dei Folcacchieri, aus Genua Percivalle Doria. Der letztgenannte stellt die Verbindung her zum provenzalisch dichtenden Kreis der Genuesen, dem er durch seine provenzalischen Dichtungen verbunden war. Daß auch andere Beziehungen zu den Oberitalienern bestanden, erhellt daraus, daß Giacomino Pugliese den Provenzalen Uc Faidit zur Abfassung seines «Donatz Proensals» anregte. Die Tätigkeit des Dichterkreises dürfte reichen von der Kaiserkrönung Friedrichs II. bis zum Tode Manfreds, mit dessen Hinscheiden der Kreis zerfallen mußte. Der fruchtbarste unter diesen Dichtern war Giacomo da Lentini; von ihm sind auch die meisten Dichtungen, 40 an der Zahl, überliefert; er war der angesehenste; Dante zitiert lobend eine seiner Kanzonen im «De Vulgari Eloquentia» (I, XII, 8) und nennt ihn im «Purgatorio» als den hervorragendsten Vertreter dieses Kreises (Purg. XXIV, 56).

Friedrich und sein Kreis waren nicht von der Absicht getragen, die Minnedichtung der Provenzalen durch eine andere Art von Dichtung zu ersetzen, sondern sie waren bestrebt, in gleicher Weise, nur in einer anderen Sprache zu dichten. Die Provenzalen liefern nicht etwa nur das formale Vorbild, sondern auch die Thematik und damit den Motivschatz, die Metaphorik und die Terminologie. Man lebt ja in der gleichen Vorstellungwelt und teilt die gleiche Lebensauffassung, huldigt den gleichen Idealen. Die Dichtung der Sizilianer ist provenzalischer Minnesang im italienischen Gewand. Das besagt, daß der Stil dieser Dichtung in seinen Grundzügen der gleiche bleibt, gleichviel ob Provenzalisch oder Italienisch das Ausdrucksmittel ist. Den Stil der einen Dichtung heißt auch den Stil der anderen beschreiben.

Die angesehenste und wichtigste Gattung dieser Lyrik ist das Minnelied, die «canzone» (prov. «cansó»). Ihr Thema ist der Ausdruck des Liebesverlangens, aber dessen Ausdruck wird in ein von vornherein feststehendes Beziehungssystem eingefügt. Huldigung und Liebeswerbung werden in eine strenge gesellschaftliche Form gefaßt: die Rechtsbegriffe und Gepflogenheiten des Lehenswesens werden ins Galante umgedeutet. Die Terminologie des Lehensdienstes wird damit zur verbindlichen Metaphorik. Die Geliebte (stets eine verheiratete Frau!) ist die «donna», die «Herrin», der Liebende ihr Knecht, Knappe, Lehensmann, Vasall («uomo ligio, servitore»). Er ist ihr zu unverbrüchlicher Treue verpflichtet, die Untreue bringt ihm Schimpf. Dafür hebt sein Dienst an ihr sein Ansehen («pregio, valore»), genau so wie es der Waffendienst tut. Der Wunsch und Wille seiner «Herrin» ist ihm höchstes Gebot, ihre Huld («mercede, guiderdono, pietanza») sein Glück («gioia»); erhört zu werden sein Verlangen; Ungnade («guerra»), Trennung der tiefste Schmerz. Der «Dienst», den er bei ihr tut, indem er sie verehrt und in Worten preist, muß jedoch heimlich sein; niemand darf wissen, wer die verehrte und besungene Dame ist; darum wird ihr Name, wenn überhaupt ein Name genannt werden soll, durch einen Decknamen, prov. «senhal», ital. «nome segreto», ersetzt. Sie bleibt nach außen hin immer die Hehre und Unnahbare. Wehe, wenn Dritte, die Neider, die «lauzengiers», «invidiosi», «rei parladori», davon erfahren!

Dennoch bleibt das letzte Ziel die glückliche (heimliche) Vereinigung, von der in so manchem Gedicht der Dichter (auch so mancher provenzalische Dichter!) jubelnd kündet; meist aber muß der Anbeter schmachten und klagen und die Dame anflehen, sie möge ihn nicht so lange auf die Erfüllung seiner Wünsche warten lassen. Mit der Übernahme dieser Vorstellungswelt ergab sich selbstverständlich, ja zwangsläufig die Entlehnung der entsprechenden Terminologie, wobei oft lediglich das provenzalische Wort dem italienischen Lautbild angepaßt wird: die «madonna» mit der «ciera piagente» ist «conta», «umana», «clara», «blonda», «avenente»; der «drudo» ist «leale» und «ubbidiente», «sanza falsia»; «leanza», «fidanza» zeichnen ihn aus und verleihen ihm «pregio» und «valore», während «misleanza» und «fallimento» ihm Schimpf bringen; «merzé» und «intendanza» bringen dem von «disianza» und «inamoranza» erfüllten «coragio», «gioia» und «piacere», «sollazzo» und «gaudire»; ist «madonna» aber ungnädig, «sanza merzé», (und das ist sie meist), ist ihr Sinn («pensamento», «talento») nicht «amoroso», so hat der «leal amadore» nur «pesanza» und «noia», der Unglückliche, «lasso»! All diese sind reine Fachausdrücke von sehr spezieller Bedeutung.

Auch die Bilder und Vergleiche, mit denen der Dichter seine Treue versinnbildlicht, seine Freude und seinen Kummer, sein sehnsüchtiges Schmachten veranschaulicht oder die Schönheit und den Adel und die Bildung der Angebeteten hyperbolisch verherrlicht, sind die gleichen wie bei den Dichtern der Provence. Der Liebende vergleicht sein Gemüt mit dem Schiff auf stürmischer See, seine Liebe und Treue mit der Tristans für Isolde, des Pyramus für Thisbe; die Kraft der Liebe mit der Anziehung des Magneten, die Grausamkeit der Dame mit der des Tigers. Er beteuert, daß kein noch so großes Reich, kein noch so großer Reichtum ihn, den Liebenden, für den Verlust der Geliebten entschädigen oder ihn nichts so sehr beglücken könne wie der Besitz der Geliebten. Die Vergleiche aus der klassischen Dichtung (Hauptquelle Ovid), aus der bretonischen Sage, aus der Bibel, aus den ‹naturwissenschaftlichen› Werken der damaligen Zeit, den Tier- und Steinbüchern und den sonstigen naiven Vorstellungen von Naturvorgängen, ebenso wie die Schilderung des Frühlingserwachens zu Eingang des Gedichtes sind aus der occitanischen Dichtung überkommen und übernommen. Wie das ganze Minnezeremoniell und die Minnesymbolik sind sie konventionell in dem Sinne, daß sie den immer wiederkehrenden Bilderschatz, den als angemessen empfundenen Ausdruck dieses bestimmten Vorstellungskreises bilden. Dies mag im modernen Sinne als eine Beschränkung und ein Nachteil erscheinen. Tatsächlich liegt aber darin ein großer Vorzug, ja die Stärke dieser Kunst, der Vorzug nämlich einer großen inneren Einheitlichkeit und Geschlossenheit, die sich bei näherer und unvoreingenommener Betrachtung als der Ausdruck eines starken und selbstbewußten Stilwillens offenbart.

Die in den ästhetischen Anschauungen der Romantik wurzelnden Kritiker des 19. Jahrhunderts (u. a. Gaspary, De Sanctis) haben diese Dichtung als konventionell und unpersönlich abgetan. Gaspary vermißt darin die Spiegelung des bunten und stürmischen Lebens der Sänger; er vermißt den Ausdruck des Individuellen. Auch neuere Kritiker (De Bartholomaeis) finden sie kalt, eintönig, farblos, was den Inhalt anbelangt. Mit diesen Urteilen tut man nicht nur die Sizilianer ab, sondern auch die Provenzalen, ihr Vorbild. Wer aber an diese Dichtung herantritt, um in ihr den Ausdruck persönlichen Erlebens, eine Äußerung des Gemüts (wie es die romantische Dichtung in erster Linie war) zu suchen, trägt einen unangebrachten Maßstab an diese Kunstform heran. Das Grundthema dieser Lyrik ist nicht das individuelle Liebesempfinden; die Liebe, oder besser: die Frauenverehrung ist zugleich und vor allem gesellschaftliche Zeremonie, ein sozialer Akt; vom subjektiven Empfinden wird allein innerhalb der sozial vorgeschriebenen Form nur das allgemein Menschliche (Verehrung, Begehren, Sehnsucht, Trauer) sichtbar, vielleicht weil nur dieses Allgemeine sichtbar werden darf, wahrscheinlich aber auch, weil das Organ für die Erfassung des Individuellen noch fehlt und damit das Bedürfnis entfällt, es zum Ausdruck zu bringen. Dem steht nicht entgegen, daß bei stärkeren Dichterpersönlichkeiten dieses subjektive Empfinden dennoch zum Durchbruch kommt (unter den Provenzalen beispielsweise bei Bernart de Ventadorn, unter den Sizilianern vornehmlich bei Giacomino Pugliese). Wesentlich ist jedoch, daß das, was modernem Empfinden als Konvention erscheint, nämlich der Minnedienst mit seinen festen Vorstellungen und Formen, für den höfischen Dichter eine selbstverständliche Gegebenheit war, innerhalb derer und nur innerhalb derer er sich bewegte, – Voraussetzung, nicht Ziel seiner Dichtung. Allein innerhalb dieser Grenzen (auch wenn er «realistisch» konstrastierte oder parodierte!) suchte der Dichter die Bestätigung seiner Eigenart im jeweiligen Ausdruck der ihm als Liebhaber zustehenden Empfindung, d. h. in der Abwandlung der Situation, in der besonderen Abtönung der Stimmung, der jeweils neuen Kombination der Vergleiche, der Suche nach neuen und der andersartigen Auslegung bereits verwendeter Bilder, mit anderen Worten: in der jeweiligen Veränderung des rhetorischen Schmucks, also in etwas Formalem. Auf diesem Wege weiterschreitend, sucht er zu variieren in der kunstvollen und überraschenden Verwendung gewisser Redefiguren («bisticci», «replicazione»), in der Erfindung neuer Strophenformen. Dies ist schon bei den Provenzalen evident und tritt bei den Sizilianern, die dem gleichen stilistischen Ideal huldigen, ebenfalls in Erscheinung. Ja, wenn man die Mühe nicht scheut, sich in diese schwer zugängliche Dichtung einzulesen, ist man erstaunt, wie groß der Spielraum der Variation innerhalb eines so begrenzten Themas sein kann. Für die Italiener kommt noch hinzu, daß für sie das sprachliche Ausdrucksmittel in auffälligem Maße zum Gebiet individueller formaler Betätigung wird. Die persönliche Note der sizilianischen (wie auch der provenzalischen) Dichter wird man daher allenfalls nur suchen dürfen in der Intensität, mit der sie das für sie selbstverständliche und feststehende Erlebnisschema tatsächlich ausgefüllt haben; vor allem aber wird man bereit sein müssen, ihnen dahin zu folgen, wo sie selber die Betätigung ihrer Eigenart suchten, nämlich auf das Gebiet des formalen Könnens. Wie Friedrich Gennrich es ganz allgemein für die höfische Dichtung ausgesprochen hat: «Die Individualität lebt sich in der Form aus, nicht im Inhalt». So wie die romantische Kritik (De Sanctis, Gaspary) der sizilianischen Dichtung vorwarf, konventionell zu sein, so warf sie, aber auch moderne Kritiker (De Bartholomaeis z. B.), ihr auch vor, ein bloßer Abklatsch, geistlose, unoriginelle Nachahmung zu sein. Wenn die Kritiker des 19.Jahrhunderts eine Ehrenrettung versuchten, so taten sie es durch den Nachweis angeblich ‹volkstümlicher› Elemente. Diesem Bestreben liegt jedoch die völlig Verkennung der zentralen Bedeutung des formalen Aspekts der höfischen Dichtung und seines Vorrangs gegenüber dem Inhaltlichen zu Grunde. Eine gerechtere Würdigung des Formalen läßt hingegen die Originalität der Sizilianer augenscheinlich werden, ihre durchaus freie und keineswegs sklavisch abhängige Haltung gegenüber der provenzalischen Dichtung. Selbst wenn eine provenzalische Kanzone fast wörtlich nachgeahmt wird (z. B.: Jacopo Mostaccis «Umile core» nach Jordan de l'Isles de Veneissin «Longa sazon»), so handelt es sich nicht um eine Übersetzung, ja kaum um eine Paraphrase, ganz davon zu schweigen, daß die metrische Form, das Strophenschema (und das war ja das Wesentliche!) ein anderes ist. Gerade ein solcher Fall zeigt, daß die angebliche Nachahmung nichts Zufälliges, Notgedrungenes und Mechanisches war, sondern einem bewußten Stilwillen entsprang.

Es ist auffällig, daß der Provenzalismus der Sizilianer sich durchaus nicht auf die Übernahme der Terminologie der höfischen Minne beschränkt, was an sich sachlich begründet und möglich gewesen wäre; täte er es, so läge in der Tat nichts als eine mechanische Entlehnung vor. In Wirklichkeit aber geht der Provenzalismus sehr viel weiter und erstreckt sich auf die Übernahme von provenzalischen Wörtern, die durchaus nicht notwendig zum Vorstellungskreis der höfischen Minne gehören. Welche Notwendigkeit lag beispielsweise vor, «donare» gegenüber «dare» zu bevorzugen; «adesso», «pure», «poi», «tuttavia» in ihrer provenzalischen Bedeutung zu verwenden, ja provenzalische Konstruktionen zu übernehmen (Possessivpronomen ohne Artikel, «tutto» ohne Artikel, substantivierte Infinitive)? Keine – wenn nicht der Wunsch, den Sprachstil des Vorbildes, soweit es die eigenen Mittel gestatteten, möglichst getreu zu spiegeln, dem neuen sprachlichen Medium die Patina provenzalischer Form zu verleihen, weil man diese Form als die ideale ansah. Nur so erklären sich in der Wortbildung die provenzalisierenden Formen («amanza» statt «amore») und noch mehr die vielen pseudoprovenzalischen, im Provenzalischen selbst ohne Entsprechung bleibenden Neubildungen («innamoranza», prov. «enamoramen») mit den ‹provenzalisch› wirkenden Suffixen «-anza», «-ore», «-ura», «-mento», sowie ihre absichtsvolle Anbringung an auffälligster Stelle, nämlich im Reim. Dies ist nicht naive Nachahmung, sondern bewußter Stilwille. Darum konnte sich hier auch die Individualität des einzelnen Dichters ausleben; so erklären sich die Schwankungen im Ausmaß des Provenzalisierens, die vom extremen Provenzalismus Giacomo da Lentinis zu der weitgehenden Annäherung an die heimische sizilianische Mundart bei Stefano Protonotaro reichen. Dem entspricht, daß Guglielmo d'Otranto, auch wo er einen religiösen Gegenstand behandelt, nicht provenzalisiert (die sizilianisch-provenzalische Stilform ist bei ihm nur Grundlage), sondern sinngemäß latinisiert. Der Provenzalismus der sizilianischen Dichter ist also nicht Ergebnis einer Nachahmung (dazu hätte ja genügt, daß man wie die Norditaliener kurzerhand provenzalisch dichtet), sondern absichtsvollen Stilisierens an einem neuen Ausdrucksmittel. Nicht nur daß durch ihr Werk die Sprache lyrischen Ausdruckes geschaffen wurde, es wurde die Ausrichtung auf ein Stilideal nunmehr für jedes anspruchsvolle Schaffen verbindlich, und die Norm wurde dazu gegeben.

Entsprechend finden nun auch die Sizilianer gegenüber dem provenzalischen Vorbild auch im Stofflichen und in der metrischen Gestaltung ein durchaus freies Verhältnis. Mag das starke Zurücktreten der religiösen Dichtung außerästhetische Gründe haben, mag das fast völlige Fehlen der politischen und satirischen Dichtung durch die besonderen Umstände des Hoflebens erklärbar sein, so beruhen die in dieser somit fast ausschließlich der Minne gewidmeten Dichtung anzutreffenden Abweichungen vom Vorbild der Troubadours auf selbständige Entscheidung zugunsten einer veränderten Geschmacksrichtung. Schon Gaspary wies darauf hin, daß die provenzalischen Gattungen des «comjat» (Absage an die Geliebte, Kündigung des Liebes-[Lehens-]verhältnisses, des «planh» (Klage über den Verlust der Geliebten), «plazer» (Aufzählung von dem Dichter angenehmen Dingen), «enueg» (Aufzählung des ihm Unangenehmen) von den Sizilianern wenig gepflegt worden sind. Bemerkenswert und vielleicht in den andersartigen Lebensverhältnissen begründet ist das Fehlen des Wächterliedes, der «alba», einer der hübschesten Gattungen der provenzalischen Dichtung. Andererseits zeigen die Sizilianer ausgesprochene Vorliebe für die objektiven Gattungen, das Scheidelied, das Frauenlied, das Streitgespräch («contrasto») zwischen Anbeter und Dame, die Klage der unglücklich verheirateten Frau. Wenngleich der realistische, zu der höfischen Minneauffassung kontrastierende Zug, der auch bei den Provenzalen nicht fehlt (Pastourelle), sowie die Schlichtheit und Natürlichkeit von Ausdruck und Empfindung aus diesen Stücken noch keine «volkstümliche» Dichtung machen, wie die romantische Kritik meinte (die unhöfischen «realistischen» Motive treten nur beiläufig zu den höfischen hinzu, und der Ausdruck bleibt stets im Rahmen des höfischen Stiles, von der Strenge der metrischen Form ganz zu schweigen), so gehören diese Gedichte doch zu dem Anmutigsten, was diese Dichter geschaffen haben. Nur darf die Leichtigkeit, mit der sie sich heutigem Empfinden erschließen, nicht dazu verleiten, hierin «Volkstümliches» sehen zu wollen.

Ein «Contrasto» ist ein poetisches Zwiegespräch, ein Disput. Die Gattung heißt provenzalisch «partimen». Eines der reizendsten Erzeugnisse der sizilianischen Dichterschule ist der «Contrasto» des Cielo d'Alcamo. Das Gedicht umfaßt 32 Strophen zu je 5 Versen. Ein Spielmann wirbt um die Liebe einer reichen Bauerntochter. Er beteuert überschwenglich seine Liebe; das Mädchen weist ihn jedoch zuerst mit Spott zurück, indem sie seine Übertreibungen als solche entlarvt; sie droht, ins Kloster zu gehen, versucht, ihn mit dem Hinweis auf ihre Brüder zu schrecken, verlangt von ihm, er solle auf das Evangelium schwören, daß er sie heirate, da trägt er es schon in der Tasche. Nach seinem Schwur kann es ihr nicht schnell genug gehen, die Freuden der Liebe zu genießen.

Von den Lebensumständen des Verfassers ist uns nichts bekannt, außer daß er aus Alcamo in Sizilien stammte. Der Vorname «Celi», wie er sizilianisch heißt («Cielo» ist nur dessen toskanische Form), ist Kurzform für «Michele». Die romantische Literaturgeschichtsschreibung wollte in diesem «contrasto» ein Stück «Volksdichtung» sehen, während man heute in dem Verfasser einen mit der höfischen Dichtung wohlvertrauten Kunstdichter erkannt hat. Erst dann vermag man zu ermessen, inwiefern hier ein Dichter sich vornahm, durch die Kontrastierung höfischer und volkstümlicher Dichtungsweise in einem und demselben Stück eine komische Wirkung zu erzielen, die beide Stilarten parodierte. In Cielos «Contrasto» bildet die niedere Minne das Thema, wie in der französisch-provenzalischen «Pastourelle»; in der Pastourelle ist der Mann (ein Ritter) gegenüber der Frau (einem Bauernmädchen) höher gestellt. Anders nun als in der Pastourelle ist bei Cielo das Verhältnis der Liebenden; es ist das gleiche wie beim höfischen Liebespaar, nur ist der Unterschied um eine Stufe verschoben; der reichen Bauerntochter steht der arme Spielmann gegenüber, nicht der ritterliche Sänger dem Edelfräulein. Dies gibt dem Dichter die Möglichkeit, die höfische Szene zu karikieren, indem er sie ins Plebejische verlegt. Mit großem Geschick weiß er den Gegensatz zwischen höfischer und nicht-höfischer Atmosphäre in der sprachlichen Gestaltung lebendig werden zu lassen. In reiflich abgewogener Mischung wird die höfische Dichtersprache mit ihren Provenzalismen und Latinismen und ihren festen Wendungen und Bildern in Gegensatz gebracht zur Alltagssprache; die sizilianische Mundart läßt der Dichter darum in einer besonders archaisch-bäuerlichen Spielart hervortreten, die noch stärker gegen das der höfischen Dichtersprache zugrundeliegende und bereits geglättete

Sizilianisch absticht. Drollig wirken in diesem Gemisch die Gemeinplätze der höfischen Liebesmetaphorik.

Von den Dichtungen der Sizilianer ist keine einzige in ihrer ursprünglichen Gestalt auf uns gekommen. Sie sind alle in den großen Sammelhandschriften überliefert, die in der zweiten Jahrhunderthälfte in der Toskana angefertigt wurden. Nach damaliger Gepflogenheit haben die Abschreiber die Formen der Ursprungsmundart unbedenklich durch die Formen der eigenen Mundart ersetzt, allerdings nicht planmäßig, so daß immer noch die ursprüngliche Sprachform durchschimmert, am eindeutigsten im Reim, der, selbst wenn er zerstört ist, die Wiederherstellung des ursprünglichen Zustandes gestattet. So erscheinen die Gedichte der Sizilianer in den toskanischen Handschriften in einer Mischsprache, die von Handschrift zu Handschrift, von Gedicht zu Gedicht verschieden ausgefallen ist. Diese hybride sprachliche Form ließ im vorigen Jahrhundert einige Gelehrte vermuten, die Gedichte der Sizilianer seien überhaupt nicht in sizilianischer Mundart verfaßt worden, sondern von vornherein in der vorliegenden Mischsprache, die man in Bologna beheimatet wissen wollte. Diese Auffassung kann heute als abgetan gelten. Es kann kein Zweifel darüber bestehen, daß die Sizilianer wie alle Italiener der damaligen Zeit ihre Heimatmundart benutzt haben. Es war aber eine geläuterte Mundart insofern, als allein schon durch das Thema alle Wörter ausgeschlossen blieben, welche der Sachwelt des Alltags angehörten, etwa Namen von Gebrauchsgegenständen, die am ehesten landschaftlichen Sondercharakter verraten. Der Wortschatz dieser Dichtung ist eng begrenzt, auf die Minne eingeschränkt, daher abstrakt. Die gesamte wesentliche Terminologie ist überdies dem Provenzalischen entlehnt; das Provenzalische ist nur oberflächlich italianisiert. Ferner waren die Dichter des Lateins kundig, weswegen oft die lateinische, dem Toskanischen gleiche Wortform sich an die Stelle der sizilianischen schieben konnte. So war diese Dichtersprache eine Mischsprache, die sich von vornherein von der gesprochenen Umgangssprache unterschied, auch ohne daß sie geflissentlich provenzalisiert worden wäre, was, wie gesagt, zur Stilisierung obendrein geschah. Aber die Lautgestalt und die Flexionsformen verraten eindeutig die sizilianische Herkunft. Wie die ursprüngliche Sprachform dieser Gedichte gewesen sein muß, verrät eine Kanzone, die als einzige nicht in den toskanischen Sammelhandschriften überliefert ist, sondern durch die Abschrift, die der Humanist G. M. Barbieri nach einer nicht toskanisierten, sizilianischen Handschrift gemacht haben muß; es ist die Kanzone «Per miu cori allegrari» des Stefano Protonotaro. Sie wurde wegen ihrer sizilianischen Sprachform auch lange für eine Fälschung gehalten, ist das aber nachweislich nicht (S. Debenedetti).

4. Die Lyrik der Sikulo-Toskaner

a) Guittone d'Arezzo und seine Schule

Mit dem Tode Friedrichs II. von Hohenstaufen zerfällt die sizilianische Dichterschule zunächst als soziale Gruppe, dann aber auch innerlich. Jene erste innere, thematische und stilistisch-formale Geschlossenheit geht verloren, und ein Stilwandel setzt ein.

Waren unter Friedrich Toskaner als Dichter an den sizilianischen Hof gezogen, so wird es mit der Generation von Friedrichs Söhnen Manfred und Enzio, die sich ebenso wie der Vater dichterisch betätigen, anders. Die Toskaner führen die Tradition zwar fort, bleiben aber in ihrer Heimat; ja Enzio selbst verbringt lange Jahre seines Lebens in Bologna. Dieser Standortwechsel hat dreierlei Folgen. Sprachlich bringt er mit sich, daß die Dichtersprache eine Wandlung erfährt. Diese Toskaner wollen zwar offensichtlich in der höfischen Mischsprache Siziliens weiterdichten, zugleich aber toskanisieren sie, teils bewußt, teils unbewußt, ebenso wie die naiven Schreiber des Kodices, die uns die Dichtungen der ersten Sizilianer übermittelt haben. Durch diese Schreiber war ja auch die sizilianisch-lateinisch-provenzalische Mischsprache der Sizilianer bereits zu einer sizilianisch-lateinisch-provenzalisch-toskanischen geworden, zu jenem «volgare illustre», das Dante kannte und das, wie er sagt, überall und nirgends zu Hause war. Dabei ist aber für diese toskanischen Fortsetzer der sizilianischen Dichterschule zu beachten, daß sie, jeder in seiner Stadtmundart (lucchesisch, pisanisch, aretinisch, florentinisch), toskanisieren, wie ja auch die Sammelhandschriften je nach ihrem Entstehungsort eine eigene mundartliche Färbung aufweisen. Die Handschrift A, der Cod. Vat. 3793, ist wohl in Florenz verfaßt, während die Handschrift B,

Laurenziano-rediano, in Pisa geschrieben sein dürfte. Die Gedichte der im «sizilianischen» Stil schreibenden Toskaner sind uns in denselben Handschriften überliefert wie die Werke der Poeten des sizilianischen Hofes.

Zweitens tritt als etwas thematisch Neues die politische Dichtung in Erscheinung. Sie hatte sich bei den Höflingen Friedrichs erübrigt. Bei den mitten in den Streit zwischen Kaiser und Papst, Hohenstaufen und Anjou, Guelfen und Ghibellinen hineingestellten Bürgern der mittelitalienischen Stadtrepubliken mußte dieses Thema stärker in den Vordergrund treten und bedeutete – vom sprachlichen Gewande abgesehen – dennoch nichts eigentlich Neues, war doch die gleichzeitige provenzalische Dichtung Ober- und Mittelitaliens stark politisch inspiriert. Hand in Hand damit ging der Aufschwung der satirischen und moralisierenden Dichtung, die letztlich einem mächtigen staatsbürgerlichen und religiösen Ethos entsprang.

Gerade dieser Stoff verleiht der Dichtung der zweiten Generation von «Sizilianern» ihr besonderes Gepräge. Schließlich wird die bei den ersten Sizilianern noch wenig gepflegte religiöse Thematik besonders bedeutsam. Auch hierin war die provenzalische Lyrik im Stammlande schon vorangegangen. Neue Nahrung fand die religiöse Dichtung aber in Italien im Marienkult der Stadtbürger, der gleichzeitig die städtischen Marienkirchen als Ausdruck speziell bürgerlicher Frömmigkeit entstehen ließ. Die Verehrung Unserer Lieben Frau wird in die gleichen Worte gefaßt wie die Anbetung der höfischen, weltlichen Geliebten, so daß man mitunter im Zweifel sein kann, ob man es mit einer irdischen Frau oder der Himmelskönigin zu tun hat. Das moralische sowie das religiöse Thema verstärken die lateinischen Komponente der Dichtersprache. Drittens wird bei diesen bürgerlichen Dichtern, die allein schon räumlich in die größere Nähe der (von Provenzalen und Italienern) gepflegten provenzalischen Dichtung gerückt werden (manche Toskaner dichten in beiden Sprachen), das provenzalische Vorbild weit mehr tonangebend als bei den frühen Sizilianern. Das bedeutet nicht nur eine weitere Zunahme des provenzalischen Bestandteils im Wortschatz der Dichtersprache, sondern auch eine stärkere Anlehnung an die Provenzalen in der Verstechnik.

Schon im zweiten Drittel des Jahrhunderts, sobald die Dichtung der Sizilianer bekannt wird, beginnt man auch in den Städten der Toskana italienisch zu dichten. In Arezzo schart sich um Guittone ein ganzer Kreis; auf ebensolche Kreise stößt man in Pistoia, Pisa, Lucca, Siena, Florenz. Die Bewegung greift über den Apennin hinaus; eine größere Anzahl von Dichtern findet sich vor allem in Bologna zusammen; aber auch aus anderen Orten Oberitaliens sind Namen von Dichtern überliefert. Einige von diesen Dichtern bedienen sich noch weiter des Provenzalischen, so Paolo Lanfranchi aus Pistoia, der Florentiner Dante da Maiano, ja Terramagnino da Pisa verfaßt in provenzalischen Versen seine provenzalische Sprach- und Verslehre. Die bedeutendste Persönlichkeit von allen ist Guittone d'Arezzo, den Dante in der «Divina Commedia» (Purg. XXIV, 36) zusammen mit Giacomo da Lentini zur Kennzeichnung der Dichter vor ihm nennt. Mit Recht, denn Guittone war nicht nur der fruchtbarste unter ihnen, sondern auch der eigenartigste.

Schon vor Dante galt Guittone d'Arezzo als das Haupt der Schule. Er ist um 1225 in Arezzo geboren, wo sein Vater, ein Guelfe, ein Amt innehatte. Aus politischen Gründen mußte er seine Heimatstadt 1260 verlassen. Er starb zu Florenz 1293 oder 1294. Im Jahre 1265 trat er dem Orden der Ritter der Jungfrau Maria bei («Ordine dei Cavalieri di Santa Maria»), der gegründet worden war, um die Zwistigkeiten und Fehden zwischen Guelfen und Ghibellinen zu schlichten. Mit einem Teil seines Vermögens trug er zur Gründung des Klosters S. Maria degli Angeli in Florenz bei. Guido Guinizelli, der Schöpfer des «Stil nuovo», bezeichnete Guittone stets als seinen Lehrmeister. Weniger günstig ist Dantes Urteil. Er erkennt an, daß Guittone von allen als der große Dichter betrachtet wird, aber er nennt diese Meinung einen Irrtum; unter den Dichtern vor ihm zieht er Giacomo da Lentini und Bonaggiunta aus Lucca vor (Purg. XXVI, 124–126). Vielleicht weil sie schlichter sind als Guittone? Das heutige Urteil über Guittone ist weitaus günstiger, insofern zum mindesten, als seine Originalität und seine historische Rolle klar gesehen werden.

Von der Dichtung der Sizilianer unterscheidet sich die Guittones durch vielfältigere Thematik, größeren gedanklichen Reichtum, breit angelegtes Wissen, das – was man ihm zum Vorwurf gemacht hat – überall hervortritt, und eine ausgesprochene Freude am formalen Virtuosentum. Einen Ulysses der dichterischen Technik nennt ihn tadelnd ein moderner Kritiker (Marti). Guittones dichterisches Werk umfaßt 24 Kanzonen und 118 Sonette. Die Kanzonen sind nur zum Teil Minnelieder; ein großer Teil ist anderen

Themen gewidmet. Einige sind didaktisch; Guittone ist darin bestrebt, durch einen streng logischen Gedankengang die Wahrheit eines sittlichen Grundsatzes nachzuweisen. Diese Kanzonen bereiten thematisch die lehrhaften Kanzonen Dantes vor. Andere sind ganz persönlicher Art, sei es, daß er von seiner Bekehrung spricht, sich rechtfertigt, sich selbst zur Beharrlichkeit ermuntert, sei es, daß er Freunden und Bekannten in ihrem Unglück Trost zuspricht (Torraca). Zu dieser persönlichen Lyrik Guittones sind auch seine religiösen Dichtungen zu zählen, seine Lobgesänge (Lauden) zum Preise Christi und der Jungfrau Maria. Persönliche Dichtung sind vollends die von heftiger politischer Leidenschaft, aber auch von tiefem sittlichem Verantwortungsgefühl erfüllten politischen Dichtungen. Die beste und berühmteste ist die Kanzone, die er nach dem Siege Manfreds bei Montaperti (1260) über die Florentiner schrieb, ein leidenschaftlicher Aufruf für die Sache der Guelfen, für «Fiorenza, fior che sempre rinnovella». Auch die heutigen Tadler Guittones lassen diese Kanzone gelten, die im übrigen den Auftakt bildet zu den politischen Kanzonen Dantes und Petrarcas und neben ihnen bestehen kann.

Was moderne Kritiker vor allem an Guittone bemängeln, ist seine verkünstelte Form, die vornehmlich in den Minneliedern, aber nicht nur in diesen zutage tritt. Dieser Vorwurf mag vom modernen Geschmack her berechtigt sein; er verkennt aber die historische Bedeutung Guittones. Ihm und seiner Generation muß die Nachahmung der Provenzalen, wie sie die Sizilianer betrieben haben, unzulänglich erschienen sein. Er ist bemüht, seine Verse mit allen rhetorischen Kunstgriffen zu verschönern, vor allem sucht er, es den Troubadours in der den Reim betreffenden Spielereien gleichzutun: assonierende und konsonierende Reime, grammatischer Reim, homonymer und paronymer Reim. In Dantes Lyrik läßt sich (trotz seines Tadels an Guittone) in Wortwahl und Reimgestaltung mancher Nachklang der Lyrik des Aretiners nachweisen (Contini).

Man wird Guittone nicht gerecht, wenn man nicht seiner Leistung in der Ausbildung der Verstechnik gedenkt. Durch ihn wurde die Strophe aus Elf- und Siebensilblern zur Regel. Er gab seinen Kanzonen einen streng logischen Aufbau, im Gegensatz zu der sehr locker gefügten Kanzone der Sizilianer und Provenzalen. Ohne diese logische Strenge im Aufbau der Kanzone Guittones sind die der Stilnovisten und Dantes nicht denkbar. Guittone war ein großer, weil auch schöpferischer formaler Könner, der nicht umsonst als Meister verehrt wurde. Ihm kommt das Verdienst zu, das provenzalische Ideal formaler Vollendung und künstlerischer Selbstzucht bekräftigt und der folgenden Generation weitergereicht zu haben.

b) Burleske Dichtung. Rustico di Filippo

In Rustico di Filippo (Rustico Filippi, geb. 1230/40 zu Florenz, gest. ebda zwischen 1291 und 1295) hat die ältere Forschung den Begründer einer realistischen, wirklichkeitsnahen, bürgerlichen, volkstümlichen Dichtung sehen wollen, die zur Kunstdichtung in Gegensatz zu stellen sei. In der Tat bringt Rustico in die Dichtung in italienischer Sprache ein neues Motiv. Menschen und Begebenheiten des Alltagslebens werden zum Gegenstand von Scherz- und Spottgedichten gemacht. Das ist jedoch nur die eine Seite von Rusticos Schaffen. Ein anderer Teil der auf uns gekommenen 60 Sonette behandelt im Stil der höfischen Dichtung die hohe Minne; diese tragen dem Dichter volle Anerkennung seiner Zeitgenossen ein. Doch nicht weniger Anerkennung fanden bei den literarisch Gebildeten seine Spottgedichte wegen ihrer auch heute noch anerkannten Qualität, gewiß aber auch, weil hier in italienischer Sprache zum ersten Male in dieser Art gedichtet wurde. Gegenstand von Rusticos Spott sind ein Geizkragen, ein Lüstling, ein Prahlhans, ein Feigling, ein Buckliger, ein liederliches Frauenzimmer, ein heiratslustiges Mädel, zwei stinkende alte Vetteln, ein Hahnrei. Seine Sprache läßt an Derbheit und Unzweideutigkeit nichts zu wünschen übrig. Man hat hierin einst Wirklichkeitsnähe und Volkstümlichkeit sehen wollen. In Wirklichkeit folgt Rustico einer alten literarischen Überlieferung, die sich von der lateinischen satirischen Dichtung des Mittelalters, von den Scherzgedichten, den Liebes- und Weinliedern der Goliarden herleitet und in den romanischen Literaturen bereits ihre Vorbilder in den Spottliedern und der frauenfeindlichen Dichtung der Provenzalen und Franzosen hatte.

Literatenscherze sind auch etliche Gedichte derb spaßhaften Charakters, die in einigen Bologneser Notariatsakten überliefert sind. Nach einer Dienstvorschrift mußten in den Aktenregistern («Memoriali») die unter der Aktenabschrift befindlichen leeren Stellen der Seite mit Schriftzügen angefüllt werden, um Veränderungen und Zusätze an der Akte unmöglich zu machen. Diese leeren Stellen wurden von den Notaren gern mit poetischen Texten angefüllt. Die erhaltenen Bologneser Notariatsakten geben einen Querschnitt durch die Dichtung der letzten Jahrzehnte des 13. Jahrhunderts: lateinische Lieder, Lieder der Provenzalen und Guittonianer und der nachfolgenden Generation, der Stilnovisten, auch Dantes. Manche Texte sind uns in anderen Handschriften überliefert, einige nur in diesen Aktenlücken. Unter diesen Gedichten finden sich auch einige Scherzgedichte, in denen man früher Reste echter «Volksdichtung» hat sehen wollen. Zwei Gevatterinnen prahlen mit ihrer Gefräßigkeit und Trunksucht («Pur bii del vin, comadre»), zwei andere schelten sich in Gegenwart der Nachbarinnen, kommen aber dennoch überein, ihre Männer zu betrügen («Oi bona gente»); ein drittes Gedicht besteht aus einem Zwiegespräch zwischen der heiratslustigen Tochter, die einen Mann haben möchte, und der Mutter, die ihr den Wunsch abschlägt («Mamma, lo temp'è venuto»). Alle diese recht vergnüglichen Gedichtchen verraten in Wortwahl und Phraseologie den Einfluß der sizilianischen Minnedichtung; daß sich höfisch-sizilianische Sprache mit oberitalienisch-bolognesischen Sprachformen mischt, steht nicht im Gegensatz zu der Sprachmischung, die ja auch bei der toskanischen Kunstdichtung der Zeit zulässig ist. Die Thematik fällt ebenfalls nicht aus dem Rahmen dessen, was in der höfischen Dichtung der Provenzalen und Sizilianer üblich ist, wo auch eine bestimmte Liedgattung volkstümliche Themen behandelt, in denen z. B. die unglücklich verheiratete Frau sich einen Buhlen nimmt oder das heiratslustige Mädchen sich einen Mann wünscht. In diesen Gedichten aus den Bologneser Notariatsakten ist lediglich der Gegenstand noch vergröbert, die Sprache derber, bewußt anstößig, um zum Lachen zu reizen. Es sind wiederum Scherze von Literaten, die mit der Kunstdichtung wohl vertraut sind. Gegen diese Auffassung spricht auch nicht, daß die Gedichte in der Form der «ballata» verfaßt sind; diese Form hat seit und vielleicht durch

Guittone in die Kunstdichtung Eingang gefunden. Eher ist ein Zug von Volkstümlichkeit darin zu erblicken, daß die ballata «Pur bii del vin, comadre, e no lo temperare» im Versmaß der oberitalienischen lehrhaften Dichtung, dem Alexandriner, verfaßt ist.

Dem Kreise der höfischen Dichtung ist auch ein Gedicht zuzurechnen, das auf der Rückseite einer Notariatsakte von 1277 aus Padua überliefert ist, die Klage der Paduanerin, «Il lamento delle donna padovana», nach dem einstigen Besitzer der Handschrift auch «Frammento Papafava» genannt. Vom Vorbild der höfischen Lyrik weicht das Gedicht allerdings in der metrischen Gestaltung ab. Es ist nicht in die Form der Kanzone oder der «ballata» gekleidet, sondern besteht aus gepaarten Neunsilblern, und das ist eine epische, keine lyrische Form.

Ähnliche Vermischung höfischer Thematik mit nicht höfischer Form begegnet auch in einem in Oberitalien, wohl Bologna, verfaßten Minnelied aus den Bologneser Notariatsakten: «Plaxente vixo adorno angelicato», das in der Form eines «serventese» verfaßt ist. Der von den Provenzalen entlehnte Ausdruck «serventès», it. «serventese», bezeichnet bei den Italienern etwas anderes. Er besteht aus einreimigen Versgruppen, die fortlaufend durch Reimverkettung aneinander gereiht werden (Schema: AAAb.BBBc.CCCd . . .). Ursprünglich sind es religiöse Gesänge, bald aber werden sie zur bevorzugten Form für die moralisierende lehrhafte Dichtung, daher die volksetymologische Umbildung des Terminus zu «sermontese». Diese Form wurde nie von der Kunstdichtung übernommen; Francesco da Barberino bezeichnet sie verächtlich als Bänkelsängerpoesie.

Der «serventese» findet feste Verwendung als episch-erzählendes Metrum für das vom Bänkelsänger vorgetragene politische Lied. Einer der drei ältesten Serventesen ist der «Serventese dei Lambertazzi e Geremei», etwa 1283 entstanden zu Bologna, ein Mittelding zwischen Moritat, Strafpredigt und Rügelied. Das Lied hat zum Gegenstand den Streit zwischen der ghibellinischen Familie der Lambertazzi und der guelfischen der Geremei in Bologna.

5. Geistliche Lehrdichtung in Oberitalien. Jenseitsschilderungen

Ein starkes Verlangen nach religiöser Erneuerung hatte im 12. Jahrhundert in Frankreich und Oberitalien, von Flandern über die Provence bis in die Lombardei die kleinen Leute, besonders die Handwerker in den Städten, erfaßt. Sie waren es, die sich in den alsbald der Ketzerei beschuldigten Gemeinschaften der Waldenser, Katharer, Albigenser usw. zusammenfanden. Hierbei ging es nicht so sehr um dogmatische Fragen der Lebensführung; sie strebten ein reineres Leben im Geiste des Evangeliums an. Es war Sache des Volkes, eine Auflehnung gegen den höheren Klerus und die Organisation der Kirche, auch eine Ablehnung der höheren Bildung und damit des Lateinischen. Man scheute sich nicht, sich selbst als «idiotae atque illiterati» zu bezeichnen. In Italien waren es besonders die Kleinbürger der oberitalienischen Städte, die sich diesen Erneuerungsbewegungen anschlossen. Führend war Mailand, in welchem nach einem zeitgenössischen Bericht nicht weniger als 17 Sekten vertreten waren. Die zahlreichsten waren die Patariner; andere nannten sie die Armen Lombarden («Poveri Lombardi»), die Humiliaten u. a. m. Aus der bildungsfeindlichen, d. h. dem Latein ablehnend gegenüberstehenden Einstellung dieser Kreise ist das Aufblühen einer in der Vulgärsprache abgefaßten Erbauungsliteratur in Versen im 13. Jahrhundert zu erklären. Aus Oberitalien stammt eine Paraphrase des Vaterunsers (Monaci Nr. 67) und eine gereimte Paraphrase der Zehn Gebote in bergamaskischer Mundart (Monaci 141). Diese moralisch-didaktische religiöse Literatur Oberitaliens wendet sich mit Absicht an die Nichtlateinkundigen, die «illiterati», in ihrer Sprache, ohne rhetorischen Schmuck, lediglich in der Absicht, die Gemüter zu bewegen und zu erziehen. Auch die metrische Gestaltung ist denkbar einfach und unkompliziert: keine kunstvollen Strophen, schlichte Reimfolgen, mit banalen Reimworten. Als Dichtung kann man die gutgemeinten Belehrungen in Versen schwerlich bezeichnen. Die behandelten Fragen sind nicht ausschließlich religiös; es ging um die Hebung der Moral im täglichen Leben, um Sittenreinheit, Mäßigung, Ehrlichkeit, aber auch um sozialen Aufstieg, was aus dem Aufkommen von Anstandsbüchern zu ersehen ist. Die Sprache, in der diese Traktate in Versen abgefaßt sind, ist die jeweilige Heimatmundart.

In der ersten Hälfte des Jahrhunderts schrieben Uguccione da Lodi (Anfang 13. Jahrhundert) und Gerardo Patecchio aus Cremona (geb. um 1190, gest. nach 1253), in der zweiten die beiden Mailänder Pietro da Barsegapè (gest. nach 1279) und Bonvesin da Riva (geb. um 1240, gest. nach 1313), sowie die Nichtlombarden Giacomino da Verona (2. Hälfte des 13. Jahrhunderts) und Ende des Jahrhunderts ein uns dem Namen nach nicht bekannter Genuese.

Uguccione da Lodi verfaßte seinen Traktat erfüllt vom Geist der Weltverleugnung und von Bußfertigkeit durchdrungen. Um die Menschen zu bessern, schildert er den Tod Christi, das Eintreffen des Antichrist, die Qualen der Hölle und die himmlischen Freuden. Aus den eingestreuten Betrachtungen ist zu entnehmen, daß er den religiösen Neuerern nahestand, den Waldensern eher als den Patarinern. Mit den Patarinern teilt er die dualistische Auffassung der Beherrschung der Welt durch zwei gegensätzliche Prinzipien, das Gute und das Böse, Gott und Satan (Russo). Im zweiten Teil, «Istoria» betitelt, wird die sentenziöse Belehrung gelegentlich durch eine realistische Schilderung unterbrochen, wie z. B. die des Begräbnisses eines reichen Mannes, ein pessimistisches Bild von menschlichem Egoismus.

Anders als die persönliche Bekenntnisschrift Ugucciones ist die literarische Hinterlassenschaft von Gerardo Patecchio (in der Mundart «Pateg», spr. patetsch) aus Cremona. Er war Notar und ein Mann von einiger Bildung. Zur moralischen Erziehung des Volkes – er betont selber, daß er nicht für die Gelehrten schreibe – verfaßte er sein «Splanamento de li Proverbi di Salamone». Er benutzte als Quelle nicht nur die Sprüche, sondern auch das Buch der Weisheit Salomonis («Ecclesiastes») und die im Mittelalter unter dem Titel «Disticha Catonis» weit verbreitete, im 3./4. Jahrhundert n. Chr. zusammengestellte Sammlung moralischer Sprüche. Das religiöse Element steckt bei Patecchio in der Morallehre, er empfiehlt Besonnenheit in der Rede, warnt vor Überheblichkeit, vor der Torheit und vor den Frauen. Die metrische Form ist anspruchslos, paarweise gereimte Alexandriner. Die wohl ursprünglich lombardische Mundart ist durch die venetische Mundart des Schreibers überdeckt.

Pietro da Barsegapè (Bascapè, Petrus a Basilica Petri, einem Ort in der Nähe von Mailand) beendete seinen über 2000 Verse langen «Sermone», wie er sein Werk nannte, im Jahre 1274; die Form ist schlicht, auf eine kurze Einleitung in paarweise gereimten Alexandrinern folgen Neunsilblerpaare. Den Inhalt bildet eine ungefüge und mit z. T. einfältigen Betrachtungen durchsetzte Nacherzählung der biblischen Geschichte. Die Absicht des Verfassers, nämlich Vermittlung der Kenntnis der Heiligen Schrift in der Vulgärsprache, zeigt, daß er den Kreisen der Häretiker nahestand.

Bonvesin da Riva stammte aus wohlhabender Mailänder Familie und gehörte dem Tertiarierorden der Humiliaten an. Er ist der bedeutendste und fruchtbarste unter den Oberitalienern dieser Gruppe und überragt sie alle an literarischer Bildung. Er bedient sich sowohl des Lateins als auch des Volgare. In lateinischer Sprache verfaßt er die Schrift «De Magnalibus urbis Mediolani» (1288), ein Führer durch seine Heimatstadt. In lateinischer Sprache behandelt er im «Carmen de mensibus» das gleiche Thema, das er vorher italienisch behandelt hatte im «Tractato di li misi», nämlich eine Charakterisierung der Monate des Jahres, die ihre Vorzüge und Nachteile selbst preisen. Bonvesins Hauptwerk in italienischer Sprache ist sein «Libro delle tre scritture» (vor 1274 vollendet), eine Schilderung des Jenseits in 2000 Versen. Das Buch in schwarzer Schrift («scrittura negra») behandelt die Qualen der Hölle, das in roter Schrift («scrittura rossa») das Leiden Christi und das in goldener Schrift («scrittura dorata») die himmlischen Freuden. Das Fegefeuer erwähnt er nicht. Man wird darin das Nachwirken ketzerischer Auffassung sehen dürfen. Die umfangreiche Schrift ist geschickt aufgebaut, mit bestimmten Entsprechungen zwischen den drei Teilen und deutlichem Streben nach Symmetrie. Das Verlangen nach einer Systematisierung des Jenseits, das Dante in kunstvoller Weise befriedigen wird, kündigt sich hier bereits an. Es ist die umfangreichste und gedanklich anspruchsvollste Jenseitsschilderung vor der «Divina Commedia». Bonvesin übersetzte auch die «Disticha Catonis» («a utelitade de molti, azò ch'eli se possen accostumare»), ausdrücklich verfaßt zum Frommen aller, damit sie gesittet werden, ferner ein Buch über das Almosenspenden («De eleemosynis») und eines über die guten Tischsitten («De quinquaginta curialitatibus ad mensam»). Diese beiden letzten sind kulturhistorisch von größtem Interesse. Das «De eleemosynis» gibt Einblick in die Zustände in den Krankenhäusern. Der Traktat über das gute Benehmen bei Tisch ist in seiner treuherzigen Naivität recht vergnüglich zu lesen. Von Bonvesin besitzen wir außerdem noch zwei Heiligenleben, die «Vita di S. Maria Egiziaca» und die «Vita di S. Alessio».

Eine Schilderung des Jenseits verfaßt auch Giacomino da Verona, ein Franziskanermönch, in zwei kurzen Gedichten mit dem Titel «De Jerusalem coelesti » und «De Babylonia infernali», ein Beweis dafür, daß dieses Thema in der zweiten Jahrhunderthälfte in Italien sich besonderer Beliebtheit erfreute, so daß es für Dante gewissermaßen in der Luft lag. Bemerkenswerterweise fehlt auch bei Giacomino das Fegefeuer wie bei Bonvesin und Uguccione, wodurch auch er sich einer nicht-orthodoxen Lehre verhaftet zeigt. Mit der durchdachten und sorgfältig aufgebauten Darstellung Bonvesins kann sich die Giacominos nicht messen. Sie hat aber den Vorzug größerer Unmittelbarkeit und Lebendigkeit. Giacomino kümmert sich wenig um Theoretisches. Er fabuliert frisch drauf los; mit lebhafter Phantasie schildert er Himmel und Hölle nicht als unbestimmte undeutliche Orte im Jenseits, sondern wie Städte im Diesseits mit Mauern und Türmen samt ihren Wächtern, der Himmel besteht aus prächtigen Palästen, die Seligen in prachtvoller Kleidung stimmen Lobgesänge an, die Hölle voller grauenhafter Teufelsgestalten, die mit grausamen Folterungen beschäftigt sind. In diese Schilderung mischt Giacomino Szenen von volkstümlicher Komik, so wenn er einen Sünder am Spieß rösten läßt, «wie ein schönes Schwein»; aber Luzifer weist diesen Braten zurück, weil er noch nicht recht knusprig sei.

Eine Schilderung der Hölle findet sich auch unter den 144 Gedichten in genuesischer Mundart von einem uns unbekannt gebliebenen Genueser Reimschmied («L'anonimo Genovese»).

Keines dieser lehrhaften Werken der Norditaliener hat künstlerischen Wert.

6. Religiöse Lyrik

a) Lateinische Hymnik. Der Sonnengesang des hl. Franz von Assisi

Im Italien des 13. Jahrhunderts sind einige der schönsten lateinischen Hymnen des Mittelalters verfaßt worden. Die Sequenz «Dies irae, dies illa» wird dem Thomas von Celano (gest. ca. 1260), dem hl. Bonaventura von Bagnorea der «Laudismus de Sancta Cruce: Recordare sanctae crucis» und die Hymne «Ave coeleste lilium» zugeschrieben; von Jacopone da Todi wird angenommen, daß er der Verfasser des «Stabat mater» ist («Stabat mater dolorosa iuxta crucem lacrimosa . . .»). Der Überlieferung nach stammt die Fronleichnamssequenz «Pange, lingua, gloriosi» aus der Feder des hl. Thomas von Aquin. Diese lateinische Hymnendichtung ist ein Ausdruck der religiösen Erneuerungsbewegung, die sich in den Ordensgründungen des Jahrhunderts niederschlug; der hl. Thomas ist Dominikaner; Thomas von Celano und der hl. Bonaventura sind die frühesten Biographen des hl. Franz; Jacopone ist Franziskaner. Zeitlich geht ihnen das Auftreten des hl. Franz voraus. Er ist in dieser lateinischen literarischen Tradition, die er so befruchtet hat, verwurzelt. Ihr ist auch das Werk zuzuordnen, dessentwegen ihm ein Platz in der Geschichte der italienischen Dichtung gebührt, der Sonnengesang, «Il cantico del sole», bzw. «Il cantico delle creature».

Das Wirken des hl. Franz erwächst aus dem gleichen Streben nach kirchlicher Erneuerung und nach Vertiefung des religiösen Lebens, aus der sich die volkstümlichen häretischen Strömungen des 12. Jahrhunderts genährt hatten. Franz von Assisi wendet sich nicht gegen die Kirche als Institution; er bleibt in den Grenzen der Rechtgläubigkeit.

1182 zu Assisi als Sohn eines reichen Tuchhändlers geboren, führt Franz zunächst das Leben eines vermögenden jungen Kavaliers. Nach einjähriger Kerkerhaft beschließt er, ins Heilige Land zu ziehen. Unterwegs hat er 1205 in Spoleto eine Vision, die ihn den Entschluß fassen läßt, einen geistlichen Ritterorden zu gründen. Er verzichtet auf die Welt und gelobt sich, der Apostel der evangelischen Armut zu werden. 1223 wird dem von ihm gegründeten Orden die offizielle Anerkennung durch eine päpstliche Bulle zuteil. 1224 empfängt der Heilige in La Verna im Apennin die Wundmale Christi. 1226 ist er gestorben.

Den «Cantico del sole», genauer: «Cantico delle creature», die «Laudes creaturarum», wie der lateinische Titel in den Handschriften lautet, hat der Heilige im Spätsommer des Jahres 1224 verfaßt, im Gärtchen von S. Damiano zu Assisi, als seine Augenkrankheit sich verschlimmerte. In dem 33 Zeilen umfassenden Gesang ruft der hl. Franz die Geschöpfe Gottes auf, mit ihm in das Lob des Schöpfers einzustimmen. Sonne, Mond und Sterne, Wind und Wasser, Bruder Feuer und Mutter Erde werden aufgefordert, den Herrn zu preisen, ebenso die vom Gesetz der Barmherzigkeit erfüllten Menschen, ja auch der leibliche Tod. Abschließend werden alle aufgefordert, in den Lobgesang einzustimmen, dem Schöpfer zu danken und ihm in Demut zu dienen.

Der Geist christlicher Nächstenliebe bezieht die Schöpfung mit ein, Erde, Wasser, Luft und auch der Tod, der Sensenmann, sind in dieses beherrschende Gefühl brüderlicher Liebe hineingenommen, verlebendigt und in unmittelbarer Nähe menschlichen Empfindens gerückt: «frate sole», «sora luna», «sor acqua», «frate focu», «matre terra». Diese Schöpfung ist zugleich eine Welt des Lichtes und der Freude, nicht der Finsternis und der Verdammnis, nicht ein Jammertal. Die poetische Kraft des Gesanges geht von den Adjektiven aus, die, so alltäglich sie seien, mit großem Bedacht ausgewählt sind und in ihrer Häufung wirken; das Wasser ist nützlich und bescheiden, aber auch kostbar und keusch, das Symbol der Reinheit. Die Sterne hell und kostbar und schön, das Feuer schön und freudig und kraftvoll und stark. Verben reihen sich zu geistiger Ausdruckskraft: die Sonne spendet den Tag («iorna»), erleuchtet («allumini») und strahlt mit großem Glanz. Helligkeit spenden auch Mond und Sterne und Feuer und die bunten Blumen («coloriti flori»). Nicht schreckend, sondern tröstend steht der leibliche Tod («morte corporale») mit dem zweiten Tod («morte secunda»), der ewigen Verdammnis, in Antithese. Die dreigliedrige Auffoderung in der vorletzten Zeile: «laudate et benedicete mi signore et rengratiate» bringt in der rhetorischen Figur der Klimax eine Steigerung hinsichtlich des persönlichen Verhältnisses zum Schöpfer und eine Steigerung in der Demut, wodurch die Schlußzeile nicht zur Fortsetzung der Klimax, sondern zu ihrer abschließenden Zusammenfassung wird: «et serviteli cum grande umilitate».

Die Deutung des Textes ist lange umstritten gewesen. Die traditionelle ist die, daß der hl. Franz seinen Lobgesang auf Gott und die ganze Schöpfung anstimmt. Gegen diese Auffassung hat man sprachliche Einwendungen gemacht und auf den Anachronismus hingewiesen, dem hl. Franz einen naiven Pantheismus zuzuschreiben; dazu kommen andere abwegige Auslegungen, die allzu materialistisch an Biographisches anknüpfen (das Lob des Lichtes, weil der Heilige augenleidend war, das Lob der irdischen Welt als ein Abschiedsgesang vom Leben). Die wohl richtige Interpretation hängt von der Bedeutung ab, die man dem «cum» der 5. Zeile und dem «per» der folgenden Zeilen gibt. Die neuere Auffassung ist, daß «cum» bedeutet ‹zusammen mit›: der Sänger ‹zusammen mit› den Geschöpfen und «per» ‹von›: ‹von› Bruder Wind usw. (nicht: «wegen» oder «für»). Diese neuere Auffassung (L. F. Benedetto, L. Russo) liegt der obigen Paraphrase zugrunde. So stark der poetische Eindruck ist, muß man doch vor irrigen Vorstellungen und Bewertungen auf der Hut sein. Es ist mit Recht gesagt worden (Russo), daß der «Cantico delle creature» nicht ein Gedicht ist, sondern ein Gebet. Dem Verfasser selber lag nur am Lob Gottes; ein Kunstwerk zu schaffen war seine Absicht nicht.

Es wäre auch falsch, den «Cantico» als kunstlose Volksdichtung zu werten. Daß der Heilige hier sich seiner Heimatmundart bedient, nicht des Toskanischen, ist, wie schon gesagt, zeitbedingt. Die toskanische Literatursprache besteht um diese Zeit noch nicht. Der «Cantico» ist literarischen Ursprungs und Werk eines Literaten. Als Sohn aus vermögendem Hause ist der hl. Franz mit der französischen Heldendichtung und der provenzalischen Minnelyrik vertraut. Aus dem Denken der ritterlichen Welt erwächst ihm die Vorstellung von seiner Missionsaufgabe. Schon längst ist darauf hingewiesen worden (F. Novati), wie der hl. Franz, nach dem Zeugnis seiner frühesten Biographen, mit dem Geist des Rittertums auch dessen Ausdrucksweise übernimmt. Er fühlt sich als ein Paladin Christi ebenso wie Karl der Große, Roland, Olivier und die anderen Ritter der «Chanson de Roland». Seine Ordensbrüder vergleicht er den Rittern der Tafelrunde des Königs Arthus: «Isti sunt fratres mei Tabulae Rotundae». Wie Lancelot vom See zieht Franz in die Welt hinaus, um zu Ehren seiner Dame zu kämpfen, der Dame Armut, «Dama Povertà». Mit seinen Brüdern zieht er aus, um die Heiden zu bekehren, so wie Roland und Olivier, ein «fortissimus miles Christi». Dieser Kenner weltlicher Dichtung ist als Geistlicher auch lateinkundig. Wenn er dichtet, dichtet er lateinisch. Von seinem lateinischen Lobgesang «Laudes Creatoris» ist nur ein Bruchstück von der Hand des Heiligen selbst erhalten. Er ist lateinisch geschrieben. Die «Laudes creaturarum» sind in umbrischer Mundart, aber sie sind ein Propfreis am Stamme der lateinischen Dichtung. Franz ahmt die Versikel der Psalmendichtung und die lateinische Reimprosa des Mittelalters nach. Sein Gedicht besteht aus Prosazeilen verschiedener Länge, die miteinander assonieren und sich nur ausnahmsweise reimen. Auch thematisch liefert die Vulgata das Vorbild: der Gesang der drei Jünglinge im Feuerofen (Buch Daniel III, 52–90) und der 148. Psalm.

Der «Cantico delle creature» ist mit den frühesten Minneliedern der Sizilianer etwas gleichzeitig entstanden, aber aus einer ganz anderen literarischen Tradition heraus, unabhängig von ihnen. Er steht zwar zeitlich am Anfang der italienischen Dichtung, aber außerhalb der Bewegung, aus der die italienische Kunstlyrik erwächst. Literarisch bleibt er ohne Nachfolge, freilich darf es allenfalls als ein frühes, aber isoliertes Beispiel der volkssprachlichen Laudendichtung angesehen werden. In die offiziellen, lateinisch verfaßten Biographien des Heiligen wurde der Text nicht aufgenommen. Er ist uns nur in acht verstreuten Handschriften erhalten, in keiner Handschrift, in der die höfische Lyrik überliefert wird, und in keiner, die die religiöse Dichtung der Lauden enthält. Dies besagt, daß das Gedicht nicht über einen engen Kreis hinaus bekannt wurde. Erst die Philologie des 19. Jahrhunderts hat es ans Licht gezogen und den Text wortgetreu wiederhergestellt. Erst die Forschung hat die bezweifelte Verfasserschaft des heiligen Franz schlüssig nachgewiesen, sich um die Deutung bemüht und damit dem Werk zu seinem späten, aber berechtigten Ruhme verholfen.

Als Dichter bleibt der hl. Franz seinen Zeitgenossen so gut wie unbekannt. Seine Wirkung beruht allein auf seiner Lehre und seiner Persönlichkeit. Von dieser Wirkung allerdings legt das Schrifttum der Zeit beredtes Zeugnis ab. Nicht nur daß die lateinische religiöse Lyrik wie die volkssprachliche der Lauden, auch derjenigen Jacopones, seinen Einfluß verrät und seinen Geist atmet: allenthalben stößt man auf Zeugnisse von der Wirkung der Persönlichkeit des hl. Franz. Die Chronik des Salimbene ist voll von den Taten des Heiligen und seiner Ordensbrüder, ja sie ist Zeugnis der geistigen Auseinandersetzungen innerhalb des Ordens. Marco Polo berichtet in seinem Wunderbuch von der Begegnung mit missionierenden Franziskanermönchen im fernen Asien. Dante setzt ihm ein Denkmal in der Göttlichen Komödie (Par. XI, 37–117); doch der Abschnitt, den Jacobus de Varagine in der «Legenda aurea» Franz widmet, dürfte wohl von allen Biographien des Heiligen, die modernen eingerechnet, die meisten Leser gefunden haben. Dante und Jacobus zeigen, in welcher Weise der hl. Franz noch einmal für die italienische Literatur fruchtbar werden wird, nämlich als legendäre Gestalt, d. h. thematisch. Von Dantes Porträt abgesehen, ist freilich die biographische und parabiographische Legendendichtung um den hl. Franz im 13. Jahrhundert noch in lateinischer Sprache verfaßt. Die «Fioretti di San Francesco» gehören dem 14. Jahrhundert an; von ihnen wird später die Rede sein. Lange vor ihrer Abfassung war der Freskenzyklus vom Leben des Heiligen in der Oberkirche von S. Francesco zu Assisi bereits vollendet.

b) Die Laudendichtung

Aus der lateinischen liturgischen Tradition löst sich im Laufe des 13. Jahrhunderts die Gattung der «lauda» heraus. Schon seit dem 10. und 11. Jahrhundert ist das Bestehen von Laienbruderschaften belegt, die sich zur Aufgabe machen, zu bestimmten Stunden des Tages das Lob der hl. Jungfrau zu singen. Im 13. Jahrhundert ist aus allen Teilen Italiens das Vorhandensein solcher Vereinigungen bezeugt. In der Toskana nannten sich diese Vereinigungen «fratèrnita» oder «compagnia». Ihre Gesänge nannten sie «laudes» nach dem Teil des kanonischen Gottesdienstes zur Mattutin, in dem die Psalmen 148, 149 und 150 gesungen wurden; in ihnen kehren die Worte «laus», «laudare», «laudate» usw. häufig wieder. Danach wurden diese Gesellschaften auch «Laudesi» genannt; in Florenz bestand eine solche Vereinigung, die sich «Laudesi della beata Vergine» nannte und aus der 1283 der Servitenorden «Servi di Maria» hervorging. Ursprünglich wurden die Psalmen lateinisch gesungen, dann ging man dazu über, auch eigens für die Bruderschaften verfaßte lateinische und volkssprachliche Litaneien zu verwenden. Wann der Übergang vom Latein zum Italienischen erfolgte, ist ungewiß. Jedenfalls erhielt die volkssprachliche Laudendichtung, die an die Stelle der lateinischen Hymnen und Sequenzen trat, einen mächtigen Antrieb aus der aktiven Teilnahme der Laien am religiösen Leben, die das 13. Jahrhundert kennzeichnet. Zwei Volksbewegungen sind es, die die Tätigkeit der «Laudesi» besonders gefördert haben: die Prozessionen des Halleluja-Jahres 1233 und die Bewegung der Flagellanten, der Geißelbrüder, die 1260 einsetzt. Im Jahre 1233 fanden unter besonderer päpstlicher Förderung große Prozessionen statt, in Bußgewändern, Kreuze tragend, um für den Frieden zu beten. Auch Laien übernehmen die Führung. Salimbene in seiner Chronik (Kap. 71) berichtet davon, wie ein gewisser Benedetto aus Spoleto, der, auf Plätzen und in Kirchen Gott preisend, in Oberitalien herumzog und einmal in Padua auftrat: mit langem schwarzem Bart, in schwarzem Gewande, auf dem vorn und hinten ein rotes Kreuz aufgenäht war. Er stieß in eine Trompete und begann: «Laudato et benedetto et glorificato sia lo padre!» Die Kinder hinter ihm wiederholten die Worte mit ihm und fügten hinzu: «sia lo figlio» und dann «sia lo spirito santo»; danach sprach er «alleluja, alleluja, alleluja». Daraufhin stieß er wieder in die Trompete, predigte zum Lobe Gottes und schloß mit einem lateinischen Gebet an die Hl. Jungfrau. Riccardo da San Germano berichtet von dem Auftreten wohl des gleichen Mannes. Seinem Bericht verdanken wir die Erhaltung des frühesten Textes einer vulgärsprachlichen «Lauda». Aus dieser frühen Zeit sind sonst nur wenige Lauden erhalten.

Die Bewegung der Geißler, die ganz Europa erfaßte, ging in Italien 1258 von Perugia aus, von dem Einsiedlermönch Ranieri Fasani ausgelöst. Ab 1260 bildeten sich feste Geißelbruderschaften («flagellanti», «battuti», «disciplinati»), mit denen sich die üblichen Laudenbruderschaften z. T. verschmolzen. Jedenfalls übernehmen die Geißelbruderschaften von den Laudesi die Gepflogenheit des Laudensingens. Die Geißelbruderschaften blieben als eigene Körperschaften bis ins 16. Jahrhundert erhalten. Diese allenthalben in Italien sich zusammenschließenden Vereinigungen haben der Laudendichtung in der Volkssprache erst den rechten Auftrieb gegeben. Die vielen (rund 200) erhaltenen Lauden sind in den zahlreichen großen Sammelhandschriften («Laudari») der «Disciplinati» überliefert worden, aus der Lombardei, den Marken, den Abruzzen und Oberitalien. Die Bezeichnung «lauda» wurde beibehalten. In der Form ging man bald von der ursprünglichen Laissenform ab und übernahm die Form der «ballata», zuerst der «ballata minore», mit zweizeiligem Refrain, dann der «ballata maggiore» mit vierzeiligem Refrain. Gegenstand der Lauden sind außer den Liedern zum Lob Mariae die verschiedenen Etappen des Lebens Christi, von der Geburt bis zur Leidensgeschichte, die Wunder Christi und der Hl. Jungfrau sowie das Leben der Heiligen und ihre Wunder; es sind Lobgesänge und Bußlieder. Sie sind episch-lyrisch, doch treten bereits im 13. Jahrhundert auch dialogisch gestaltete Lauden auf, aus denen sich zuerst in Perugia die dramatische «lauda» und die «rappresentazione sacra», das Mysterienspiel, entwickelt. Obwohl von Lateinkundigen verfaßt, sind alle diese Lieder recht ungefüge, ungeordent und kunstlos, für ein Publikum verfaßt, dem nur der Inhalt etwas bedeutete und das mit der schlichtesten Form zufrieden war. Anspruchslos war auch die Absicht der Verfasser. Dem entspricht, daß sie meist nicht bekannt waren; Verfassernamen werden erst bei den später dramatischen Lauden des 15. Jahrhunderts genannt. Die Sprache ist die der jeweiligen Landschaft, nicht die höfische Dichtersprache der Minnelyrik. Bei der Übernahme in das Repertoire von Bruderschaften in anderen Gegenden wird die ursprüngliche Mundart durch die Anpassung an die neue Umgebung verwischt. Der liturgische Ursprung ist an der Übernahme zahlreicher Formeln der liturgischen Gesänge erkennbar. Die Verse weisen Unregelmäßigkeiten in der Silbenzahl auf, und die Reime sind oft unrein, wenn nicht überhaupt die Assonanz den Reim vertritt.

c) Jacopone da Todi

Die Laudendichtung des Jacopone aus Todi ist nicht, wie man lange gemeint hat, der Gipfelpunkt der volkstümlichen Laudendichtung der Laudesi. Der Zusammenhang ist weit lockerer. Jacopone hat seine Lauden nicht für die Bruderschaften geschrieben, sondern, wie ausdrücklich überliefert ist, für seine franziskanischen Ordensbrüder. Keine seiner Lauden ist in den Sammelhandschriften der Laudesi überliefert; sie gehörten nirgends zum Bestand ihres Repertoires. Keine der Lauden der Bruderschaften ist eine Nachahmung einer Lauda Jacopones. Jacopone ist nicht der volkstümliche Spielmann Gottes, als den ihn noch die romantische Kritik des vorigen Jahrhunderts gesehen hat.

Jacopone bedient sich für seine Dichtung der Formen, die in seiner Heimat um die Mitte des Jahrhunderts zur Regel geworden sind: der «ballata», sowohl der «ballata minore» wie der «ballata maggiore», gelegentlich auch des für die lehrhafte Dichtung üblich gewordenen «serventese», z. B. in der ausgesprochen lehrhaften lauda «Sapete voi novelle de l'amore». Insofern gehört das Werk Jacopones der umbrischen Laudendichtung an.

Jacopone ist ein Mann von Bildung. Er ist ursprünglich Notar, wie so viele Dichter der sizilianischen Dichterschule, seine Zeitgenossen; er ist bibelfest und im theologischen Schrifttum bewandert. Die Lauda «Lo pastor per mio peccato» (Nr. 57) z. B. ist mit Bibelstellen durchsetzt, fast ein «centone». Auch die höfische Lyrik der Sizilianer ist ihm wohl vertraut, wie seine «sizilianischen» Reime («reliusi: envidiusi; culuri: vanuri») und sein Wortschatz («adobato», «allegranza», «amanza», «delettanza», «amadore», «amoranza» usw.) verraten. Nichts konnte Jacopone hindern, den Sizilianern in der Pflege der Form nachzueifern und sich ihrer Formen zu bedienen, der Kanzone, des Sonetts, die ja auch sie in ihrer religiösen Dichtung verwendet haben. Die Abwendung davon ist demnach bewußt, ja programmatisch erfolgt.

Wie die Gedichte der Troubadours den Stoff für die märchenhaften provenzalischen «vidas», den ältesten vulgärsprachlichen Biographien des Abendlandes, hergeben mußten, so nährten sich die älteren Lebensbeschreibungen des hl. Jacopone von Todi von den Nachrichten, die sich den Lauden des Tudertiners entnehmen ließen. Wenn man das Erschlossene und Erfundene wegläßt, so ergibt sich ein bewegter Lebenslauf. Jacopo Benedetti entstammt einem vornehmen Geschlecht. Geboren ist er zu Todi – man kann es mit bloßem Auge von Assisi aus am Hange liegen sehen – wohl um das Jahr 1240 oder gar früher. Die fromme Legende will, daß der Weltmann Jacopone von seinem weltlichen Genußleben abließ, als seine Frau beim Einsturz eines Tanzsaales umkam und man an der Leiche ein Büßerhemd fand. Diese Erzählung ist wohl kaum mehr als ein hagiographischer Kunstgriff. Über die Gründe, die Jacopone zur Selbsteinkehr und Weltflucht bewogen, läßt sich nichts Zwingendes sagen. Vermutlich erfolgte die Bekehrung um das Jahr 1268 (3 Jahre nach Dantes Geburt). Zehn Jahre harter Bußübung folgten. Dann trat Jacopone in den Orden der Minderen Brüder ein. Hier schloß er sich dem Kreise derer an, die die Ordensregel der völligen Armut streng durchgeführt wissen wollten, den Spiritualen, gegen die Papst Bonifaz VIII. (1294–1303) scharfe Maßnahmen ergriff. Er wurde 1298 eingekerkert und exkommuniziert. Seine Gnadengesuche blieben fruchtlos. Erst der

Tod des streitbaren Papstes brachte die Begnadigung. Seine letzten drei Lebensjahre verbrachte Jacopone im Kloster San Lorenzo di Colazzone bei Todi, wo er 1306 starb und beigesetzt wurde. Die Gebeine wurden später nach Todi überführt; sie befinden sich heute in S. Fortunato, in dem Grabmal, das der Bischof Angelo Cesi 1596 errichten ließ.

Von den unter seinem Namen überlieferten Lauden haben 93 Jacopone mit Sicherheit zum Verfasser, ein umfangreiches Werk, und von großer Vielfalt der Gedanken. Den Grundton seiner Dichtung bildet der Abscheu vor der Welt. Sein Widerwille gegen das weltliche Treiben steigert sich zu wildem Haß, wenn er die Zeitverhältnisse betrachtet, Treulosigkeit und Wortbrüchigkeit unter den weltlichen Herrschern, Heuchelei seiner Ordensbrüder. Die Laudes mit den Angriffen auf Bonifaz VIII. gehören zum kraftvollsten, was Jacopone als Sittenprediger, als Satiriker geschaffen hat, vor allem die Lauda «O papa Bonifazio, molt'hai iocato co lo monno» (Nr. 58).

Nicht minder leidenschaftlich sind die Lauden, in denen Jacopone Seite an Seite mit seinen Gesinnungsgenossen, den Spiritualen, die Verderbtheit der Kirche geißelt und deren Gedanken und Ziele im Kampf gegen die Kirche vertritt. Einen großen Raum neben den kämpferischen Gedichten nehmen die lehrhaften ein. In einigen behandelt er dogmatische Fragen, wie in der Lauda 43 «L'omo fo creato vertuoso», wo er die gleiche Frage erörtert wie Dante im 7. Gesang des Paradiso, nämlich die Erlösung durch den Opfertod Christi. Von starker Empfindung erfüllt sind die mystischen Lauden, berühmt die Lauda Nr. 90: «Amor de caritate, perchè m'hai si ferito?» Die unbestreitbar schönste ist die letzte (Nr. 93), die Klage der Hl. Jungfrau am Kreuz, «Il pianto della Vergine». Der «planctus» ist rein dialogisch, ohne erzählende Partie; es sprechen Maria, Johannes, Christus und die Volksmenge der Juden. Hier zeichnet sich der Übergang von der lyrisch-poetischen Lauda zur dramatischen ab, der sich in Umbrien noch zu Lebzeiten Jacopones vollzieht.

7. Wissenschaftliches und lehrhaftes Schrifttum

Die lateinische Sprache bleibt in Italien weiterhin die Sprache der Gelehrten. Italien bildet in Europa damit keine Ausnahme. Auch wer sich einer der in Italien jetzt für den schriftlichen Gebrauch üblichen Volkssprachen (italienische Mundart, Französisch, Provenzalisch) bedient, schreibt zugleich auch Latein: beispielsweise Bonvesin de la Riva, Pier delle Vigne, Dante Alighieri. Gegenüber dem 12. Jahrhundert hat Italien im 13. Jahrhundert eine Reihe bedeutender Schriftsteller in lateinischer Sprache aufzuweisen und ein sehr vielfältiges Schrifttum. Zugleich erfolgt aber auch eine Loslösung vom Latein. Dafür ist das Stoffliche maßgebend. Das streng Wissenschaftliche bleibt weiterhin dem Latein vorbehalten, die Themen, die einem weiteren Kreise zugänglich gemacht werden sollen, werden in zunehmendem Maße auch auf italienisch behandelt. So entsteht eine umfangreiche Übersetzungsliteratur, die weiterhin zu der Abfassung von originalen Werken gleicher Thematik in italienischer Sprache führt. Es lohnt sich, die lateinische Literatur der Zeit im Hinblick auf diese weitere Entwicklung kurz zu betrachten.

a) Theologische Werke

Italien wird im 13. Jahrhundert in der Theologie führend. Hier wirken der Dominikaner Thomas von Aquino (geb. um 1225 in Roccasecca bei Aquino, gest. 1274 im Kloster Fossanova) und der Franziskaner Bonaventura von Bagnaregio (1221–1274). Von der Bedeutung der Lehre des hl. Thomas und des hl. Bonaventura für die Auseinandersetzung mit der Philosophie des Aristoteles, bei der der hl. Bonaventura dem überlieferten Augustinismus näher stand als dem aristotelischen des Thomas, zu sprechen, erübrigt sich hier. Doch sei besonders darauf hingewiesen, daß beide in Italien selbst lebten und lehrten, Thomas in Orvieto, Viterbo, Rom und Neapel (und nur zeitweise in Paris), Bonaventura zwar zeitweilig auch in Paris lehrte, aber aufs engste mit der Heimat verbunden blieb und 1257 zum General seines Ordens aufrückte. Im Kloster La Verna, wo der hl. Franz die Wundmale empfing, verfaßte er seine berühmteste Schrift aus dem Geiste franziskanischer Mystik «Itinerarium mentis ad Deum» (Pilgerbuch des Geistes zu Gott), eine Anleitung zur Vervollkommung in der Erkenntnis Gottes und in der Liebe zu Gott.

b) Juristisches Schrifttum

So wie Paris im Mittelalter der Mittelpunkt der theologischen Studien war, war Bologna seit dem 11. Jahrhundert der Mittelpunkt der juristischen. Hier hatte Irnerius (um 1055, gest. nach 1125) die Schule der Glossatoren gegründet. Deren Tätigkeit bestand in der inhaltlichen, nicht bloß sprachlichen Erläuterung der Gesetzessammlung Justinians in Gestalt von Bemerkungen («glossa») am Rand oder zwischen den Zeilen des Textes. Es wurde nicht nur das Zivilrecht, sondern auch das kanonische Recht kommentiert. Die Arbeit der Glossatoren stand im engsten Zusammenhang mit der praktischen Rechtspflege. Ihre Werke dienten als Lehrbücher und Handbücher auch für die Rechtsprechung: «Quod non agnoscit glossa, et curia non agnoscit.» Einige der bedeutendsten Glossatoren gehören dem 13. Jahrhundert an: Azzone de'Porci (gest. um 1230), Accursius aus Florenz (1182–1259), Goffredo da Trani (gest. um 1245). Schließlich lebte und lehrte in Italien einer der größten abendländischen Mathematiker des Mittelalters, Leonardo Pisano (auch Leonardo Fibonacci genannt). Er war um die erste Hälfte des 13. Jahrhunderts Beamter und Rechenmeister, «magister abbaci», in Pisa. Sein «Liber abbaci», «Das Buch von der Rechentafel», ein Lehrbuch der Arithmetik, erschien in zwei Fassungen, von 1202 und von 1228, seine «Practica geometriae» 1220, ein Euklidkommentar.

c) Asketische Schriften, Morallehren und Fürstenspiegel

Ebenfalls in lateinischer Sprache entsteht auch ein mehr praktisch orientiertes Schrifttum lehrhaften Charakters, von dem ebenfalls einiges weit über die Grenzen Italiens hinaus bekannt wird: asketische Schriften, moralische Traktate, Anstandsbücher, Fürstenspiegel, Heiligenleben und Chroniken, kurzum Werke, die sich nicht an Fachgelehrte wenden, sondern an Laien. Hier zeigt es sich nun bald, daß die Verbreitung dieser Schriften in lateinischer Sprache nicht ausreicht, daß das Verlangen immer stärker wird, auf weiteste Kreise zu wirken, auch den nicht Lateinkundigen anzusprechen. So setzt eine lebhafte Übersetzertätigkeit ein. Gegen Ende des Jahrhunderts gehen immer mehr Italiener dazu über, die genannten Themenkreise unmittelbar in der Volkssprache zu behandeln.

Unter den Lehrbüchern der Lebensklugheit bilden eine eigene Gattung diejenigen, die sich nicht an den Menschen überhaupt und an den Durchschnittsbürger wenden, sondern an die Herrscher, Fürsten, in Italien speziell an die Podestà. Unter den verschiedenen Fürstenspiegeln des Mittelalters war der erfolgreichste der des Egidio Colonna, «De regimine principum», der um 1277–1279 erschien. Er wurde verfaßt auf Veranlassung Philipps des Kühnen, König von Frankreich. Das Werk hatte großen Erfolg; Philipp der Schöne ließ es sofort ins Französische übersetzen; es wurde später noch zweimal ins Provenzalische, ferner ins Deutsche, Englische, Spanische, Katalanische und Hebräische übertragen; ins Italienische wurde es fünfmal übersetzt. Hierbei ist zu beachten, daß die erste Übersetzung ins Italienische, in ein Toskanisch senesischer Prägung, nicht vom lateinischen Original her erfolgte, sondern vom Französischen her, vom «Livre du gouvernement des rois». (Von der Rolle des Französischen als Sprache der Gelehrsamkeit im Italien des 13. Jahrhunderts wird später noch die Rede sein). Von dem Ansehen des «De regimine» zeugt auch der Umstand, daß Dante es im «Convivio» (IV, XXIV, 9) ehrend erwähnt. Eine Frage, nämlich wem der Vorrang der Herrschaft gebühre, dem Kaiser oder dem Papst, wird von Egidio im «De regimine» nicht angeschnitten, was sich aus dem speziellen Zuschnitt auf den französischen König erklärt. Diese, zumal die Italiener bewegende Frage hat Egidio in einer gesonderten Schrift «De ecclesia sive de summi pontificis potestate» behandelt, in einem anderen Sinne freilich als später Dante in seiner «Monarchia». Mit diesem zusammen gehören allerdings die Schriften Egidio Colonnas in die umfangreiche polemische Literatur über das Verhältnis zwischen Kaiser und Papst. Sie fanden noch lang über das Mittelalter hinaus Interesse. Das «De regimine» erlebte 1607 noch einen Druck. Nicht von ungefähr ist von den kleineren Schriften Dantes die einzige, die im 16. Jahrhundert öfters aufgelegt wurde, seine «Monarchia».

d) Italienische Moraltraktate. Bono Giamboni

Aus der moralischen Traktatenliteratur, die aus Übersetzungen aus dem Lateinischen oder Französischen besteht, geht alsbald eine selbständige italienische hervor, die die verschiedenen Quellen selbständig verarbeitet. Die erste Morallehre in italienischer Sprache, die keine Übersetzung ist, verfaßte nicht lange nach 1274 Bono Giamboni, der Übersetzer von Lotharius' «De miseria humanae conditionis». Seinem «Libro de'Vizi e delle Virtudi», auch «Introduzione alle Virtù» genannt, gibt er allegorische Einkleidung. Das hervorragendste Werk dieser moralisch-didaktischen Literatur ist der «Fiore di Virtù», der zu Beginn des 14. Jahrhunderts von einem unbekannten Toskaner in Prosa verfaßt wurde, zwischen der Abfassungszeit von Dantes «Convivio» (1306/08) und 1323. Von Bono Giambonis «Libro de'Vizi e delle Virtudi» unterscheidet sich der «Fiore di Virtù» durch den Fortfall der Allegorie, ferner durch die Klassifizierung der Tugenden und Laster. Der «Fiore di Virtù» war eines der erfolgreichsten Werke der moralischen Literatur vor Dante. Davon zeugt die große Menge der Handschriften, 80 an der Zahl, die vielen Frühdrucke und die Übersetzung in fast alle europäischen Sprachen, auch osteuropäische, griechisch, russisch, kroatisch und rumänisch. Mit Giambonis «Libro de'Vizi» gehört es zu den Werken, die am unmittelbarsten zum Verständnis der «Göttlichen Komödie» beitragen, überdies aber zeigen, wie sehr das Thema zu Dantes Werk in der Luft lag. Das «Fiore di Virtù» ist sogar etwa gleichzeitig mit der «Divina Commedia» entstanden.

e) Legenden. Jacopo da Varazze

Schon im 12. Jahrhundert stoßen wir auf Ansätze zu einer Legendenliteratur in italienischer Sprache. Aber auch im 13. Jahrhundert bleibt diese Art von Erbauungsliteratur dem Latein, d. h. wohl der mündlichen Nacherzählung in der Vulgärsprache, vorbehalten. Legendäres in der Vulgärsprache bleibt vorläufig noch selten. In Versen behandelt Legenden Bonvesin de la Riva. Aus dem 13. Jahrhundert stammen zwei in Versen abgefaßte Legenden von der hl. Katharina von Alexandrien, eine aus Verona, eine aus Neapel. In Prosa übersetzt ein unbekannter Senese ein Dutzend Legenden in seine Heimatmundart, «Conti morali». Wie für die gereimten Legenden ist auch hier ein französischer Text die Vorlage, «La vie des anciens pères», was die von Gallizismen erfüllte Sprache verrät. In die Reihe der Jenseitsvisionen, die von den oberitalienischen Lehrdichtern in italienischen Versen behandelt wurden, gehört auch die Prosaübersetzung der Legende von den drei Mönchen, die den Nil hinauffuhren, um das irdische Paradies zu besuchen, sowie die im Mittelalter weitverbreitete irische Sage von der Seefahrt des hl. Brandan («Navigatio Sancti Brandani»), von der die älteste italienische Prosaversion bezeichnenderweise wieder in Oberitalien, in Venetien verfaßt wurde. Doch sind dies alles keine originellen Leistungen.

Immerhin sind die Italiener auch mit bedeutenden eigenen Schöpfungen hervorgetreten, freilich zunächst in lateinischer Sprache. Dabei ist es tunlich, zweierlei zu unterscheiden: Legende und Heiligenbiographie; wenn auch hier die Grenzen fließend sind, so hat doch die Heiligenbiographie offenkundig einen offiziellen Anstrich, tritt mit dem Anspruch der Exaktheit auf und wendet sich an die höchsten Kreise.

Die eigenständige italienische Hagiographie knüpft an den hl. Franziskus und den ihn umgebenden Personenkreis an. Die erste Biographie des Heiligen schrieb der hl. Thomas von Celano im Auftrag Gregors IX. Sie erschien im Jahre 1228 und wird die «Vita prima» genannt, denn im Jahre 1246/47 ließ er eine zweite Fassung, «Vita secunda», folgen und im Jahre 1250–52 den «Tractatus de miraculis», der von den Wundern des hl. Franz handelt. Die offizielle Version des Lebens des Heiligen verfaßte der hl. Bonaventura als Ordensgeneral im Jahre 1266. Enthielten diese Schriften naturgemäß viel Legendäres, so sind sie doch nach der Absicht der Verfasser historische Dokumente. Ihnen geht eine Schrift voraus, die nur am Rande des Biographischen steht, aber das wesentlichste Ereignis der geistigen Biographie des Heiligen herausgreift, sein Armutsgelübde. Es ist die Schrift über die mystische Hochzeit des Heiligen mit Frau Armut, «Sacrum commercium sancti Francisci cum domina Paupertate», von einem unbekannten Autor, wohl um 1227 verfaßt, noch vor der «Vita prima» des Thomas von Celano. Es ist eine allegorische Erzählung. Franz zieht aus auf Suche nach der Frau Armut; er begegnet ihr auf dem Gipfel eines Berges; sie erzählt ihm von ihrem Leid in christlicher Zeit; nachdem der Heilige ihre Zustimmung zur Vermählung erhalten hat, wird das

Hochzeitsmahl gehalten in Gesellschaft der Ordensbrüder. Paul Sabatier hat das Werk bezeichnet als «un des plus beaux livres de la littérature religieuse». Giotto hat daraus geschöpft. Doch das volkstümliche Legendenbuch vom hl. Franz in italienischer Sprache ließ bis zum 14. Jahrhundert auf sich warten. Dem Kreise des Franziskanertums gehört auch die Legende der hl. Margarete von Cortona an, die von deren Beichtvater, einem Minoritenbruder aus Cortona, nach ihrem 1297 erfolgten Tode verfaßt wurde.

Diejenige Fassung der Legende vom hl. Franz, die wohl die weiteste Verbreitung gefunden haben dürfte, ist die, welche in die «Legenda aurea» aufgenommen wurde. Es ist dies die umfangreichste und in ihrer Breitenwirkung bedeutendste Legendensammlung des Mittelalters. Ihr Verfasser ist Jacobus de Varagine, Giacomo da Varazze, aus genuesischer Familie, geboren um 1228. 1244 trat er in den Dominikanerorden ein, zweimal, von 1267–78 und 1281–86 war er Provinzial der Lombardei, bis er 1286 zum Erzbischof von Genua geweiht wurde. Er starb 1298. Jacobus nahm sehr tätigen Anteil am politischen und religiösen Leben seiner Zeit. Er war um die Reform des Klerus bemüht; in die Geschicke seiner Heimatstadt suchte er einzugreifen, indem er den Gegensatz von Ghibellinen und Guelfen auszugleichen suchte. Er war zudem als Schriftsteller sehr fruchtbar. Niederschlag seiner Prediger- und Seelsorgertätigkeit sind seine «Sermones super Evangelia» für alle Sonn- und Festtage des Jahres und das «Liber Marialis». Seine Chronik von Genua von der Gründung bis 1295, «Cronicon civitatis Genuensis», ist ein Zeugnis seines Heimatstolzes, wie auch die anderen Chroniken der Zeit. Seine politische Betätigung verleiht den Teilen, die von den Zeitereignissen, an denen er teilhatte und in die er eingriff, handeln, dokumentarischen Wert. Sein Hauptwerk, dem er seinen Ruhm verdankt, ist die «Legenda aurea». Legendensammlungen hat es schon vor Jacobus gegeben. Doch erst Jacobus hatte den genialen Einfall, nicht nur zu sammeln, sondern auch in das Gesammelte Ordnung zu bringen, und zwar nicht etwa nach geographischen oder chronologischen Gesichtspunkten, die ihm fern lagen, sondern nach liturgischen. Er ordnet die Legenden in den Ablauf des Kirchenjahres ein, in der Ordnung, in der die Gedenktage der Heiligen im Kalender aufeinanderfolgen. Die großen Feste, welche die grundlegenden Heilstatsachen feiern, werden in Abschnitten mit dogmatischen Ausführungen behandelt. Beginnend beim Advent über Weihnachten,

Ostern, Pfingsten, Allerseelen und endend bei der Kirchweih sind die Heiligenleben über das Kirchenjahr verteilt – eine nicht nur im theologischen Sinne sinnvolle, sondern auch vom Gesichtspunkt des Predigers aus äußerst praktische Anordnung. Dem universalhistorischen Zug, der sich in den zeitgenössischen Universalgeschichten eines Gottfried von Viterbo oder Vinzenz von Beauvais äußert, entsprechend, hat die Stoffauswahl Jakobs einen Zug ins Universelle. Nicht lokale Gesichtspunkte sind maßgebend; den in der ganzen Christenheit geltenden Heiligen gibt er den Vorrang, was ihm aber die Möglichkeit läßt, Lokalheilige bei dem universalen Heiligen gleichen Namens mitzubehandeln. Entsprechend der liturgischen Gliederung, wonach jeder Heilige seinen festen Platz erhält, schafft er ein durch tiefere Bezüge festgefügtes, in seiner Ordnung großartiges christliches Pantheon. Jacobus hat seinen Stoff systematisch gesammelt aus der handschriftlichen Überlieferung, aus den alten Martyrologien, den Lebensbeschreibungen der Bekenner, aus Chroniken, aus der mündlichen Überlieferung der Klostertradition und aus dem gesprochenen Sagenschatz des Volkes. Dieses riesige Material hat er keinesfalls unkritisch verwertet. Unstimmigkeiten zwischen verschiedenen Überlieferungen sucht er zu erklären; ebenso ist er bestrebt, für nicht heiligmäßige Züge der Lebensgeschichten eine Deutung zu geben. Er sucht Glaubwürdiges von Unglaubwürdigem, Wesentliches von Unwesentlichem zu trennen. Freilich bleibt er selber doch durchaus wundergläubig, ja seine naiven Anläufe zu einer Art Quellenkritik geben diesem Wunderglauben erst recht eine eigene Würze; sie zerstört nicht, sondern steigert den märchenhaften Zug des Berichtes.

Entstanden ist das Werk zwischen 1263 und 1273. Es fand schnell Verbreitung; die erste Handschrift ist vom Jahre 1282 datiert. Zahllose lateinische Kodices in ganz Europa zeugen von der ungeheuren Beliebtheit des Werkes. Es wurde das populärste Erbauungsbuch des Mittelalters auf Jahrhunderte hinaus. Um 1500 lagen etwa 90 gedruckte Ausgaben vor, davon 74 lateinische. Erst der Humanismus, der an dem Latein des Werkes Anstoß nahm, und die kritische Historiographie im Gefolge des Humanismus, der Reformation und der Gegenreformation sowie die Ablehnung des Heiligenkults durch die Protestanten ließen den Ruhm des Buches verblassen.

Es ist in alle Volkssprachen Europas übersetzt. Die Wertschätzung, die es genoß, spricht sich im Titel aus: «Legenda aurea»; der Zusatz «aurea» ist später gemacht worden, so wie Dantes «Commedia» den Zusatz «divina» erst später erhielt.

f) Geschichtsschreibung. Salimbene da Parma

Einen nicht unbeträchtlichen Teil des lateinischen Schrifttums im Italien des 13. Jahrhunderts macht die Geschichtsschreibung aus. Charakteristisch ist das Zurücktreten der Klosterannalen und der Weltchroniken; von letzteren wurden nur zwei verfaßt, ansonsten bilden Weltchroniken einen Teil der enzyklopädischen Werke. Das der zunehmenden politischen Bedeutung der Stadtstaaten entsprechend gewachsene Selbstvertrauen des Bürgertums kommt in den zahlreichen Stadtchroniken zum Ausdruck. Mailand, Verona, Vicenza, Padua, Venedig, Parma, Genua, Faenza und Florenz haben ihren Chronisten oder gar mehrere. Darunter sind Schriftsteller von Rang wie Bonvesin da Riva und Jacopo da Varazze. Für den Leser der Göttlichen Komödie ist von besonderem Interesse die Chronik des Pietro Cantinelle aus Faenza, die die Jahre von 1228 bis 1306 umfaßt; hier wird von Gestalten und Geschehnissen aus der Romagna der Zeit Dantes berichtet, denen der Dichter einen so großen Platz in seinem Werk eingeräumt hat.

Unter allen diesen Chroniken verdient jedoch eine wegen ihrer Originalität besondere Beachtung; es ist das «Chronicon Parmense» des Franziskaners Fra (Bruder) Salimbene aus dem vornehmen Geschlecht der Adàm zu Parma (1221–1288). Salimbene berichtet von den Ereignissen, die seine Stadt in den Jahren von 1167 bis 1287 betreffen, aber er greift darüber hinaus und berichtet von italienischen und europäischen Geschehnissen. Er ist als Bettelmönch (er trat als junger Mann in den Franziskanerorden ein) weit herumgekommen, in Italien und Frankreich, und hat viele Dinge gesehen. Er hat die führenden Persönlichkeiten seiner Zeit kennengelernt und ist Menschen aller Stände begegnet. Viele Persönlichkeiten, die er erwähnt, kehren in der Göttlichen Komödie wieder. Menschen und Geschehnisse weiß er als Augenzeuge vorzüglich zu schildern, konkret, ohne Umschweife, mit vielen charakteristischen Einzelzügen. Man wird an die Gestaltenfülle in Casanovas Memoiren erinnert.

Salimbene läßt ein wunderbar farbenkräftiges Zeitbild vor uns erstehen, so etwa, wenn er das Auftreten eines Bußpredigers im Jahre des Alleluja schildert oder von dem Aufbruch Ludwigs des Heiligen zum Kreuzzug in Aigues Mortes berichtet. Als Bettelmönch geißelt er heftig den Klerus; er meint es ehrlich. Er nimmt kein Blatt vor den Mund und hält sogar mit den Äußerungen seines Hasses nicht zurück. Von Guglielmo da Fogliano, Bischof von Reggio, berichtet er: «Maledictus homo fuit et durus et avarus et multos turbavit pacem habentes»; besonders erbittert ihn, daß der Bischof bei seinem Tode dem Bettelorden nichts vermachte; freudig stellt er daher fest, daß ein Hund das Grab beschmutzte: «Funeri euis interfui et sepulture, et scio quod canis cacavit super eum, postquam sepultus fuit» (ed. Laterza p. 226). Als Franziskaner berichtet er ausführlich von den Auseinandersetzungen innerhalb des Ordens. Er selber gehörte der strengen Richtung der Spiritualen an; dies erklärt seine Verehrung für Joachim von Floris; dessen Name begegnet auffallend häufig, so daß man aus dem Buch Salimbenes einen unmittelbaren Eindruck von der Wirkung der Prophezeiungen und von dem Geschichtsbild des Kalabresen gewinnt.

So vortrefflich Salimbene dort ist, wo er Selbsterlebtes und Selbstgesehenes schildert, ist er nicht minder illustrativ und vergnüglich, wenn er vom Hörensagen berichtet. Er steckt voller Anekdoten, die er nicht ohne Absicht und nicht frei von Bosheit anbringt. Aus den vielen Geschichten, die er von Friedrich II. zu erzählen weiß, ersieht man, welchen Eindruck der ungewöhnliche Kaiser auf seine Zeitgenossen und nicht zuletzt auch auf Salimbene gemacht hat. Aber ihm ist er ein Dorn im Auge; die Worte des Propheten Jesaia über die Zerstörung Babylons und Luzifer könnten auf Friedrich und dessen Söhne Anwendung finden; Gott habe gut daran getan, diese Brut zu vernichten (ed. Lat. 504f.). Aber Salimbene entwirft von der Person des Kaisers dennoch ein sympathisches Bild und verhehlt nicht, daß er bei einer persönlichen Begegnung eine gewisse Zuneigung zu ihm gefaßt habe: «Et valens homo fuit interdum, solatiosus, iucundus, delitiosus, industrius; legere, scribere et cantare sciebat et cantilenas et cantiones invenire, pulcher homo et bene formatus, sed medie stature fuit. Vidi enim eum et aliquando dilexi.» (ed. Lat. 505f.) Die zahlreichen Anekdoten, die er vom Kaiser erzählt, sind alle von der Absicht getragen, die Eigenart von Friedrichs Wesen zu zeigen, seinen Wissensdurst, seine Großzügigkeit, aber auch seine Härte.

Seine Geschichten enden immer mit einer Pointe. Von Philipp,

Erzbischof von Ravenna, erzählt Salimbene, dieser habe in jungen Jahren in Toledo studiert und dort auch die Zauberei erlernen wollen. Ein Negromant habe ihn in die Lehre genommen, aber infolge der Furchtsamkeit des Schülers ohne Erfolg. Da habe der Negromant diesen mit den Worten entlassen: «Vos Lombardi non estis pro arte ista, et ideo dimittatis eam nobis Hyspanis qui homines feroces et similes demonibus sumus.» (ed. Lat. II, 44) Eine besondere Würze bilden Salimbenes kritische Bemerkungen, sei es, was die Glaubwürdigkeit, sei es, was den Wert der von ihm erzählten Geschichten anbelangt. So schließt er seinen Bericht von der Auffindung des Leichnams der hl. Magdalene, um dessen Besitz sich drei Orte stritten, mit der nüchternen Feststellung, aus der ein naiver Rationalismus spricht: «Manifestum est autem quod in tribus locis idem mulieris corpus esse non potest.» Eine Anekdote über Friedrich II., worin dieser einen Astrologen auf die Probe stellt, schließt Salimbene mit den Worten: «Multas alias superstitiones eius audivi et scio, quas subticeo causa brevitatis, et quia tedet me tot fatuitates eius referre, et quia etiam ad alia dicenda festino.» (ed. Lat. I, 513)

Reizvoll ist auch die Sprache Salimbenes. Sein Satzbau ist schlicht und folgt den Gesetzen des Italienischen mehr als denen des Lateinischen. Den Wortschatz würzen zahlreiche Vokabeln aus seiner Heimatmundart, die er nach Gutdünken in sein Latein hineinmischt. Trotz der Längen und Abschweifungen bildet die Chronik eine interessante Lektüre, zeigt sie uns doch, wie sich die Welt, in der Dante aufwuchs, im Kopfe eines redlichen, klugen, frommen und abergläubischen Mannes ausnahm.

Die Stadtchroniken der Zeit sind lateinisch verfaßt. Man konnte sich offenbar nicht dazu entschließen, die Volkssprache dafür zu verwenden, wohl aus der berechtigten Sorge heraus, der Verbreitung und dem wissenschaftlichen Ansehen des Werkes Abbruch zu tun. Mit der Zunahme italienisch geschriebener Werke und der Verbreitung der italienisch lesenden Kreise ist jedoch auch für dieses Wissensgebiet die Scheu vor der Volkssprache gewichen. Bezeichnenderweise erfolgt die Loslösung vom Latein zuerst dort, wo die Stadtrepubliken im Aufsteigen sind, in der Toskana, wo aber auch die Vulgärsprache seit dem Beginn des Jahrhunderts für praktische Aufzeichnungen des bürgerlichen Lebens Verwendung findet, besonders in Florenz, wo sich an die geschäftlichen Notizen des «Libro dei Banchieri» (1211) Familienchroniken, Statuten von

Laienbruderschaften u. a. anschließen. In die privaten Aufzeichnungen eines Pisaners ist eine kurze Chronik von Pisa, «Chronichetta pisana» (1297) eingeschlossen. Aus Lucca stammt eine Stadtchronik, «Cronichetta lucchese»; aus Siena stammt die Schilderung der Schlacht von Montaperti, in der die Senesen zusammen mit den ghibellinischen florentinischen Verbannten über das guelfische Florenz siegten (1260), «La sconfitta di Monte Aperto». Am zahlreichsten sind die Ansätze zu der vulgärsprachlichen Geschichtsschreibung in Florenz: die «Cronica fiorentina», die «Gesta florentinorum» und schließlich die «Istoria fiorentina», von Ricordano Malispini. Sie bildet den Auftakt zu den bedeutenden Chroniken des 14. Jahrhunderts eines Dino Compagni und eines Giovanni Villani. Kap. 16–57 enthält die Sage von der Gründung von Fiesole. Ebenfalls aus dem 13. Jahrhundert stammt die lateinische Fassung dieser Sage im «De origine civitatis», das aber erst im 14. Jahrhundert ins Italienische übersetzt wird unter dem Titel «Libro Fiesolano». Von der Beliebtheit der Gründungssage von Fiesole gibt Dante Zeugnis im Paradiso (XV, 125), wo er sagt, in der guten alten Zeit hätten sich die Frauen die Zeit damit vertrieben, sich die Geschichten «Dei Troiani, di Fiesole e di Roma» zu erzählen.

Es sind noch einige Werke zu nennen, die ein neu erwachtes Interesse an der Geschichte Roms und an den Zeugnissen römischer Größe bekunden. Zuerst in Latein verfaßt, werden sie im 13. Jahrhundert ins Italienische übersetzt.

Aus dem 12. Jahrhundert stammt das «Liber Ystoriarum Romanorum». Es wurde um die Mitte des 13. Jahrhunderts in Rom in die stadtrömische Mundart übertragen und «Storie di Troia e di Roma» betitelt. Ebenfalls in Rom entstanden ist die Übertragung in die stadtrömische Mundart der lateinischen «Mirabilia Urbis Romae», «Le Miracole de Roma». Mögen beide Werke auch einer nationalen römischen Besinnung auf die eigene Vergangenheit ihre Entstehung verdanken, so sind sie doch nicht ausschließlich aus Heimat- und Vaterlandsliebe hervorgegangen. Sie spiegeln vielmehr ein europäisches Interesse an der römischen Geschichte, das vor allem von Frankreich ausging. Die «Storie di Troia e di Roma» wurden auch bald vergessen über die moderne Gestaltung, die dem Stoff in Frankreich gegeben wurde durch den Trojaroman des Benoît de Sainte-Maure und noch mehr durch deren lateinische Bearbeitung durch den Italiener Guido delle Colonne. Nicht völlig unabhängig von französischen Vorbildern erfolgte der Rückgriff auf Pualus Orosius, der dem Kompilator des «Liber Ystoriarum Romanorum» schon als Quelle gedient hatte, durch Bono Giamboni. Trotz der Beliebtheit und der weiten Verbreitung der «Historiae» von Orosius war eine Übersetzung in eine romanische Volkssprache vorher nicht unternommen worden, abgesehen von einer gekürzten Zusammenfassung in französischer Sprache, «Histoire des empereurs romains», die schon 1213 angefertigt worden war. Trotzdem kommt der ersten italienischen Übersetzung Giambonis eine besondere Bedeutung zu als Zeugnis für das in Italien erwachende Interesse an der römischen Geschichte.

g) Lateinische Rhetorik und italienische Kunstprosa

Neben den bisher genannten Übersetzungen aus dem Lateinischen, in denen es den Übersetzern vornehmlich um die Vermittlung des Stoffes geht, beginnt sich auch eine italienische Kunstprosa zu entwickeln. Bei der zunehmenden Bedeutung des politischen Lebens der Stadtgemeinden gibt die Notwendigkeit, sich auch in italienischer Sprache kunstvoll auszudrücken, den Anstoß zur Anwendung der lateinischen Redekunst auf die Vulgärsprache.

Bologna hatte schon zu Ende des 12. Jahrhunderts einen Meister der lateinischen Redekunst in seinen Mauern beherbergt, den Franzosen Gottfrid von Vinesauf, der in Bologna seine «Poetria nova» verfaßte. Aus der Bologneser Schule sind alle «artes dictandi» des 13. Jahrhunderts hervorgegangen, ebenso wie alle Formelbücher und Briefsteller des Notarsgewerbes. Der bedeutendste von den «dictatores» in Bologna ist Boncompagno da Signa; er lebte dort schon 1215, dann auch in Padua und war schließlich in der päpstlichen Kurie tätig. Sein wichtigstes Werk ist ein Lehrbuch der Rhetorik, das nach ihm «Boncompagnus» genannt wurde. Aus der Bologneser Schule ist der Kanzler Friedrichs II., Pier delle Vigne (1180?–1249), hervorgegangen.

In Bologna wird das erste italienisch geschriebene Lehrbuch der Rhetorik verfaßt. Es stammt von einem gewissen Fra Guidotto. Das Original seines «Fiore di rettorica» ist verloren, aber nicht weniger als vier verschiedene Fassungen, die in mehreren Handschriften erhalten sind, zeugen von dem Erfolg des Werkes. Es ist eine Übersetzung und Bearbeitung der «Rhetorica ad Herennium» unter Benutzung der ciceronianischen Schrift «De inventione». Bemerkenswert ist der bewußte Rückgriff auf die Antike: nicht eine mittelalterliche «ars dictaminis», wie etwa die des Galfridus de Vinosalvo, wird übersetzt, sondern die Rhetorik «Ad Herennium», die man fälschlich für ciceronianisch hielt. Die Rhetorik Fra Guidottos bleibt nicht vereinzelt. Dem Beispiel des Bolognesers folgte der Florentiner Brunetto Latini. Mit ihm verlagert sich der Schwerpunkt der Entwicklung von Bologna nach Florenz. Von ihm wird noch zu reden sein. Zuvor noch etwas über die weitere Entwicklung in Bologna.

Dort erfolgt etwa gleichzeitig etwas Wesentliches, die Anwendung der lateinischen Rhetorik auf die italienische Prosa, und zwar durch Guido Faba; Notar und, von 1223 an, Lehrer der Rhetorik. Er verfaßte ein Lehrbuch der lateinischen Rhetorik, dann aber wandte er die gleiche Kunst auf das Italienische an. Unter dem Titel «Gemma purpurea» verfaßte er zwischen 1239 und 1243 eine Schrift, in welcher er Muster für Briefanfänge gab, und zwar gleichzeitig auf Latein und auf italienisch, d. h. bolognesisch. Das Wesentliche dabei ist, daß die italienische Fassung nicht eine Übersetzung des Lateins, sondern dessen Gegenstück ist, d. h. das Italienische in gleicher Weise behandelt wird wie das Latein. Um 1243 stellte Guido Faba auf italienisch ein Musterbuch für Briefe und Ansprachen zusammen. Die Neuerung war hier fast noch kühner, denn hier diente der italienische Text als Ausgangspunkt.

Einen Schritt weiter in dieser Entwicklung führt Guittone d'Arezzo, indem er nicht mehr bloß Muster schreibt, sondern die neue Kunst auch anwendet. Er schreibt als erster italienische Kunstprosa, wobei er den rhetorischen Stil des Lateins auf das Volgare überträgt. Er schreibt nicht mehr nur Briefmuster, sondern echte Briefe, 36 an der Zahl, Briefe moralischen Inhalts, belehrende, erbauliche, jeweils an einen seiner Mitbrüder des Ordens der Ritter der Jungfrau Maria («Cavalieri di Santa Maria») gerichtet. Von Faba über Guittone zu Dante und Boccaccio führt eine ununterbrochene Linie in der Entwicklung der italienischen Kunstprosa.

8. Vom Französischen zum Italienischen

a) Allgemeiner Überblick

Betrachtet man die Beziehungen zwischen dem lateinischen und dem italienischen Schrifttum im 13. Jahrhundert, wird ersichtlich, wie eng beide zusammenhängen. Sie sind nicht getrennte Welten, sondern bilden über den Unterschied der Sprachen hinweg eine Einheit, die durch das Thematische gegeben ist. Die italienische Chronistik setzt die lateinische fort, die italienische Kunstprosa löst sich von der lateinischen ab, indem sie sie nachbildet; bei der Erbauungsliteratur tritt die italienische Sprache lediglich an die Stelle des Lateins. Es sind oft die gleichen Personen, die in der einen wie in der anderen Sprache schreiben, und die Wahl des Ausdrucksmittels scheint dabei lediglich vom Gegenstand her bestimmt. Aber die Verhältnisse sind noch komplizierter und vielfältiger. Die italienische Literatur erscheint zugleich mit der provenzalischen verbunden, und zwar nicht nur unmittelbar, sondern verbunden und verstärkt durch die Beziehung zum Latein. Die führenden Rhetoriker nach lateinischem Vorbild, Pier delle Vigne und Guittone d'Arezzo, sind auch diejenigen, die in ihrer Lyrik den rhetorischen Aufputz der formal anspruchsvolleren Provenzalen stärker betonen als ihre Zeitgenossen; beide nehmen in dieser Hinsicht in ihrem Kreise, Pier delle Vigne unter den Sizilianern, Guittone unter den Sikulo-Toskanern, eine führende Stellung ein. Ebenso überschneiden sich die Einflüsse und Beziehungen nach dem französischen Schrifttum hin. Dies fällt bereits bei der Betrachtung der Beziehungen zwischen lateinischem und italienischem Schrifttum auf. Die unmittelbar aus dem Latein übersetzten «Storie di Troia e di Roma» verlieren schnell an Bedeutung angesichts der aus französischen Quellen geschöpften Behandlungen des gleichen Themas. Wenn Bono Giamboni Orosius übersetzt, so ist ihm ein französischer Bearbeiter vorran gegangen. Im Schaffen eines Mannes wie Brunetto Latini wird die enge Verflochtenheit von lateinischer, italienischer und französischer Kultur erst recht augenfällig; er ist in den drei Sprachen sattelfest und behandelt das gleiche Thema bald in der einen, bald in der anderen Sprache. Darauf wird sogleich zurückzukommen sein.

Der gewaltige Einfluß der französischen Literatur ist nicht allein durch deren Ansehen bedingt, entstehen bekanntlich ja schon im 11. und 12. Jahrhundert die großen Meisterwerke: das Kreuzzungsepos, das höfische Epos, die weltliche und geistliche Erzählungsliteratur, Legenden («Alexius») und Lais (Marie de France). Schon die bescheidenen Erzeugnisse der italienischen Literatur im 12. Jahrhundert, der «Ritmo laurenziano», der «Ritmo di S. Alessio» usw. verraten sowohl in Sprache wie in Verstechnik Vertrautheit mit französischen Werken. Doch der Einfluß reicht noch viel weiter. Im Italien des 13. Jahrhunderts wird nicht nur französisch gehört und gelesen, sondern auch französisch geschrieben, ehe man dazu übergeht, die gleichen Themen in italienischer Sprache zu behandeln. Das ist nur erklärbar durch eine weit verbreitete Kenntnis des Französischen und einen lebhaften Verkehr zwischen Italien und Frankreich. Man kann sich diese persönlichen Beziehungen nicht zahlreich und intensiv genug vorstellen. Sie erfassen alle Kreise. Vorweg ist an die Kaufleute und Bankiers zu denken – man wird sich bei der Lektüre Boccaccios daran erinnern –, doch sind sie nicht das einzige Bindeglied. Gerade im Bereich der geistig führenden Schicht sind die Beziehungen besonders eng. Thomas von Aquin und der hl. Bonaventura lehren zeitweise in Paris, Galfrid von Vinesauf lehrt in Bologna. Scholaren hüben und drüben, Italiener in Paris, Franzosen in Bologna. Vor allem aber sind es die Mitglieder der für das Entstehen einer italienischen Literatur maßgebenden Schicht: die Notare, Kanzleibeamten, die Grammatiker und Rhetoriker, d. h. die Lateinlehrer und Sekretäre, haben engste Berührung mit Frankreich, sei es, daß sie als Notare und Advokaten für die italienischen Kaufleute in Frankreich tätig sind, sei es, daß sie sich wie Egidio Colonna am französischen Hofe als Fürstenerzieher aufhielten, sei es, daß sie sich dank ihren Beziehungen zu der Partei der Anjou in der Bedrängnis nach Frankreich zurückziehen konnten, wie Brunetto Latini, sei es, daß sie als Gesandte in Frankreich weilten, wie Salimbene, den sowohl seine Tätigkeit als Bettelmönch und Prediger als auch politische Aufträge dorthin führten. Die enge Verbundenheit Italiens mit Frankreich wird aber schon sehr viel früher greifbar, nämlich in dem Auftauchen der Namen der Helden des französischen Heldenepos und des höfischen Epos als Personennamen in Italien im 11. und 12. Jahrhundert. Daß dieser Umstand zum mindesten die Anwesenheit französischer Spielleute in Italien zur Voraussetzung hat, wird an den Epen in französisch-italienischer Mischsprache ersichtlich. Schließlich aber ist auch die große Zahl der dem Französischen ins Italienische entlehnten Wörter, deren Übernahme mit Sicherheit nicht erst im 13. Jahrhundert erfolgte, Zeugnis für einen regen Verkehr, der Italien schon seit langem mit Frankreich verband und letztlich bis in die Karolingerzeit hinaufreichte.

Französische Sprache und französisches Schrifttum werden für Italien in zweierlei Hinsicht bedeutsam. Das Französische ist einmal Sprache der Wissenschaft, konkurrierend mit dem Latein. Andererseits dient das Französische als Ausdrucksmittel für die Unterhaltungsliteratur, für das Heldenepos.

b) Das franko-italienische Heldenepos

Die Namen der Hauptgestalten des Rolandslieds und der Artusromane sind schon um die Mitte des 12. Jahrhunderts in Italien bekannt. Diese französische Unterhaltungsliteratur wird in Italien zunehmend beliebt. Man liest sie zunächst in der Originalsprache. Eine große Anzahl von Handschriften, in denen diese Epen überliefert sind, ist in Italien hergestellt. Bald wurde auch der Schritt vollzogen vom bloßen Abschreiben französischer Originale zum Schreiben von neuen Werken in französischer Sprache.

Ein unbekannter Kleriker aus Padua verfaßte das Epos «L'Entrée d'Espagne». Er erfand eine ganz neue Geschichte, für die es keine französische Vorlage gab. Er erzählt die Ereignisse des Spanienzugs Karls des Großen, die vor dem Verrat Ganelons und der Niederlage von Roncesvalles liegen, also eine Art Vorgeschichte des Rolandsliedes. Das Werk ist in den letzten Jahrzehnten des 13. Jahrhunderts oder zu Beginn des 14. Jahrhunderts entstanden, also etwa zu gleicher Zeit, als Dante die Göttliche Komödie schrieb. Wichtig für die Folgezeit ist die Umbildung, die er der Gestalt Rolands widerfahren läßt. Aus dem königstreuen Glaubensstreiter macht er einen Abenteurer und Rebellen. Der unbekannte Paduaner hat damit jene Rolandgestalt geschaffen, die für die spätere Entwicklung der Sage auf italienischem Boden charakteristisch wird. Eine weitere selbständige Fortbildung erfährt der Rolandstoff in der Fortsetzung zur «Entrée», die ein aus Verona stammender Dichter namens Nicola am Hofe des Marchese Nicolò I. von Este in Ferrara im Jahre 1343 vollendet, die «Prise de Pampelune». An die «Entrée» und die «Prise» knüpfen die italienischen Bearbeitungen an, die zum italienischen Epos hinführen.

Die Sprache der in Norditalien verfaßten Epen war eine Mischsprache. Sie tritt uns bereits in den bloßen Abschriften französischer Originale entgegen, etwa in den Rolandhandschriften aus dem Besitz der Gonzaga. Das Französische erscheint dort bereits mit italienischen, speziell oberitalienisch-lombardisch-venetisch-emilianischen Elementen durchsetzt; die französische Wortform wird vom Spielmann und vom Kopisten unbedenklich der verwandten oberitalienischen angepaßt; wo es das Verständnis erheischt, aber auch sonst, wird ein italienisches Wort an die Stelle eines französischen Wortes gesetzt. Der gleiche Text erscheint in den verschiedenen Handschriften bald mehr, bald weniger italianisiert, bald von der einen, bald von der anderen italienischen Mundart gefärbt.

c) Lehrhafte Prosa in französischer Sprache. Marco Polo

Des Französischen bedienten sich die Italiener für belehrende Zwecke. Dabei spielte die Überlegung eine Rolle: die französische Sprache sicherte einem literarischen Werk eine europäische Leserschaft. Dafür besitzen wir zwei Zeugnisse. Martino da Canale sagt in seiner «Chronique des Veniciens» ausdrücklich, er verwende die französische Sprache, weil sie eine weite Verbreitung habe und die angenehmste fürs Lesen und das Hören sei: «la langue franceise cort parmi le monde, et est la plus delitable a lire et a oir». Die gleiche Begründung gibt Brunetto Latini für die Abfassung seines «Tresor» in französischer Sprache: «por çou que la parleure est plus delitable e plus commune a tous gens».

Man bediente sich freilich der französischen Sprache mit wechselndem Erfolg, d. h. mit unterschiedlicher Korrektheit. Doch ist das Französisch der Gelehrten sehr viel reiner als das der norditalienischen Epiker, nicht zu einer franko-italienischen Mischsprache entartet. Dies verbot die Rücksicht auf das Publikum, an das man sich richtete, das nicht nur ein italienisches, sondern ein internationales Publikum war. Die älteste gelehrte Schrift in französischer Sprache ist eine Abhandlung über die Falkenjagd («Falconeria») des Daniele da Cremona.

Aus Norditalien, von einem Italiener, stammen drei Schriften religiösen Inhalts, eine Gedicht über den Antichrist, «Antechrist», ein Gebet und eine Katharinenlegende. Die Form, der gepaarte Achtsilbler, stellt die Werke in die Nähe der oberitalienischen moralischen Schriften. Eine Sittenlehre und ein Anstandsbuch ist ferner das «Livre d'Enanchet», in Prosa, im wesentlichen eine Übersetzung der Minnelehre «De Amore» des Franzosen Andreas Capellanus.

Nach Mittelitalien führt das umfangreiche, in vier Bücher aufgeteilte Werk des Aldobrandino da Siena über Hygiene und Diätetik, «Livres pour la santé garder», bzw. «Le regime du corps», das in vier Fassungen erhalten ist. Es ist übrigens das erste medizinische Werk in französischer Sprache.

Bemerkenswert ist, daß das Französische auch als Sprache der Chronisten Verwendung fand. So verfaßte Martino da Canale im Auftrage der Stadt Venedig seine «Chronique des Veniciens»; sie umfaßt die Zeit von der Gründung bis 1275. Martino schrieb seine Chronik in französischer Sprache, weil sie im Ausland gelesen werden sollte, in Frankreich, aber auch im Orient, wo das Französische mehr als eine Verkehrssprache, nämlich auch Amtssprache war. Im Heiligen Land und auf Zypern schrieb seine Memoiren französisch der Italiener Philippe de Novare.

Das hervorragendste Werk dieser wissenschftlichen Literatur in französischer Sprache ist das Reisebuch des Venezianers Marco Polo (1254–1325). Er bereiste weite Gebiete Asiens und hielt sich längere Zeit am Hofe des Kublay Khan, im späteren Peking, auf. Nach siebzehnjähriger Abwesenheit zurückgekehrt, fiel er in der Schlacht bei der Insel Curzola den Genuesern in die Hände und wurde von ihnen zwei Jahre lang in Genua gefangen gehalten. In der Gefangenschaft lernte er Rustichello da Pisa kennen, der in französischer Sprache seine Zusammenfassung der Artusromane verfaßt hatte. Diesem erzählte Marco Polo seine Geschichte; Rustichello schrieb sie in französischer Sprache nieder. Seine außergewöhnlichen Erlebnisse lieferten Marco Polo den Stoff zu einem einzigartigen Buch. Was Marco auszeichnet, ist eine ungemein scharfe Beobachtungsgabe und ein hervorragendes Gedächtnis. Hinzu kommt eine ausgesprochene Sachlichkeit und Unvoreingenommenheit, ja Nüchternheit. Seine Erzählung ist vom Standpunkt des Kaufmanns und Händlers bestimmt, daher die Genauigkeit in der Beschreibung des Reisewegs, die Ausführlichkeit in den Angaben über Handelswaren und gewerbliche Erzeugnisse, einschließlich der Preise, aber auch die Präzision der Schilderung der bereisten Landschaften und Städte – berühmt ist die Beschreibung von Cambaluc (Peking) –, die Ausführungen über die Sitten, Trachten und Lebensgewohnheiten der von ihm besuchten Völker, wobei ihn, den Christen, besonders die fremdartigen Religionen fesseln. Marco Polo, der ein hervorragender Unterhändler und Organisator war und deshalb vom Großkhan in seinen Dienst genommen wurde, besaß auch einen ausgesprochenen Sinn für Verwaltung und für politische Fragen. Das ließ ihn besonders bei der Schilderung der staatlichen Einrichtungen des chinesischen Kaiserreiches verweilen.

Über alle – die wenigen – teils phantastischen, teils dürftigen, stets ungenauen Reisebücher und Länderbeschreibungen seiner Zeit erhebt sich das Buch Marco Polos durch die Reichhaltigkeit des Mitgeteilten und durch die Genauigkeit und Wahrheitstreue der Angaben. Allerdings mischt Marco Polo in seinem Bericht auch manche phantastische Erzählung, etwa die vom Alten vom Berge.

Den Menschen seiner Zeit kam Marco Polos Buch freilich wie eine Märchensammlung vor, und lange hielt man es lediglich für eine Anhäufung von Fabeleien. Der Beliebtheit tat das keinen Abbruch, sondern förderte eher den Umlauf. Es wurde ein Welterfolg. Vom Zeitalter der Entdeckungen an ist sein Ansehen eher gewachsen als geschwunden, da sich das Wunderbuch nach und nach als ein getreuer Bericht entpuppte. Den wirklichen Wert des Werkes erkannte als erster zur Renaissancezeit der venezianische Geograph G. B. Ramusio.

Das Werk erfuhr nach seinem Erscheinen sofort eine ungeahnte Verbreitung; es wurde ins Lateinische, ins Toskanische (um 1309), ins Venezianische und in vielen andere Sprachen übersetzt, dabei durch allerlei phantastische Zusätze, aber auch durch Auslassungen entstellt. Der Originaltext Rustichellos ging verloren. Der Titel des Werkes lautete: «Le livre de messer Marco Polo, citoyen de Venise, appelé Milion, où sont décrites les Merveilles du monde.» ‹Milion›, aus ‹Emilione› entstanden, war ein Spitzname, den schon Marcos Vater geführt hatte. Aus dem Beinamen des Verfassers wurde die Bezeichnung des Buches (vgl. Donat, Calepin u. a. m.).

d) Allegorische Dichtung in der Toskana. Brunetto Latini. Ristoro d'Arezzo

Zu den Italienern, die sich des Französischen bedienten, gehört Brunetto Latini. Er ist gegen 1220 in Florenz geboren und ebendort 1294 verstorben. Er war Notar und Kanzler der Republik. Zwischen 1260 und 1266 verfaßte er seinen «Trésor», die «Rettorica» und den «Tesoretto». Sein umfangreichstes Werk ist der «Trésor» in französischer Sprache. Er ist in die Reihe der mittelalterlichen Enzyklopädien einzureihen, wie sie sie vorher Vinzenz von Beauvais u. a. verfaßt hatten. Jene hatten natürlich lateinisch geschrieben; Latini schreibt die erste Enzyklopädie in einer modernen Volkssprache, nämlich in französischer Prosa.

«Li livres dou Trésor» behandelt in drei Abschnitten («Büchern») das gesamte Wissen der Zeit für ein wissensdurstiges, nicht lateinkundiges Publikum. Im ersten Buch gibt er einen Abriß der Theologie, der Universalgeschichte, der Physik, der Geographie, des Landbaus und eine Naturgeschichte. Im zweiten Buch entwikkelt er eine Sittenlehre, im dritten bietet er eine Redelehre und eine Lehre von der Staatskunst. Die Betonung der Staatskunst ist nicht allein auf Latinis Neigung und Erfahrung auf diesem Gebiet zurückzuführen. Sie entspricht der damaligen in den italienischen Stadtrepubliken und besonders in der Toskana so regen Anteilnahme an der Entwicklung der Staatskunst. Oben wurde bereits gezeigt, daß aus diesem Interesse im Schrifttum in Italien zweierlei literarische Gattungen hervorgegangen sind: die Abhandlungen über die Staatsführung einerseits und andererseits die Rhetoriken und Briefsteller. Das Verlangen, den Kreis der Leser zu erweitern, beschleunigte den Übergang zum Italienischen.

Dem «Trésor» war eine bedeutender Erfolg beschieden; er wurde sofort in italienische Prosa übersetzt; von dieser wurden eine lateinische, eine spanische, eine katalanische und noch eine französische Übersetzung gefertigt.

Das Werk gipfelte in der Lehre von der Staatsführung und von deren Hilfsmittel, der Kunst der Rede. Dieser widmete Latini noch eine gesonderte Abhandlung, seine «Rettorica». Sie ist vor dem «Trésor» verfaßt und bildet nur den Auftakt dazu. Brunetto übersetzte die ersten 17 Kapitel der ciceronianischen Schrift «De inventione» – es ist die erste Übersetzung in eine moderne Sprache. Originell ist, daß Brunetto in seiner Rhetorik Ciceros Text nur als

Ausgangspunkt nimmt zu einem sehr ausführlichen Kommentar, in welchem die übrigen rhetorischen Schriften Ciceros verwertet sind. Damit nicht genug, versah er die Theorie mit Beispielen, indem er drei Reden Ciceros ins Italienische übertrug, wobei er sich streng an die Vorlage hielt und doch im Ausdruck elegant blieb. Brunetto ist der wichtigste italienische Ciceroübersetzer des Jahrhunderts.

Brunetto Latini hat noch durch ein drittes Werk einen erheblichen Anteil an der literarischen Entwicklung der Toskana, indem er der allegorischen Dichtung Auftrieb gab. Er schloß sich dieser aus Frankreich kommenden Mode an, die dort mit dem Rosenroman aufkam. Diesen ahmt Brunetto in einer toskanischen Dichtung, die er «Tesoro» nannte, nach, die aber, zur Unterscheidung vom «Trésor», als das kürzere Werk «Tesoretto» genannt wird. Der «Tesoretto» ist somit nicht eine verkürzte Fassung des «Trésor», sondern ein selbständiges, ganz andersgeartetes Werk. Es ist zeitlich nach dem ersten Teil des «Roman de la Rose» des Guillaume de Lorris abgefaßt und vor dessen Fortsetzung durch Jean de Meung; es geht auch dem «Trésor» voraus, das auf das Jahr 1266 zu datieren ist. Im «Tesoretto» erzählt Brunetto in 2944 paarweise gereimten Siebensilblern, wie er auf der Rückreise aus Spanien von der Nachricht von der Schlacht von Montaperti überrascht worden sei; in seiner Bestürzung verfehlt er den Weg, gerät in einen seltsamen Wald, wo ihm die Natur in menschlicher Gestalt («Natura») begegnet; diese erklärt dem Dichter ihr Wesen, ihr Verhältnis zur Gottheit; sie zeigt ihm die vier Flüsse, die im Paradies entspringen, und schildert die Länder, die sie durchfließen. Der Dichter verabschiedet sich dann und kommt in ein Tal, wo als Kaiserin die Tugend («Virtù») herrscht; dort wohnen auch Klugheit («Prudenza»), Mäßigung («Temperanza»), Standhaftigkeit («Fortezza») und Gerechtigkeit («Giustizia»); im Hause der letzeren trifft er drei weitere Frauen, Höflichkeit («Cortesia»), Freigebigkeit («Larghezza») und Treue («Leanza»); danach gelangt er zu einem Lustschloß, wo die Freude («Piacere») wohnt, umgeben von Furcht, Verlangen, Liebe und Hoffnung. Nachdem Brunetto im Tal der Tugend eine vollständige Anstandslehre kennengelernt, wie sie für die vornehme Gesellschaft der Zeit üblich war, und im Lustschloß die Regeln der höfischen Minne erfahren hat, begibt er sich nach Montpellier, wo er sich vom weltlichen Treiben abwendet, seine Sünden beichtet und über die christliche Sittenlehre belehrt wird; er wendet sich dann zum Olymp, wo ihn Ptolemäus erwartet, um ihn über den Aufbau der Welt zu unterrichten. Hier bricht die Erzählung ab.

Im gleichen Versmaß ist das «Favolello» Brunettos verfaßt, ein Lehrgedicht über die Freundschaft, an Rustico di Filippo gerichtet, aber nicht allegorisch, sondern der nüchtern-realistischen, bürgerlichen Dichtung zuzurechnen, der auch das Werk Rusticos angehört.

Mit dem «Tesoretto» wird die allegorische Dichtung in der Art des Rosenromans in die italienische Literatur eingeführt. Es folgen bald Bearbeitungen des Rosenromans und selbständige allegorische Werke. Der Rosenroman wird zweimal vom selben Autor namens Ser Durante bearbeitet, einmal in Siebensilblerpaarreimen: «Il Detto d'Amore», 480 Verse insgesamt, eine kurze Zusammenfassung der Handlung des Rosenromans unter Vernachlässigung des belehrenden Elements. Der «Detto» ist uns nur teilweise erhalten. Vollständig überliefert ist das andere Werk des Durante, «Il Fiore», in 232 Sonetten. Er faßt den Inhalt der beiden Teile des Rosenromans unter Vernachlässigung des belehrenden Elements zusammen. Wie in der Form hat sich Durante hier auch im Inhalt von der Vorlage weiter entfernt. Wieder bringt er im wesentlichen die Handlung unter Fortlassung der gelehrten und theologischen Abschweifungen des Jean de Meung. Das Hauptgewicht wird auf das erotische Element gelegt. Die Erzählung ist vor allem humorvoll und witzig, ja auch derb zotig; sehr realistisch in den zynischen Lehren, die die Kupplerin erteilt. Über die Person des Verfassers sind verschiedene Vermutungen ausgesprochen worden. Die einen setzen Durante mit einem Zeitgenossen Dante Alighieris, einem Dante degli Abati, gleich; andere (zum Entsetzen mancher Danteverehrer) mit Dante Alighieri. Stilkritische Argumente sprechen für die Identifizierung mit Dante Alighieri (Contini).

Toskanisch sind einige andere allegorische Gedichte, die nicht den Rosenroman wiedergeben. Das beachtlichste ist eine Dichtung in 309 Strophen in «nona rima», «L'Intelligenza», in den ersten Jahren des 14. Jahrhunderts verfaßt. Die «Intelligenza» und vor ihr Brunettos «Tesoretto» sind als Lehrbücher feiner Lebensart für die vornehmen Stände gedacht. Dasselbe gilt von den Werken des Francesco da Barberino (1264–1348), einem Zeitgenossen Dantes, Notar in Florenz. 1304 aus politischen Gründen verbannt, hielt er sich 4 Jahre in der Provence auf. Heimgekehrt trat er in Beziehung zu den Dichtern des Dolce stil nuovo. Zwischen 1295 und 1304 verfaßte er sein «Reggimento e costumi di donna», ein allegorisch-didaktisches Werk, Anstandsbuch für Damen, nach dem Muster der provenzalischen «ensenhamen», worin die Erziehung der Mädchen, die Pflichten der Ehefrau und Mutter, das Verhalten in Gesellschaft behandelt werden. Getragen ist das Werk von einer hohen Auffassung der Frau, der gleichen, die in den Dichtungen des Stil Nuovo zum Ausdruck kommt. Die Frau ist Lehrmeisterin der guten Sitten und Ansporn zu gutem und edlem Tun. Vom selben Geiste erfüllt ist Francescos «I Documenti d'Amore», d. h. Minnelehren, Unterweisungen im Minnedienst, vor dem «Reggimento» begonnen, 1313 abgeschlossen. Der Autor selbst schrieb dazu einen lateinisch abgefaßten Kommentar, der literarhistorisch von Bedeutung ist; durch ihn sind Namen von provenzalischen Dichtern und Werken überliefert, von denen wir sonst keine Kunde hätten.

Bei der Betrachtung der Beziehungen der italienischen Literatur der Frühzeit zur französischen Literatur ist noch des Verhältnisses zu drei literarischen Gattungen zu gedenken, die das Tier zum Ausgangspunkt haben und in Frankreich eine erhebliche Rolle spielen: Tierbuch, Fabel und Tierepos. Im Italien des 13. Jahrhunderts fehlen Fabelsammlungen. Vom Fuchsroman ist nur ein Fragment in franko-italienischer Sprache erhalten: «Rainardo e Lesengrino». Eine weit größere Rolle spielen die Tierbücher. In der italienischen Bestiarienliteratur begegnen sich wieder die französische und die lateinische Tradition, doch hat die französische den Vorrang. Besonderen Erfolg hatte eine Minnelehre in Gestalt eines Tierbuches, nämlich das «Bestiaire d'Amours» des Richard de Fournival; es erfährt in Norditalien eine erweiternde Bearbeitung in franko-italienischer Sprache, die ins Toskanische übersetzt und von Chiaro Davanzati für einen Sonettenkranz verwertet wurde. Ein moralisch-religiöses Tierbuch wurde in Gubbio verfaßt, «Bestiario eugubino». Zu den ältesten Bestiarien gehört ferner eines, das in seinem ersten Teil dem «Bestiaire d'Amours» des Richard de Fournival folgt, im zweiten einem lateinischen Tierbuch, von dem auch eine provenzalische Fassung vorhanden ist.

Von diesen moralisierenden, interpretierenden Tierbüchern hebt sich eine sachlichere oder sachlich sein wollende, rein beschreibende Tierschilderung ab, die um echte Tatsachen und Wissensvermittlung bemüht ist. Dieser Art sind die das Tierreich betreffenden Teile der enzyklopädischen Werke des Mönchs Ristoro d'Arezzo, «La Comparazione del Mondo», in aretinischer Mundart. Es ist ein Kompendium der Astronomie, Geographie und Naturkunde des Pflanzen- und Tierreichs, das erste selbständige enzyklopädische Werk in italienischer Sprache.

e) Französische und lateinische Novellistik. Il Novellino

Den ersten italienischen Novellensammlungen gehen die lateinischen «exempla», die französischen «fabliaux» und die provenzalischen Troubadourbiographien, die «vidas», voraus. Vom ältesten Novellenbuch des Mittelalters, der «Disciplina clericalis» des Petrus Alfonsi, einer Sammlung von Erzählungen orientalischen Ursprungs zur Verwendung in Predigt und Traktat, sind nur Bruchstücke einer italienischen Übersetzung aus der zweiten Hälfte des 14. Jahrhunderts überliefert. Vollständig erhalten ist die italienische Übersetzung der im Orient und Okzident weit verbreiteten Novellensammlung der Geschichte von den «Sieben Weisen Meistern», «Historia Septem Sapientium». Die Novellen sind von einer Rahmenerzählung eingefaßt. In Italien war die «Historia», das «Libro dei setti savi», in zwei Fassungen verbreitet. Die eine, die eine der französischen Prosafassungen (A) zur Vorlage hat, ist in der Toskana im 13. Jahrhundert entstanden; die andere, auf einen lateinischen Text zurückgehend, liegt in zwei oberitalienischen Übersetzungen des 14. und 15. Jahrhunderts vor. Vom dritten Teil der großen Enzyklopädie des Vinzenz von Beauvais (gest. 1264), des «Speculum maius», eine Exemplasammlung für den Prediger, wurde eine italienische Übersetzung gefertigt, einst fälschlich Brunetto Latini zugeschrieben: die «Fiori e vita di filosofi ed altri savi ed imperadori», in 10 Handschriften überliefert. Der Verfasser des «Novellino» und Dante haben hieraus geschöpft. Auf einer französischen oder franko-italienischen Vorlage beruht die Novellensammlung der «Conti di antichi cavalieri». Die Erzählungen dieser Sammlung stammen z. T. aus dem «Liber Ystoriarum Romanorum», dem «Fet des Romains» sowie den Romanen der Tafelrunde. Antike Helden (Scipio, Fabricius, Pompeius, Caesar), orientalische (der Sultan Saladin), Ritter der Tafelrunde (der Graf von Brunor) und Zeitgenossen (König Heinrich II. von England) erscheinen hier alle gleichermaßen als Vertreter mittelalterlichen Rittertums.

Ein Schritt weiter zur Erzählung um ihrer selbst willen wird in der Toskana zwischen 1281 und 1300 getan, in Florenz, in der in neuerer Zeit «Il Novellino» genannten Sammlung; im ersten Druck (von 1525) lautet der Titel «Le cento novelle antiche». Es sind zwei Fassungen überliefert; die eine umfaßt hundert Novellen (MS Vaticanum; editio princeps von Gualteruzzi 1525), die andere enthält 123 Novellen (Cod. Panciatichiano 32). Der Hersteller der hundert Novellen enthaltenden Sammlung hat dem Ganzen ein einheitliches Gepräge gegeben. Die Vorrede zeigt ihn als einen bewußt schaffenden Künstler, der sich an ein vornehmes und erlesenes Publikum wendet. Er behielt die traditionelle Kürze der Exempla bei, aber mehr noch, er erhob Kürze, Wortkargheit, Sparsamkeit der Mittel zum Stilprinzip. Man wird dem «Novellino» nicht gerecht, wenn man es mit Boccaccios «Decamerone» vergleicht. Dem «Decamerone» liegt ein anderer Stilwille zugrunde, eine andere Erzählweise. Um dem Autor des «Novellino» gerecht zu werden, muß man ihn mit den Vorlagen vergleichen. Beschreibungen der äußeren Umstände, Örtlichkeiten und Personen interessieren ihn nicht. Auch über die psychologische Motivierung teilt er nicht mehr mit, als sich aus den Reden der Personen erkennen läßt. Der Novellino ist nicht eine unvollkommene Vorstufe der Novellen Boccaccios, sondern die Vollendung des «exemplum». Näher als dem Decamerone steht er den «facetiae» der Renaissance.

Der Inhalt ist sehr mannigfaltig. Der Verfasser folgt keinem bereits bestehenden Repertoire. Als Quellen verwendet er vorzugsweise französische Werke: Alexanderroman, Prosalancelot, Prosatristan, Fuchsroman, Fabliaux; Exempelsammlungen wie «La vie des anciens Pères» und eine französische Fassung der «Disciplina clericalis»; biblische Stoffe entnimmt er den «Quatre livres des Rois»; Ovid benutzt er in französischer Übersetzung. Ferner schöpft er aus den provenzalischen Minnesängerbiographien, den «vidas» und den Kommentaren zu ihren Gedichten, den «razos». Von lateinischen Quellen zieht er weniger die klassischen Autoren heran (Valerius Maximus, Aulus Gellius) als vielmehr die mittelalterlichen, das «Liber septem Sapientium», die Predigtsammlung Jakobs von Vitry. An italienischen Quellen schlachtet er das erst kurz vorher veröffentlichte «Fiori di filosofi» aus. Was ihn von anderen Kompilatoren vor ihm unterscheidet, ist aber, daß er aus dem Anekdotenschatz seiner unmittelbaren Umgebung schöpft:

viele seiner Helden sind Florentiner, und der Ort der Handlung ist Florenz.

Von doktrinärer Lehrhaftigkeit hat sich der Verfasser des «Novellino» ebenso frei gemacht wie der Verfasser der «Conti di antichi cavalieri». Er hängt seinen Geschichtchen kein moralisches Schwänzchen an. Aber alle Erzählungen hält als einigendes Band zusammen das Ideal eines edlen, würdigen, vornehmen,gesitteten Lebens: «gentilezza» und «cortesia», seien die Stoffe orientalischen, klassischen, biblischen, mythologischen, mittelalterlich-höfischen oder zeitgenössischen Ursprungs, sei die Rede von Saladin, von Cato, von Lancelot, vom Troubadour Ricart de Barbezilh, von Ezzelino da Romano, Kaiser Friedrich II. oder von Bito und Ser Frulli.

Thematisch lassen sich verschiedene Gruppen zusammenstellen (daß sie im «Novellino» nicht immer zusammenstehen, ist ein gewiß beabsichtigter Zug). Der Tradition der «exempla» stehen am nächsten die Novellen, in denen eine Tugend gepriesen, ein Laster gebrandmarkt wird. Den Vorrang haben aber die Erzählungen, in denen die weltliche Klugheit und die Tugenden des Vornehmen: Freigebigkeit, Edelmut und Gerechtigkeitssinn an exemplarischen Persönlichkeiten, dem Sultan, dem König Salomo, dargetan werden; für höfisch-höfliches Verhalten müssen die Helden der Tafelrunde und Zeitgenossen als Vorbilder dienen, während die antiken Persönlichkeiten die staatsbürgerlichen Tugenden verkörpern.

Dazwischen eingeflochten sind kürzere Novellen, Anekdoten, für die meist die Zeitgenossen herhalten müssen; hier kommt es auf das geistreiche Witzwort an. Schließlich fehlen auch nicht einige rührende Liebesgeschichten. Nichts Ungebührliches, nichts Anstößiges. Der Verfasser richtet sich an ein vornehmes Publikum. Was setzt er bei seinen Lesern voraus? Edlen Sinn und scharfen Verstand: «cuor nobile e intelligenzia sottile».

Mit dem Novellino wurde in Prosa ein Werk geschaffen, das an Vornehmheit des Inhalts und Reife der Form ebenbürtig neben jener Lyrik steht, die zur gleichen Zeit, in den beiden letzten Jahrzehnten des 13. Jahrhunderts, in Florenz erblühte: die Dichtung des «Dolce stil nuovo».

9. Die Dichter des «Süßen neuen Stils»

Noch vor Guittones Tod (1293/94) erfolgte eine Abwendung von der Art der Sikulo-Toskaner.

Die Hinwendung zum Neuen bahnte sich in Bologna an, wo italienische und provenzalische Lyrik eifrig nebeneinander gepflegt wurden, in Bologna, wo sich durch die Tätigkeit der Grammatiker und Rhetoriker die Ausbildung einer Kunstprosa in italienischer Sprache vollzog. Aus dem Kreise der bürgerlichen Gelehrten ging der Bahnbrecher für den neuen lyrischen Stil hervor, Guido Guinizelli. Geboren zwischen 1230 und 1240, war er, wie sein Vater, Richter und Rechtsberater. Er gehörte zu der ghibellinischen Partei der Lambertazzi, wurde mit ihnen 1274 verbannt und starb 1276 in Monselice in der Verbannung. Doch fand Guinizelli keinen Nachfolger in Bologna selbst. Seine Anregungen wurden durch eine Gruppe von jüngeren Leuten in Florenz aufgenommen und weitergeführt. Ihr Anführer war Guido Cavalcanti (geb. 1255 in Florenz), aus vornehmem, reichem Hause stammend, gehörte er dem Großen Rat der Stadt an und war der Mit- und Nachwelt durch sein großes Wissen bekannt. Dante Alighieri gehörte dazu. Ebenfalls aus vermögendem Hause, studierte er 1287 in Bologna die Rechte, wobei er Cino da Pistoia kennenlernte. Andere Mitglieder des Kreises waren Lapo Gianni (geb. vor 1282, gest. nach 1328), Richter und Notar, der auch in Bologna und Venedig tätig war; Gianni Alfani (geb. zwischen 1272 und 1283), Jurist und vielleicht identisch mit dem gleichnamigen Gonfaloniere di Giustizia des Jahres 1311; Dino Frescobaldi (geb. nach 1276 und gest. vor 1316), Sohn eines einflußreichen Wollhändlers und Bankiers, und Cino da Pistoia (geb. 1270, gest. 1336/7 in Pistoia). Dieser, ein berühmter Rechtsgelehrter, war aus der bologneser Juristenschule hervorgegangen und lehrte in Siena, Perugia, Neapel und Florenz. Als Juristen, Staaatsbeamte, Angehörige des vermögenden Bürgertums gehörten diese Männer der gleichen Gesellschaftsschicht an. Enge persönliche Freundschaft verband sie miteinander, wie aus mehreren Gedichten hervorgeht, in denen sie persönliche Nachrichten und Meinungen austauschten («sonetti di corrispondenza»).

Der innere Zusammenhalt der Gruppe, das Bewußtsein, gegenüber der Dichtung der Sikulo-Toskaner etwas Neues zu bieten, kommt zum Ausdruck in den Äußerungen, mit denen sie sich gegen die Dichter vor ihnen abgrenzten, wie z. B. Guinizelli in einem Sonett, in dem er seine neue Dichtungsweise gegen die Kritik Buonaggiunta Orbiccianis verteidigte. In diesen Auseinandersetzungen wurde von Dante, auf den die Bezeichnung der Dichter vor ihm als «Sizilianer» zurückgeht, der Ausdruck «dolce stil nuovo» geprägt. Scharfe Polemik gegen Guittone und die Guittonianer liegt in den Worten, die Dante einem Vertreter der alten Schule, Buonaggiunta, in den Mund legt (Purg. 26, 55f.): «il nodo/ Che il Notaro e Guittone e me ritenne/Di qua del ‹dolce stil novo› chi'i'odo».

Wir wissen, was Dante unter dieser Bezeichnung: «dolce stil novo» verstanden hat. «Dolce» ist als Gegensatz gebraucht zu «aspro», «herb», d. h. schwer verständlich, wie der dunkle Stil, das «trobar clus», der Provenzalen; «dolce» bezieht sich auf den sprachlichen Ausdruck: nicht alltäglich, sondern vornehm; nicht gesucht, sondern wohllautend. Der andere Terminus «novo» bezeichnet den neuen Inhalt: die neue Auffassung vom Wesen der Liebe.

Die wesentlichen Merkmale des «Dolce stil nuovo» treten uns schon bei Guido Guinizell entgegen. Von Dante wird er als der Wegbereiter und gemeinsame geistige Vater des florentinischen Dichterkreises bezeichnet (Purg. XXVI, 97–99).

Guinizelli begann als Dichter im Stil der Sizilianer und Guittones; er folgte ihnen auch in der starken Anlehnung an die Provenzalen. Seine Kanzone «Con gran desir pensando lungamente» ist eine freie Nachdichtung einer Kanzone des Aimeric de Peguilhan. Dann aber schlug er neue Wege ein, einmal mit einigen Kanzonen, von denen eine, «Al cor gentil ripara sempre amore», die neue Auffassung vom Wesen der Liebe verkündete, und mit mehreren Sonetten, in denen der neue Stil in der Verehrung der Frau zum Ausdruck kam. Die Kanzone «Al cor gentil» wurde als die theoretische Grundlegung des neuen Dichtens begrüßt. Dante nimmt sie inhaltlich und durch wörtliche Anspielung wieder auf in dem Sonett der «Vita Nuova»: «Amore e 'l cor gentil sono una cosa». Ebenso wiederholt die gleichen Gedanken Cavalcanti in seiner Kanzone: «Donna mi prega». Wenn auch Guinizellis Kanzone durch die Neuheit der vorgetragenen Gedanken auffiel, so waren doch diese Gedanken durch die Entwicklung vorbereitet, so daß es schließlich lediglich einer Zusammenfassung bedurfte. Die scholastische Philosophie hatte die Lehre erarbeitet, daß adliges

Wesen nicht durch Geburt gegeben sei, sondern in der inneren Artung des Menschen bestehe. Der Begriff des Seelenadels war schon bei den späten Provenzalen aufgetaucht. Gegenüber der kirchlichen Wertung der Liebe als Sünde hatten bereits sie, vor allem Montanhagol, die Vorstellung von der edlen Liebe, die zur Keuschheit führt, entwickelt; ihnen hatte sich Sordello angeschlossen. Auch in der Bewertung der Frau war eine Veränderung vor sich gegangen. Die mit der kirchlichen Doktrin im Gegensatz stehende, der höfischen Dichtung zu Grunde liegende Auffassung vom höheren Werte der Frau hatte bei Provenzalen und Sizilianern im wesentlichen in einer sozialen Höherstellung bestanden. Guittone hatte dann versucht, ihre sittliche Überlegenheit spekulativ zu begründen. Die Verschmelzung all dieser verschiedenen Überlegungen in einer neuen Vorstellung vollzog Guido Guinizelli. Er zog den Schluß: Die Frau ist göttlichen Wesens, die Liebe ist Tugend. Seelenadel ist Anlage zur Tugend, also Anlage zur Liebe. Diesen Gedanken drückt er in seiner Canzone «Al cor gentil» aus. Das bedeutet: Die vornehme, edle Minne ist demnach nicht eine ausschließliche Angelegenheit vornehmer Kreise, sondern auch der nicht von Geburt adlige Mensch ist ihrer fähig, doch nicht jeder beliebige; nur der innerlich vornehme, edle und tugendhafte Mensch vermag wirklich zu lieben. Denn die Liebe ist kein niedriger Trieb, sondern eine edle Empfindung, ein Drang zu Höherem, der durch den Anblick der Schönheit im Herzen des Hochgesinnten hervorgerufen wird, in welchem sie, sofern sein Herz wirklich edel ist, als Fähigkeit («virtute») schlummert. Nur die weibliche Schönheit vermag dieses Gefühl zu wecken, weil sie etwas Edles ist, nämlich ein himmlisches, von Gott gesandtes Engelhaftes.

So weit die gedankliche Grundlage. Sie ist der gesamten Dichtung des «Stil nuovo» gemeinsam. Doch ist damit nichts über die neue Dichtung selbst gesagt. Dichter sind keine Philosophen, Dichtung keine Philosophie. Ihr Anliegen ist die Form. Welche Auswirkung auf den dichterischen Stil brachte die Veränderung der gedanklichen Grundlage? Die Kanzone der Provenzalen und Sizilianer hatte dem Ausdruck der Verehrung der hohen Frau, der Werbung, dem Schmachten, kurzum dem galanten Liebesspiel gedient. Nun aber wird die Besinnung auf das Wesen der Liebe zum beherrschenden Motiv. Hieraus ergibt sich, daß alles, was mit der Übertragung ritterlicher Lehensverhältnisse auf das Liebesverhältnis zusammenhing, aufgegeben wird. Von Guinizelli an ist es nicht mehr so, daß der Liebende durch die Verehrung der vornehmen, adligen Dame «Wert» und «Ansehen», «pregio» und «valor», gewinnt; es geht gar nicht mehr um gesellschaftliches Ansehen dabei, sondern um den inneren Wert des einzelnen, der nicht Ritter zu sein braucht; es geht darum zu zeigen, wie die Erscheinung der engelhaften Frau auf den Liebenden wirkt. Es ist jetzt nicht mehr die Rede von der hehren, unnahbaren, unerbittlichen Herrin, der «belle dame sans merci», der man «dient», ewige Treue beteuert, um Erhörung anfleht. Fort ist der schmachtende und doch begehrliche Liebhaber, verschwunden die «Neider», vor denen man seine Liebe verbergen muß, denn diese jeder Lüsternheit ferne Liebe bedarf des Reizes der Heimlichkeit nicht. Kaum daß etwas von dem früheren Anliegen nachklingt, wenn es bei Guinizelli noch heißt, daß nur dem treuen Liebhaber die schöne Frau sichtbar wird.

Hauptmotive von Guinizellis Dichtung und der seiner Nachfolger sind: die strahlende, weil überirdische, engelhafte Schönheit der Frau; ihr Einherschreiten auf der Straße ist wie ein Wunder, im Kreise ihrer Gefährtinnen; sie übertrifft alle durch den Glanz ihrer Erscheinung; christliche Demut ist ihre Haupttugend. Wesentlich ist die Schilderung der Wirkung ihrer Schönheit auf den Liebenden: Ihr Anblick verwirrt und erschüttert ihn, benimmt ihm die Sinne; ihr Gruß beugt alle Hoffart und weltlichen Sinn.

Die physische Erscheinung der Dame wird durch Vergleiche wiedergegeben. Nicht das Detail, sondern der Gesamteindruck wird vermittelt. Vergleiche sind ohne gelehrten Ballast dem naiven Erleben entnommen: die Helligkeit der Sonne, das Leuchten des Morgensterns, der Glanz der bunten Blumen, Rosen und Lilien.

Personifikationen abstrakter Wesen, Hypostasen der Begriffe, kommen schon in der höfischen Dichtung vor: «Amore», «Mercede», «Pietate» als handelnde und redende Figuren. Guinizelli überschreitet kaum das dort übliche Maß. Immerhin erscheint bei ihm schon als neue Figur die Seele, die mit Gott ein Gespräch führt. Zusammen mit Amore, dem Herzen, den Augen und den Empfindungen des Liebenden, den «spititelli», ist sie eine jener Personifikationen, mit deren Hilfe die Dichter des Stil nuovo seelische Vorgänge und Sachverhalte begrifflich zu erfassen versuchen. Doch gelangt dies erst in der Dichtung Cavalcantis zur vollen Entfaltung.

Mit dem Wandel der Vorstellungswelt tritt auch eine Veränderung des Wortschatzes ein. Die provenzalische Terminologie des

Minnedienstes verschwindet weitgehend oder unterliegt einem Wandel in der Bedeutung. Ein Lieblingswort wird «gentile», das nun nicht mehr bloß «adlig», «vornehm» bedeutet, sondern vor allem «edel». Die Haupttugend der Frau ist ihre «umiltà» und hat christlichen Sinn; des Ritters «orgoglio» wird hier zum Tadel. «Piacere» ist nicht mehr nur «gefälliges Äußeres», «anmutige Erscheinung», sondern «überirdische Schönheit». «Virtù» ist nicht bloß Sittsamkeit, sondern «Veranlagung zur Tugend», «Kraft der Tugend».

Mit der Abstreifung der Fessel, die durch die Bindung an die höfische Minne gegeben war, ist eine Befreiung der dichterischen Persönlichkeit eingetreten. Die dichterische Individualität prägt sich nicht mehr, wie es noch bei den Sikulo-Toskanern der Fall war, im wesentlichen nur im Formalen aus. Doch ist einschränkend zu bemerken, daß diese Freiheit, das Ausmaß der Individualisierung, vom modernen Leser nicht überschätzt werden darf. Hier, wie bei den Sizilianern, ist immer noch ein begrenzter Rahmen, eine festliegende Grundanschauung, vorgegeben.

Ja durch die Idealisierung der Geliebten ist diese stärker als bei den Provenzalen der Individualisierung entzogen, wie auch schon ihre konkrete Körperlichkeit belanglos und darum meist nicht darstellenswert erscheint. Sie ist die Frau schlechthin, fast nur noch eine Funktion, die Beseligerin und Seligmachende, «la beatrice».

Die im neuen Stil Guinizellis angelegten Möglichkeiten gelangen bei seinen Nachfolgern zu voller Entfaltung. War Guinizelli Bahnbrecher, so wird Guido Cavalcanti zum Begründer des neuen Stils. In diesem Verhältnis hat Dante die beiden zueinander gesehen. Auch Cavalcanti hat sich zunächst als Theoretiker versucht. Bei den Zeitgenossen wird er berüht durch seine Canzone «Donna mi prega». In ihr hat er die Liebestheorie Guinizellis unter großem Aufwand scholastischer Gelehrsamkeit neu formuliert und zu einem kurzgefaßten Traktat über alle wesentlichen Fragen der Minne ausgebaut. Die Gedrängtheit des Ausdrucks und die Verkoppelung des an sich schon spröden Stoffes mit der formalen Schwierigkeit gehäufter Binnenreime (zwei in einem Vers!) machen die Kanzone sehr schwer verständlich und lassen sie eher als ein Musterbeispiel des «trobar clus», des dunklen Stils, erscheinen. Gerade diesem Umstand verdankte sie freilich bei den Zeitgenossen ihr großes Ansehen. Doch zeigt sich in diesem schwerfälligen, wohl seiner Frühzeit angehörenden Gedicht noch nicht Cavalcantis

Eigenart und Stärke. Was ihn am tiefsten bewegt, ist die Frage nach der Beschaffenheit der unter dem Begriff der Liebe zusammengefaßten seelischen Vorgänge. Freude und Schmerz, Sehnen und Schmachten werden von ihm nicht bloß ausgesprochen, sondern auch ergründet, ihre Ursache und Wirkung erforscht.

Zum Ausdruck der seelischen Vorgänge hypostasiert Cavalcanti die abstrakten Begriffe, wie die Dichter es schon vor ihm gemacht hatten. Nur daß bei ihm nun infolge der größeren Kompliziertheit der erörterten Fragen und der Verfeinerung der Fragemethode ihre Zahl sich beträchtlich vermehrt. «Amore», «Morte», «Merzede», «Cuore», «Anima», «Mente» sowie die als Geister, «spiritelli», personifizierten Gefühle treten in großer Zahl und als handelnde und redende Personen auf. Die Gedichte, in denen er seelische Zustände zergliedert, sind die für seine dichterische Art charakteristischen.

Den größeren Erfolg bei der Nachwelt hat Cavalcanti mit seinen Balladen errungen. Cavalcanti hat die für die Dichter des «Stil nuovo» so kennzeichnende Form der «ballata» (auf einen zwei- bis vierzeiligen Refrain folgen meist zwei Strophen) entdeckt und entwickelt. Sie hatte bis dahin mehr am Rande der Kunstdichtung gestanden. Nun erhob Cavalcanti sie zum Ausdruck der hohen Minne im neuen Stil.

Seine Ballata «Fresca rosa novella» ist ein Preisgedicht auf die Geliebte, das typisch stilnovistische, von Guinizelli übernommene Motiv. Das Reizvolle an ihr ist die Vermengung von Altem mit Neuem. Das Motiv der Verherrlichung der engelhaften Frau erscheint hier verbunden mit dem höfischen Motiv des Frühlingseingangs; die Frühlingsschilderung dient als Folie für die Lobpreisung der Geliebten.

Die Form der «ballata» hat Cavalcanti danach mit Vorliebe für seine analytischen ‹psychologischen› Gedichte verwendet. Sie verlieren dabei ihre liedhafte Leichtigkeit und wirken starr und schulmäßig. Doch hebt sich eine heraus: «Veggio negli occhi». Jede Starre und Pedanterie erscheint hier aufgehoben. Das anmutige Gedicht fand das Gefallen Carduccis, der einen Vers daraus seinem Gedicht: «Era un giorno di festa» als Motto voranstellt.

Die Freiheit der Ballatenform lädt Cavalcanti dazu ein, auch über den Rahmen des «Stil nuovo»hinauszugreifen. Er hat die bis dahin in der italienischen Dichtung kaum gepflegte Gattung der Pastourelle in seinen Motivschatz aufgenommen und die hübsche

Ballata «In un boschetto» verfaßt, freilich nicht ohne die bei dieser Gattung übliche unverblümte Sinnlichkeit zu verhüllen und mit einer Sphäre höfischer Artigkeit zu umgeben. In der Ballata «Era in pensier» vereint Cavalcanti den Ausdruck zurückhaltender Verehrung der edlen Frau mit dem Gefühl sehnsüchtiger Wehmut.

An Guinizelli und Cavalcanti knüpft Dante in seinem lyrischen Werk an. Er führt die Dichtung des neuen Stils zur Vollendung, aber sein lyrisches Schaffen erschöpft sich nicht in der Dichtung im neuen Stil. Es verlangt nach einer Behandlung im Rahmen von Dantes Gesamtwerk.

Von den anderen Dichtern des neuen Stils hat jeder ein mehr oder weniger eigenes Gepräge. Stärker profiliert ist Dino Frescobaldi, der mit Vorliebe Sonett und Kanzone pflegt. Er vertritt in geradezu typischer Weise Gesinnung und Motivbereich des «Stil nuovo», aber nicht ohne eine persönliche Note. Sein Frauenbild verrät – so sehr die Geliebte ein hohes, hehres Geschöpf ist – einen Nachklang höfischer Auffassung, insofern sie, mehr als die Damen der anderen Dichter dieses Kreises, die unnahbare, abweisende, erbarmungslose, unerreichbare Herrin der Troubadours ist. Der fruchtbarste, aber auch umstrittenste unter den Dichtern des «Stil nuovo» ist Cino da Pistoia.

Wenn man von einer politischen Canzone auf den Tod Heinrichs VII. und einer sehr witzigen satirischen zur Verhöhnung der Neapolitaner absieht, ist Cinos Dichtung ausschließlich Minnedichtung. Auch seine zahlreichen an die Freunde gerichteten Gelegenheitsgedichte («rime di corrispondenza») haben dieses Thema zum Gegenstand. Philosophische, lehrhafte Gedichte fehlen bei ihm ganz; auch theoretisiert er nicht über das Wesen der Liebe wie Guinizelli und Dante. Ein Sonett wie «Li vostri occhi gentili» ist fast nur ein Repertorium der üblichen Motive, aber neu zusammengestellt und epigrammatisch zugespitzt, der Schlußeffekt ist in der letzten Zeile untergebracht (das engelhafte Wesen der Frau). Mehr als die anderen Dichter seines Kreises arbeitet er mit rhetorischen Mitteln, damit schon zu der Art Petrarcas überleitend. Die Schilderung der Außenwelt hält ihren Einzug; die Umwelt der Geliebten wird präzisiert.

Auch ihre Person wird nun wenigstens in einzelnen Zügen geschildert. Haar und Augen, Zähne, Wangen und Lippen, Lächeln und Gebärde werden erwähnt. Allmählich bekommt dadurch die Geliebte individuellere Züge, und in dem Bild der idealen Geliebten wird es möglich, verschiedene Gestalten zu erahnen (eine junge Bologneserin, eine Frau in Trauer, «Selvaggia»). So skizzenhaft diese Schilderungen der äußeren Erscheinung sind, so sehr sind sie als Neuerung bedeutsam.

Auch technisch hat die Dichtung Cinos ihre Eigenheit. Die «ballata», die Lieblingsform der Stilnovisten, hat er fast gar nicht gepflegt (neun von 165 authentischen Dichtungen). Eine «sestina» hat er nicht verfaßt, wie er überhaupt nicht die metrische Experimentierfreudigkeit Dantes besitzt. Alle ungewöhnlichen Formen, zumal die extravaganten Formen der Sikulo-Toskaner, hat er gemieden. Seine Lieblingsformen sind das Sonett und die Kanzone. Auch hier ist für ihn bezeichnend die Beruhigung der Form. Die bei Dante zu neuem Leben erweckte Formensprache der Provenzalen fehlt bei Cino.

Im Ganzen gesehen zeigt seine Techni ein viel stärkeres Abrükken von provenzalischer Art als die der anderen Stilnovisten (Cavalcanti nicht ausgenommen). Hand in Hand mit einem weiteren Abflauen der provenzalischen Welle im Sprachlichen geht bei ihm ein Abrücken von den Sikulo-Toskanern, erkennbar an der Abnahme der Sizilianismen. Seine Sprache wird ferner durch den diskursiven, dialogischen Charakter seines Vortrags umgangssprachlicher, gesprochener, toskanischer und ist durch das Fehlen des doktrinären Elements weit weniger latinisierend als die Dantes. Sie wird flüssiger, wodurch seine Verse oft, wenn auch nicht immer, einen Wohllaut gewinnen, der schon an die Verse Petrarcas heranreicht (einen Vers hat Petrarca dem Anfang einer Canzone Cinos entnommen: «La dolce vista e 'l bel guardo soave»; Petrarca, Canz. LXX, 40). Nicht umsonst hat Dante den auf schlichte Eleganz zielenden Versbau Cinos und die Vornehmheit seiner Sprache gepriesen (in «De Vulg.», passim). Umgekehrt huldigt Cino dem Dichter der «Divina Commedia» in der Kanzone anläßlich von dessen Tod: «Su per la costa, Amor, de l'alto monte». Den Tod Cinos (1336/7) beklagt andererseits jener Dichter, zu dessen Art Cino überleitet: Petrarca («Piangete, donne»).

Der hohe Gedankenflug, die Zartheit der Empfindung und die Erlesenheit des sprachlichen Ausdrucks heben die Lyrik des «Stil nuovo» weit über die Dichtung der Sikulo-Toskaner empor. Als im 15. Jahrhundert nach einer fast ein Jahrhundert anhaltenden Geringschätzung der Dichtung in der Vulgärsprache Lorenze de'Medici in seiner «Epistola a Federico d'Aragona» die Erinnerung an die ältere italienische Lyrik wieder wachruft, stellt er in einem sehr abgewogenen Urteil, das die Verdienste der sizilianischen Dichterschule nicht schmälert, die Dichter des «Stil nuovo» über ihre Vorgänger, wobei er Cavalcanti einen besonderen Platz einräumt, dennoch aber Cino, als dem modernen Empfinden näherstehend, höher schätzt.

Nach Lorenzo ist der Ruhm des «Stil nuovo» durch die reifere Kunst Petrarcas verdunkelt worden. Erst im 19. Jahrhundert ist der ‹Süße Neue Stil› mit der Wiederentdeckung des Mittelalters wieder zu Ehren gekommen. Foscolo entdeckt in Cavalcantis Ballade «Perch'io non spero» romantische Wehmut. Carducci rückt die Naivität von Cavalcantis Personifikationen in die Nähe gotischer Tafelmalerei mit ihren Spruchbändern («Era un giorno di festa»). Die gemeineuropäische Wiederentdeckung des «Stil nuovo» vollzieht sich im Gefolge der Wiederentdeckung Dantes, anknüpfend an die Beatrice der «Vita nuova». Dante Gabriel Rossetti findet im Frauendienst des «Stil nuovo» die Liebe entstofflicht und vergeistigt, mit allen Attributen religiöser Verzückung ausgestattet. Er prägt in seinen Gemälden den Typ der ätherischen und doch sinnlich verlockenden Frauengestalt, die bei den anderen Präraffaeliten vielfach abgewandelt wiederkehrt und in Deutschland einen letzten Nachklang hinterläßt in den schlankhalsigen Frauengestalten des Jugendstils. Als Echo des dekadent überfeinerten Frauentyps der Präraffaeliten ist der Rückgriff auf den Stil nuovo in der Dichtung D'Annunzios im «Isotteo» und im «Poema paradisiaco» zu werten.

10. «Realistische» und burleske Dichtung in und um den Stil nuovo

Gleichzeitig mit der aristokratischen Dichtung des «Stil nuovo» und teils im bewußten Gegensatz zu ihr, wird die burleske, betont unaristokratisch sich gebende Dichtung gepflegt, zu der Rustico di Filippo den Auftakt gegeben hatte. Naive Freude am Grotesken, ja Unflätigen, persönliche Spottlust – nicht Wirklichkeitsdarstellung oder Wirklichkeitssinn, wie man gemeint hat, – sind die

Triebkräfte, die hinter diesen Werken stehen, die, wie die Gedichte Rusticos, in der mittelalterlichen literarischen Tradition fest verankert sind.

Absichtsvolle literarische Parodie gesellt sich zu diesen Motiven in dem Werk des Cecco Angiolieri, einem Zeitgenossen Dante Alighieris. Um Angiolieri hat sich seit seiner Wiederentdeckung im vergangenen Jahrhundert eine Art literarische Legende gerankt. Aus seinen Gedichten hat man das Bild eines Raufbolds, Säufers und Liederjahns konstruiert, eines tragischen Bohemien. Von diesem Bild ist heute wenig übriggeblieben. Um 1260 in Siena geboren, verbrachte Cecco sein Leben in der Heimatstadt. Seine dichterische Tätigkeit fällt in die Jahre 1280–1300. Einige Einzelheiten, die wir von seiner Lebensführung wissen – er wurde mehrmals wegen Verstößen gegen die öffentliche Ordnung bestraft und war völlig verschuldet –, zeigen ihn wohl als einen Bruder Liederlich, dürfen jedoch nicht zu einer biographischen Auswertung seiner Gedichte verleiten. Die Motive seiner 128 Sonette sind alter Bestand der burlesken Dichtung des Mittelalters: die Lobpreisung von Weib, Wirtshaus und Würfel («donna, taverna e dado») sind schon ein Motiv der Goliardendichtung, das Klagen über die Last der Armut sind sowohl aus den Vagentenliedern wie aus der moralisierenden Literatur altvertraut; die Weiberfeindschaft, ein unverlierbarer Bestand burlesker Lyrik von den Carmina amatoria der fahrenden Schüler, über Marcabru, den Rosenroman bis zu Ceccos Zeitgenossen, dem Verfasser des «Fiore». Die poetische Behandlung dieser Topoi würde bei den Zeitgenossen nicht den Beifall gefunden haben, den sie fanden, wenn sie nicht mit viel Witz und unter raffiniertester Verwendung eines reichen Vokabulars an ordinären Ausdrücken, in geschickter Mischung senesischer Mundart und vornehmer höfischer Dichtersprache, unter Aufbietung aller Kunstgriffe der Rhetorik so neuartig und eindrucksvoll gestaltet wäre. Hier spricht offensichtlich nicht ein ungebildeter Volksdichter, wie man gemeint hat, sondern ein Mann, der mit der literarischen Entwicklung Schritt zu halten verstand. Diese zeigt sich auch in der Tatsache, daß ein Teil seiner Liebesdichtung, die Gedichte für die feile Becchina, offenkundig den Charakter einer Parodie der höfischen Dichtung der Sikulo-Toskaner und des «Dolce stil nuovo» trägt. Nimmt man alle Gedichte um Becchina zusammen und ordnet sie, dann kommt eine ganze Liebesgeschichte heraus, parallel, aber gegensätzlich zur «Vita nuova»: eine «anti-Vita-nuova». Ceccos Abneigung gegen den «Stil nuovo» hat ihn sogar dazu geführt, mit Dante Sonette zu tauschen, um ihm mangelnde Logik in einem Gedicht der «Vita nuova» nachzuweisen; eine Kritik, die Dante zu einer Rechtfertigung veranlaßte.

Der Erfolg Ceccos ist an den zahlreichen burlesken Sonetten abzulesen, die bis in die Mitte des 14. Jahrhunderts in der Toskana verfaßt wurden, von Meo dei Tolomei, Pietro dei Faitinelli, Niccolò del Rosso, Neri Roscoli, Cecco Nuccoli und anderen, bei denen die Verspottung des «Stil nuovo» ständig wiederkehrt.

Vereinzelte Spottgedichte sind auch von den Dichtern des «Stil nuovo» verfaßt, d. h. auch sie haben sich gelegentlich in der grotesken Manier des niederen Stils versucht. Guido Guinizelli schrieb ein Sonett zur Verhöhung eines bösen alten Weibes («Diavol te levi, vecchia rabbiosa»), Cavalcanti eines auf eine Bucklige («Guata, Manetto, quella scrignituzza»), Dante Alighieri tauscht mit Forese Donati beleidigende Sonette voll gröbster Beschimpfungen; andere Tenzonen dieser Art belehren uns, daß dies der übliche Stil war, in dem viel literarische Manier steckt.

Einen anderen literarischen Ursprung haben eine Anzahl von Gedichten der Stilnovisten, in denen das gesellige Leben und der frohe Lebensgenuß gepriesen werden. Sie stellen eine Abwandlung der provenzalischen Gattung des «plazer», der Aufzählung angenehmer Dinge, dar. Dieser Art ist Cavalcantis Sonett «Beltà di donna» und Dantes «Sonar bracchetti»; ein andermal kleidet Dante die Idealisierung vornehmer Geselligkeit als Traum ein («Guido, i'vorrei»). Lapo Gianni dagegen huldigt mit der Lobpreisung erleserner irdischer Freuden ganz unbedenklich zugleich auch der niederen Minne («Amor, io chero»).

Eine Fortführung dieses Motivs des «plazer« bieten Folgore da San Gimignano und Cenne della Chitarra. Folgóre (der Name bedeutet ‹Glanz›) schrieb seine Sonette etwa um 1316; 1332 war er schon tot. Die Verherrlichung vornehmen geselligen Lebens, die bei den Stilnovisten ein gelegentlich angeschlagenes Thema blieb, machte er zum ausschließlichen Gegenstand seiner Dichtung. Die drei Sonettenzyklen, die wir von ihm besitzen, der von den Wochentagen, der von den Monaten (über das Motiv der Charakteristik der Monate in der moralisierenden Dichtung bei Bonvesin da Riva s. o.) und der für den Ritter («Sonetti pel cavaliere») zeichnen ein fesselndes Bild vom geselligen Leben der vornehmen Welt, aus deren Kreis die Dichtung des «Stil nuovo» hervorgegangen ist. Zu der Mentalität Ceccos führt zurück der Sonettenkranz, den zur Erwiderung auf Folgores Monatssonette Cenne della Chitarra (aus Arezzo, gestorben vor 1336) verfaßte.

11. Rückblick

Im Laufe des 13. Jahrhunderts hat sich in Italien literarisch ein völliger Wandel vollzogen. Um 1200 waren in den Mundarten Italiens nur einige bescheidene Reimereien versucht worden, die kaum über den Umkreis ihres Entstehungsortes hinausgedrungen waren. Auch was Italiener in lateinischer Sprache bis dahin verfaßt hatten, war nicht erheblich. Zu der Zeit dagegen, da Dante Alighieri sein 20. Lebensjahr erreichte, bot das geistige Leben seines Heimatlandes ein ungemein reiches Bild. Italiener hatten in lateinischer, provenzalischer, französischer und italienischer Sprache Werke geschaffen, die das geistige Gesicht Italiens gewandelt hatten. Jacobus de Varagine schrieb lateinisch die für Prediger und Laien gleich wertvolle praktisch geordnete Legendensammlung, die «Legenda aurea». Das gleiche leistet für die Exempla-Literatur in italienischer Sprache das «Fiore di Virtù». Marco Polo hatte mit dem «Livre des Merveilles» dem staunenden Abendland den Einblick in eine neue Welt gegeben. Brunetto Latini schrieb die erste Enzyklopädie in französischer Sprache. Sordello war in provenzalischer Sprache der erste italienische Dichter, der über die Grenzen seines Landes hinaus bekannt wurde.

Daneben war aber auch ein nicht unbedeutendes Schrifttum in italienischer Sprache entstanden; originelle und kraftvolle Persönlichkeiten waren hervorgetreten: in Oberitalien Bonvesin da Riva, in Umbrien Jacopone da Todi, in Bologna Guido Guinizelli, in der Toskana Guittone d'Arezzo sowie die beiden in ihrer geistigen Weite und Wirkung nicht hoch genug einzuschätzenden Florentiner Bono Giamboni und Brunetto Latini.

Während in Oberitalien der originelle Salimbene für seine Chronik noch beim Gebrauch des Lateins verharrt und das Heldenepos in franko-italienischer Mischsprache von Italienern selbständig weiterentwickelt wird, wird das höfische Epos in der Toskana in italienischer Sprache umgeprägt. Lateinische Historiker und Rhetoriker erhalten ein italienisches Gewand, mehr noch: es entsteht eine italienische Kunstprosa, die sich an Kunstmäßigkeit mit der lateinischen messen will. Eine erste Novellensammlung in italienischer Sprache entsteht, noch unberührt von der Bemühung um die Kunstprosa, aber dennoch ein kleines Kunstwerk. Fernab von der Kunstdichtung erblüht in Umbrien die fromme Dichtung der Lauden, nachdem schon zuvor in Sizilien die höfische Minnelyrik in italienischer Sprache entsteht und, nach Bologna und der Toskana verpflanzt, eine reiche und selbständige Weiterbildung erfährt. In der Erschaffung einer von strengem Kunstwillen getragenen Lyrik wie Prosa geht nach der Jahrhundertmitte die Führung ganz offenkundig von Bologna an die Toskana und immer mehr an Florenz über. Hier laufen alle Fäden, die seit dem Beginn des Jahrhunderts gesponnen worden sind, zusammen; hier wirken die Männer, die mit lateinischem, französischem und provenzalischem Schrifttum ebenso vertraut sind wie mit dem unlängst erblühten Schrifttum in der Vulgärsprache; hier sind die Männer versammelt, die jenes rege und fruchtbare geistige Leben tragen, in dem Lateinisches, Französisches, Provenzalisches und Italienisches zu einer unlöslichen Einheit verschmolzen werden. Die Zeit war reif für das Auftreten eines Mannes, der dies alles in eins zusammenfassen sollte: Dante Alighieri.

Es verschlägt nichts, wenn Männer und Werke dieser Frühzeit der italienischen Dichtung heute nahezu vergessen, ihr Schaffen in der Folgezeit in den Schatten gedrängt worden ist. Es bleibt die Tatsache einer mächtigen Blüte des geistigen Lebens, die erst die Voraussetzung für die Dichtung Dantes geschaffen hat. Diese wäre um 1200 nicht denkbar; um 1300 zieht sie das Fazit aus der vorausgehenden Entwicklung, ohne deren Kenntnis man sie überdies nicht verstehen und nicht voll würdigen kann. Allein schon deswegen lohnt sich die Beschäftigung mit dem Duecento. Der Gewinn für die Poesie ist freilich noch gering. Dennoch wird der Suchende auf seine Kosten kommen: ein paar Scheidelieder der Sizilianer, der «Contrasto» des Cielo d'Alcamo, der «Pianto della Vergine» Jacopones, die Balladen Cavalcantis, ein paar Sonette Cecco Angiolieris sowie der «Novellino».

Kapitel III: Dante Alighieri

1. Lebenslauf

Vom bürgerlichen Leben Dante Alighieris haben wir nur spärliche Kunde. Einige Daten sind Notariatsakten und anderen öffentlichen Dokumenten zu entnehmen, andere sind in den ältesten Kommentaren zur Göttlichen Komödie enthalten, dem sogenannten «Ottimo» und dem des Benvenuto da Imola. Ausführlicher, aber nicht immer zuverlässig unterrichten die drei ältesten Biographen. Giovanni Villani gibt in seiner Chronik (IX, 136) mehr einen Nekrolog als eine Lebensbeschreibung; Giovanni Boccaccio stellt in seinem «Trattatello in laude di Dante» Auskünfte von Leuten zusammen, die den Dichter persönlich gekannt haben, läßt sich aber auch von seiner Verehrung für ihn zur Ausschmückung seines Berichtes verleiten. Von größerem Wert ist die Schrift des Humanisten Leonardo Bruni; er hatte noch Zugang zu Briefen und anderen Schriften Dantes, die inzwischen verloren gegangen sind. Schließlich finden sich in Dantes eigenen Werken eine Anzahl autobiographischer Angaben verstreut, die, gerade weil sie vom Dichter selbst stammen, manchmal eher als Fingerzeige denn als Tatsache hingenommen werden dürfen.

Was sich aus diesen Quellen ermitteln läßt, genügt, um eine Vorstellung von des Dichters Lebensweg zu geben. Für das Verständnis seines Werkes ist es schon mehr als ausreichend. Von Vergils Leben wissen wir noch weniger, und doch hat darunter das Verständnis der Aeneis nicht gelitten. Vergil lebt in seinem Werk; ebenso Dante.

Dante Alighieri ist in der Zeit zwischen Mitte Mai und Mitte Juni des Jahres 1265 in der Pfarrei S. Martino del Vescovo zu Florenz geboren. Die Familie des Vaters, Alaghiero, Sohn des Bellincione degli Alaghieri, gehörte zum niederen, guelfisch gesinnten Stadtadel (der Feudaladel war ghibellinisch). (Die urkundliche Form des Namens: Alagherius ist durch die Autorität Boccaccios, der in seinen Schriften die volkssprachliche Form Alighieri verwendet, verdrängt worden). Früh verlor Dante die Mutter, Bella (d. i. Gabriella); ihrer gedenkt er pietätvoll im «Inferno» (VIII, 44/45).

Die Erziehung des Waisen übernahm die Stiefmutter, Lapa di Chiarissimo Cialuffi. Den Vater erwähnt Dante später nicht, wohl aber den Urahnen Cacciaguida, der vom Kaiser Konrad III. zum Ritter geschlagen worden und auf dem Kreuzzug im Heiligen Land gestorben war (Par. XV, 139/148). Auf seine adlige Abstammung und die Beziehung seines Ahnen zum Kaisertum legte Dante großen Wert. Kurz nach dem frühen Tod des Vaters, der 1283 gestorgen war, heiratete der kaum Achtzehnjährige die Tochter des Manetto Donati, Gemma. Aus der Ehe sind vier Kinder hervorgegangen; von Giovanni, dem ältesten Sohn, ist nur der Name bekannt; Pietro und Jacopo haben das Hauptwerk ihres Vaters kommentiert; eine Tochter, Antonia, ist wohl identisch mit jener Antonia, die in Ravenna beim Eintritt ins Kloster, wohl als Huldigung an den Vater, den Namen Beatrice annahm.

Von Dantes Kindheit und Jugend wissen wir nichts, nichts von seinem Bildungsgang, außer dem, was wir seinen Werken entnehmen können. In der «Vita nuova» (III) sagt er, er habe von allein das Dichten gelernt. Im Inferno (XV, 82–87) spricht er mit Verehrung von dem großen Brunetto Latini als seinem Lehrmeister; doch kann es sich weniger um einen regelmäßigen Unterricht als um gelegentliche Beratung und das persönliche Vorbild gehandelt haben. Im Jahre 1287 weilte Dante in Bologna, ob zum Studium, wissen wir nicht. Dort trat er zu den Dichtern des neuen Stils in Beziehung; vor allem mit Guido Cavalcanti verband ihn eine engere Freundschaft. In zahlreichen Gedichten huldigte er einer Frau, die er Beatrice nennt. Auf Grund einer zuverlässigen Überlieferung ist anzunehmen, daß es sich um die Tochter eines angesehenen Bürgers, Folco Portinari, handelt, Bice, die mit Simone dei Bardi verheiratet war. Dante berichtet in der «Vita nuova», er habe sie als Neunjähriger zum ersten Male gesehen; als die Achtzehnjährige ihn zum ersten Mal grüßt, ist Dante davon tief bewegt; bald darauf, im Juni 1290, stirbt die junge Frau. Die Gedichte, die mit diesem Erlebnis zusammenhängen, hat Dante in den Jahren 1292 und 1293 in der «Vita nuova» zusammengefaßt. Der Tod Beatrices bewirkte in Dante einen Sinneswandel. Im «Convivio» berichtet er, wie er, um den Schmerz über den Verlust der Angebeteten zu überwinden, sich mit größerem Eifer den Studien zuwandte, die geistlichen Schulen besuchte und den Disputen der Philosophen lauschte; in der Tat wurden zu jener Zeit in Santa Maria Novella von den Dominikanern die Werke des hl. Thomas und des hl. Albertus Magnus interpretiert, in Santa Croce erklärten die Franziskaner die Schriften des hl. Bonaventura.

Im Jahre 1289 nahm Dante als Berittener an der Schlacht von Campaldino gegen Arezzo und die toskanischen Ghibellinen teil, die für Florenz siegreich endete und den Niedergang der ghibellinischen Partei in der Stadt besiegelte. Auch bei der Einnahme der Burg Caprona war Dante dabei (Inferno XXI, 94–96). Im März 1294 lernte er Karl Martell, den ältesten Sohn und Statthalter Karls II. von Anjou kennen, als dieser Florenz besuchte. Vielleicht war Dante einer von den Rittern, die mit der Bewillkommnung des hohen Gastes beauftragt waren. Daß Dante dessen Gunst erwarb, bezeugt er selbst im «Paradiso» (VIII, 49ff.). Vom Jahr 1295 an nimmt Dante am politischen Leben seiner Vaterstadt aktiv teil. Er war dazu berechtigt, nachdem er sich, wie es für die Adligen vorgeschrieben war, in eine Zunft hatte aufnehmen lassen. Da er philosophische Studien betrieben hatte, konnte er in die Zunft der Ärzte und Apotheer eintreten. Von 1295 an bis zur Verbannung im Januar 1302 hatte Dante verschiedene Ämter inne. Darüber sind wir lückenhaft unterrichtet. Jedenfalls aber befand sich Dante in verantwortlicher Stellung. Dadurch wurde er in die Auseinandersetzungen zwischen den in Florenz um die Macht ringenden Parteien hineingezogen, die um die Familie der Cerchi sich scharenden weißen Guelfen (Bianchi) und die um die Familie der Donati sich scharenden schwarzen Guelfen (Neri). Den Streit der Parteien suchte Papst Bonifaz VIII. sich zunutze zu machen, um seine Herrschaft auf Florenz auszudehnen. Dante gehörte zu den wenigen, die mit Entschiedenheit dieser päpstlichen Politik entgegentraten; er hatte sich, obwohl durch die Familie seiner Frau den Neri näherstehend, den papstfeindlichen Bianchi angeschlossen. Als der Papst Karl von Valois nach Florenz entsandte, angeblich als Schlichter, in Wirklichkeit, um die Herrschaft der Neri herbeizuführen, wurde Dante mit zwei anderen Unterhändlern zu Bonifaz geschickt. Unterdessen ergriffen die Neri die Macht. Dante wurde in Abwesenheit staatsfeindlicher Umtriebe bezichtigt, zur Zahlung einer Geldbuße verurteilt, von allen Ämtern ausgeschlossen und auf zwei Jahre verbannt. Da er sich nicht rechtfertigte und die Zahlung der Strafe verweigerte, wurde er in einem zweiten Verfahren zum Tode auf dem Scheiterhaufen verdammt. In seine Heimatstadt ist Dante nicht mehr zurückgekehrt. Von den gleichzeitig mit ihm verbannten weißen Guelfen trennte er sich nach kurzer Zeit und zog sich ihren Haß zu (Inf. XV, 70–72). Nahezu zwanzig Jahre lang führte er ein unstetes Wanderleben, war er auf die Gunst mächtiger Gönner angewiesen. Wie bitter sie oft erkauft war, sagt er an einer Stelle im «Paradiso» (XVII, 58–60). Zunächst fand er Zuflucht bei den Scaligern in Verona. Über welche Zwischenstationen er zu den Markgrafen Malaspina in die Lunigiana kam, wissen wir nicht, noch auch wie lange er dort – vor und nach 1306 – weilte; dankbar gedenkt er ihrer Gastfreundschaft im «Purgatorio» (VIII, 121–132). In diese erste Zeit der Verbannung fällt die Abfassung der Schriften «De vulgari eloquentia» und «Convivio» (1303–1307). Zwischen 1307 und 1308 war Dante Gast der Grafen Guidi im Casentino, danach hielt er sich in Lucca auf. Ob er von 1308–1310 in Paris weilte, wie Boccaccio und Giovanni Villani wissen wollen, ist nicht erwiesen. Als im Jahre 1310 Kaiser Heinrich VII. sich zu seinem Italienzug anschickte, erhoffte sich Dante das Ende der italienischen Zwistigkeiten, die Aussöhnung unter den politischen Parteien von Florenz und die Rückkehr in die Heimat. In einem offenen Brief appelierte Dante an die Friedensliebe der Fürsten Italiens. Doch die Guelfen schlossen sich unter der Führung von Florenz gegen den Kaiser zusammen; da erhob Dante in einem zweiten Brief heftige Anklage gegen die Vaterstadt, und in einem dritten Brief wandte er sich unmittelbar an den Kaiser, ihn zum Kampf gegen Florenz auffordernd. Die schwankende Haltung Heinrichs mußte ihn enttäuschen; des Kaisers Tod 1313 machte alle Hoffnungen Dantes zunichte (Briefe V, VI, VII). In diese Zeit fällt vermutlich die Abfassung des Traktats «Monarchia» und wahrscheinlich der Beginn der Arbeit an der Göttlichen Komödie. Wo sich Dante zur Zeit des Italienzugs des Kaisers befand, ist unbekannt. Vielleicht bei den Grafen Guidi im Casentino. In dieser Zeit hat sich sein Verhältnis zur Vaterstadt verschlechtert. Im Jahre 1311 wurde er von einer für die weißen Guelfen erlassenen Amnestie ausgeschlossen. Eine 1315 angebotene Begnadigung wies er schroff ab; darauf folgte eine nochmalige Verurteilung, die auch seine Söhne einbezog. Über seine weiteren Irrfahrten lassen sich nur Vermutungen anstellen. Ungewiß ist, ob er gleich nach dem Tode des Kaisers nach Verona ging und wie lange er dort blieb. Jedenfalls fand er (laut Boccaccios Angaben) nach 1316 bei Guido Novello da Polenta in Ravenna einen dauernden Unterschlupf. Im Jahre 1319 waren die ersten beiden Teile der Komödie bereits in Abschriften in Umlauf. Dantes Ansehen wuchs. Der in Bologna Rhetorik lehrende Giovanni del Virgilio forderte Dante 1319 wiederholt auf, nach Bologna überzusiedeln. Doch Dante traute den dort herrschenden schwarzen Guelfen nicht. Im Januar 1320 reiste er nach Verona zu eine Disputation über eine geographische Streitfrage.

Doch blieb Ravenna sein ständiger Wohnsitz. Von einer Reise nach Venedig, wohin ihn sein Beschützer Guido Novello als seinen Botschafter geschickt hatte, kehrte er krank zurück. Er starb am 14. September 1321 in Ravenna, kurz nachdem er die Göttliche Komödie vollendet hatte. Er wurde in einer Kapelle nahe der Kirche San Pier Maggiore (die später dem hl. Franz geweiht wurde) beigesetzt. Die Grabstätte wurde mehrfach umgestaltet; das heutige Tempelchen wurde 1780 errichtet. Von Dantes Gesichtszügen besitzen wir keine sicher überlieferte Abbildung. Unter den verschiedenen Darstellungen besitzen zwei Typen die größte Wahrscheinlichkeit der getreuen Wiedergabe. Der eine ist vertreten durch das Fresko Giottos in der Magdalenenkapelle des Bargello zu Florenz; es stellt ein bartloses Jünglingsantlitz dar. Der zweite Typ, der vermutlich auf ein Gemälde des Taddeo Gaddi in Santa Croce zurückgeht, ist der eines Mannes in reiferen Jahren. Dieser zweite ikonographische Typ ist der verbreitetste; ihm gehören an das Tafelbild von Domenico di Michelino im Dom zu Florenz und die polychrome Gipsbüste im Bargello, früher in den Uffizien. An diesen Typ lehnte sich auch Raffael an für seine Darstellung Dantes in der «Disputa del Sacramento» in den Stanzen des Vatikans. Von Dantes Schriften ist keine von eigener Hand geschriebene auf uns gekommen.

Die Chronologie der Werke kann nicht mit befriedigender Sicherheit geklärt werden. Doch lassen sich drei Stufen in Dantes innerer Entwicklung an seinem literarischen Schaffen ablesen. Zuerst ist Dante der Minnedichter, der Dichter der hohen und niederen Minne, des höfisch-ritterlichen Lebens. Gegen Ende dieser Epoche hat er das Bedürfnis, ein Fazit zu ziehen. Er faßt einen Teil seiner Minnegedichte in dem Büchlein der «Vita nuova» zusammen. Danach beginnt bei ihm das Interesse an philosophischen Fragen vorzuherrschen. Es entstehen die allegorisch-didaktischen Kanzonen, das «Convivio» und das «De vulgari eloquentia»; die beiden Traktate werden überdies thematisch von Dantes Eintreten für die Muttersprache zusammengehalten. Schließlich schiebt sich das politische Interesse in den Vordergrund; Dante fühlt sich zum

Anwalt einer politischen Erneuerung, die für ihn nur eine sittliche Erneuerung sein kann, berufen; er tritt als Mahner und als Künder auf in den Briefen anläßlich des Italienzugs Heinrichs VII., in der Schrift «Monarchia» und in der «Commedia». Den letzten Jahren gehören an die «Quaestio» und die Eklogen an Giovanni del Virgilio, kleine Gelegenheitsschriften. Nach seinem Tode widmet ihm einen poetischen Nachruf sein Freund Cino da Pistoia in der Kanzone: «Su per la costa, Amor, de l'alto monte». Cino gedenkt seiner als des wortgewaltigen Dichters, des Sängers Beatrices, des ungerecht Verbannten.

2. Lyrik

Dantes lyrische Dichtung bildet weder inhaltlich noch stilistisch eine Einheit. Von einem Canzoniere zu sprechen, wie man von einem Canzoniere Petrarcas spricht, im Sinne einer planvoll angelegten Gedichtsammlung, ist unzutreffend, wenn es auch seit dem Quattrocento nicht an Bemühungen gefehlt hat, Dantes lyrische Dichtungen zu einem Corpus zusammenzufassen. An Dantes Lyrik läßt sich seine künstlerische Entwicklung ablesen: wie Dante bei der herrschenden Stilrichtung der Sikulo-Toskaner in die Lehre geht, sich dann in den thematisch und stilistisch verschiedenen lyrischen Gattungen seiner Zeitgenossen versucht, mit den in der «Vita nuova» zusammengefaßten Gedichten sich selbst findet, danach einen neuen Anlauf nimmt mit der unmittelbaren Hinwendung zu den Provenzalen in den «rime petrose», um dort das Bewußtsein künstlerischer Meisterschaft zu erlangen, das ihn den Schritt zur Göttlichen Komödie tun läßt. Zugleich sehen wir Dante sich aus der Vorstellungselt der höfischen Minne lösen, die Gedanken der Minnedichtung im Sinne Guinizellis und Cavalcantis vertiefen, um schließlich auf dem Wege über die philosophische Dichtung zum Bewußtsein seiner literarischen Sendung zu gelangen, die er in der «Divina Commedia» erfüllt.

In seinen frühen Gedichten schließt sich Dante dem Vorbild der angesehenen Dichter seiner Zeit an; sprachlich und thematisch sind sie im Stil der Sikulo-Toskaner, z. B. bleibt der Tradition verhaftet die Kanzone «Lo doloroso amor che mi conduce»; die Angebetete heißt hier zwar schon Beatrice, aber sie ist hier nicht anders aufgefaßt als in den Minneliedern der Sizilianer und Provenzalen, als die übliche unnahbare Schöne. So bleibt dies Gedicht später aus der «Vita nuova» ausgeschlossen.

Von den Sizilianern wendet sich Dante alsdann den Dichtern der jüngeren Generation zu: Guinizelli, Cavalcanti, Lapo Gianni und anderen. Er macht auch deren Vielfältigkeit der Thematik mit.

Im Bereich des Minneliedes entnimmt er der Thematik Guinizellis das Motiv des beglückenden Blickes der Angebeteten im Sonett: «De gli occhi della mia donna si move», die Verherrlichung der Geliebten als einem himmlischen Wesen: «Ne le man vostre, gentil donna mia», und das Auftreten der Geliebten im Kreise ihrer Gefährtinnen: «Di donne io vidi una gentil schiera». In der tragischen Auffassung der Liebe und der Personifizierung der Gefühle als spiritelli steht die Kanzone «E' m'incresce di me si duramente» der Art seines Freundes Cavalcanti nahe. Warum diese Gedichte, die an Beatrice gerichtet sind und sich zum Teil mit den Gedichten der «Vita nuova» durchaus messen können, von Dante aus der «Vita nuova» ausgeschlossen wurden, läßt sich nicht immer sagen.

Jedenfalls bleiben diejenigen Gedichte ausgeschlossen, die zwar in Art und Inhalt sich mit den Dichtungen des florentinischen Kreises des «Stil nuovo» berühren, aber nicht der Verherrlichung Beatrices dienen, so das der provenzalischen Gattung des «plazer» zuzuordnende Sonett «Guido, i'vorrei che tu e Lapo ed io», das die Vollkommenheit des Glückes durch edle Freundschaft und hohe Minne in einem idealen Traumland verwirklicht zeigt.

Dante bleibt nicht allein dem Kreise des Stil nuovo und der Minnedichtung verhaftet. Er versucht sich auch in der Gattung der realistischen Verherrlichung vornehmen Lebensstils in der Art Folgores da San Gimignano in dem Sonett «Sonar bracchetti.» Zur Gattung der Spottdichtung in der Art Cecco Angiolieris gehörten die drei Sonette zur Verhöhnung Forese Donatis, die an Grobheit der Beschimpfungen und Derbheit des Ausdrucks nichts zu wünschen übrig lassen. Man hat hierin eine schwere Entgleisung Dantes, ja ein Zeugnis für eine Periode der Liederlichkeit in Dantes Leben sehen wollen. Das ist der gleiche Irrtum, in den man bei der allzu biographischen Auslegung der Gedichte Ceccos verfallen ist. In Wirklichkeit handelt es sich um einen literarischen Scherz, dessen Inhalt nicht tragisch genommen werden darf. Literarisch interessant sind diese im übrigen recht vergnüglichen Gedichte, weil sie im Vergleich mit den Antwortsonetten Foreses die große künstlerische Überlegenheit Dantes, seine technische Virtuosität offenbaren. Vielleicht war es gerade dieses virtuose Spiel mit Verbalinjurien, das ihn zu deren Abfassung verlockte.

Die gleiche Freude an der virtuosen Beherrschung der Form läßt Dante, nachdem er das Beatrice-Erlebnis in der «Vita nuova» abschließend zusammengefaßt hat, einen neuen Weg in der Behandlung des Minnethemas einschlagen mit einer Gruppe von Gedichten, die einer späteren Zeit angehören und etwa Ende 1296, Anfang 1297 verfaßt sind. Dante vergleicht die unnachgiebige Dame mit einem Stein; seit Vittorio Imbriani nennt man diese Gedichte die «rime petrose» (Steingedichte). Es sind Gedichte der hohen Minne im Sinne der Provenzalen; die Frau ist mehr denn je die Unnahbare und Unerreichbare «la belle dame sans merci», aber der Liebhaber ist ungestümer. Das sinnliche Verlangen, das auch in den Liedern der hohen Minne eines Bernart de Vantadorn und anderen Provenzalen ganz unverhüllt zum Ausdruck kommt, erscheint hier durch die traditionell vorgeschriebene Unnachgiebigkeit der Dame zur Raserei gesteigert; sie äußert sich mit elementarer Heftigkeit in einer prachtvollen Bildersprache von unerhörter Eindruckskraft in der Kanzone «Io son venuto al punto della rota». Fruchtlos und unnütz sind Versuche, die «Donna pietra» mit irgend einer der in den anderen Gedichten genannten Frauen zu identifizieren, sinnlos und falsch auch, sie als Allegorie deuten zu wollen.

Die «rime petrose» besitzen ihre eigene herbe Schönheit. Sie sind das Äußerste, was Dante an formaler Vollendung angestrebt hat. Dante wendet sich in ihnen vom Stil nuovo ab, um auf die Provenzalen des dunklen Stils, der «trobar clus», zurückzugreifen. Dante verkündet dies programmatisch in der ersten Zeile der zu den ‹petrose› zählenden Kanzone «Così nel mio parlar voglio esser aspro». Der Provenzalismus dieser Gruppe von Gedichten äußert sich teils in der Verwendung von schwierigen Reimen und seltenen Wörtern, teils in der Einführung einer neuen metrischen Form, der Arnaut Daniel entlehnten Sonderform der Kanzone, der «Sestina».

Dantes Weg zur «Commedia» kündet sich ferner in den Gedichten lehrhaften Inhalts an, die nach Beendigung der «Vita nuova» nach 1293 entstanden sind; eine von diesen Kanzonen («Tre donne») läßt sich mit Bestimmtheit der Zeit kurz nach der Verbannung zuweisen. Einen Teil dieser Gedichte hat Dante in das «Convivio» aufgenommen, andere waren wohl für das «Convivio» bestimmt, wie z. B. die Kanzone «Doglia mi reca» zum Preise der Freigebigkeit. Den Reiz dieser Dichtungen bildet das starke persönliche Element in ihnen. Das Persönlich-Subjektive wird freilich stets durch die unpersönlich-objektive Allegorie verhüllt.

3. Die Vita Nuova

In der «Vita nuova» erzählt Dante von seiner Liebe zu Beatrice. Etwa zehn Jahre nach der ersten Begegnung mit ihr im Jahre 1283 faßt Dante die Gedichte, die Beatrice galten, zusammen, verbindet sie durch einen Prosatext und gibt dem ganzen den lateinischen Titel «Vita nova». Der Titel ist mehrdeutig. Einmal heißt er soviel wie: «Jugendleben»; Dante erzählt eine Episode aus seinen Jünglingsjahren (altital., prov. nuovo ‹jung›). Außerdem besagt der Titel, daß Dante berichten will, wie sein Wesen dadurch erneuert wurde, daß er sich zu einer für ihn neuen Auffassung der Liebe durchrang. Dieses Erlebnis steht im Vordergrund. 31 Gedichte verschiedener Form: 25 Sonette, 4 Kanzonen, 1 Ballade und eine isolierte Kanzonenstrophe bilden den Kern des Werkes. Darum rankt sich der Prosabericht. Als Muster dienten Dante die Liederhandschriften der Provenzalen, in denen den Gedichten ein kurzer Prosatext, razó, ital. ragione genannt, beigegeben ist, in dem die Entstehungsumstände des Gedichtes erzählt werden. Neu ist der Gedanke, diese Prosatexte zu einer fortlaufenden Erzählung zusammenzufassen. Dante schwebt überdies das Beispiel der «De consolatione philosophiae» des Boëthius vor, in dem ebenfalls Prosa und Verse miteinander wechseln. Dem Werk des Boëthius entnimmt Dante den Plan, die Gedichte untereinander zu verbinden, sie einer einigenden Idee unterzuordnen, die zugleich eine Lehre, eine Botschaft enthalten sollte. Außer den von Dante so genannten, den Gedichten vorangestellten «ragioni» sind den Gedichten weitere Prosastücke nachgestellt, «divisioni» genannt, was soviel wie «Erläuterung» bedeutet; in diesen gibt Dante eine rein formale Zergliederung der einzelnen Gedichte.

Die «Vita nuova» gliedert sich in drei Abschnitte; im ersten ist

Dantes Liebe noch unvollkommen (I–XVI); im zweiten hat er die wahre Liebe in der selbstlosen Verehrung der Frau erkannt (XVII–XXVII); im dritten Abschnitt (XXVIII–XLII) ist Beatrice bereits tot; nach einer inneren Krise gelangt Dante zur vollen Würdigung ihres Wertes und ihrer Bedeutung für sich selbst.

Dante erzählt, in seinem neunten Lebensjahr sei ihm ein neunjähriges Mädchen begegnet, bei dessen Anblick er sofort empfunden habe, daß für ihn etwas Entscheidendes geschehen sei. Nach weiteren neun Jahren sieht er das Mädchen wieder und verliebt sich. Kurz darauf sieht er im Traum die tote Beatrice in den Armen Amors. Um seine Liebe, wie es sich nach dem Gebot der höfischen Minne schickt, geheim zu halten, stellt sich Dante so, als sei er in eine andere Frau verliebt, «la donna del primo schermo». Als diese Frau die Stadt verläßt, wählt sich Dante auf Amors Anraten eine zweite Scheingeliebte. Die Täuschung gelingt so gut, daß Beatrice Dante ihren Gruß verweigert. Das betrübt Dante so sehr, daß er bei einem Hochzeitsmahl, wo Beatrice zugegegen ist, durch sein Gebaren Aufsehen erregt, so daß er zum Gespött wird. Dante gesteht danach, daß es der Anblick Beatrices ist, der ihn so tief bewegt. Es folgt nun in Dantes Einstellung zu Beatrice eine entscheidende Wendung. Er kehrt sich von seiner bisherigen ichbezogenen Einstellung ab. Er erkennt, daß das wahre Glück in der Verherrlichung Beatrices liegt. Dies ist nunmehr der neue Inhalt seines Dichtens («matera nova»). Das erste Gedicht dieser Art ist die Kanzone «Donne ch'avete intelletto d'amore» (als der Mann, der diese Kanzone verfaßte, wird Dante von Bonagiunta im «Purgatorio» – XXIV – angesprochen). In die folgenden Gedichte, die ebenfalls dem Preis Beatrices gelten, flicht Dante die Nachricht vom Tode von Beatrices Vater und die Vorahnung von Beatrices Tod ein; im Traum sieht er Beatrice als engelhaftes Wesen. Dieses Traumerlebnis ist das Thema eines der schönsten Gedichte der «Vita nuova», der Kanzone «Donna pietosa e di novella etate». Es ist das Mittelstück der Gesamtkomposition; an die lebende Beatrice gerichtet zu ihrer Verherrlichung, enthält es zugleich schon eine Vorahnung ihres Todes, wodurch das Thema des Schlußteils angeschlagen wird. Dann stirbt Beatrice; es folgt als Totenklage die Kanzone «Li occhi dolenti». Ein Jahr vergeht. Eines Tages lernt Dante eine andere junge Frau kennen, «la donna gentile», die ihn an Beatrice erinnert und mit der er über die Tote sprechen kann. Dante verliebt sich in die «donna gentile»; aber Beatrices Traumbild mahnt Dante zur Selbstbesinnung. Auf zwei besonders schöne Sonette, die das himmlische Wesen Beatrices hervorheben («Deh peregrini»; «Oltre la spera») folgt abschließend der Vorsatz, von ihr später einmal Dinge zu verkünden, von denen noch niemand gesprochen habe. Der Plan zur «Commedia» hatte Dante bereits zu beschäftigen begonnen.

Man hat die «Vita nuova» die Legende der heiligen Beatrice, «La leggenda di Santa Beatrice» (Zingarelli) genannt. Das geht freilich am Wesentlichen vorbei. Der Titel, den Dante dem Werk gegeben hat, ist zutreffender. Die «Vita nuova» ist ein Bekenntnisbuch, die Geschichte eines schönen Erlebnisses, einer inneren Entwicklung – seit Augustin der erste Bericht dieser Art im Abendland. Seinem Bericht mögen Vorgänge des wirklichen Lebens zugrunde liegen; daran ist allein schon aufgrund der Art der Erzählung nicht zu zweifeln: die höfische Huldigung an eine verheiratete Frau (ob es sich tatsächlich um die Tochter des Folco Portinari handelt, ist dabei unwesentlich), die Verspottung durch deren Gefährtinnen; die Mädchen, die als Vorwand dienen; die Neigung zu einer anderen Frau («la donna gentile»); dies alles trägt reale Züge. Aber Dante hat absichtsvoll alles allzu Wirklichkeitsnahe fortgelassen, die Namen der Frauen und der Freunde, den Namen der Stadt und sonstige Ortsangaben. Diese Atmosphäre des Unbestimmten macht es möglich, an Beatrice allein die ihm wesentlich erscheinenden Charakterzüge hervorzuheben, nämlich die, welche Steigerung ins Heiligmäßige gestatten. Auch der Name der Angebeteten, Beatrice, steht am Rande des Realen. Es ist durchaus möglich, daß es sich nur um einen Decknamen, ein «senhal», ein «nome segreto», handelt, wie er in der höfischen Minnedichtung üblich ist, und zwar um einen jener Decknamen, die eine hervortretende Eigenschaft der Dame ausdrücken; so ist Beatrice «la beatrice», die Beglückende. Damit ist aber die Gleichsetzung mit Bice Portinari fraglich, ja unerheblich. Noch weiter von der Wirklichkeit sollen entfernen die Zeitangaben, die, wie später in der «Divina Commedia», durch astronomische Definitionen gegeben werden. Aber nicht allein das; sie werden zueinander und zu den Hauptpersonen, Dante und Beatrice, in geheimnisvolle Beziehung gesetzt, bei der die Zahlenmystik eines Joachim von Floris Pate gestanden. Diese Zahlenmystik dient nicht allein der Lösung von den Zufälligkeiten des Alltags und der Hinlenkung zum Unkörperlichen, Geistigen und Unirdischen, sondern auch der unmittelbaren Verknüpfung Beatrices mit der religiösen Sphäre. Die Zahl Neun, die im Leben Beatrices eine solche Rolle spielt, daß Dante schließlich Beatrice mit der Zahl Neun identifiziert, spiegelt einmal die Neunzahl der Himmel, ferner ist sie die Potenz der Heiligen Dreieinigkeit. Die Anknüpfung an die religiöse Sphäre vollzieht Dante schon in den Einleitungskapiteln. Er unterstreicht ferner den religiösen Charakter, indem er diese Andeutungen in lateinischer Sprache gibt, z. B. «Apparuit iam beatitudo vestra». Das Latein dient im Folgenden an allen inhaltlich wichtigen Stellen des Berichts zur Hervorhebung des Ungewöhnlichen, zur Unterstreichung des göttlichen Wesens der Beatrice und zur Unterstreichung des Feierlichen, so z. B. beginnt der Bericht von Beatrices Tod mit einem Zitat aus Jeremias (Kap. 28). Auch sonst schimmert das Latein allenthalben durch das Italienische durch, in der Prosa wie in den Versen («Questa benedetta», «Questa gloriosa», «Questa Beatrice beata»). Die ganze Erzählung erscheint dadurch in eine geheimnisvolle, weihevolle Unbestimmtheit gerückt.

Lange hat die «Vita nuova» im Schatten des größeren Werkes gestanden. Bezeichnend ist, daß der erste Druck erst gegen Ende des 16. Jahrhunderts (Florenz 1576) erschien, lange nach dem ersten Druck der «Commedia». Stärkere Beachtung fand das kleine Werk erst im 19. Jahrhundert im Zusammenhang mit der Begeisterung für das Hauptwerk. Würdigung und Wertschätzung um seiner selbst willen fand es zuerst in England durch die Präraphaeliten. Der Maler-Dichter Dante Gabriel Rossetti und sein Kreis sahen ihr idealistisch übersteigertes, schwärmerisches Frauenbild in der Beatrice der «Vita nuova» verkörpert. Sie gaben ihm auch in den überfeinerten Frauengestalten ihrer Malereien Ausdruck; berühmt wurde vor allem Rosettis Gemälde «Beata Beatrix», das in der Tate Gallery hängt.

Nach Dantes eigenen Angaben im «Convivio» und dem Zeugnis Boccaccios ist es wahrscheinlich, daß die «Vita nuova» in den Jahren 1292/1293 abgefaßt wurde. Die Meinung, die «Vita nuova» sei kurz nach der Verbannung (1301) nochmals überarbeitet und erst dann in die endgültige Form gebracht worden, gilt heute als widerlegt. Dagegen ist es möglich, daß der Einleitungsabschnitt mit der Titelangabe und das schließende Prosastück mit der Ankündigung eines neuen Werkes, in dem von Beatrice in ganz neuartiger Weise die Rede sein sollte, sehr viel später hinzugefügt wurden.

4. Das Convivio

Dantes kleinere Werke sind im Exil entstanden. So ist das «Convivio», das «Gastmahl», zwischen den Jahren 1304 und 1309 verfaßt. In dieser Zeit der Erniedrigung suchte Dante inneren Halt dadurch, daß er seinen Feinden zum Trotz einen Beweis seines Könnens und seines sittlichen Ernstes lieferte. Ergreifend ist die Stelle, wo er davon spricht (I,3): «Movemi timore d'infamia, e movemi desiderio di dottrina dare, la quale altri veramente dare non può.» Das «Convivio» ist ein Bekenntnisbuch wie das des Boëthius und des Augustius, auf deren Vorbild Dante sich beruft (I,2).

Das Convivio ist eine Schrift zur sittlichen Belehrung. Dante lädt zu einem Gastmahl ein; die Speisen, die er vorsetzt, sind philosophische Kanzonen; das Brot, das nach südländischer Sitte dazu gegessen wird, sind die Kommentare. Ursprünglich sollten vierzehn Kanzonen kommentiert werden, wozu ein Einleitungskapitel kam. Ausgeführt wurde nur ein Teil, das Einleitungskapitel und die drei ersten Traktate, in denen die Kanzonen «Voi che intendendo», «Amor che nella mente» und «Le dolci rime» erklärt werden. Aus Andeutungen ist zu entnehmen, daß im dreizehnten Traktat die Kanzone «Tre donne» und im letzten die Kanzone «Doglia mi reca» erläutert werden sollte. Der vorletzte Traktat sollte von der Gerechtigkeit handeln, der letzte von der Freigebigkeit. Der zweite Traktat kommentiert die erste Kanzone, «Voi che intendendo». Sie behandelt im wesentlichen die Struktur des Himmels, dessen sieben unterste Stufen Dante zu den sieben artes liberales in Bezug setzt (der dritte Himmel, der Venushimmel, entspricht der Rhetorik), die drei obersten zur Physik, Metaphysik und Moralphilosophie, und gipfelt in dem Nachweis, daß die Frau, die er nach Beatrice liebte, die Tochter Gottes, d. h. die Philosophie sei. Im dritten Traktat kommentiert Dante die Kanzone «Amor che nella mente mi ragiona» (seine liebste Schöpfung; im «Purgatorio» [II, 91] läßt er sie von Casella singen); die Verehrung der Frauenschönheit wird umgedeutet zu einem Lob der Philosophie. Im vierten Traktat (Kanzone: «Le dolci rime d'amor») entwickelt Dante seine Auffassung vom Wesen des Adels; weder Geburt noch Geld, sondern der edle Charakter bilden die wahre Vornehmheit («E gentilezza dovunque è virtute»); nicht das Geschlecht adelt das Individuum, sondern der einzelne adelt das Geschlecht. Dante geht dabei von einem dem Kaiser Friedrich II. zugeschriebenen Ausspruch aus. (Der Gedanke ist an sich aristotelischen Ursprungs.) Da er dem Kaiser dabei widersprechen muß, ist dies für ihn ein Anlaß, von der kaiserlichen Autorität und darüber hinaus von der Rolle des Kaisers in der göttlichen Weltordnung und der Wahl Roms zum Sitz des Kaisertums durch göttlichen Ratschluß zu sprechen (IV,4).

Das «Convivio» blieb ein Fragment. Dante brach die Arbeit ab, um mit der «Commedia» zu beginnen.

Dante war an der unmittelbaren Belehrung und Beeinflussung seiner Zeitgenossen gelegen. Er wendet sich an die Laien, in der Muttersprache. Die Behandlung philosophischer Fragen in der Vulgärsprache war eine unerhörte Neuerung. (Cavalcantis philosophische Kanzone «Donna mi priega» war auf Latein kommentiert worden!) Der Rechtfertigung dieses Schrittes dient der einleitende Abschnitt des «Convivio». Damit verbindet Dante den Tadel derjenigen, die zwar andere Vulgärsprachen annehmen, aber nicht das Italienische; ihnen hält er die Vorzüge des Italienischen entgegen. Er verweist in diesem Zusammenhang auf seine ausführlichere Behandlung der Muttersprache in seiner Schrift «De vulgari eloquentia», die er damals offenbar bereits begonnen hatte.

Dante zeigt sich freilich nicht als origineller Denker, wohl aber als vortrefflicher Vulgarisator. Die scholastische Art seiner Darlegung erscheint dem modernen Leser beschwerlich. Aber eines machte sie reizvoll: die Klarheit des gedanklichen Aufbaus. Reizvoll, ja rührend sind die persönlichen Zwischenbemerkungen, etwa wenn er sich für seine Abschweifungen entschuldigt (I,10; II,8).

Bei der Nachwelt fand das Werk wenig Beachtung. Es wurde schon von Boccaccio nicht als Einheit gesehen, sondern lediglich als Kommentar zu einzelnen Kanzonen. Erst mit der Erneuerung der Dantestudien seit dem 18. Jahrhundert wurde das «Convivio» als ein eigenes Werk erkannt und als ein Markstein in der geistigen Entwicklung Dantes auf dem Weg zur «Commedia» gewürdigt. Es ist auch wichtig als Zeugnis der Entwicklung der italienischen Kunstprosa, denn es ist das erste Originalwerk, in dem das Italienische für gelehrte Zwecke verwendet wird. Voraus gingen ja nur Übersetzungen (Bruno Giamboni u. a.).

5. Die lateinischen Werke

Die lateinischen Schriften Dantes sind, außer den Eklogen, keine Dichtung. Sie stehen im engsten Zusammenhang mit den italienisch geschriebenen, indem sie die dort ausgesprochenen Gedanken ausführlicher behandeln.

a) De vulgari eloquentia

Während Dante an der Einleitung zum «Convivio» schrieb, kam ihm der Gedanke, eine ausführlichere Begründung für die Verwendung der Muttersprache zu geben. Er kündete dort schon eine Schrift «Di volgare eloquenzia» an (I,5). Sie wurde im Jahre 1304 (vielleicht auch schon 1303) begonnen, doch die Arbeit daran wurde im Jahre 1305 unterbrochen. Das Werk blieb unvollendet. Es bricht mitten im zweiten Buch ab.

Der richtige Titel der Abhandlung – in den Handschriften erscheint keiner – lautet, entsprechend der Angabe im «Convivio», «De vulgari eloquentia». Sie ist, da sie sich an die Gelehrten richtet und nicht nur die italienische Sprache und Dichtung behandelt, sondern auch die provenzalische und französische berücksichtigt, lateinisch abgefaßt. Das erste Buch, in einem Zug hingeschrieben, dient einmal, da dem gleichen Antrieb entsprungen wie die Einleitung des «Convivio», der Rechtfertigung der Verwendung der Muttersprache. Doch ist dieses Motiv bei der Betrachtung des «De vulgari» allzu lange als das Wesentliche angesehen worden. Die erste Abhandlung ist nur die Einleitung zu einer umfangreicheren Darstellung; die Behandlung des eigentlichen Themas setzt erst mit dem zweiten Teil ein. Dante beabsichtigte ein Lehrbuch über den schriftlichen Gebrauch der Muttersprache zu geben. Demnach enthielt das erste Buch die Definition des «volgare», also des Gegenstandes der Betrachtung. Das unvollendete zweite Buch gilt der Verwendung der Muttersprache in der gehobensten Form der Dichtung, der Kanzone, und ein drittes Buch sollte der Behandlung der übrigen poetischen Gattungen, ein viertes der Prosa gewidmet sein.

Dantes Anliegen ist es, der Vulgärsprache das gleiche Ansehen zu verschaffen wie dem Latein. Er sucht nach einer Vulgärsprache, welche die gleiche Unveränderlichkeit und Allgemeinheit, d. h.

Freiheit von örtlicher Bindung besitzt wie das Latein. Er findet es im «volgare illustre», d. h. in der Sprache der Lyrik der Sizilianer und der Toskaner, insbesondere seiner eigenen Dichtung und der seines Freundeskreises, des «Stil nuovo» (Schiaffini). Diese Sprache setzt er als Norm; alle Mundarten, auch die toskanische und die florentinische, mißt er an ihr und verwirft sie, je nachdem sie sich von ihr entfernen.

Man hat am «De vulgari eloquentia» gerühmt, daß Dante hier den Begriff der sprachlichen und geistigen Einheit Italiens erfaßt und ausgesprochen habe. Das wäre zutreffend, wenn Dante nur einen abstrakten Begriff vom ‹volgare› gehabt hätte. Er hat aber viel präziser und treffender gesehen. Er hat nämlich als erster das Entstehen der italienischen Schriftsprache wahrgenommen und sie in ihrer konkreten Form erkannt. Diese von ihm erkannte Form hat in der Tat die Grundlage für die weitere Entwicklung der italienischen Dichtung abgegeben.

Nach dem Tode Dantes gerät der Traktat zunächst in Vergessenheit, spielt jedoch vom Anfang der Quattrocento an eine große Rolle in der Auseinandersetzung über den Charakter der Nationalsprache, der sogenannten «Questione della lingua». Die einen sahen in Dante den Verteidiger einer überregionalen Umgangssprache (Trissino, Bembo, Colocci), die anderen, allen voran Machiavelli, griffen Dante an, weil sie meinten, er habe sich gegen das Florentinische ausgesprochen. Trissino verfertigte eine Übersetzung ins Italienische, die 1529 im Druck erschien. Der lateinische Text wurde erstmalig von Corbinelli 1573 in Paris in Druck gegeben. Im 19. Jahrhundert wurde die Schrift erneut als Zeugnis im Streit für und wider das Toskanische aufgerufen. Erst die moderne Sprachwissenschaft und die erneuerte Danteforschung brachten mit einer besseren Kenntnis des Textes eine historisch zutreffendere Beurteilung. Gegenüber einer einseitigen Überbewertung des ersten Teils und der darin behandelten Sprachfragen brachte auch erst die neuere Zeit die Würdigung von Dantes literarischem Anliegen und damit des Werkes als Ganzem.

b) Monarchia

Wie das «De vulgari» knüpft die Schrift «Monarchia» (nicht: «De Monarchia») an Gedankengänge des «Convivio» an (IV, 4–5), nämlich die über die Aufgabe des Kaisertums. Sie erlangen hier die endgültige Gestalt, in der sie dann in der «Commedia» wiederkehren. Die «Monarchia» ist ein wichtiger Schlüssel zum Verständnis des Hauptwerkes.

Über die Entstehungszeit der Schrift sind verschiedene Meinungen geäußert worden. Sicher ist sie nicht vor der Verbannung geschrieben worden, auch nicht vor dem «Convivio», aber auch nicht erst 1317 oder 1318, sondern zur Zeit der Italienfahrt Heinrich VII. (1310–1312), als Dantes Hoffnungen ihren Höhepunkt erreichten. Hierfür haben wir das Zeugnis Boccaccios. Die Veröffentlichung kann allerdings einige Jahre darnach geschehen sein, zur Zeit Ludwigs des Bayern. Sie erfolgte jedenfalls unter Nennung Dantes als des Verfassers, nicht anonym.

Die «Monarchia» war eine Kampfschrift von höchster Aktualität, ein politisches Manifest, dennoch von größter Sachlichkeit. Dante bezog Stellung in der Auseinandersetzung zwischen Kaiser und Papst.

Dante gliedert seine Abhandlung in drei «Bücher». Im ersten führt er den schon im «Convivio» vorgetragenen Gedanken näher aus, daß das Kaisertum, d. h. die Universalmonarchie für das Wohl der Menschheit unentbehrlich sei. Im zweiten Buch begründet Dante ausführlicher die ebenfalls schon im «Convivio» geäußerte Ansicht, daß dem römischen Kaiser die Aufgabe der Herstellung des Weltfriedens rechtmäßig zufalle. Im dritten Buch kommt Dante auf das für ihn Wesentlichste: er widerlegt die von der Kirche vertretene These, der Kaiser sei dem Papst untergeordnet. Außer den auf der Auslegung von Bibelstellen beruhenden Beweise wendet sich Dante hier ausdrücklich gegen die historische Argumentation. Die Konstantinische Schenkung sei kein Beweisgrund, da sie unrechtmäßig erfolgt sei. Ebenso sei die «Translatio» der Kaiserwürde von Byzanz nach Rom durch die Übertragung der Kaiserwürde auf Karl den Großen ebenfalls nicht beweiskräftig, da der Papst sich das Recht dazu nur angemaßt habe. Dante kommt zu dem Schluß, daß der Kaiser seine Autorität von Gott unmittelbar und nicht mittelbar vom Stellvertreter Gottes auf Erden, dem Papst, erhalte.

Von den Zeitgenossen wurde Dantes Schrift keineswegs als eine rein theoretische Betrachtung, als eine harmlose Utopie aufgefaßt, sondern als das, was sie war, eine gefährliche Kampfschrift. Es sind mehrere zeitgenössische Widerlegungen von kirchlicher Seite erhalten. Auf Anordnung des Kardinallegaten Bernardo del Pozzetto wurde die Schrift im Jahre 1329 öffentlich verbrannt. In der ältesten erhaltenen Handschrift (Berlin), die vielleicht 1334 geschrieben wurde, steht das Werk nach dem Text des «De Vulgari» ohne Überschrift. Der Besitz der Schrift war gefährlich.

Im 16. Jahrhundert wurde das Werk noch eifrig gelesen; es war in zahlreichen Handschriften verbreitet; außerdem wurde es dreimal ins Italienische übersetzt. Die Übersetzung des Marsilio Ficino vom Jahre 1467 wurde mehrmals gedruckt. Erneut viel gelesen wurde das Werk zur Zeit der Reformation. Nachdem es 1554 auf den Index der verbotenen Bücher gesetzt worden war, wurde es von protestantischer Seite von M. Flacius in seine Zeugnisse papstfeindlicher Äußerungen aufgenommen (1556). Der erste Druck des lateinischen Textes erschien in Basel 1559 während der Spannung, die zwischen kaiserlicher Kanzlei und Kurie nach der Abdankung Karls V. entstanden war. Weitere Drucke folgten bis 1618 im süddeutschen Raum. In Italien erschienen die ersten Drucke erst von 1740 an und bezeichnenderweise in Venedig. Vom Index abgesetzt wurde das Buch erst durch Papst Leo XIII. Einem Nachhall dieser Kontroversen begegnet man in der heutigen italienischen Dantekritik. Während die einen die Schrift als einen «wesentlichen Beitrag zum menschlichen Fortschritt» feiern (E. G. Parodi), meinen andere, das dritte Buch werde aus kirchenfeindlicher Einstellung heraus überschätzt (U. Cosmo). In der Zeit des Risorgimento gab Dantes Romverehrung dem erwachenden Nationalgefühl willkommene Nahrung. Nachdruck wurde darauf gelegt, daß Dante Italien zum Sitz des Kaisertums gemacht habe, so bei De Sanctis. Etwa gleichzeitig schrieb L. Settembrini, Dante genieße fast göttliche Verehrung, weil seine Auffassung vom Laienstaat die Grundlage für die nationale Einheit Italiens bilde: «Dante . . . ha culto quasi divino perché il suo concetto dello stato laico è il fondamento della nostra unità nazionale.»

c) *Briefe*

Dante als Verfasser zahlreicher lateinischer Briefe war bekannt und geschätzt. Von diesen sind nur dreizehn auf uns gekommen. Sie sind von unterschiedlichem Wert. Vier von ihnen hat Dante als Sekretär im Auftrage anderer geschrieben. Zwei sind unpersönliche Schreiben. Aufschlußreicher ist ein kurzer Brief an einen im Exil lebenden Freund, wahrscheinlich Cino da Pistoia, in dem er ihn ermuntert, Unglück standhaft zu ertragen. Die bedeutendsten Briefe sind jedoch diejenigen politischen Inhalts; sie fesseln durch ihre leidenschaftliche Bewegtheit, vorab die drei Briefe, die Dante aus Anlaß des Italienzugs Heinrichs VII. schrieb. In ihnen kommen Dantes Hoffnungen zum Ausdruck. Der erste, vermutlich kurz ehe der Kaiser italienischen Boden betrat, im Herbst 1310 verfaßt, ist ein Sendschreiben an die Fürsten Italiens, ein Aufruf, den Bringer des Friedens willkommen zu heißen und allen Hader ruhen zu lassen. Der zweite, vom 31. März 1311 datiert, ist an seine florentinischen Landsleute gerichtet, die sich gegen den Kaiser gestellt hatten. Deswegen überschüttet er sie mit Schmähungen und verkündet ihnen eine baldige gerechte Strafe. Der dritte Brief ist an den Kaiser selbst gerichtet, vom 17. April 1311 datiert. Dante beschwört ihn, keine Zeit in der Lombardei zu verlieren und, um die Rechte des Kaisertums wahrzunehmen, unverzüglich gegen Florenz zu ziehen, das er als den Erzfeind des Kaisertums brandmarkt. In diesen Briefen kommt die gleiche Auffassung von der Aufgabe des Kaisertums zum Ausdruck wie in der «Monarchia», nur hier nicht in ruhiger, sachlicher Darlegung, sondern mit allem Ungestüm des Hoffenden und Fordernden, des Mahners und des Warners vorgetragen. Von ganz anderer Tonart ist der Brief, den Dante einige Jahre später, 1314, nach dem Mißerfolg Heinrichs an die in Carpentras im Konklave versammelten italienischen Kardinäle richtet. Er beschwört sie, einen italienischen Papst zu wählen, damit der Sitz des Papsttums wieder nach Rom verlegt werde, seiner Bestimmung gemäß, zum Heile Italiens und der Christenheit. Den unbeugsamen Stolz Dantes verrät schließlich ein Brief aus dem Jahre 1315, den er an einen Freund in Florenz schrieb, in dem er entrüstet die ihn entehrenden Bedingungen zurückwies, unter denen seine Begnadigung und die Aufhebung des Banns erfolgen sollte.

Von anderer Art ist der Brief, den Dante zusammen mit einigen Gesängen des «Paradiso» an Cangrande della Scala sandte, gleichsam als Widmung. Auf den persönlich an Congrande gerichteten Teil folgt eine Einführung in die Göttliche Komödie. Dante gibt an, in welcher Weise das Werk zu verstehen sei, er erklärt den Titel ‹commedia› und interpretiert den Prolog der ersten Cantica, d. h. die ersten 36 Verse des ersten Gesangs. Der Brief ist gewissermaßen der Urkommentar zur Göttlichen Komödie. Den ältesten Kommentatoren war er bekannt, denn sie haben ihn benützt. Dies spräche, so meinen einige, für die Echtheit des Briefes, die lange umstritten war.

d) Eklogen. Quaestio

Dantes letzten Jahren gehören noch zwei kleinere lateinische Werke an. Im Jahre 1319 richtete der in Bologna lehrende Magister der lateinischen Sprache Giovanni del Virgilio an Dante eine Epistel in lateinischen Hexametern, in der er beklagte, daß Dante sein großes Gedicht in italienischer Sprache verfaßt habe. Er forderte ihn auf, ein Gedicht auf ein bedeutendes Zeitereignis in lateinischer Sprache zu verfässen, um auf diese Weise den Dichterlorbeer zu erringen. Er wollte ihm überdies eine Stellung an der Universität Bologna verschaffen. Dante antwortete ebenfalls auf Latein, ablehnend, in der Form der vergilischen Ekloge. Giovanni wiederholte die Aufforderung, nach Bologna zu kommen. In einer zweiten Ekloge lehnte Dante erneut ab.

Im folgenden Jahre 1320 entstand die «Quaestio de Aqua et Terra», ein gelehrter Traktat über eine geographische Frage: ob das Meer in seiner Rundung an irgend einer Stelle höher liege als das Festland. Dante nennt die fünf Argumente, die dafür vorgebracht worden waren, und widerlegt sie. Im Schlußabsatz erwähnt Dante seinen Schirmherrn Cangrande.

6. Die Göttliche Komödie

Ohne die Göttliche Komödie wäre Dante als der beachtlichste Lyriker aus dem Kreise des «Stil nuovo» bekannt, doch nicht mehr. Die Göttliche Komödie allein macht ihn zum größten Dichter Italiens, ja zu einer einzigartigen Erscheinung der westlichen Kultur. Kein dichterisches Werk des Mittelalters, weder das Rolandslied noch die Tristanepen – die einzigen Dichtungen, die zu ihrer Zeit eine so weite allgemein europäische Verbreitung fanden wie die Göttliche Komödie –, ja nicht einmal der inhaltlich der Göttlichen

Komödie innerlich so verwandte Parzival Wolframs von Eschenbach (den Vergleich zog zum ersten Mal Gervinus) hat die abendländischen Völker so nachhaltig bewegt und beschäftigt, keines hat den literarischen Geschmackswandel der Jahrhunderte und den Wandel des Weltbildes so überlebt wie die Göttliche Komödie, ja von keinem Werk läßt sich sagen, daß es erst in heutiger Zeit die erschöpfende Würdigung gefunden hat.

a) Zeit der Abfassung

Darüber, wann Dante die Göttliche Komödie geschrieben habe, sind verschiedene Vermutungen angestellt worden. Auszuschließen ist, daß mit der Abfassung erst nach dem Tode Heinrichs VII. (1313) begonnen wurde, ebenso, daß schon vor der Verbannung ein Teil niedergeschrieben worden sei. Boccaccio will zwar wissen, daß Dante sieben Gesänge bereits vor der Verbannung abgefaßt habe. Wenn daran etwas wahr ist, so kann es sich nur um einen Entwurf, nicht um die Gesänge in ihrer gegenwärtigen Gestalt gehandelt haben. Nur der Dante der Verbannung konnte das Werk, wie wir es besitzen, schreiben.

Daß Dante schon früh an eine Darstellung des Jenseits gedacht haben muß, geht aus der Kanzone «Donne ch'avete» der «Vita nuova» hervor; er sagt dort von sich selber: «. . . che dirà ne lo inferno: O malnati io vidi la speranza de' beati». Weniger schlüssig ist die Tatsache, daß Dante in der gleichen Kanzone die verstorbene Beatrice in den Feuerhimmel versetzt. Auf ein Kommen des Werks weist dagegen der schließende Prosatext der «Vita nuova» hin, worin Dante sagt, er beabsichtige Beatrice auf würdigere Weise zu besingen. An dieser Stelle ist zugleich deutlich ausgesprochen, daß Dante sich erst durch das Studium der Philosophie auf seine Aufgabe vorbereiten müsse. Eben diese Studienzeit liegt zwischen dem Abschluß der «Vita nuova» und dem Beginn der Arbeit am «Convivio». (Wenn jene Prosastelle in der «Vita nuova» ein späterer Zusatz ist, so wurde er jedenfalls vor der Arbeit am «Convivio» gemacht.) Das «Convivio» ist die erste Frucht von Dantes gelehrten Studien. Hier tritt er bereits als Gelehrter und als Lehrer auf; hier liegt auch schon die Absicht vor, sich in der Volkssprache an die Nichtlateinkundigen zu wenden. Hier tritt Dante auch als der Paladin der Gerechtigkeit auf, als der er in der

«Divina Commedia» erscheint. Aber der Ton seiner Unterweisung mag ihm wohl zu hoch gegriffen vorgekommen sein, weil er sich der schwierigen und anspruchsvollen Kanzone bediente; ebenso wie die Form war auch seine Lehre zu exklusiv, da zu abstrakt und unanschaulich. Jetzt erst mag er auf die zum Schluß der «Vita nuova» geäußerte Absicht zurückgekommen sein, wodurch dann der Grundgedanke gegeben war. So ließ er die Arbeit am «Convivio» liegen und wandte sich dem neuen Plan zu. Wie dem auch sei, eine längere, ja lange Zeit der Vorbereitung, der inneren Reifung, nicht zuletzt auch der Materialsammlung, ist anzusetzen, ehe Dante mit der Ausarbeitung des großen Werkes beginnen konnte. Dies mag etwa um das Jahr 1307 geschehen sein, der Zeit, da er das «Convivio» unvollendet ließ. Nach den Anspielungen auf Zeitereignisse zu schließen, ist das «Inferno» 1315 (vielleicht sogar 1309) vollendet gewesen, das «Purgatorio» 1318 abgeschlossen worden. Im Jahre 1317 muß das «Inferno», im Jahre 1319 müssen beide Teile schon im Umlauf gewesen sein; die Veröffentlichung dürfte daher zwischen 1315 und 1318 erfolgt sein. Das «Paradiso» wurde zwar später vollendet, braucht deswegen aber nicht erst das Werk der späteren Jahre gewesen zu sein. Bei Dantes Tod lag es fertig vor, wenn es auch noch nicht vollständig veröffentlicht war. Daß erst der Sohn Jacopo Alighieri die letzten 13 Gesänge durch einen Zufall fand und, wie Boccaccio zu wissen glaubt, an Cangrande sandte, ist kaum glaubwürdig.

b) Titel des Werkes

Über den Titel des Werkes unterrichtet der Brief an Cangrande, für dessen Echtheit, die heute niemand ernsthaft bezweifeln kann, die darin enthaltene Selbstcharakteristik Dantes spricht: «Incipit Comedia Dantis Alighieri, florentini natione non moribus», «ein Florentiner von Geburt zwar, aber nicht nach der Art der Lebensführung.» Dieser Zusatz kann nur aus Dantes Feder stammen.

Jeder Teil der «Komödie» hat seinen eigenen Untertitel: «Inferno», «Purgatorio», «Paradiso»; der letzte Teil also: «Incipit Cantica tertia Comediae Dantis, quae dicitur Paradisus.» Die Bezeichnung «Comedia» und der Ausdruck «Cantica» bedürfen einer Erläuterung.

«Comedia», italienisch «Commedia», bedeutet nicht «Lustspiel, Komödie». Mit «comedia» (nach der mittelalterlichen Schreibung mit -«m»- statt -«mm»- mit -«e»- statt -«oe»-), das Dante wie damals üblich nach griechischer Weise «comedía» betont, und mit «tragedia» (das er gleichfalls auf dem «i» betont), bezeichnet Dante, im Einklang mit der Lehre der mittelalterlichen Rhetoriker, zwei verschiedene Stilarten. Darüber hatte Dante im «De vulgari eloquentia» (II,4) schon gehandelt: «per tragediam superiorem stilum indicimus, per comediam inferiorem.» Im Brief an Cangrande begründet er den Titel ausführlicher. Die Tragödie beginne schön und ruhig und ende schrecklich, die Komödie dagegen beginne unerfreulich und ende glücklich. Ebenso seien die Stilarten unterschieden: die Tragödie hoch und erhaben, die Komödie schlicht und bescheiden. Demnach sei sein Werk eine «Comedia». Es beginne grausig, ende jedoch bei Wünschenswertem und Angenehmem. Entsprechend sei auch die Stilart einfach, da er sich ja der Volkssprache bediene, in der sich die einfachen Frauen («mulierculae») unterhalten. Auf diese letzte Bemerkung, die zu Mißverständnissen Anlaß gegeben hat, ist noch zurückzukommen. Entsprechend der Stilart ist die literarische Gattung. Das Epos Vergils, im hohen, vornehmen Stil, in lateinischer Sprache verfaßt, ist «tragedia»: «l'alta mia tragedia» nennt Vergil seine Aeneis (Inf. XX, 113), während Dante im Gegensatz dazu sein Werk «la mia comedia» nennt (Inf. XXI, 2).

Dante nennt sein Werk schlechthin «Comedia», nicht «divina Comedia»; wohl nennt er sein Werk einmal «il poema sacro» (Par. XXV, 1), womit er meint, daß sein Gedicht von heiligen Dingen rede. So hat es auch Boccaccio gemeint, als er (als erster) in seinen «Trattato di Dante» von den noch fehlenden Gesängen der «divina comedia» spricht, wenn auch bei ihm «divina» zugleich auch ein Ausdruck seiner Bewunderung ist. Dieser fast beiläufige Zusatz blieb vereinzelt. Erst als auf dem Titelblatt der von Ludovica Dolce besorgten, bei Giolito in Venedig 1555 gedruckten Ausgabe die Verbindung «Divina Commedia» auftauchte, bürgerte sie sich rasch als Titel ein. Als «il divino poeta» ist Dante schon früher bezeichnet worden, z. B. von Coluccio Salutati und von Cristoforo Landino in seinem 1481 in Florenz gedruckten Kommentar zur «Göttlichen Komödie».

c) Gattung der Dichtung

Man könnte die Göttliche Komödie als Epos bezeichnen, weil darin etwas erzählt wird. Doch ist sie das nicht im Sinne eines empirischen Gattungsbegriffs. Sie ist kein Epos im Sinne des antiken Epenbegriffs, etwa im Sinne des Dante vertrautesten antiken Epos, der «Aeneis». Sie ist es nicht im Sinne der mittelalterlichen Kunstübung; sie ist weder ein Heldenepos, eine «geste» (wie das Rolandslied und seine Nachfolger), sie ist kein «romanz», kein Ritterroman wie die Epen Chrétiens, «Lancelot», «Ivain». Dante selbst bezeichnet sie im Brief an Cangrande als ein «opus doctrinale», d. h. als ein Lehrgedicht. Er ordnet sie damit der seit dem Altertum als eigene Gattung betrachteten Lehrdichtung zu. Dem entsprach die Wahl der metrischen Form. Hätte Dante sein Werk lateinisch geschrieben, so wäre ein Gedicht in Hexametern abgefaßt, wie Vergils «Georgica» oder Lukrezens «De rerum natura». Aber seit dem «Convivio» stand für ihn fest, daß das Volgare für das von ihm angesprochene Publikum die richtige Sprachform sei. In der Volkssprache war für das lehrhafte Gedicht der «Serventese» üblich, eine Folge von Elfsilblern mit Reimverkettung verschiedenen Typs, die «Ottavarima» dagegen bürgerte sich für diesen Zweck damals gerade erst ein; sie erscheint z. B. um eine Zeile verlängert in dem kurz vor der Divina Commedia verfaßten lehrhaften allegorischen Gedicht «L'Intelligenza». So fiel Dantes Wahl auf die Form des Serventese, der nicht in der gelehrten, sondern in der volkstümlichen, vulgärsprachlichen Dichtung beheimatet war. Sehr glücklich hat Cesare de Lollis die Divina Commedia als «quel grande serventese» bezeichnet; denn, wenn man der Einreihung der Divina Commedia in eine literarische Gattung einen Wert beimißt, dann ist die der Serventesen die einzig zutreffende. Im Serventese kann auch durchaus ein erzählendes Element enthalten sein, wie etwa der «Serventese dei Lambertazzi e Geremei» zeigt. Den Serventesen ist die Gruppierung der Verse zu je vieren, aber auch zu je dreien eigen. Die Dreizahl ist nicht spezifisch dantesk, wenn Dante ihr auch, wie sogleich zu sagen sein wird, einen bestimmten Sinn beilegt. Neu ist jedoch bei Dante die Art der Reimverkettung. Dafür gibt es verschiedene Typen, etwa (dreizeilig mit einer kurzen Schlußzeile) AAAb BBBc CCCd usw., oder (ohne Kurzvers) ABA CBC DED FEF. Von diesen Formen leitete Dante eine strengere Form ab, die «terzarima»: ABA, BCB, CDC, usw.

Diese strenge Form hatte den Vorteil, daß bei Auslassung einer Dreiergruppe oder auch nur einer Zeile durch einen Kopisten der Fehler sofort auffallen mußte; andererseits ist der Einschub von nicht vom Autor verfaßten Zeilen erschwert. Dante, dem diese Gefahren der Textüberlieferung aufgefallen sein müssen, mag vielleicht absichtsvoll, wie er ja hinsichtlich der Form alles bis ins Letzte durchdacht hat, diese Sicherung seines Textes mit vorbedacht haben. Die Erschwerung des Reimens dürfte gleichwohl mitgespielt haben; die Dreizahl dagegen, wie gesagt, nicht, da sie auch bei anderem Schema durchführbar war. Bedenkt man, welchen Umgestaltungen und Entstellungen so viel gelesene Texte wie die «Legenda aurea» und Marco Polos «Livre des merveilles» ausgesetzt gewesen sind, so erscheint Dantes Erfindung der «terzarima», mag sie absichtlich oder unabsichtlich auch diesem praktischen Zweck gedient haben, als ein Segen, denn sie hat das Schlimmste verhütet.

d) Der Ausdruck «cantica». Folgerungen für die formale Einheit des Gedichts

Im Brief an Cangrande gibt Dante als genauen Titel des «Paradiso» an: «Incipit Cantica tertia Comediae Dantis, qui dicitur paradisus.» Mit «Cantica» bezeichnet Dante also einen der drei Teile des Gesamtwerkes. Er hat den Ausdruck selber geprägt; denn da die drei Hauptteile jeweils in Gesänge unterteilt sind, war ein Ausdruck für den Oberbegriff erforderlich. Das italienische «cantica», das latinisiert ebenso lautet, bot sich zur Unterscheidung gegenüber «canto» (lat. «cantus») an; es geht auf das im mittelalterlichen Latein der Kirche besonders für liturgische Texte gebrauchte «canticum» zurück («canticum canticorum», das Hohelied; das «Magnificat» u. a.); die Bezeichnung «cantica» für jeden Teil der Commedia war demnach dem Inhalt angemessen.

Die Festlegung des Begriffes hat Dante ebenfalls im Brief an Cangrande vorgenommen. Er sagt, der Form nach sei die Commedia in dreierlei Weise unterteilt. «Prima divisio est, qua totum opus dividitur in tres Canticas.» Die erste Unterteilung ist die, durch welche das ganze Werk in drei «cantiche» unterteilt werde. (Es empfiehlt sich, im Deutschen den italienischen Ausdruck «cantica», Mehrzahl «cantiche», (spr. «Kántike») zur Unterscheidung gegenüber «Gesang» als Übersetzung von «canto», womit die nächste Unterteilung bezeichnet wird, zu verwenden; die Übersetzung «Lied» für «cantica» ist unüblich, da unklar.) «Secunda, qua quaelibet Cantica dividitur in Cantus.» Die zweite Unterteilung ist die, wodurch die «Cantica» in Gesänge unterteilt wird. «Tertia, qua quilibet Cantus dividitur in Rithimos», die dritte, wodurch jeder Gesang in Verse unterteilt wird. Den Ausdruck «rithimus», im Sinne von «Reim», hat Dante im «De Vulgari» verwendet; aber er wird von ihm, wie auch italienisches «rima», außerdem im Sinne von «Vers» verwendet, vgl. «Le dolci rime d'amor ch'io solìa . . .»; auch über den Doppelsinn von lat. «rythmus» hat Dante im «Convivio» IV, II, 12 sich ausgesprochen.

Dieses meist wenig beachtete Einteilungsprinzip (so zieht beispielsweise Zingarelli daraus keine Folgerungen) ist bemerkenswert. Einmal geht eindeutig daraus hervor, daß Dante die «Komödie» als Einheit aufgefaßt hat und aufgefaßt wissen will. Zweitens ist nicht unerheblich, daß er auch für die Formgebung auf das Prinzip der Dreistufigkeit ausdrücklich hinweist: Vers – Gesang – Cantica. Die Wichtigkeit der beiden Gesichtspunkte wird einleuchten, wenn man sich der Betrachtung des Aufbaus der Komödie zuwendet.

e) Die Jenseitsdichtungen vor Dante

Über den Gegenstand der Göttlichen Komödie sagt Dante im Brief an Cangrande, er wolle vom Zustand der Seelen nach dem Tode handeln, «status animarum post mortem», d. h. er will ein Bild des Jenseits geben. Eine lange Reihe von Jenseitsdichtungen geht der Divina Commedia voraus. Das Thema begegnet bereits in der Antike, wird aber erst etwa vom 11. Jahrhundert an im Abendland immer wieder mit einer bohrenden Beharrlichkeit behandelt, die es allgegenwärtig sein läßt, in der Dichtung wie in der bildenden Kunst.

Das Weltgericht und die Einrichtung des Jenseits wurden in Italien seit dem Ende des 12. Jahrhunderts in der Volkssprache behandelt und zwar in Norditalien (s. o.). In der ersten Hälfte des 13. Jahrhunderts schilderte das Jenseits Uguccione da Lodi, in der zweiten Hälfte des Jahrhunderts Pietro da Barsegapé, wobei er bei Uguccione Anleihen machte. Giacomino da Verona verfaßte zwei

Gedichte, eines vom himmlischen Jerusalem («De Jerusalem celesti») und eines von der Hölle («De Babilonia civitate infernali»). (Die Titel sind der Apokalypse des Johannes entnommen.) Ein unbekannter Autor aus Reggio Emilia verfaßte in Oktaven eine Schilderung der drei Jenseitsreiche; um 1274 verfaßte Bonvesin da Riva sein «Buch von den drei Schriften», «Il libro delle tre scritture» (s. o.). Die in den Mundarten Norditaliens verfaßten Jenseitsschilderungen zeigen, daß Dante einen Gegenstand wählte, der in der Luft lag.

Wenig erheblich ist, was Dante aus den früheren lateinischen und italienischen Jenseitsschilderungen, soweit er sie kannte, entnommen haben mag oder nicht. Auf jeden Fall sind es immer nur vereinzelte Motive. Überdies war vieles so sehr Allgemeingut der volkstümlichen mittelalterlichen Phantasie geworden, daß sich im Einzelfall mehr als nur eine Quelle nachweisen ließe, andererseits Übereinstimmungen als Ergebnis des Zufalls angesehen werden können. Weit wesentlicher ist, was Dante bei seinen Vorläufern, seien sie ihm bekannt oder nicht bekannt gewesen, nicht finden konnte. Das ist zunächst eine scharfe Trennung zwischen Hölle und Fegefeuer, wenn es auch nicht an Erwähnungen eines besonderen Läuterungsortes fehlte, so z. B. in der Vision des Tugdalus. Wie in den vorausgehenden und nachfolgenden Darstellungen der bildenden Kunst ist die Zweiteilung Himmel-Hölle die vorherrschende, so auch bei dem der Generation vor Dante angehörenden Bonvesin. Dessen 2. Buch behandelt die Leidensgeschichte Jesu. Bei dem, wie Bonvesin dem 13. Jahrhundert angehörenden Anonymus aus Reggio, ist das Purgatorium abgetrennt als eigener Bereich, aber nicht so ausführlich behandelt wie das Inferno. Allgemein fehlt eine systematische Ordnung der Höllenstrafen und Himmelsfreuden; das Hauptgewicht liegt auf der erzieherischen abschreckenden Beschreibung der Höllenstrafen, auch ohne deren Zuordnung zu bestimmten Sünden, ja ohne Erwähnung der Sünden überhaupt, so z. B. im Purgatorium des hl. Patricius. Typisch für die allgemein übliche ungeordnete Schilderung der Höllenstrafen ist die Vision Alberichs von Montecessino. Demgegenüber fällt freilich auf, daß in Italien im 13. Jahrhundert sich bereits eine deutliche Neigung zur Systematisierung abzeichnet, so beim Anonymus von Reggio, der seine Hölle präzis gliedert, so bei Bonvesin, der den 12 Höllenstrafen die 12 Himmelsfreuden parallel ordnet. Mit der Neigung zur Systematisierung verbindet sich das

Bestreben, die Zuordnung von Strafen und Sünden philosophisch zu rechtfertigen. Eine solche Begründung hatte Innozenz III. in seiner Schrift von der Weltverachtung («De contemptu mundi») mit einer Schilderung von Himmel und Hölle verbunden, fußend auf einer Systematisierung der Tugenden und Laster, die Honorius von Autun gegeben hatte. Auch hier war somit ein Ansatz gegeben, den Dante nur aufzugreifen brauchte. Die Schrift Innozenz III. wurde um die Mitte des 13. Jahrhunderts von dem Florentiner Bono Giamboni ins Volgare übersetzt, was von dem wachsenden Verlangen der nicht lateinkundigen Leser nach solcher Belehrung spricht. Noch fehlte aber eine umfassende, eingehend philosophisch begründete Darstellung und ein organisches, alle drei Jenseitsreiche in sich begreifendes Bild. Noch fehlte auch ein wirkliches dichterisches Werk. Um dies zu schaffen, mußte zur philosophischen Durchdringung der volkstümlichen Jenseitsvorstellungen ein an der hohen vulgärsprachlichen Kunstdichtung geschulter Formwille kommen. Diese beiden Voraussetzungen sollte Dante erfüllen.

f) Die Entstehung des Grundplans

Dante mögen bereits bei der Abfassung der Kanzone «Donne ch'avete» einige Höllenbilder und die Szene mit Beatrice im Empireo vorgeschwebt haben. Er mag sogar schon vor der Verbannung einzelne Höllenbilder entworfen haben. Doch derlei gab es schon vorher. Das war noch keine Commedia. Die Commedia existiert erst von dem Augenblick an, da Dante den Plan zu einer systematischen, in sich folgerichtigen und begründeten Darstellung aller drei Reiche des Jenseits, und nicht nur des einen, faßte und auszuarbeiten begann. Der Gesamtplan, der Gesamtaufbau ist der künstlerische Kern des Werkes, nicht eine bloß äußerliche Struktur, die nachträglich ausgeschmückt wurde. Der Gesamtplan ist der Kern, aus dem alle Inspiration kommt. Er ist für sich allein schon in seiner Folgerichtigkeit und seiner gedanklichen Klarheit schön; er ist aber auch als Plan ein Werk der Phantasie, von Dantes Phantasie. Am deutlichsten greifbar ist das am «Purgatorio». Dante erst gibt ihm eigenen und gleichen Wert neben den anderen, traditionellen Jenseitsreichen der volkstümlichen Vorstellung; er ersinnt und erschaut dieses Reich, das er eigentlich erst ausbaut. Die Göttliche

Komödie bildet von Anfang an eine streng geschlossene Einheit. Die drei Jenseitsreiche Dantes werden durch vielfältige innere und äußere Bezüge zusammengehalten, aber primär sind sie durch den Gesamtplan miteinander verbunden. Daran verbeisehen, wie mancher moderne Kritiker es möchte, heißt, sich nicht nur das gedankliche Verständnis der Komödie verbauen, sondern zeugt auch von Blindheit für die Schönheit des Werks.

Die christlichen Jenseitsdichtungen vor Dante sind naive, kunstlose Erzählungen. Die Himmelsfreuden sind rein materielle Genüsse, ein ewiger Feiertag mit prunkvollen Festen in lieblicher Landschaft und in prachtvollen Palästen. Die Höllenqualen sind wenig einfallsreich, eintönig, das Schaurige mitunter mit grotesker Komik vermischt. Strafen und Seligkeiten sind nichts als plumpe Übertreibungen irdischer Freuden und Leiden. Es bleibt bei einer Aufreihung von Höllenszenen, aber es ist daraus keine Hölle geworden. Selbst wo ein systematischer Aufbau versucht wird, wie bei Bonvesin, gelangt der Verfasser nicht über ein trockenes Schema hinaus. Bei Bonvesin wie bei den früheren Visionen bleiben Sünder und Selige abstrakte Wesen, Schemen ohne Individualität. Diese gesamte apokalyptische Dichtung vor Dante ist nur zeitgeschichtlich interessant; sie zeugt lediglich von der Beliebtheit des Stoffes zur Zeit, ehe Dante sich ans Werk machte. Aus diesem allgemeinen, herrenlosen Stoff, dem gemeinsamen Vorstellungsgut der abendländischen Welt, ist manches Motiv, besonders was die Strafen anlangt, in Dantes Werk eingegangen, d. h. von ihm aufgenommen worden. Von einem Einfluß auf Dante zu sprechen, wäre zu viel.

Wenn man nach literarischen Vorbildern für die «Göttliche Komödie» sucht, muß man sich in anderer Richtung umsehen. Daß Dante Vergil und seine Aeneis als Vorbild ausdrücklich nennt, ist hinlänglich bekannt. Daß er zahlreiche Motive aus der Aeneis entnommen hat, ist ebenfalls bekannt, wenn auch nicht hinlänglich im Einzelnen dargestellt. Den Gesamtplan zu seiner Jenseitsstruktur konnte er aber auch dort nicht finden. Einige wesentliche Elemente für den Plan hat Dante der gelehrten literarischen Tradition entlehnt. Das ist vielleicht nicht genügend beachtet worden, weil Dante diese Quellen nicht nennt. Aber sie sind da. Der Aufstieg durch die neun Himmelssphären bis zum Empyreum fehlt bei Vergil. Er war im «Somnium Scipionis» vorgebildet und war Gemeingut des Mittelalters geworden. Der Aufstieg der Vernunft durch die Spären zum Empyreum bildet auch den Inhalt des «Anticlaudianus» des Alanus ab Insulis. Auch dort muß die Vernunft die Führung an die Theologie abgeben, wie Vergil an Beatrice. Der Sinn auch dieser Reise ist eine sittliche Läuterung. So viele Motive aber auch Alanus entnommen sein mögen, der Gesamtplan Dantes stammt weder aus dem «Somnium» noch aus dem «Anticlaudianus», sondern ist Dantes eigene Erfindung; «grendissima e originalissima costruzione», nennt sie Zingarelli.

Aus den volkstümlichen Jenseitsvorstellungen ergab sich für Dante keineswegs mit Selbstverständlichkeit eine Dreiteilung seines Werkes; eher wäre die Zweiteilung Hölle und Himmel selbstverständlich gewesen. Dantes Originalität zeigt sich schon darin, daß er sich von den herrschenden Vorstellungen freimachte und die in der vulgärsprachlichen Literatur Italiens sich abzeichnenden Ansätze zu einer starken Betonung des Purgatoriums aufgriff. Diese Entscheidung dürfte mitbestimmt worden sein durch den Umstand, daß der Begriff des Fegefeuers in dieser Zeit ein aktuelles philosophisch-theologisches Thema geworden war, nachdem nämlich Thomas von Aquin die kirchliche Lehre vom Purgatorium weiter entwickelt hatte; danach diente das Fegefeuer nicht der sittlichen Läuterung, sondern der Ableistung der bei der Beichte auferlegten, aber unerledigt gebliebenen Bußen. Dadurch war nicht nur das Thema des Purgatoriums aktuell, sondern Thomas' Lehre bot auch die Möglichkeit einerseits zu einer schärferen Differenzierung gegenüber der Hölle (an der es eben bis dahin gefehlt hatte und die in der volkstümlichen Vorstellung auch später sich nicht durchgesetzt hat), andererseits auch zu einer größeren gedanklichen Vertiefung, nachdem nun dem Purgatorium eine klar umrissene Funktion zufiel. Erst Dante machte die Dreiteilung des Jenseits zu einer erst ihm selbstverständlichen Voraussetzung für die Anlage seines Gedichts.

g) Zahlensymbolik als Kompositionsprinzip

Danach konnte er diese festgelegte Dreiteilung in das reiche System der Zahlensymbolik einbeziehen, mit der er das Gesamtwerk überzieht, um dessen Einheit auch formell zu betonen. Zahlensymbolik als Kompositionsprinzip ist Gemeingut mittelalterlicher Erzähltechnik.

Dante hat sie schon für die «Vita nuova» aufgeboten. Einen besonderen Anstoß dazu erhält Dante wohl auch von der auf Joachim von Floris zurückgehende franziskanische Mystik. Die Zahl drei Symbol der göttlichen Dreieinigkeit, begegnet in der Dreiteilung des Jenseits, die zu der Dreiheit der drei ‹Cantiche› führt; ferner in der Dreiheit der Gliederung nach Cantiche, Gesang («canto») und Vers (s. o.) und schließlich in der Dreiheit der Dreiergruppe der Verse innerhalb der «canti» in der Terzine. Die Einheit ist darin ausgedrückt, daß alle drei Cantiche mit dem gleichen Wort «stelle» schließen. Jede Cantica umfaßt 33 Gesänge (‹canti›), d. h. soviel Gesänge wie die Lebensjahre Christi; dazu kommt der erste Gesang des Inferno (33 + 1), der als Prolog dient, das sind insgesamt hundert, zehnmal die «vollkommene» Zahl 10, die aus der Einheit plus der Drei, der Wurzel aus neun, besteht. Die Zahl zehn wiederholt sich im Aufbau der drei Reiche. Die Hölle besteht aus neun Kreisen, wozu die Vorhölle kommt, insgesamt zehn Teile. Der Himmel besteht aus neun beweglichen Himmeln und dem unbeweglichen Feuerhimmel. Das Purgatorium enthält die heiligen Zahlen sieben (die Stufen des eigentlichen Purgatoriums), dazu das zweigeteilte Vorpurgatorium (Strand und unterer Teil des Berges) und das irdische Paradies, insgesamt zehn Teile. Das Vorpurgatorium, als Einheit genommen, ergibt eine Dreiteilung; Vorpurgatorium – Purgatorium – irdisches Paradies, d. h. es sind in ihm enthalten die heiligen Zahlen 3,7 und 1. Die Hölle ist dagegen nach den unvollkommenen Einheiten aufgeteilt: in zwei Teile: obere Hölle und untere Hölle, und diese ebenfalls nach den unvollkommenen Einheiten unterteilt: 5 Kreise der oberen, 4 Kreise der unteren Hölle. Dantes Jenseitswanderung dauert sieben Tage, zwei ist er in der Hölle, vier im Fegefeuer, einen im Himmel. Zwei ist die Zahl der Sünde, der Abkehr von dem einen Gott; vier ist die animalische Zahl, da der menschliche Körper aus vier Elementen besteht; vier Psalmen werden im letzten Stundengebet gebetet, um die Verzeihung für die Sünden zu erhalten, die der Mensch, während er mit seinem Körper auf Erden lebt, begangen hat; daher die Zahl vier für den Besuch des Ortes der Buße.

h) Dantes Weltgebäude

Dante folgt der volkstümlichen Vorstellung, wenn er die Hölle unter die Erde verlegt, aber er präzisiert, indem er sie der nördlichen

Hälfte der Erdkugel zuweist. Der Höllenraum ist ein großer abgestufter Trichter; seine immer enger werdenden Kreise führen bis zur untersten Stufe, wo in der Erdmitte Luzifer sitzt. Der Trichter wird von der Erdoberfläche überwölbt. Unmittelbar über der tiefsten Stelle erhebt sich auf der Erde in ihrem Mittelpunkt Jerusalem. Der Höllentrichter entstand dadurch, daß Gott den abtrünnigen Engel Luzifer gegen die Erde schleuderte. Dieser schlug an der Stelle auf, die dem irdischen Jerusalem auf der südlichen Halbkugel gegenüber liegt. Luzifer bohrte sich in die Erdkugel hinein. Durch den Aufprall wurde das verdrängte Erdreich zu einem Berg auf der südlichen Halbkugel aufgetürmt. Dies wurde der Läuterungsberg. Durch den von Luzifer in seinem Fall gebohrten Gang gelangt man aus der untersten Hölle herauf zur südlichen Halbkugel. Dort erhebt sich inmitten des Weltmeeres, von einem flachen Strand aus, der Läuterungsberg in sieben Stufen; auf seinem Gipfel befindet sich das irdische Paradies. Diese Vorgänge und diese Anordnung hat Dante ersonnen. Das Purgatorium war bis dahin ein irgendwo in der Nähe der Hölle befindliches Schattenreich. Dante hebt es an die Erdoberfläche und läßt es vom Licht umflutet sein; das Licht ist das Symbol der Gottheit; es umfängt den Läuterungsberg, wo die göttliche Gnade tätig wirkt. Über der Erde, über dem Purgatorium und dem irdischen Paradies wölbt sich der Himmel; für dessen Anlage brauchte Dante nichts Eigenes zu erfinden. Da war es selbstverständlich, daß er sich an die herrschende Vorstellung anschloß, die bereits wissenschaftlich fundiert war, d. h. er brauchte nur das ptolemäische System zu übernehmen. Zuerst kommen die sieben Planetenhimmel (Mond, Merkur, Venus, Sonne, Mars, Jupiter, Saturn), dann der Fixsternhimmel, darauf der Kristallhimmel (primum mobile), der letzte (von oben her der erste) der beweglichen Himmelssphären; darüber wölbt sich der ewig unbewegliche Flammenhimmel, das Empyreum, wo Gott, die Seligen und die Himmlischen Heerscharen ihren Sitz haben.

Dieser Weltplan ist erfüllt mit sinnvollen Beziehungen. Luzifer in der Mitte der Erdkugel, die zugleich die Weltmitte ist, sitzt zutiefst in der Materie, von Gott am entferntesten, der im Empyreum thront. Den höchsten Punkt der Erdoberfläche bildet das irdische Paradies; es ist dem Himmel am nächsten. Dem abgestuften Höllentrichter, der zu Luzifer hinabführt, entspricht gegenständig der gestufte Läuterungsberg, der zu Gott hinaufführt. Das irdische Paradies auf dessen Gipfel liegt auf der südlichen Halbkugel antipodisch zu Jerusalem auf der nördlichen Halbkugel; der Ort, wo der Mensch sündigte, das irdische Paradies, liegt dem Ort gegenüber, wo der Mensch erlöst wurde, Jerusalem. Jerusalem –, Luzifer –, das irdische Paradies und der Sitz Gottes im Empyreum liegen auf einer Achse. Den Ansatzpunkt zu seinem Weltplan fand Dante im Himmelssystem des Ptolemäus, das ein fester Bestandteil nicht nur der mittelalterlichen Vorstellungswelt war, sondern als ein gesichertes Ergebnis der Wissenschaft galt. Entsprechend der Form und Anordnung des Himmels ersann Dante den Aufbau des Purgatoriums und der Hölle als je ein gestuftes, in sich geschlossenes System. Dieses Stufensystem gestaltete Dante zum Träger des sittlich und religiösen Sinngehalts. Auf dieses Stufensystem verteilte Dante die Verdammten, die Büßer und die Seligen nach der Tugendlehre des Aristoteles und des Hl. Thomas. Dante selbst hat den moralisch-religiösen Aufbau an verschiedenen Stellen dem Leser erläutert (z. G. Inf. XI; Purg. XVII). Doch nahm Dante sich gegenüber den Theologen und Philosophen manche Freiheit heraus, indem er manches ausließ, veränderte, umgruppierte, je nachdem die belehrende Absicht oder die Wirkung auf den Leser ihm das geboten erscheinen ließ. Gerade aus der Freiheit, mit der er mit dem Stoff verfuhr, spricht sein Bewußtsein, Dichter und nicht nur Pädagoge zu sein.

i) Dantes Jenseitswanderung

Die Göttliche Komödie erzählt von Dantes Wanderung durch die drei Reiche des Jenseits. Er beginnt sie am Abend des Karfreitags, 8. April des Jahres 1300, dem Jubiläumsjahr, und beendet sie am 7. Tag, dem 14. April. Die Zeit der einzelnen Etappen der Reise läßt sich ebenfalls errechnen, da Dante sie, allerdings in astronomischen Angaben verschlüsselt angibt (wie bereits in der Vita nuova). Der Dichter erzählt, er habe sich um die Mitte seines Lebensweges, d. h. im 35. Lebensjahr, (das biblische Alter ist 70 Jahre [Psalm 89, 10]) in einem dunklen Walde verirrt. Am Abend des Karfreitags tritt er aus ihm hervor; da versperren ihm drei Untiere den Weg; ein Panther, ein Löwe und eine Wölfin (sie symbolisieren die Wollust, den Stolz und die Habgier, d. h. die Sünden der Jugend, der Mannesjahre und des Alters). Dante wird aus seiner Not durch das Erscheinen Vergils befreit, der ihm erklärt, daß er den drei Untieren nur entkommen kann, wenn er das Totenreich durchschreitet. Dante zögert, denn eine solche Reise wäre Vermessenheit gegen den Willen Gottes. Vorher haben nur Äneas und der hl. Paulus diese Reise unternommen, der eine, um das Römische Reich zu gründen, der andere, um die christliche Lehre zum Siege zu führen. Vergil beseitigt Dantes Bedenken, indem er ihm sagt, auch seine Reise sei von Gott gewollt. Beatrice habe ihn, Vergil, im göttlichen Auftrag Dante als Führer durch Hölle und Fegefeuer geschickt; Beatrice werde im Himmel seine Führerin sein. Damit wird von Anfang an die belehrende, erzieherische Aufgabe des Werkes festgelegt, nämlich die Welt zu bessern, indem dem Menschen als warnende Beispiele die Höllenstrafen und als Ansporn zum Guten der Lohn der Seligen vorgeführt wird.

Nach diesem Vorspiel beginnt die eigentliche Reise. Sie wird bei Nacht angetreten, während das Purgatorio in der Morgenfrühe betreten wird und die Auffahrt zum Himmel zur hellen Mittagszeit erfolgt: je näher zu Gott, desto heller das Licht. Vergil und Dante durchschreiten das Höllentor mit der Aufschrift: «Lasciate ogni speranza voi ch'entrate» und befinden sich in der Vorhölle, einer weiten Ebene zwischen dem Eingang und dem Unterweltfluß Acheron. Hierhin sind auf alle Ewigkeit die Lauen, die Gleichgültigen verbannt, die weder gut noch böse waren, weder bestraft noch auch erlöst werden können. An das Ufer des Acheron gelangt, werden die beiden Wanderer von Charon übergesetzt. Sie betreten den ersten Höllenkreis, den obersten Saum des Höllentrichters, den Limbus, wo sich die Ungetauften aufhalten, die ungetauften Kinder und die Guten, die vor Christus gelebt haben. Das sind die hehren Geister des Altertums, Dichter und Denker; in der Dämmerung des Limbus weilen sie an einem abgesonderten erhellten Ort, dessen Licht den Abglanz der göttlichen Gnade symbolisiert. Die eigentliche Hölle beginnt mit dem zweiten Höllenkreis, an dessen Eingang Minos, der Richter in der Unterwelt der Antike, hier als Dämon dargestellt, die Verdammten den ihnen bestimmten Höllenstufen zuweist. Das Strafmaß wird durch das (aristotelische) Gesetz der Vergeltung bestimmt; der Sünder soll etwas Ähnliches erleiden wie sein Opfer; Dante bezeichnet das als «contrapasso» (Inf. XXVIII, 142); lat. «*contrapassum*» ist die Übersetzung des aristotelischen ἀντιπεπονθός (lat. *contra* + *passum* [von ‹pati]›. Die Verteilung der Strafen hat Dante nach der Ethik des Aristoteles vorgenommen, doch mit veränderter Reihenfolge: die Liebessünder werden vorangestellt. In der oberen Hölle (2.–5. Kreis) werden die Sünder aus Leidenschaft bestraft, in der unteren (7.–9. Kreis) die Sünder aus Bosheit. In der oberen Hölle werden die Sünder aus Willensschwäche, die Ungezügelten, die um der Erfüllung sinnlicher Begierde willen fehlten, bestraft, in der unteren die Sünder aus Willensstärke. Je größer die Schuld, desto tiefer müssen sie in den Höllenschlund hinab. Zwei Höllenkreise sind aus diesem Schema ausgenommen; die dort bestraften Sünden sind nicht im aristotelischen Sündensystem enthalten. Im ersten Kreis sind diejenigen untergebracht, denen der Glaube fehlte (die Ungetauften), im 6. Kreis sitzen die Ketzer; beiden Gruppen fehlte der Glaube durch Schuld des spekulativen Intellekts; bei der ersten ungewollt, bei der zweiten absichtsvoll. Entsprechend befinden sich die Ungetauften im Limbus über den Höllenkreisen für die Sünden aus Leidenschaft (Willenlosigkeit), die Ketzer im 6. Kreis über der Hölle der Sünder aus bösem Willen. Ebenfalls nicht in der Ethik des Aristoteles enthalten sind die Gleichgültigen. Auch für sie mußte Dante als gläubiger Christ einen Platz schaffen, indem er für sie die Vorhölle ersann.

In der oberen Hölle begegnen Dante die Sünder aus Unbeherrschtheit. Die ihnen auferlegten Strafen lassen leicht den Grundsatz des «contrapasso», der Vergeltung erkennen. Das Verhältnis zwischen Strafe und Vergeltung ist oft ohne weiteres einleuchtend, in anderen weniger unmittelbar einsichtig, manchmal fast naiv. Wesentlich ist, daß Dante aus der Schilderung der Strafe eine lange Reihe von eindrucksvollen Szenen von großer Vielfältigkeit zu machen verstanden hat. Im 2. Kreis werden die Unkeuschen, die Sünder aus Fleischeslust, vom Sturmwind der Leidenschaft durch die Lüfte getrieben; als Hauptgestalten erscheinen hier Paolo und Francesca. Danach steigen die Wanderer zum 3. Kreis hinab, wo die Schlemmer und die Prasser im Schlamm sitzen und von Cerberus zerfleischt werden. Den 4. Höllenkreis der Habsucht bewacht Plutus, der Gott des Reichtums, die Geizigen und Verschwender, die endlos große Steinlasten wälzen. Im 5. Kreis stecken die Zornigen und Trägen im Sumpf des Styx und zerfleischen sich gegenseitig. In der Barke des Phlegyas werden die Wanderer über den Styx gesetzt und gelangen an die Mauern der Stadt des Dis (Dite, città di dite), der Teufelsstadt, am Eingang zur unteren Hölle. Die Teufel verschließen die Tore, um den Wanderern den Eintritt zu verwehren; die Furien holen Medusa zu Hilfe herbei; doch ein von Gott gesandter Engel legt den Tumult und öffnet ihnen das Tor. An den feurigen Gräbern vorbei, in denen die Ketzer gepeinigt werden (6. Kreis), – die hervorragendste Gestalt ist hier Farinata degli Uberti – gelangen die Wanderer in den 7. Kreis zu den Tyrannen und Mördern, den Gewalttätigen gegen den Nächsten, zu den Selbstmördern, den Gewalttätigen gegen sich selbst und schließlich zu den Gewalttätigen gegen Gott und das Naturgesetz, zu den Gotteslästerern, Sodomiten und Wucherern. Ein geflügelter Drache, Geryon, trägt Dante und Vergil in den 8. Kreis («Malebolge») hinab; in 10 konzentrischen Gräben (bolge), vergleichbar dem Grabensystem einer mittelalterlichen Burg, wird der Betrug am Nichtvertrauenden gesühnt; in absteigender Reihenfolge erleiden die Kuppler und Verführer, die Schmeichler und die Dirnen, die Simonisten, die ihre kirchlichen Würden zu ihrer Bereicherung mißbrauchten, die Wahrsager und Zauberer, die Staatsbetrüger, die Heuchler, die Diebe, die bösen Ratgeber, die Zwietrachtstifter und die Fälscher ihre Strafe. Von den «Malebolge» werden Dante und sein Begleiter von der Hand des Riesen Antäus auf die Eisfläche des gefrorenen Cocytus abgesetzt. Frost und Eis als Sinnbild der Erhärtung des Herzens dienen als Strafe für die Verräter, die den Vertrauenden betrogen. Auf 5 Bezirke sind 5 Gruppen von Sündern verteilt: in der «Caina» sitzen die Verräter am Blutverwandten, in der «Antenora» die Verräter am Vaterland, in der «Tolomea» die Verräter am Tischgenossen, in der «Giudecca» die Verräter am Wohltäter; in der Mitte und zuunterst sitzt Luzifer und zermalmt mit seinen drei Mäulern die Erzverräter Judas, Brutus und Cassius; der dreiköpfige Luzifer ist das fratzenhafte Gegenstück zur göttlichen Dreieinigkeit.

An dem zottigen Fell Luzifers hinaufkletternd gelangen Dante und Vergil in einen dunklen Gang, der wieder an die Erdoberfläche hinaufführt. In der Morgendämmerung erreichen sie das Ufer der Insel des Läuterungsberges, wohin in einem Nachen ein Engel die Seelen der Büßer bringt. Die zum Läuterungsberg aufsteigende Uferlandschaft bildet das Vorpurgatorium. Hier befinden sich verschiedene Gruppen von Seelen: die Säumigen, die erst kurz vor dem Tode ihre Sünden bereuten; ehe sie die eigentliche Buße antreten können, müssen sie hier so lange verweilen als sie Jahre in Sünde lebten: die gewaltsam Getöteten und, als besondere Gruppe, in einem schönen Talgrund die säumigen Fürsten, die aus Ruhmsucht ihr Seelenheil vernachlässigten. Von hier aus wird der in tiefen Schlaf versetzte Dante an die Pforte des eigentlichen Purgatoriums getragen. Auf seinen sieben terrassenartigen Stufen, zu denen die Seelen durch enge, steile Hohlwege emporsteigen, werden die sieben Todsünden abgebüßt: Hochmut, Neid, Zorn, Trägheit, Habsucht, Schlemmerei und Wollust. In der Hölle wurde die böse Tat bestraft; diese ist im Purgatorio infolge der Reue auf dem Gnadenwege vergeben. Hier wird die allgemeine Schuldhaftigkeit, die Unzulänglichkeit des Verstandes und des Willens, der die Begierde nicht zu zähmen wußte, die schlimme Neigung gebüßt, die schwersten Sünden zuerst, die leichtesten zuletzt. So ist die Reihenfolge hier umgekehrt, als in der Hölle: die Wollust wird auf der obersten Stufe abgebüßt, der Hochmut auf der untersten. Die Seelen durchlaufen, da sie nicht zu einer ewigen Strafe verdammt sind, sondern durch Buße geläutert werden, alle Stufen, bis sie alle Sünden abgebüßt haben und auf dem Gipfel des Berges im irdischen Paradies auf die Aufnahme in den Himmel warten. Die Bußübungen sind wie die Strafen der Hölle vom Gesetz des «contrapasso» bestimmt. Die Stolzen gehen «unter Lasten gebeugt, den Neidischen sind die Augen zugenäht, die Zornigen gehen in Rauchwolken, die Trägen in eiligem Laufe, die Geizigen liegen am Boden, die Schlemmer leiden Hunger und Durst, die Wollüstigen schreiten im Feuer» (Gmelin).

Zu den körperlichen Strafen treten im Purgatorio als positives Element die Ermahnungen zum Guten; die Bussübungen werden durch Gebete und fromme Gesänge begleitet. Im Sinne der mittelalterlichen Exempla-Literatur, aus der die Prediger schöpften, werden die Büßer in ihrer Bußübung gefördert, indem ihnen an Beispielen die Ausübung der Tugend und die Bestrafung der Sünde vorgeführt wird. Die Beispiele sind abwechselnd der Bibel und der Antike entnommen und symmetrisch verbunden: so «erscheinen für die Keuschheit Maria und Diana, für die Wollust Sodom und Pasiphaë» (Gmelin). Die Art der Darbietung wird variiert: Reliefbilder, Stimmen, Visionen. Dazu treten noch allerlei symbolische Geschehnisse und Handlungen. Jedesmal, wenn Dante von einer Stufe zur nächsten aufsteigt, wird eines der sieben P (= peccatum, Sünde), die ihm vor Beginn des Aufstiegs an die Stirn geschrieben wurden, von einem Engel fortgewischt. Ein Beben des Berges zeigt an, daß eine Seele ihre Buße beendet hat und unmittelbar zum Himmel aufsteigen kann. Diese Lösung vom Läuterungsberg erleben die Wanderer im Falle des Dichters Statius mit, den man im Mittelalter für einen heimlichen Christen hielt. Statius schließt sich Dante und Vergil an und begleitet sie bis zum Gipfel des Läuterungsberges. Im irdischen Paradies, wo Dante sich von seinen Begleitern trennt, sieht Dante eine prachtvolle feierliche Prozession, den Triumphzug des Wagens der Kirche, eine Allegorie vom irdischen Schicksal der Kirche, von der Herrlichkeit der idealen Kirche; Beatrice erscheint, um die Führung im Himmel zu übernehmen; nachdem Dante im Fluß Lethe die Erinnerung an seine Sünden abgewaschen und im Fluß Eunoë die Erinnerung an die guten Taten wiederbelebt hat, ist er zum Aufstieg gerüstet.

Im Paradies haben die Seelen der Seligen ihren Sitz im obersten Himmel, im «Empireo», in der Nähe Gottvaters. Um parallel zu der Schilderung der anderen Jenseitsreiche eine Stufenfolge schildern zu können, in der ihm jeweils andere Persönlichkeiten erscheinen, hat Dante einen Kunstgriff angewandt. Er stellt sich vor, daß Gott den Seelen erlaubt, sich ihm in den einzelnen Himmeln zu zeigen und zwar jeder in dem Himmel, durch den, nach den astrologischen Vorstellungen der Zeit, bei seiner Geburt sein Wesen bestimmt wurde. Die Seelen sind der irdischen Körperlichkeit entkleidet und werden von Dante als Lichterscheinungen wahrgenommen. Ihre Entstofflichung entspricht ihrer Befreiung von irdischer Unzulänglichkeit. Vom Irdischen Paradies und von Himmel zu Himmel steigt Dante blitzartig auf, indem er seinen Blick in den Beatrices versenkt. In den drei unteren Planetenhimmeln erscheinen die Geister, die sich durch Mäßigung Verdienst erwarben, nachdem sie keusch die sinnlichen Begierden, die ihnen ihr Stern eingab, bezähmten. Im Mondhimmel begegnet Dante den Seligen, die entgegen ihrer inneren Neigung gewaltsam einem Leben entrissen wurden, aber innerlich ihrem Gelübde treu blieben; im Merkurhimmel diejenigen, die ihre Ruhmsucht und ihren Ehrgeiz durch Gottesliebe mäßigten. Hier begegnet Dante dem Kaiser Justinian. Im Venushimmel erscheinen die Seelen, die die sinnliche Liebe überwanden und sich ganz der Gottesliebe ergaben. In den oberen vier Planetenhimmeln begegnet Dante den Seligen, die durch Ausübung ihres freien Willens die Kardinaltugenden ausübten; im Sonnenhimmel denjenigen, die durch Klugheit sich Verdienst erwarben; hier erscheinen die Gottesgelehrten Thomas von Aquin und der hl. Dominikus; im Marshimmel die Glaubenskämpfer: Karl der Große sowie Dantes Urahn Cacciaguida, als

Beispiele der Standhaftigkeit; im Jupiterhimmel die großen Herrscher, die sich durch Gerechtigkeit auszeichneten, unter denen Dante den römischen Kaiser Trajan erkennt, an diese, die die Kardinaltugenden in der ‹vita activa› ausübten, schließen sich im Saturnhimmel diejenigen, die die Kardinaltugenden in der ‹vita contemplativa› verwirklichten; zu deren Vertreter wählt Dante den hl. Petrus Damiani. Mit dem Verlassen der Planetenhimmel tritt im Gang der Handlung eine wesentliche Veränderung ein. Die Begegnung mit den Seelen der Abgeschiedenen, mit denen Dante Gespräche führt, ist abgeschlossen. Die letzte Verbindung mit säkularem Geschehen ist gelöst. Dante bleibt allein als irdische Individualität. Nun ist Dantes Rolle ebenfalls verändert. Er ist von nun an zwar weiterhin Besucher und Zuschauer – im Fixsternhimmel erschaut er Christi triumphale Himmelfahrt und die Krönung der Jungfrau Maria, – aber zugleich wird er in das Geschehen einbezogen. Er muß, ehe er die höchsten Himmel schauen darf, eine Gewissensprüfung über die drei Tugenden bestehen; Petrus prüft ihn im Glauben, Jakobus in der Hoffnung, Johannes in der Barmherzigkeit. Endlich kann Dante in den Kristallhimmel, das Primum mobile, aufsteigen, wo er die Himmelschöre um eine große Helligkeit kreisen sieht. Von dort steigt Dante empor in das ‹Empyreum›, den Feuerhimmel. Hier haben die Seligen ihre körperliche Gestalt wiedererlangt. Dante sieht sie in einem weiten Halbrund, in Form einer weißen Rose sitzend; Engel steigen von hier zu Gott hinauf und wieder herab. Beatrice nimmt unter den Seligen Platz. Der hl. Bernhard löst Beatrice als Führer Dantes ab. Von der Hl. Jungfrau erbittet er die Gnade, daß Dante Gott schauen dürfe. Mit Dantes mystischer Schau des Geheimnisses der göttlichen Dreieinigkeit schließt das Gedicht.

k) Der allegorische Sinn

Der Gedanke einer rein ästhetischen Wirkung wäre Dante unverständlich gewesen. Im Brief an Cangrande hat Dante seine Absicht bei der Abfassung des Werkes kundgetan: den Menschen aus dem Zustand des Elends des irdischen Daseins zu befreien und zum Zustand der Glückseligkeit zu führen: » removere viventes in hae vita de statu miseriae, et perducere ad statum felicitatis». Daher ist der Sinn seiner Erzählung ein zweifacher, der buchstäbliche Sinn ist eine Schilderung des Zustandes der Seelen nach dem Tode, der allegorische: wie der in Willensfreiheit gut oder schlecht handelnde Mensch der lohnenden und strafenden Gerechtigkeit unterworfen ist («homo prout merendo et demerendo per arbitrii libertatem est iustitiae praemiandi et puniendi obnoxius»). Dieser tiefere moralische Sinn ist zunächst an Dantes eigener Person veranschaulicht. Die Erzählung beginnt damit, daß er im Gestrüpp des Irrtums und der Sünde den rechten Weg verloren hat. Wollust, Hoffahrt und Habgier versperren ihm den Weg zu Gott, den er nur noch als schwachen Lichtschein auf einer fernen Anhöhe wahrnimmt. Da kommt ihm die Vernunft und ihre Anwendung in der Philosophie zu Hilfe, verkörpert in der Gestalt Vergils. Beim Gang durch die Hölle bleibt Dante Zuschauer. Der persönliche Bezug ist im Inferno nur in der Anfangssituation gegeben. Im Purgatorio ist Dante nicht allein Zuschauer und Besucher, sondern er wird selber in den Bußvorgang einbezogen, wie er von Stufe zu Stufe aufsteigt, wischt ja ein Engel eines der symbolischen Sündenzeichen von seiner Stirn. Im Irdischen Paradies rückt Dante noch stärker in den Mittelpunkt. Vergil tritt ab. Beatrice, die bis dahin sich durch ihn vertreten ließ, übernimmt dessen Rolle. In den letzten vier Gesängen des Purgatorio nimmt der Abschluß von Dantes Läuterung durch die Bußpredigt Beatrices, Dantes Reue und symbolische Reinigung in den Paradiesflüssen einen breiten Raum ein. Im Paradiso wird Dante von Beatrice geleitet, d. h. an Stelle der Philosophie ist die Theologie, die Wissenschaft von der Offenbarung, getreten. Bei der Belehrung Dantes über die Heilswahrheiten, die sich durch das ganze Paradiso zieht, ist Beatrice die Lehrmeisterin. Immer stärker verdichtet sich die Darstellung auf Dantes eigenes persönliches Seelenheil. Schließlich ist das ganze letzte Drittel der Cantica bereits vom 24. Gesang an Dantes persönlichem Weg zur Gotteserkenntnis gewidmet. Es beginnt mit Dantes Glaubensprüfung; diese führt hinüber zu der Verherrlichung der Schönheit Beatrices, d. h. zur mystischen Erhöhung der irdischen Liebe Dantes zu Beatrice, und gipfelt schließlich in Dantes mystischer Gottesschau. Dantes Weg zur Gotteserkenntnis, das ist, auf Dante bezogen, der Sinn der Jenseitswanderung. Doch hat Dante das nicht autobiographisch aufgefaßt. Dante faßt seine eigene Person nicht anders auf als die Gestalten, mit denen er sein Jenseits belebt, nämlich als Beispielfall, als «exemplum». Sein Weg zu Gott ist des Menschen Weg zu Gott, seine Verirrung die Verirrung, der wir alle anheimfallen können. Dante selbst ist zum Symbol des Menschen schlechthin erhoben.

Die Göttliche Komödie ist kein allegorisches Gedicht in der Art der zeitgenössischen allegorischen Dichtung wie der «Anticlaudianus», die «Intelligenza» oder der Rosenroman, wo durchgängig jedes Bild und jede Einzelheit des Bildes Träger einer zweiten Bedeutung, eines Nebensinnes ist. Im engeren Sinn allegorische Bilder sind von Dante auf einzelne Stellen konzentriert, die gleichsam als Schlüssel dienen. Es sind dies vor allem die Stellen, an denen er die moralische Belehrung mit der politischen verknüpft. Der finstere Wald des ersten Gesanges ist nicht nur das Dickicht der Sünde, sondern auch das Bild der politischen Wirrnis Italiens; der Römer Vergil, der das Kommen Christi vorausgesehen hatte, verkörpert zugleich die Idee der Universalmonarchie; ihm ist die Prophezeiung in den Mund gelegt, daß ein Spürhund, «il Veltro», kommen werde, um Ordnung zu stiften, als ein politischer Messias. Eine politische Allegorie ist am Ende des Purgatorio das Bild vom Wagen der Kirche, wo Dante seine Kritik an der weltlichen Institution der Kirche ebenso wie seine Vorstellung von der idealen Kirche und ihrem Verhältnis zum Kaisertum in Bilder kleidet. Diese allegorische Bildersprache Dantes ist leicht durchschaubar. Dante selbst gibt die Schlüssel zu ihrer Enträtselung an die Hand. Wo er es nicht tut oder wo er nicht deutlicher wird, liegt die Unklarheit in seiner Absicht. Viel ist an den Allegorien Dantes herumgerätselt worden; ein solches beliebtes Rateobjekt ist der Veltro. Durch eine Enträtselung beispielsweise gerade dieser Figur ist jedoch nichts gewonnen, geht die poetische Wirkung hier ja gerade vom Geheimnisvollen aus. Viele Bilder sind keine Allegorien, sondern Symbole, deren Sinn ohne weiteres erfaßbar ist, so etwa, wenn Luzifer gleichzeitig mit Judas auch Brutus und Cassius zermalmt, welche die Grundlage des Heiligen Römischen Reiches zerstören wollten. Symbole sind die Bilder des Paradiso, der Kaiseradler, die Himmelsrose. Auch Vergil und Beatrice sind keine allegorischen Figuren; sie sind zu nehmen, wie Dante sie darstellt, als Menschen; lediglich ihr Tun, ihr Handeln und die ihnen zugewiesene Rolle in der Führung Dantes sind symbolhaft. Die Göttliche Komödie ist keine Allegorie, sondern, wie M. Barbi treffend gesagt hat, die Darstellung einer Offenbarung.

l) Der Aufbau

Erst wenn man die Göttliche Komödie als Ganzes überschaut, vermag man sich eine Vorstellung zu machen von ihrem poetischen Gehalt, von dem Reichtum von Dantes Phantasie, dank der er das trockene Lehrgebäude veranschaulicht. Der dogmatische Aufbau ist nur die Voraussetzung für das dichterische Werk. Aber in dem dogmatischen Aufbau lag zugleich die Möglichkeit beschlossen zu der ungeheuren Vielfalt der dargestellten Szenen, zu dem immer neuen, überraschenden Wechsel von Schauplatz und Figuren, zu der Steigerung der Effekte in den Einzelszenen wie im Gesamtaufbau, zu deren dramatischer Steigerung auf den Schluß hin, das Erschauen Gottes im Paradiso. Ein mächtiger Zug geht durch das Gesamte, was vom Schluß her dem Leser erst richtig deutlich wird. Auch die einzelnen Cantiche sind auf einen dramatischen Höhepunkt hin komponiert: das Inferno in der immer größer werdenden Schaurigkeit des Geschauten, gipfelnd in der Ungeheuerlichkeit der Gestalt Luzifers, einhergehend mit der wachsenden Abscheulichkeit des bestraften Vergehens, darin Dante als ein vereinzeltes, fast verlorenes Individuum inmitten einer Fülle von Schreckgestalten. Das Purgatorio steigt von der Lieblichkeit der Uferlandschaft am glitzernden Meer («il tremolar della marina»), die durchaus irdisch und überall auf Erden möglich ist, bis zur Ideallandschaft des irdischen Paradieses auf, spannungsvoll gestaffelt, beginnend bei der Vielzahl an unerlösten Büßern, denen Dante sich anschließt, und endend bei dem einen alleinigen Büßer im Irdischen Paradies, der das erhabene Schauspiel der Verwandlung der Kirche, der Gemeinschaft aller Gläubigen, miterlebt. Das Paradiso, einsetzend mit der blassen Abstraktheit in der Schilderung der Struktur der Himmelssphären, endet in der bildhaften Anschaulichkeit der Darstellung des Empyreums und der Bildersprache der mystischen Gottesschau. Es beginnt mit dem trockenen Rationalismus der Erörterung der Natur der Mondflecken und schließt mit dem Ausdruck des Irrationalen, menschlichem Denken und menschlicher Formulierung sich Entziehenden, erfüllt von der innigen Wärme frommen Empfindens, das von dem Gebet des hl. Bernhard an über das Rationale, Intellektuelle sich schiebt und es verdrängt.

Der Verschiedenheit des Schauplatzes entspricht die Andersartigkeit der Stimmung in den drei Cantiche. Am leidenschaftlichsten bewegt ist das Inferno. Die Verdammten sind noch ganz im Banne ihrer irdischen Leidenschaften, nicht reuig, sondern haßerfüllt und voller Bosheit. Daraus ergeben sich die dramatischen Begegnungen Dantes mit den meisten Gestalten aus der italienischen, ja florentinischen Geschichte, mit den Zeitgenossen, zu denen er ein persönliches Verhältnis hat; in der Auseinandersetzung mit ihnen zeigt sich Dante als kraftvoller Hasser und Kämpfer. Dazwischen, als Kontrastfiguren, das Liebespaar Paolo und Francesca oder der Graf Ugolino, der im Hungerturm von Pisa starb, Gestalten, deren Leid Dante mitempfindet, d. h. für die Dante das Mitgefühl des Lesers wecken will. Im Gegensatz zu dem widerlichen, ekelerregenden Gewimmel der Verdammten steht die erlesene und erlauchte, vornehme Schar der edlen Geister der nicht Getauften im höllischen Elysium, im Gegensatz zu dem grausigen Wüten der Teufel auf der Mauer der Stadt des Dis die groteske Komik der Teufel im Pechgraben des 8. Höllenkreises. Die düstere Landschaft mit einem herben Realismus bis in alle Einzelheiten dargestellt, aufgebaut aus Elementen, die dem irdischen Diesseits entnommen sind, so wie in der zeitgenössischen Wandmalerei, nur in neuer phantastischer Zusammensetzung, konkret und anschaulich, real, aber von einer Wirklichkeit, die aus einer Häufung der Züge unwirtlicher, schreckenerregender Landschaften gewonnen wird. Die Strafen, wie sie nur ein mittelalterlicher Folterknecht ersinnen und ein barbarisches Gerichtssystem zur Schau stellen konnte; die Grausamkeit der Teufel so, wie sie Menschen zu allen Zeiten eigen gewesen ist. Im Purgatorio herrscht eine sanftere, mildere Stimmung. Das Getöse, der Lärm und das Geschrei der Hölle ist einer Stille gewichen, die zwar auch von Ächzen und Stöhnen, aber auch von frommen Gesängen unterbrochen wird. Das Dunkel ist gewichen, und in einer hehren Lichtwelt erhebt sich der Läuterungsberg, geschmückt mit Werken der bildenden Kunst, Plastiken, die der Belehrung und Erbauung dienen. Die Seelen haben sich hier von den irdischen Wünschen, Begierden gelöst; sie hassen nicht mehr, sie verzeihen. Die Sehnsucht nach dem schönen Licht der Erdenwelt, die bei den Verdammten in der Hölle Dante so rührend aufklingen läßt, ist hier nicht mehr am Platze, da eine höhere Hoffnung alle erfüllt. Die Charaktere sind nicht mehr so scharf profiliert, so ausgeprägt wie im Inferno; es fehlt die Wucht der Leidenschaft, die die Konturen schärft. Dantes Begegnungen haben nicht mehr die dramatische Bewegtheit der Infernoszenen. Es herrscht eine lyrisch-elegische Stimmung. Die Teufelsfratzen sind durch

Engelsfiguren abgelöst, und die Bösewichter sind durch edlere Geister verdrängt, unter denen sich nicht wenige Künstlergestalten finden: der Musiker Casella, die Dichter Arnaut Daniel und Sordello, Bonagiunta und Guido Guinizelli; zu Vergil gesellt sich noch Statius als Begleiter. Nicht allein, daß Dante ihnen hier ein Denkmal setzt, sondern die Dichtung erhält hier ihren Platz angewiesen als Ausdruck des Edlen im Menschen und als Mittel zu seiner geistigen Erhebung und seelischen Läuterung. Auch hier fehlt es nicht an Kontrasten. Dantes leidenschaftliche Klagerede auf Italien bei der Begegnung mit Sordello (Purg. VI), die dramatische Anklagerede des Ghibellinenführers Guido del Duca auf die Toscana und die Romagna im Kreis der Neidischen (Purg. XIV), die Rede des Büßers jedoch sanfter und gütiger als die des Menschen Dante, gemildert durch die elegische Klage über das Schwinden des einstigen ritterlichen Edelsinns.

Im Paradiso schließlich verwandelt sich die Szene aufs Neue. Das Purgatorio als Teil der Erde trägt noch alle Züge einer realen Landschaft. Das Paradiso ist gestaltloser Luftraum, nur in der Vorstellung gegliedert, von Dante durch die Staffelung der Lichtstärke und der Lichteffekte ausgedrückt. Die Schilderung eines Wanderweges, die noch im Purgatorio möglich war, entfällt. Die Wanderung selbst wird durch ein pfeilartiges Emporschießen ersetzt, das Dante widerfährt, nicht selbst ausübt. Dante trifft nicht mehr die Seelen, sondern sie gesellen sich zu ihm. Auch sie sind aller Körperlichkeit entkleidet, Lichterscheinungen, aus denen heraus Stimmen ertönen. Ihre Charaktere verlieren an Umriß; die Einzelseele geht im Kollektiv auf. Die individuelle Begegnung wird seltener. Die auftretenden Gestalten äußern nicht persönliche Gedanken und Gefühle, sondern allgemein Gültiges. Sie geben theoretische Erörterungen und verkünden die christliche Lehre. Wer auftritt, wann und wo, hat mehr symbolische Bedeutung, Trajan, Heinrich VII., der hl. Thomas. Aus der Menge der Seligen sind nur die großen Gestalten der Menschheitsgeschichte (zu denen für Dante auch Kaiser Heinrich VII. gehört) herausgegriffen, und es sind nur wenige, ganz im Gegensatz zu der Menge der kleinen Geister, die das Inferno bevölkern, Figuren von nur lokaler Bedeutung und Bekanntheit. Gegenüber den Einzelseelen treten im Paradiso weit zahlreicher als Sprecher hervor die Gruppen von Seelen, ganze Chöre, die als Kollektiv unpersönliche Gedanken äußern, die Gedanken Gottes. Die Leidenschaften sind erloschen, die irdische Welt abgetan. Die Gefühlswelt ist der Meditation, der Reflexion gewichen. Eine Kontrastwirkung ist jedoch auch hier eingefügt in Gestalt von Dantes Ahnen Cacciaguida (Par. XVII). In ihm ist die Erinnerung an das Irdische bewahrt; er führt uns nach Florenz zurück, das schon im Purgatorio zurückzutreten begann und hier nur an dieser Stelle noch erscheint. Aber alle Leidenschaft ist verbannt, der Haß ist verstummt, selbst die elegische Klage wandelt sich zum Ausdruck der Dankbarkeit. Das Bild eines patriarchalischen Florenz vergangener Zeit erscheint in idealer Verklärung (XVI). Der Blick wird von der Vergangenheit und dem Irdischen fortgelenkt und in die Zukunft gerichtet. Dantes Verbannung wird, von seinem Ahnen Cacciaguida als Prophezeiung verkündet, zum Anlaß, von Dantes dichterischer Sendung zu sprechen, von seinem religiösen Auftrag (XVII). Des Irdischen ist nur gedacht um des Himmlischen willen. Der im Inferno im Gedränge der Sünder und Teufel fast verlorene Erdenwurm Dante ist im Paradiso zur Zentralfigur aufgerückt, an welche die Seligen wie die Heiligen herantreten, um ihn zu seinem hohen Ziele zu führen und ihn auf seine hohe Aufgabe vorzubereiten. Irdisches klingt an in den Klagen über die Kirche und die Entartung des Bettelmöchtums, in den Invektiven gegen die Päpste. Das ist aber des Zufälligen und Persönlichen entkleidet, ist eine Einkleidung für die das ganze Paradiso durchziehende Erörterung der Rolle der Kirche, zu der die Ausführungen über die Aufgabe des Kaisertums das Gegenstück bilden. Sie bilden einen Teil des doktrinären Gehalts.

Im Einklang mit der Aufwärtsbewegung von der Materie zum Geist ist der lehrhafte Bestandteil der Divina Commedia ungleich über die drei Cantiche verteilt. Am seltensten sind die didaktischen Stellen im Inferno. Die Darlegung des Aufbaus der inneren Hölle (Inf. XI, 1–65), die Erklärung des christlichen Begriffs der Fortuna (Inf. VII, 61–96) sind die einzigen längeren theoretischen Darlegungen. Das System der Sünden und Strafen bedurfte keiner breiteren Ausführung, da es von selbst einleuchtete. Fragen der christlichen Heilslehre zu behandeln, war die Hölle nicht der richtige Ort, so wie auch hier der Name Gottes nicht ein einziges Mal ausgesprochen wird.

Die lehrhaften Partien werden dagegen im Purgatorio häufiger; zu denen, die den Aufbau des Läuterungsberges erklären (VI, 52–96): die Reliefbilder der Demut, des Hochmuts usw., das Erdbeben (XX, 124ff.), treten Lehrgespräche über Fragen des Dogmas, die im Zusammenhang mit dem Bußvorgang auftauchen; die Bedeutung der Fürbitte der Lebenden für die Büßer (IV, 25–57), das Wesen der Caritas (XV, 40–81), über die Willensfreiheit (XVI, 52–114 und XVIII, 1–75), die aristotelisch-scholastische Zeugungs- und Seelenlehre (XXV, 1–78) und die Lehre vom Schattenleib und dem Leben nach dem Tode (XXV, 79–109). Diese didaktischen Passagen nehmen vor allem den mittleren Teil des Purgatorio ein. Gegen das Ende hinzu tritt das erzählende Element stärker in den Vordergrund mit der Schilderung des Irdischen Paradieses, der Allegorie vom Wagen der Kirche und Dantes Läuterung.

Einen breiten Raum nehmen Lehre und Belehrung im Paradiso ein, da Beschreibung und Handlung fast ganz entfallen. Die Erklärung der Ordnung des Weltalls durch Beatrice ist mehr wissenschaftliche Doktrin als Schilderung; eine rein gelehrte Erörterung ist die Erklärung der Ursache der Mondflecken. An die Stelle der vorwiegend moraltheologische Fragen betreffenden Erörterungen im Purgatorio treten die Darlegungen dogmatischer Fragen: Gelübde (V), Erbsünde und Erlösung (VII, 52–120), Vollkommenheit Gottes (XIII, 32ff.), die Auferstehung des Leibes (XIV, 34ff.), die Gnadenwahl (XX, 73ff.), Wesen und Quelle des Glaubens (XXIV, 48ff.). Breiten Platz nehmen schließlich Dantes politische Lehren von den Aufgaben des Kaisertums ein.

m) Die Rolle der Person Dantes in der Komposition

Die Einheit der Divina Commedia ist nicht allein durch die Geschlossenheit ihres Aufbaus gegeben, die dem Leser freilich nur allmählich erkennbar wird, und ihm erst ganz zum Schluß ganz aufgeht, sondern auch durch die Anwesenheit Dantes, einmal in ganz äußerlichem Sinn dadurch, daß Dante die einzige Gestalt ist, die von Anfang bis Ende des Gedichtes da ist und immer da ist, in Ermangelung einer Handlung Träger des Geschehens, denn alles, was geschieht, geht in seinen Erlebnisbericht ein. In einem tieferen Sinn erhält das Gedicht seine Einheit von der Person Dantes her, indem er an allem, was er sieht, an allen Schicksalen, in die er Einblick gewinnt, wertend Anteil nimmt, von Mitleid gerührt, vom Grauen gepackt, vom Ekel geschüttelt, in Zorn entbrannt, von Verehrung erfüllt. Die Schicksale, von denen er berichtet, werden nicht trocken und farblos vorgetragen, sondern voller persönlicher Anteilnahme, voll kraftvoller Leidenschaft im Tadel und im verdammenden Urteil, voll edler Begeisterung im Lob und in der Verherrlichung. So offenbart er sich selbst, sein eigenstes Wesen, nicht weniger als das seiner Gestalten, die nicht weniger leidenschaftlich sind als er selbst. So ist jede Zeile des Gedichts erfüllt von der Leidenschaft seiner starken Persönlichkeit.

Noch etwas anderes liegt in der Gestalt des Wanderers beschlossen. In der Art, wie der Dichter Dante den Jenseitswanderer Dante sich gegenüber dem Geschauten und Erlebten sich verhalten läßt, gibt der Dichter dem Leser einen Hinweis, wie auch er auf das Erzählte ansprechen soll. Das Verhalten des Wanderers Dante ist ein Mittel für den Dichter Dante, den Leser unauffällig und unmerklich zu belehren. Der Dante der Commedia ist nicht ohne weiteres gleichzusetzen mit dem Dichter Dante, sondern er ist eine literarische Figur, mit der der Dichter etwas bezweckt.

Die Art und Weise, wie der Dichter die Figur des Wanderers zeichnet, entspringt freilich dem hohen Sendungsbewußtsein, von dem er erfüllt ist. Dieses bringt er außerdem immer wieder unmittelbar zum Ausdruck. Zu Beginn des Gedichts erhält er seinen Auftrag von Gott. Dies wird dem Zögernden, vor der hohen Aufgabe erschreckenden Dante von Vergil, der den Auftrag von Beatrice erhielt, eröffnet. Der Würde wie der Verantwortung ist sich Dante von Anbeginn bewußt; er scheut sich zunächst, die Reise zu unternehmen, die vor ihm nur zwei Irdische unternommen haben, Aeneas und Paulus (Io non Enea, io non Paolo sono, Inf. II, 32), d. h. Dante ignoriert alle anderen angeblichen Jenseitsreisen, von denen er gewußt haben mag, um allein diese zwei als die einzig für ihn realen, weil durch gute Quellen verbürgten zum Vergleich heranzuziehen. Aeneas und Paulus sind «Beides weltgeschichtliche Gestalten: der Ahnherr Roms und der Volksapostel. Wenn Dante sich ihnen als Dritter hinzugesellt, liegt darin der Anspruch auf eine analoge historische Mission – nur verständlich daraus, daß Dante sich als Reformator und Prophet fühlte» (Curtius)

Hieraus erklärt sich die Wahl Vergils zum Führer durch die Jenseitsreiche. Vergil ist der Künder des «zeitlichen und des ewigen Rom» (Curtius), des Römischen Reiches als Wegbereiter der Kirche und die Kirche selbst («di quella Roma onde Cristo è Romano», Purg. XXXII, 102). Die Aeneis ist «das erlauchte Vorbild der Commedia» (Curtius). Virgil ist der «Born, aus dem der Rede breiter Strom entfloß» («quella fonte / Che spande di parlar si largo fiume», Inf. I, 79f.). Dante schöpft aus Vergil nicht nur Belehrung, sondern dieser ist ihm auch in einem technischen Sinne Lehrmeister, als Lehrer der dichterischen Technik:

> Tu se' solo colui, da cui io tolsi
> Lo bello stile che m'ha fatto onore. (Inf. I, 86f.)

Das stolze Gefühl seiner dichterischen Leistung, das aus diesen Versen spricht, kehrt wieder in der Szene im Limbo, wo Dante sich als Ebenbürtiger zu den großen Dichtern des Altertums gesellt. Dantes Dichterstolz ist jedoch untrennbar von seinem Sendungsbewußtsein und erfährt erst durch dieses seine Berechtigung. Es wurzelt in der Überzeugung, im göttlichen Auftrag zu handeln. An keiner Stelle ist dies so deutlich und nachdrücklich ausgesprochen wie im 17. Gesang des Paradiso, der persönlichste Gesang des Paradiso nicht nur, sondern der ganzen Commedia. Auch ist der Himmel der Ort, nicht die Hölle, wo von diesem Aufstieg ausführlich zu reden ist. Dante kleidet den Anfang in die Prophezeiung, die sein Urahn Cacciaguida ihm von seiner künftigen Aufgabe macht; noch einmal müssen Dantes Zweifel zerstreut werden, und zwar dadurch, daß Cacciaguida ausdrücklich feststellt:

> Rimossa tutta menzogna
> Tutta tua vision fa manifesta (Par. XVII, 127f.)
> Laß jede Lüge fahren. Verkünde offen alles, was du schauest. (Gmelin)

Die Göttliche Komödie ist eine Offenbarung, die Offenbarung der Wahrheit, und Dante wird der Auftrag zuteil, diese Offenbarung zu verkünden. Zu diesem Zwecke wurde er durch die Jenseitsreiche geführt. Er soll die Übeltäter geißeln; je höher gestellt sie sind, desto mehr soll sie der Tadel treffen. Je erlauchter und berühmter die Gestraften, desto größer Dantes erzieherische Wirkung. Das dichterische Werk wird Dante unsterblich machen, sagt ihm Cacciaguida voraus, doch die wahre Ehre erwächst ihm aus seinem Richteramt. Die dichterische Wirkung ist nur Voraussetzung für die moralische Wirkung. Der 17. Gesang des Paradiso ist der Zentralgesang der ganzen Komödie, weil er den Sinn von Dantes dichterischer Bemühung erschließt: er liegt für ihn darin, Mahner und Richter seiner Zeit im Namen Gottes zu sein.

Zum Richter seiner Zeit, zum Richter der irdischen Welt, zum «poeta della rettitudine» der Kanzone «Tre donne», zum Rufer nach Frieden und Gerechtigkeit des Convivio und der Monarchia ist Dante im Exil herangereift. Ohne Exil keine Göttliche Komödie. Das Exil schärfte sein Gerechtigkeitsverlangen, im Exil bedurfte er auch eines inneren Haltes. Den gab ihm die Überzeugung von seiner Sendung. Der Nöte der Verbannung, der Verleumdung, des Verlustes der Heimat und aller ihm lieben Menschen, der Demütigungen des Schutz- und Mittellosen, der Niedertracht seiner Schicksalsgenossen, der Einsamkeit gedenkt Dante wenn er sich dies als sein künftiges Schicksal von Cacciaguida im 17. Gesang des Paradiso vorhersagen läßt; ebenso aber erinnert er sich daran, daß der Glaube an die dichterische und sittliche Vortrefflichkeit seines dichterischen Unterfangens ihn aufrecht hielt; daher legt er an dieser Stelle diese Erinnerung dem Ahnen als Prophezeiung in den Mund.

Aus diesem selbstgewählten Richteramt quillt das ganze Pathos der Göttlichen Komödie, die Wärme des Gefühls und der Anteilnahme, die alles durchdringt, die menschlichen Begegnungen ebenso wie die symbolischen Figuren. Ohne das Exil wären Gestalten wie Bonifaz VIII. mit weniger Affekt gezeichnet worden, Cacciaguida ohne so viel Liebe. Ohne das Exil wäre die Zahl der gesamten Zeitgenossen weniger zahlreich geworden, die Anklage weniger scharf, die Sehnsucht nach einem idealen Florenz vergangener Tage weniger lebhaft gewesen.

Im Erlebnis des Exils wurzelt auch das Pathos von Dantes Prophezeiungen, ernst und feierlich, immer wenn es gilt, die Wiederherstellung des Kaisertums vorherzusagen, wiederum im 17. Gesang des Paradiso am persönlichsten, weil geknüpft an die Hoffnung, die er auf den Sohn seines Beschützers, Cangrande, gesetzt hat; in der Ankündigung des politischen Heilands, des «Veltro» (Inf. I, Purg. XX), in der Figur des Kaiseradlers (Par. VI); – bitter und vorwurfsvoll, wenn es um die Zukunft der Kirche geht. Hier erklingt in Dantes Worten die Sprache der Propheten des Alten Testaments und der Apokalypse des Johannes.

n) Der Personenbestand der Commedia. Die Historie

Die Rede Cacciaguidas, in welcher der 17. Gesang des Paradiso gipfelt, verdeutlicht nicht nur die erzieherische Absicht der Commedia, das Streben nach unmittelbarer praktischer Wirkung, sondern sie betont auch die Wichtigkeit der gewählten Form, nämlich der Belehrung durch die beispielhafte Erzählung, das Exemplum («esemplo» Purg. XVII, 140). Dante folgt hier der mittelalterlichen Tradition. Was die Commedia zu etwas Besonderem, ja Einmaligen macht, ist die Fülle des Beispielstoffes, die ungeheure Zahl der Beispielfiguren.

Das ergibt sich aus Dantes Bestreben, eine möglichst umfassende Darstellung der christlichen Sittenlehre zu geben. Nahezu alle Probleme des menschlichen Zusammenlebens werden von ihm berührt. Da diese immer dieselben bleiben, gibt das der Commedia ihre nie erlöschende Aktualität. Die Fülle der von Dante vorgeführten Beispielgestalten fesselte den Leser damals wie heute. Dante hat aus dem Jenseits ein Spiegelbild der diesseitigen Welt gemacht. Eine Fülle von Ereignissen und Gestalten, lebensvoll und leidenschaftlich, werden in ihrer konkreten Erscheinung erfaßt und dargestellt. Historische, dichterische, mythische Figuren: allen gibt Dante eine anschauliche Realität, denn sie sind für ihn alle gleich authentisch.

Am tiefsten bewegt hat Dante das Schicksal seiner Heimatstadt Florenz und der Toskana, die Geschichte Italiens des 13. und des beginnenden 14. Jahrhunderts. Die früheren Jahrhunderte, die nicht-italienische Geschichte, liefern ihm kaum Beispiele. Von den großen Gestalten der Zeit des Investiturstreits ist keine genannt; die Kreuzzüge spielen keine Rolle. Karl der Große wird nur beiläufig erwähnt. Die Geschichte sieht Dante aus dem Blickwinkel der Zeitgeschichte, der Zeitprobleme, deren Auswirkung er am eigenen Leib erfahren hatte. Immer wieder kehrt der Verbannte mit seinen Gedanken in die Heimat zurück, erhebt seine mahnende und verdammende Stimme gegen die inneren Zwistigkeiten seiner Stadt. Nicht minder leidenschaftlich als in der Bewertung der Geschichte und der Persönlichkeiten seiner Heimatstadt ist er in der Verurteilung der entarteten Kirche. Sein Wahrheitssinn und sein Gerechtigkeitsstreben bewahrten ihn vor Parteilichkeit und persönlicher Kleinlichkeit.

Die nächst wichtige Inspirationsquelle für Dante ist die Antike. Die Zahl der in der Divina Commedia genannten antiken Persönlichkeiten – ihnen sind die Figuren aus Mythos und Dichtung zuzurechnen – ist etwa so groß wie die Zahl der geschichtlichen Persönlichkeiten. Gleichheit der Zahl bedeutet jedoch nicht gleiches Gewicht. Von den antiken Figuren werden viele nur dem Namen nach genannt, in Namenserien als weiteres Beispiel erwähnt, ohne als Personen vorgeführt zu werden, ja diese bloßen Nennungen überwiegen. Bei den zeitgenössischen Gestalten ist das Verhältnis umgekehrt. Den großen, beherrschenden Figuren des Inferno: Paolo und Francesca, Farinata, Pier delle Vigne, Ugolino, steht nur eine antike Gestalt von gleicher Bedeutung, von gleicher Eindringlichkeit der Gestaltung gegenüber: Ulysses.

Die heidnische Antike wird auf mittelalterliche Weise durch die christliche Brille gesehen. Götter und Sagengestalten des antiken Mythos sind zu Dämonen umgedeutet: Charon, Cerberus, Pluto, Flegyas, der Minotaurus, die Zentauren, die Harpyen erscheinen in der Hölle als Wächter oder als Quälgeister; als Symbol der Sünde erscheinen die Furien, Medusa und Geryon. Mittelalterlich gesehen ist Vergil; er ist der Weise und er ist der Vater der Beredsamkeit; er verkörpert den menschlichen Verstand; er ist, ohne es zu wissen, der Verkünder der Erscheinung Christi. Statius befindet sich im Purgatorio, weil die Legende ihn zum Christen gemacht hat, aber auch weil er der Autor der im Mittelalter in der Schule gelesenen Epen «Achilleis» und «Thebais» ist. In die Verehrung Dantes für Statius, nicht minder als für Vergil, geht zugleich die Hochschätzung ihrer dichterischen Leistung mit ein.

Von Vergil übernimmt Dante nachweislich den Gedanken zu seiner Jenseitsreise; Statius verdankt er im Wesentlichen seine Kenntnis des Griechentums; beide bewundert er wegen ihres technischen Könnens, und beide nimmt er sich zum Muster. Außerdem zieht sich durch die ganze Commedia eine hohe Verehrung für die Antike als Vorbild staatlicher Ordnung und wegen des in ihr ausgeprägten edlen Menschentums. Auf dem Boden dieser Verehrung gewachsen ist die Darstellung der einzigen groß angelegten Figur der Antike im Inferno, die Gestalt des Ulysses. Ihn hat Dante am wenigsten aus der mittelalterlichen Sicht gesehen. Durch die christliche Sicht ist lediglich bedingt seine Unterbringung in der Hölle. Sonst aber hat Dante aus Ulysses das Sinnbild des selbstlos forschenden Menschengeistes, des unbeirrbaren, alle Opfer auf sich nehmenden Wahrheitssuchers, in dem Dante ein Stück seiner selbst schildert, dargestellt.

An biblischen Persönlichkeiten werden in der Divina Commedia etwa achtzig mit Namen genannt. Doch hat die Welt der Bibel Dantes Phantasie erstaunlich wenig angeregt. Es geht oft kaum über die Aufzählung von Namen hinaus. Die einzige von Dante ausgearbeitete Figur ist die des dämonischen Riesen Nimrod (Inf.

XXXI, 58–81). Noch weniger liefert das Neue Testament. Aus ihm schöpft Dante für die lehrhaften Partien. An Gestalten entnimmt Dante dem Neuen Testament einige Apostel, doch zur Persönlichkeit gestaltet ist nur Petrus. Das liegt ohnehin an der geringeren Individualisierung der Figuren, die das Paradiso charakterisiert. Vielleicht spielte bei Dante hinsichtlich der neutestamentlichen Szenen der Gedanke mit, daß es sich hierbei um allzu bekannte Motive handle. Dante hat sich auch vom volkstümlichen «Predigtmärlein» ferngehalten, das er wegen seiner Nichtigkeit verurteilt (Par. XXIX, 94–99). Er hält sich an das literarisch Verbürgte, für das es in Gestalt der Exemplasammlungen eine reichhaltige Literatur und eine alte Tradition gab. Die einzigen Motive aus den verbreiteten Darstellungen des Lebens Jesu, die er im Purgatorio berührt, die Geburt Christi und die Darreichung im Tempel (Purg. X, 40–45 und XV 88–92) bringt er in betont literarischer Form als Paraphrasen des Lukastextes.

Ungleich wie das Verhältnis zu den Quellen ist die Verteilung der Personen auf das ganze Werk. Der an gestalteten Figuren reichste Teil ist das Inferno. Hier ist die weitaus größte Zahl der historischen Persönlichkeiten und unter diesen die Florentiner und Toskaner untergebracht. Hier ist der Ort, wo Dante seiner sittlichen Entrüstung freien Lauf lassen kann, hier demonstriert er sein politisches Credo am Beispiel der strafenden Gerechtigkeit. Im Purgatorio sind die Einzelfiguren weniger zahlreich, weil auch weniger hervorstechend. Die Zeitgenossen treten im Vergleich zum Inferno stark zurück. Von ihnen finden hier die Dichter ihren Platz: Casella, Sordello, Arnaut, Daniel und die politischen Freunde: Manfred, Nino Visconti, Hadrian V., von antiken Persönlichkeiten Trajan, als Beispiel des gerechten Fürsten (Purg. X). Im Paradiso erscheinen von den Zeitgenossen nur zwei Florentiner, Dantes Stammvater Cacciaguida und die zarte Frauengestalt der Piccarda Donati.

o) Formgebung und Erzähltechnik

Die erzieherische Absicht war Dantes wichtigstes Anliegen. Der doktrinäre Gehalt des Werkes, sein dogmatischer Aufbau blieben der Kern. Doch wäre Dantes schon von seinen Zeitgenossen bewunderte Gelehrsamkeit toter Buchstabe geblieben ohne seine

Kunst der Darstellung, ohne die der Gelehrte über den Dichter die Oberhand bekam.

Freilich war für Dante die Formgebung der dialektischen Absicht untergeordnet. Doch war ihm bewußt, daß von der Gestaltung der Erfolg des Werkes abhing. Der Dichter, der in den Stein-Kanzonen eine Probe höchsten technischen Könnens abgelegt hatte, steckt sich in der Commedia das hohe Ziel, die formale Vollkommenheit der Aeneis zu erreichen. Von Vergil sagt er bei der ersten Begegnung:

Tu se' solo colui, da cui io tolsi
lo bello stile, che m'ha fatto onore.

Die Wertschätzung der Aeneis wird im Purgatorio noch einmal besonders hervorgehoben, indem Dante den andern von ihm ebenso verehrten Dichter Statius ebenfalls von der Aeneis sagen läßt, daß er sein Dichten an ihr genährt habe (Purg. XXI, 97f.). Beatrice hat Vergil zu Dante geschickt, damit er ihm beim rhetorischen Schmuck seiner Rede («parola ornata») helfe. Aus diesen Äußerungen Dantes spricht die Strenge des Maßstabes, den er an sein Werk legt. Dasselbe beweisen die vielen Stellen, an denen er sich zu seiner Formgebung äußert. Es sind Bemerkungen, die zeigen, wie bewußt er vorgeht. Oft auch geben sie die Begründung der Anwendung eines bestimmten Stilmittels, so wenn er sagt, er müsse für das Inferno «rauhe und heisere Reime» verwenden (Inf. 32,1), dem tristen Stoffe entsprechend (ähnlich wie bei den «rime aspre» der Stein-Kanzonen). Nicht nur bei der ersten Begegnung mit Vergil zeigt Dante sich stolz seiner Leistung bewußt, von der Gewißheit erfüllt, ein großes Werk geschaffen zu haben. Ebenso gesellt er sich in der Vorhölle zu den antiken Dichtern als einer ihresgleichen. Sein Dichterstolz ist uns wichtig als ein weiteres Zeichen dafür, daß er wohl wußte, worin seine Leistung lag, nämlich nicht im Stofflichen, sondern in der Gestaltung.

Die Bedeutung, die Dante der Formgebung beimißt, geht aus der Sorgfalt hervor, mit der er einerseits den Gesamtplan angelegt und mit allerlei formalen Entsprechungen dem Leser bewußt macht und andererseits aus der großen Sorgfalt, die er den kleinsten Einzelheiten angedeihen läßt. Vom Gesamtaufbau war bereits die Rede. Hier noch ein Beispiel für die unauffällige, weil nicht ausdrücklich kenntlich gemachte innere Beziehung zwischen den einzelnen Teilen der Dichtung. «Jeweils der 6. Gesang jeder Cantica ist politischen Inhalts. Der sechste Gesang des Inferno ist dem

Schicksal von Florenz gewidmet, der sechste Gesang des Purgatorio dem Schicksal Italiens, der sechste des Paradiso dem Imperium» (Gmelin). Die drei Gesänge sind zueinander symmetrisch gestellt, jeweils an der gleichen Stelle (6. Gesang) und zugleich aufsteigend geordnet, eine Klimax bildend: Florenz – Italien – das Römische Reich. Von der Verwendung der Zahlensymbolik im Gesamtaufbau war schon die Rede. Sie tritt auch in der Gestaltung des Details in Erscheinung, so z. B. als Prinzip der Gruppierung der Personen, wie Curtius gezeigt hat; aus der Zahl der Fleischessünder werden sieben ausgewählt, von denen Dante genaue Kunde haben möchte (Inf. V); ebenso wird aus den Sodomiten eine Siebenzahl hervorgehoben (Inf. XV/XVI), aus den Gewalttätigen gegen den Nächsten die «vollkommene» Zahl (s. o.) von zehn Sündern (Inf. XII). Im Paradiso X sind die Vertreter der Weisheit im Sonnenhimmel zu zwei Zwölfergruppen zusammengefaßt. Im Marshimmel werden aus dem Kreuz der Lichtgeister neun Glaubenskämpfer herausgelöst. Im Paradiso wird das Gliederungsprinzip noch dadurch variiert, daß neben die Gruppierung nach Symbolzahlen die Gruppierung nach symbolischen Figuren erfolgt: die Heroen des Glaubenskampfes als Kreuz, die vorbildlichen Monarchen als Adler. Im Purgatorio herrscht dagegen ein anderes Prinzip vor, nämlich das der parallelen Gruppierung der Beispielfiguren. Es ist dies ein stilistisches Schema der mittelalterlichen Tradition, das Dante bekannt sein mußte. Dieses Prinzip ist in zwölf über die ganze «cantica» verteilten Gesängen durchgeführt, in denen jeweils christliche und antike Exempla einander gegenübergestellt werden. Dieses Prinzip begegnet aber auch im Inferno, z. B. im 18. Gesang, wo einer antiken Gestalt eine zeitgenössische entgegengestellt wird: Caccianemico – Jason, Interminei – Tais.

Mit großer Sorgfalt ist Dante darauf bedacht, die Erzählung mannigfach zu variieren, indem der Aufbau jedes einzelnen Gesanges wieder anders gestaltet ist. Am bewegtesten ist abermals das Inferno. Vier erzählerische Elemente läßt Dante in jeweils anderer Anordnung aufeinander folgen: A.Handlung mit Szenerie, B. Seelengruppen, C. Einzelseele, D. Lehrgespräch mit Vergil. Die meisten Gesänge gliedern sich in drei Abschnitte, einige in vier. Als Grundtypus könnte der 5. Gesang gelten. Es folgen aufeinander: 1. Minos, 2. Gruppe der Wollüstigen und Aufzählung von beispielhaften Namen, 3. Individuen: Paolo und Francesca (A-B-C). Eine Abwandlung dieses Typus ist der 26. Gesang: 1. Aufbruch, 2. das

Flammenpaar Odysseus und Diomedes wird im Gespräch zwischen Dante und Vergil erwähnt (d. h. die Gruppe wird auf zwei Personen reduziert), 3. Rede des Odysseus; also: A, B, C. Eine andere Abwandlung bringt Gesang 33: 1. Die eingefrorenen Verräter im Cocytus; 2. Gruppen der Verräter in der Caina; 3. Gruppen der Verräter in der Antenora; Graf Ugolino; also: A, B, B, C. Weitere Beispiele für die Variation des Aufbaus liefern der 10. Gesang (D, C, C, A), der 6. (D, C, B), der 13. (B, C, B). Im Purgatorio ist das Prinzip der Gegenüberstellung von Gruppen und Einzelfiguren weniger oft angewandt, die beschreibenden und die doktrinären Partien ausgedehnter. Eine nochmalige Veränderung tritt im Paradiso ein. Hier ist der Gesang oft mit der Rede einer einzigen Person ausgefüllt; der extreme Fall ist der 6. Gesang, in welchem Kaiser Justinian allein spricht. Im 7. Gesang folgt auf eine kurze Situationsschilderung wiederum nur die Rede Beatrices. Im Paradiso ist durch das Vorherrschen des Lehrhaften der größte Gegensatz zur Erzählweise des Inferno erreicht.

Besondere Aufmerksamkeit hat Dante auf die Verknüpfung der einzelnen Gesänge untereinander verwendet. Zwar ist jedesmal am Anfang des Gesanges der Zusammenhang mit dem vorhergehenden gegeben, aber in den seltensten Fällen fährt Dante unmittelbar in der Erzählung fort. Meist setzt er ganz neu ein und stellt die Verbindung erst in den folgenden Zeilen her. Auch hier variiert er. Ein glatter Anschluß ist zwischen Inferno VIII und Inf. IX gegeben. Zu Ende des 8. Gesanges ist Vergil über das Verhalten der Teufel erschrocken; er beruhigt Dante; zu Beginn des 9. Gesangs fährt Dante unmittelbar fort, indem er sein eigenes Erbleichen zu dem Vergils in Beziehung setzt. Der 7. Gesang beginnt mit einem Gedankensprung. Der 6. hatte in der letzten Zeile mit der Nennung Plutos geendet. Der 7. beginnt mit den unverständlichen Worten Plutos, der erst in der zweiten Zeile als der Sprecher genannt wird. Der 21. Gesang des Inferno knüpft mit der Erzählung der Wanderung unmittelbar an den 20. Gesang an; aber Dante fügt noch eine versteckte Anknüpfung hinzu, indem das Wort «comedia» im 2. Vers antithetisch zu «tragedia» im 113. Vers des vorhergehenden Gesanges steht und darauf anspielt.

p) Der sprachliche Ausdruck

Die Sorgfalt der Formgebung erstreckt sich erst recht auf den sprachlichen Ausdruck. Über dessen Problematik hatte sich Dante im «De vulgari» Rechenschaft abgelegt. Er kommt im Widmungsbrief an Cangrande darauf zurück. Über die Wortwahl im Reim, der auffallendsten Stelle des Verses, äußert er sich in der Commedia selbst (Inf. XII, 1). Doch allenthalben ist seine Bemühung um den angemessenen und intensivsten Ausdruck mit Händen zu greifen. Der Reichtum seines Wortschatzes ist durch keine Übersetzung wiederzugeben.

Die Sprache des Inferno unterscheidet sich sehr erheblich von der des Paradiso; sie ist in dem Maße volkstümlicher und realistischer als jene gelehrt, gehoben und abstrakt ist. In beiden Sprachbereichen, dem hohen und dem niederen, ist Dante stets bemüht um den einzig treffenden, einmaligen Ausdruck, d. h. in beiden Bereichen sucht er, wo es ihm angemessen erscheint, das seltene, wenig bekannte, überraschende Wort, manchmal überraschend nur durch den gewählten Zusammenhang. Dem Grundbestand der Latinismen und Provenzalismen der gehobenen, formvollen Dichtersprache, die von der Lyrik herkommt, hat Dante neue Latinismen der Gelehrtensprache, der Liturgie, der Vulgata sowie neue Provenzalismen hinzugefügt, zu den Ausdrücken des Volkes von Florenz auch Worte und Wortformen aus anderen Mundarten gesetzt, dazu noch Worte eigener Erfindung gestellt, – ein buntes, verblüffendes Mosaik. In der Schilderung Geryons und der Wucherer (Inf. XVII) stehen neben den Alltagswörtern einer niederen Sphäre wie: «pulci», «mosche», «tafani»; Latinismen wie: «propinquo»; neben: «mammella» ein «omero»; neben toskanischem «rena» norditalienisches «sabbia»; neben süditalienischem «s'assetta» toskanisches «si siede»; im Reim statt toskanischem «siamo» das norditalienische «semo». In der Liebesgeschichte von Paolo und Francesca (Inf. V) wird die ohnehin der Minnelyrik entlehnte Sprache durch zusätzliche Provenzalismen gehöht, wie z. B. «perso» ‹schwarzblau›, «i dubbiosi desiri» ‹die bangen Begierden›. Latinismen stellen sich ein in feierlicher Rede, etwa wo Dante von seinem Ahnen Cacciaguida die Bestätigung seiner poetischen Sendung erfährt (Par. XVII): «carmi» (Gesänge), «cacume» (Gipfel), «agrume» (Bitternis), «corrusca» (leuchtet), «fusca» (dunkel, trüb) und natürlich ebenso in allen lehrhaften Partien, besonders im Paradiso.

Nicht nur mit Latinismen, sondern mit lateinischen Wörtern und Satzteilen sind Purgatorio und Paradiso durchsetzt, griechische und hebräische Worte der Liturgie, Bibelstellen, Hymnenverse, Psalmenworte als Zitate und Anspielungen, aber auch als sprachliche Schmuckstücke, die den Stil schöner und feierlicher gestalten sollen. Zum Beispiel flicht Dante in zwei Versen als Inschrift am Jupiterhimmel die Eingangsworte des Buchs der Weisheit Salomonis: «Diligite iustitiam qui judicatis terram» ein. Wie weit Dantes Sorge um das kleinste Detail geht, erhellt schließlich aus seiner Verwendung fremder Sprachen im Einklang mit dem Charakter der sprechenden Person: unverständlich sind die Worte, die Pluto spricht (Inf. VII, 1), eine weder Menschen noch Teufeln verständliche Sprache spricht Nimrod, der Urheber der babylonischen Sprachverwirrung (Inf. XXXI, 67), provenzalische Verse spricht der von Dante am meisten verehrte Troubadour Arnaut Daniel (Purg. XXVI, 139–147), eine lateinische Terzine singt Justinian (Par. VII, 1–3).

q) Die Aufnahme der Göttlichen Komödie bei den Zeitgenossen. Die Kommentare

Der hohe Wert der Göttlichen Komödie war Dantes Zeitgenossen bewußt. Mit Ungeduld hatte man das Erscheinen der letzten Cantica erwartet. Den Tod des Dichters beklagten viele in italienischen Sonetten, Kanzonen und lateinischen Epigrammen. Das Werk fand rasch eine ungewöhnlich große Verbreitung. Nach dem Stand der Überlieferung zu schließen, waren sehr bald zahlreiche Abschriften im Umlauf, denn obwohl viele verloren gingen, – darunter auch die Originale –, sind noch etwa achthundert Handschriften auf uns gekommen. Aus einer einzigen Kopistenwerkstatt sind an die hundert Abschriften hervorgegangen (‹i Danti del cento›), von denen noch an die fünfzig erhalten sind. Außer den Abschriften wurden auch Kurzfassungen hergestellt, Bearbeitungen in Sonetten oder Terzinen, Auszüge, bloße Inhaltsangaben, eine davon in Kanzonenform. Als erster verfertigte einer der Söhne, Jacopo Alighieri, schon ein Jahr nach dem Tod des Dichters 1322 eine solche Zusammenfassung, die er als ‹Divirime› bezeichnete. Derselbe

Jacopo eröffnete auch die Reihe der Kommentare, die im Laufe des 14. und 15. Jahrhunderts rasch aufeinander folgten. Manche von ihnen sind aus öffentlichen Dantevorlesungen und -auslegungen hervorgegangen, die an vielen Orten in und außerhalb der Toskana eingerichtet und aus öffentlichen Mitteln bezahlt wurden. Im Oktober 1373 erhielt Boccaccio von der Stadtgemeinde Florenz den Auftrag, Dante öffentlich auszulegen, nach seinem Tode erhielten andere den gleichen Auftrag; so wurden die Vorlesungen, die 1381 Antonio di San Martino a Vado in Florenz hielt, von Sacchetti gelobt. An der Universität Bologna interpretierte um 1375 Benvenuto da Imola die Göttliche Komödie, in Pisa um 1385 Francesco da Buti, deren Kommentare, zwei der besten, auf uns gekommen sind. Dantelesungen sind ferner bezeugt aus Verona 1380, Pistoia 1394, Siena 1396. Die Divina Commedia war bald so volkstümlich, daß man sie auch in Predigten zitierte und die dramatischen Stellen von berufsmäßigen Vorlesern auf öffentlichen Plätzen vorgetragen wurden. In die letzten Jahrzehnte des 14. Jahrhunderts fallen die ersten Übersetzungen und zwar zunächst ins Lateinische. Die frühesten sind nur bruchstückhaft erhalten. Die erste vollständige Übersetzung in lateinischer Prosa stammt von Giovanni da Serravalle, Bischof von Fermo, der sie auf Veranlassung der auf dem Konstanzer Konzil anwesenden englischen Prälaten anfertigte und überdies zwischen 1414 und 1422 mit einem lateinisch geschriebenen Kommentar versah. Die Übertragung ins Lateinische erwuchs aus dem Wunsche, das Opus in der Universalsprache der Gelehrten zu besitzen, hatte doch schon Giovanni del Virgilio bedauert, daß Dante sein Werk nicht gleich lateinisch verfaßt habe. Für Übersetzungen in die anderen Nationalsprachen war der Moment noch nicht gekommen.

Von den Zeitgenossen wurde die Divina Commedia als ein philosophisches und theologisches Werk hochgeschätzt, als ein gelehrtes Werk, ein «opus doctrinale», so wie es Dante selbst im Brief an Cangrande bezeichnet. Giovanni del Virgilio beginnt seine Grabschrift mit dem Hexameter: «Theologus Dantes, nullius dogmatis expers». Nicht daß man kein Empfinden für die dichterische Leistung Dantes gehabt hätte. Ein bürgerlicher Dichter wie Antonio Pucci spricht von der «Musik» der Danteschen Dichtung, und der Historiker Giovanni Villani sagt von Dante, er habe über den geschliffensten und schönsten Stil verfügt, den man je in italienischer Sprache erlebt habe. Doch bleiben solche ausdrücklichen

Erwähnungen des ästhetischen Wertes die Ausnahme. Solche Wertungen flossen zusammen mit der Hochschätzung des Gelehrten und der Hochachtung vor der Persönlichkeit Dantes. Welchen Eindruck diese hinterließ, geht aus den zahlreichen Erwähnungen Dantes bei Dichtern, Chronisten, Grammatikern und Humanisten wie Coluccio Salutati und Ferrato de' Ferreti hervor. Um die Person Dantes begann sich früh die Legende zu ranken, und bald verspürte man die Notwendigkeit zu einer Zusammenstellung biographischer Daten. Giovanni Villani gab in seiner Chronik unter dem Jahr 1321 die erste Lebensbeschreibung des Dichters. In der zweiten Jahrhunderthälfte zwischen 1357 und 1362 schrieb Boccaccio seinen Traktat zum Lobe Dantes «Trattatello in lode di Dante», eine Biographie, die sich als weit verläßlicher erwiesen hat, als man eine Zeitlang wahrhaben wollte; Boccaccio lag so viel daran, daß er das Büchlein noch einmal umarbeitete. Er kommentierte außerdem die ersten 17 Gesänge der Divina Commedia; an seinem Kommentar ist bemerkenswert, daß es ihm vor allem ankam auf die Erklärung der antiken Mythen und die Anspielung auf die antike Geschichte.

Die literarische Wirkung von Dantes Werk blieb gering, wenn man das Ausmaß der Nachahmung als Maßstab nimmt. Es war im Grunde unnachahmlich und blieb auch einmalig. Sein Erfolg hatte vielleicht zur allgemeinen Beliebtheit der allegorisch-didaktischen Literatur beigetragen. Es stand ja als solches nicht allein. Aber es blieb bei Anspielungen und der Übernahme einzelner Motive. So ist in Boccaccios «Ameto» und der «Amorosa visione» ebenso wie in Petrarcas «Trionfi» Dantes Einfluß unverkennbar. Aber eine zweite Commedia hat niemand anderes auch nur versucht.

Der ungeheure Anklang, den die «Göttliche Komödie» als allegorisch-didaktische Dichtung bei den Zeitgenossen fand, zeigt sich darin, daß im Laufe des 14. Jahrhunderts nicht weniger als ein Dutzend Kommentare verfaßt wurden, unmittelbar nach Dantes Tod einsetzend. Ja als Kommentar ist Dantes eigene Auslegung im Brief an Cangrande zu werten. Von diesem abgesehen, stammt der erste Kommentar von Dantes Sohn Jacopo, welcher Glossen (chiose) zum Inferno gab, keine Sacherklärungen, nur eine allegorische Deutung. Der Bologneser Notar Graziolo de'Bambagioli kommentierte um 1324 ebenfalls auf Latein nur das Inferno; er nahm Dante gegen den Vorwurf der Häresie in Schutz. Den ersten vollständigen Kommentar in italienischer Sprache lieferte der Bologneser Jacopo della Lana um 1330; außer der allegorischen Deutung, gab er sprachliche Erklärungen, besonders war er um die Erhellung der historischen Personen und Ereignisse bemüht.

Sein Kommentar wurde im 15. Jahrhundert zweimal ins Lateinische übertragen. Ihm folgte etwa um 1334 ein ebenfalls das ganze Gedicht erläuterndes Werk eines unbekannten Florentiners; die Kompilatoren des Wörterbuchs der Crusca nannten ihn «L'ottimo commento». Der Verfasser benützt die ihm vorausgehenden Unternehmen, korrigiert sie aber auch. Einen etwas anderen Charakter haben die Erläuterungen, die Dantes Sohn Pietro um 1340 in lateinischer Sprache verfaßte; unter Aufbietung vieler Zitate aus der antiken Literatur und aus den Kirchenvätern ging es ihm um den Nachweis sowohl der Gelehrsamkeit wie der Rechtgläubigkeit seines Vaters. Aus öffentlichen Danteinterpretationen sind die beiden besten Kommentare des Jahrhunderts hervorgegangen, der des Benvenuto da Imola und der des Francesco da Buti. Beide behandeln die ganze Komödie. Benvenutos Kommentar, nach 1375 entstanden, in volkstümlichem Latein, berücksichtigte die Allegorie sowie das Sprachliche, gibt vor allem aber historische Erklärungen; die doktrinären Partien erläutert er mit Anekdoten; zur Erklärung der Mythologie zieht er Boccaccios «De genealogiis deorum» heran. Er vergleicht Dante mit Petrarca, stellt diesen als den «rhetor», d. h. den Formkünstler, über Dante, schätzt jedoch Dante als den «poeta», d. h. den Gelehrten höher als Petrarca. Man muß nach mittelalterlichem Sprachgebrauch «rhetor» mit «Dichter», «poeta» mit «Gelehrter» übersetzen, sah man ja auch in Dante vornehmlich den Vermittler von Weisheit und Wissen. Der Kommentar des Grammatikers Francesco da Buti, nach 1385 italienisch geschrieben, zielt vornehmlich auf den Wortsinn und auf die sprachliche, grammatisch-rhetorische Erklärung; die philosophische Erläuterung tritt bei ihm zurück, noch mehr die historische; die Allegorie schränkte er verständigerweise auf einen allgemein moralischen Symbolismus ein. Zu den genannten Kommentaren kommen einige nur bruchstückhaft erhaltene hinzu, manchmal sind es bloße Glossen. Ein Fragment blieb auch der Kommentar Boccaccios.

r) *Die Aufnahme der «Göttlichen Komödie» bei der Nachwelt*

aa) *In Italien*

Bis zum Ende des 14. Jahrhunderts kann man von der Aufnahme Dantes bei seinen Zeitgenossen sprechen. Das Kapitel Dante und die Nachwelt beginnt mit dem Ableben derer, die von seinem Ruhm schon als Kinder vernahmen, seinen Tod noch als Jünglinge erlebten. Mit dem Sieg des Humanismus tritt Dante in ein neues Klima. Überzeugt von der Überlegenheit der Antike und voller Verachtung für die Volkssprache, mußte den Humanisten Dante veraltet und verächtlich vorkommen; auch schien sein italienischer Stil im Vergleich mit dem Petrarcas ungehobelt und plump. Dennoch blieb Dante noch im 15. Jahrhundert in hohem Ansehen. Aus dem Kreise der Humanisten kam ihm ein tüchtiger Verteidiger in Gestalt des Leonardi Bruni, der in seinen zwei Dialogen «Dialogi ad Petrum Histrum» dem geringschätzigen Urteil der Humanisten entgegentrat und in seiner italienisch verfaßten «Vita» Dante noch einmal in Schutz nahm, außerdem aber auf Grund eigener Nachforschungen Tatsachen über Dantes Leben festhielt, die uns sonst unbekannt geblieben wären. Freilich die Zeit der Diskussion und Kommentierung Dantes war vorbei. Nur zwei Kommentare sind im 15. Jahrhundert entstanden, der lateinische des Giovanni da Serravalle, auf Latein von einem Kirchenfürsten für Kleriker geschrieben, ein letzter Ausläufer der Interpretationstradition des 14. Jahrhunderts, und der Kommentar, den Christoforo Landino, der 1457 im Studio Fiorentino über Dante las, als Frucht seiner öffentlichen Dantelesung 1481 drucken ließ; entstanden in einem völlig veränderten geistigen Klima, als man bereits zur Verehrung der italienischen Dichtung zurückgekehrt war und als das Studium der platonischen Philosophie in Blüte stand, stellt dieser Kommentar den Versuch dar, in italienischer Sprache die Göttliche Komödie im Sinne der platonischen Philosophie allegorisch zu deuten. Dieser Art der Auslegung verdankt der Kommentar seinen großen Erfolg; bis zur Mitte des 16. Jahrhunderts war er der meist gelesene; auf ihm fußen die einzigen in diesem Jahrhundert entstandenen und veröffentlichten neuen Kommentare, die von den Petrarcaerklärern Allessandro Vellutello (1544) und Bernardo Daniello (1568), die allerdings nicht viel Neues brachten. Mit dem Beginn des 16. Jahrhunderts war wieder eine neue Zeit angebrochen. Mit

Bembos Sprachreform wurde Dantes Sprache und Stil aus dem ästhetischen Musterkanon ausgeschlossen; er erschien nun nicht allein inhaltlich, sondern auch sprachlich veraltet, ja unschön. Das hinderte nicht, daß die Divina Commedia weiterhin als eines der großen Werke der italienischen Dichtung Verehrung genoß. Als solchem ließ man ihm auch das angedeihen, was die Zeit an bestem zu bieten hatte, d. h. man mühte sich um die Herstellung eines möglichst fehlerfreien und lesbaren Textes. Grundlegend bis ins 19. Jahrhundert wurde der von Bembo auf Grund der besten ihm erreichbaren Handschriften hergestellte Text, den Aldus Manutius 1502 druckte sowie die Ausgabe, die die Accademia della Crusca, auf Bembos Text fußend, 1595 herausgab.

Erheblich war auch die Anzahl der Drucke, die seit dem Aufkommen der Buchdruckerkunst in Italien von der Divina Commedia erschienen (fünf dieser Wiegendrucke wurden von in Italien tätigen deutschen Druckern hergestellt), einige von den Frühdrukken mit prächtigen Illustrationen, die überdies verraten, wie sehr die Divina Commedia noch ein Erbauungsbuch, ja ein Volksbuch war, während die Drucke des 16. Jahrhunderts die Divina Commedia eher unter die Klassiker der italienischen Dichter einreihen, ja ihre Rettung für die Welt der Gebildeten und Literaten darstellt. Zu Ende des 16. Jahrhunderts ist bei einigen Lesern das Bewußtsein von Dantes Dichtertum durchaus noch vorhanden. Vincenzo Borghieri verlangt ausdrücklich, man solle doch endlich Dante als Dichter würdigen, nicht nur als Theologen und Philosophen. Das hindert nicht, daß Dante vom Ende des 16. Jahrhunderts an in Vergessenheit gerät, nachdem schon von der Mitte des Jahrhunderts an mit dem Vordringen der auf Aristoteles fußenden Theorie von den literarischen Gattungen die Divina Commedia als «nicht regelgerecht», d. h. nicht den Regeln der antikisierenden Renaissancepoetik entsprechend, abgelehnt wurde. Zwischen 1596 und 1702 erschienen nur noch drei Ausgaben und kein Kommentar. Nach der Meinung des Aufklärers Saverio Bettinelli war die Göttliche Komödie bloß ein Sammelsurium von Predigten und theoretischen Erörterungen ohne jede Ordnung, ohne Handlung, ohne Stil. Im Verlauf des 18. Jahrhunderts erwacht dann allmählich ein gewisses antiquarisches Interesse; in Venedig erscheint 1739/41 die erste Gesamtausgabe von Dantes Werken; 1791 veröffentlichte der Franziskanerpater F. Baldassarre Lombardi einen neuen, sehr reichhaltigen Kommentar zur Komödie. Er unternahm als erster den Versuch einer Textverbesserung gegenüber dem Vulgatatext Bembo-Crusca. Eine Wendung in der Beurteilung kündigt sich bei Giambattista Vico an, welcher Dante mit Homer zusammen als einen der großen «primitiven» Dichter der Menschheit feierte. Für die breite Öffentlichkeit wird die Göttliche Komödie mitsamt den anderen Schriften Dantes erst vom Ende des 18. Jahrhunderts an dadurch wiedergewonnen, daß man Dante als den Vorkämpfer der politischen Einheit Italiens, als den Schöpfer der Nationalsprache, als den Dichterheros, entdeckt. Dieses sehr italienische Dantebild wird von Alfieri, Foscolo, Leopardi, Mazzini geschaffen. Es ist das Dantebild des Risorgimento. Vom Dantebild der europäischen Romantik weicht es durch seine nationale, ja nationalistische Note in eigentümlicher Weise ab. Doch wirkt es noch lange nach. Die Gründung einer Gesellschaft zur Pflege der italienischen Sprache in den österreichisch gebliebenen, italienischsprachigen Gebieten jenseits der Grenzen des neuen Italien, in den ‹terre irredente›, wurde unter die Schirmherrschaft Dantes gestellt. Es war die Società Dante Alighieri. Die von ihr betriebene Errichtung eines Dante-Denkmals in Trient im Jahre 1896 war als ein Protest gemeint. In der ersten Hälfte des 19. Jahrhunderts mußte die Komödie zu politisch-allegorischen Deutungen herhalten. Erst spät, nach 1860, nach der Gründung des Königreichs Italien, fand man in Italien den Anschluß an die inzwischen in anderen Ländern erblühte Dantephilologie.

bb) Außerhalb Italiens

Die Verbreitung der Göttlichen Komödie außerhalb Italiens ist eine Angelegenheit der Geistesgeschichte der aufnehmenden Länder, nicht Italiens. Die Bedeutung des Werkes, die sich in dessen Rezeption spiegelt, rechtfertigt jedoch ein kurzes Eingehen darauf, ist doch die Divina Commedia nach der Bibel das meist übersetzte Werk der Weltliteratur. In das europäische Kulturbewußtsein geht sie freilich erst durch die Romantik ein. Anders als im übrigen Europa verläuft die Rezeption der Göttlichen Komödie auf der iberischen Halbinsel. Die Commedia hält hier ihren Einzug bereits im ausgehenden Mittelalter, im Zusammenhang mit der Entdeckung der italienischen Literatur im 15. Jahrhundert durch Spanier und Katalanen. Hier sind demzufolge die ersten Übersetzungen in eine moderne Nationalsprache erfolgt. Die erste ist die getreue, aber hölzerne spanische Prosaübersetzung des Don Enrique de Aragón, Señor de Villena, die 1428 vollendet war; im Jahre darauf, 1429, vollendete Andreu Febrer seine vorzügliche katalanische Übersetzung in Terzinen. In katalanischer Sprache erschienen bald darauf zwei Kommentare. Auf Villenas unbefriedigende Übertragung folgten drei weitere, von denen die des Pedro Fernandez de Villegas in'arte mayor'-Strophen 1515 in Burgos im Druck erschien, die erste gedruckte Übersetzung der Commedia überhaupt. Danach dominiert in Spanien der Petrarkismus; kirchliche Verbote kamen hinzu. So verfiel dort im 16., 17. und 18. Jahrhundert Dantes Werk völliger Vergessenheit. Spanien blieb auch von der Wiederentdeckung Dantes durch die Romantiker unberührt. Erst 1865 erschien eine neue Übersetzung, die des Juan Manuel de la Pezuela y Cebados.

Früher als in Deutschland und England findet die Commedia in Frankreich eine Würdigung als Folge der Entdeckung der italienischen Literatur in der Renaissance. In die Zeit nach dem Italienfeldzug Karls VIII. fällt eine anonyme Übertragung des Inferno in Terzinen (sog. Turiner Handschrift); nur eine Teilübersetzung ist auch die des Paradiso in Terzinen durch François Bergaigne, dem Sekretär Franz I. Beide Übersetzungen blieben unveröffentlicht. Die erste vollständige Übersetzung in Paarreimen war gegen 1550 vollendet: sie wurde erst im 19. Jahrhundert publiziert. Die erste gedruckte und vollständige Übersetzung, die des Balthasar de Grangier erschien zu Ende des Jahrhunderts 1596. Schwerfällig wie sie war und in der Blütezeit des Petrarkismus erschienen, blieb sie unbeachtet. Die Zeit der Klassik und des Rokoko hatte in Frankreich, wie anderwärts in Europa, für die Göttliche Komödie keinerlei Verständnis. Noch La Harpe tat sie 1776 verächtlich ab. Einen Sinneswandel leitete erst Rivarol mit seiner Prosaübersetzung des Inferno 1773 ein. Danach beginnt die Entdeckung Dantes als dem Dichter des Grauens, eines Dante im Stil der damals modischen Schauerromane. Den Durchbruch zu einem tieferen Verständnis brachte die französische Prosaübersetzung des Artaud de Montor, die 1811–13 erschien und bis 1861 vier Auflagen erlebte. Montor wies als erster auf die Bedeutung der anderen Abschnitte außer dem Inferno hin. Obwohl die romantischen Dichter manches Motiv von Dante übernahmen, blieb die Einstellung der Franzosen zu Dante kühl. Mit der Wendung zum Realismus und zum Parnassiertum ebbte das Dante-Interesse stark ab, unterstützt von der ablehnenden Haltung, die Sainte-Beuve seit 1850 einnahm.

Zwar hatte Chaucer Stellen aus der Komödie in seinen «Canterbury Tales» paraphrasiert, auch finden sich bei Milton einige Anklänge, doch setzt die Entdeckung Dantes in England erst im 18. Jahrhundert ein, dann freilich verhältnismäßig früh (Bunyan blieb unbeeinflußt). 1719 übersetzt der Maler Jonathan Richardson die Ugolino-Episode, die 1738 nochmals von Thomas Gray übersetzt wird. Doch blieb allen bedeutenden englischen Dichtern des 18. Jahrhunderts die Commedia unbekannt. Erst durch das Ugolino-Gemälde von Sir Joshua Reynolds von 1773 wurde der Dante der Schreckensszenen zur Zeit des «Gothic Novel» mit einem Male berühmt. Es folgen die ersten Dante-Übersetzungen: 1782 überträgt Charles Rogers das Inferno in Blankverse, 1802 bringt H. Boyd die erste vollständige Übersetzung in sechszeiligen Strophen. Zwischen 1797 und 1812 erscheint schließlich die Übersetzung von Henry Francis Cary, die, von Wordsworth als ein großes nationales Werk begrüßt, zu einem Klassiker der englischen Literatur geworden ist. Die gesamte englische Romantik ist mit Dante durchtränkt, ja das ganze 19. Jahrhundert bis in die Viktorianische Zeit, zumal Dante Gabriel Rossetti und die Präraphaeliten den Kult Dantes im Geist des dekadenten Symbolismus mit neuen Gefühlswerten auszustatten verstanden. In England fand die Dante-Verehrung bald auch in der Einrichtung einer Dante-Gesellschaft 1876 (The Oxford Dante Society) eine feste Verankerung.

Das klassische Land der Dante-Forschung wurde Deutschland. Es war bahnbrechend bei der Wiederentdeckung Dantes im 18. Jahrhundert und blieb bis in die achtziger Jahre des 19. Jahrhunderts in der Forschung führend. Die ersten Vorboten einer Wiederbelebung Dantes melden sich etwa zur gleichen Zeit wie in England mit der Verdeutschung der Ugolino-Episode durch J. J. Bodmer (1741) und Moses Mendelsohn (1759). Seit 1734 waren mehrere Aufsätze Bodmers über Dante vorangegangen. Die erste umfangreichere Übersetzung in eine moderne Fremdsprache seit der Renaissance gab J. H. Meinhard (1763–64) in Prosa. Die erste vollständige Übersetzung liefert Lebrecht Bachenschwanz 1767–69; auf diese folgte die Übersetzung der «Hölle» durch Chr. J. Jagemann 1777. In der Zeit des Sturms- und Drangs kam man jedoch nicht über die Freude an schauerromanhaften Episoden (im

Vordergrund stand immer Ugolino) hinaus. Die Klassik blieb kühl; Goethe fand zu Dante kein Verhältnis («. . . Moderduft aus Dantes Hölle . . .»). Den Durchbruch brachte erst die Übertragung A. W. Schlegels sowie seine begleitenden erklärenden und einführenden Studien, die 1791–1799 erschienen. Bald folgten nahezu Jahr für Jahr neue Verdeutschungen der Göttlichen Komödie. Einen Markstein bildete die seit 1828 erschienene, bis heute klassisch gebliebene Übertragung in Blankversen des Königs Johann von Sachsen, der sich das Pseudonym «Philalethes», d. h. «Freund der Wahrheit» wählte. In der Tat ist seine Übersetzung bemerkenswert wegen ihrer Werktreue, aber auch der Schönheit der sprachlichen Formulierung sowie wegen der trefflichen sachlichen Erläuterungen. Die erste vollständige Ausgabe erschien 1839/40. Mit Philalethes setze die ernsthafte, wissenschaftlich fundierte Danteexegese ein. Um Philalethes scharten sich fortan die deutschen Dante-Forscher. Als König Johann die deutsche Dante-Gesellschaft gründete, 1865, waren zwei der bedeutendsten Beiträge zur Dante-Forschung bereits erschienen: das erste philologisch exakte Wörterbuch der Sprache Dantes von L. G. Blanc (1852) und die erste moderne kritische Textausgabe der Komödie, 1862, die Karl Witte auf Grund der vier besten Handschriften hergestellt hatte. Vortrefflich war auch Wittes Übersetzung in ungereimten Jamben, die im Dante-Jahr 1865 erschien. Das ganze Jahrhundert hindurch und bis in die heutige Zeit ist Dante in Deutschland ein Lieblingsgegenstand gelehrter Bemühungen geblieben, was einen Italiener zu der ironischen Bemerkung veranlaßt hat, Dante sei eine deutsche Erfindung.

Kapitel IV: Petrarca

1. Lebenslauf

Der Vater des Dichters, Ser Pietro – der Koseform seines Namens, «Petracco», gab der Sohn später die elegantere, lateinisch aussehende Form Petrarca – hatte in Florenz den Beruf eines Notars ausgeübt, bis er 1302 aus politischen Gründen aus der Heimatstadt verbannt wurde. So ist Francesco Petrarca in Arezzo geboren, am 20. Juli 1304. Die früheste Kindheit verlebte er auf dem elterlichen Gut Incisa im oberen Arnotal. Im Jahre 1311 übersiedelte die Familie nach Pisa, aber schon 1312 ging es weiter nach Avignon, wo der Vater eine Anstellung am päpstlichen Hofe erhielt. Frau und Kinder, Francesco und sein Bruder Gherardo, fanden in der überfüllten Stadt keine Unterkunft und wurden im benachbarten Carpentras untergebracht. Hier erhielt Petrarca den ersten Unterricht bei dem Grammatiker Convenevole da Prato. 1316 bezieht Petrarca die Universität Montpellier, um die Rechte zu studieren; während des dortigen vierjährigen Aufenthaltes stirbt seine Mutter. Von 1320 bis 1326 setzt er zusammen mit seinem Bruder in Bologna das Studium der Rechte fort, doch mit innerem Widerstreben, da ihn die Dichtung bereits stärker fesselt. Der Vater stirbt 1326 und hinterläßt ein beträchtliches Vermögen. Der junge Petrarca gibt die juristischen Studien endgültig auf. Er kehrt nach Avignon zurück.

Hier führt er zunächst das vergnügte Leben eines vermögenden jungen Mannes, stets auf elegante Kleidung bedacht, ein wegen seines Witzes beliebter Gesellschafter, leichteren Liebschaften nicht abhold. In späteren Jahren hat sich Petrarca seiner Lebensweise in diesen Jahren geschämt. Das wichtigste Erlebnis in dieser Zeit ist die Begegnung mit einem Mädchen aus vornehmem Hause, das er am 6. April 1327 in der Kirche der hl. Klara erblickt. Mehr als ihren Vornamen, Laura, hat Petrarca nicht verraten. Der Versuch, ihren Namen mit einer bestimmten Person in Verbindung zu bringen, ist bis heute nicht gelungen. Daß sie identisch sei mit einer Laura de Nives, die 1325 einen Hugo de Sade ehelichte, wie im 18. Jahrhundert ein Abbé de Sade behauptet hat, ließ sich nicht nachweisen. Lauras Identität bleibt Petrarcas Geheimnis; er hat es so gut gehütet, daß selbst den Zeitgenossen die Existenz Lauras fraglich erschien. Doch ist an der Tatsächlichkeit dieses Erlebnisses der Begegnung mit Laura nicht zu zweifeln. Andererseits ist dessen Bedeutung weit überschätzt worden. Wohl knüpft Petrarca an diesen Namen seine italienisch verfaßte Minnedichtung; doch hat er auch an andere Frauen Gedichte gerichtet; die lateinischen Werke zeigen, daß Laura (neben anderen Frauen) einen geringen Raum in Petrarcas Denken einnahm. Gegenüber der romantischen Übertreibung der Bedeutung des Lauraerlebnisses in Petrarcas Leben wird heute mit Recht die Ansicht vertreten, daß die Begegnung mit Laura eine Episode blieb.

Die Jahre nach dem Tode des Vaters vertrieb sich Petrarca nicht nur mit Kurzweil, sondern er wußte sie zu nutzen. Nun wandte er sich ganz den Studien zu. Vor allem las er die lateinischen Klassiker Cicero, Vergil, Livius, aber auch Augustinus, der ihn zu den anderen Kirchenvätern hinführte und zeitlebens sein Lieblingsschriftsteller blieb. In diese Zeit fällt die Entstehung der ersten Gedichte an Laura. Bald hatte sich Petrarca eine für die damalige Zeit ungewöhnliche Bildung erworben und die Grundlagen seinem dichterischen Ruhm gelegt. Er gewann dadurch einflußreiche Freunde. Er sollte ihrer bald bedürfen. Unredliche Nachlaßverwalter brachten Petrarca um sein Erbe. Er war genötigt, sich nach anderem Unterhalt umzusehen. Die Möglichkeit dazu bot sich durch seine Bekanntschaft mit der Familie Colonna. Voraussetzung war das Eintreten in den geistlichen Stand. Er ließ sich die Tonsur schneiden. Ob er auch nur die niederen Weihen empfing, ist ungewiß; doch genügte der erste Schritt, um ihn für die Übertragung kirchlicher Ämter und die Gewährung von Pfründen wählbar zu machen. Diese wurden ihm nun zuteil. Giacomo Colonna, dem Petrarca schon in Bologna aufgefallen war, lud ihn im Sommer 1330 zu einem Besuch in seinem Bischofssitz Lombez in den Pyrenäen ein. Nach der Rückkehr nach Avignon nahm der Kardinal Giovanni Colonna, der Bruder des Bischofs, ihn als Kaplan in seine Dienste, ein Dienstverhältnis, das bis 1347 dauern sollte. Weitere Ämter und Pfründen folgten. Petrarcas wachsendes literarisches Ansehen trug dazu bei, daß der päpstliche Hof ihn sich zu erhalten bestrebt war. Wiederholt bot man ihm das Amt eines Bischofs an, 1347 wollte man ihn zum apostolischen Sekretär ernennen. Alle diese Angebote schlug Petrarca aus, um sich seinen Studien widmen zu können und um unabhängig zu sein. Seine verschiedenen Pfründen sicherten ihm zeitlebens ein behagliches Auskommen. In seinen letzten Lebensjahren, in Arquà, lebten nicht nur seine Tochter Francesca mit Gatten und Kind in seinem Haushalt, sondern auch ein Geistlicher und nicht weniger als ein halbes Dutzend Kopisten; dazu kamen Gäste, eine Dienerschaft, und er hielt sich auch zwei Pferde. Daß Petrarca in seinen Schriften wiederholt die Kirche aufs heftigste angriff, ließ sich mit seiner geistlichen Stellung und den Einkünften aus kirchlichen Ämtern durchaus vereinbaren; niemand nahm daran Anstoß. Auch stand es mit den Gepflogenheiten der Zeit in Einklang, daß er für seine Bezüge zu keiner Dienstleistung verpflichtet war. Als Seelsorger hat sich Petrarca nie betätigt; selbst das Ansinnen dazu lehnte er ab mit dem Hinweis, daß er selber des geistlichen Beistands bedürfe: «satis est mihi unius animae meae cura», woraus keine falsche Bescheidenheit herauszulesen, sondern was als ein echter Ausdruck von Petrarcas Frömmigkeit zu werten ist.

Von seinem 26. Lebensjahr an aller Sorgen um seinen Lebensunterhalt enthoben, stets von Gönnern beschützt, ja von Mächtigen umworben, konnte sich Petrarca bis zu seinem Tode seinem literarischen Schaffen widmen. Dem äußeren Ablauf nach gliedert sich sein Leben in drei Abschnitte. Von 1330 bis 1341 ist er in der Provence ansässig, in der Nähe des päpstlichen Hofes, zuerst in Avignon, dann in der ländlichen Abgeschiedenheit von Vaucluse (Valchiusa) im Tal der Sorgue. Von 1341 bis 1353 weilt er abwechselnd in Vaucluse und in Parma, wo er ein Haus besitzt und seit 1348 ein Erzdiakonat innehat. Im Jahre 1353 verläßt er Frankreich für immer, sei es, um den Kriegswirren auszuweichen, sei es, um dem Drängen zur Übernahme kirchlicher Ämter aus dem Wege zu gehen, und läßt sich in Italien nieder; bis 1361 in Mailand, dann vorübergehend in Padua, wo er seit 1349 Kanonikus ist, dann in Venedig von 1362–1367, alsdann wieder in Padua und schließlich von 1370 an in Arquà, in der Nähe von Monselice, wo er seit 1365 eine Pfründe als Kanonikus innehat. In Arquà ist er 1374 gestorben und feierlich beigesetzt worden.

Von allen diesen ständigen Wohnsitzen aus unternahm Petrarca zahlreiche Reisen, getrieben von Wissensdrang, aus Eitelkeit, in ehrenvollem amtlichen Auftrag. Die erste große Reise machte er im Sommer 1333; sie führte ihn nach Paris, Gent, Lüttich, Aachen, Köln und durch die Ardennen über Lyon zurück nach Avignon.

Von Wissensdurst getrieben, besuchte Petrarca allenthalben die Klosterbibliotheken, stets auf der Suche nach den Handschriften antiker Autoren; in Lüttich entdeckt er Ciceros Rede «Pro Archia», von der er sich eine Abschrift anfertigte.

Petrarca beginnt mit der Veröffentlichung seiner lateinischen Briefe, zugleich vermehrt er die Zahl seiner italienischen Gedichte. Im Jahr 1336 ist es so weit, daß er daran denkt, sie zu einer Sammlung zusammenzufassen. Im Sommer des gleichen Jahres unternimmt er von Malaucène aus in Gesellschaft seines Bruders Gherardo die Besteigung des Mont Ventoux. Man hat Petrarca deswegen als den «ersten Bergsteiger» gefeiert, den Wegbereiter eines neuen Weltalters, als denjenigen, der die Vorstellungswelt des Mittelalters durchbricht. Nichts ist irriger. In einem seiner lateinischen Briefe berichtet Petrarca ausführlich von seinem Ausflug (Fam. IV, 1). Das entscheidende Erlebnis für ihn ist ganz anderer Art. Zwar treibt ihn die Neugier, aber die Betrachtungen, die ausgelöst werden, sind religiös. Auf dem Gipfel angekommen, liest er in den «Confessiones» seines geliebten Augustinus Worte, die er auf sich bezieht: «Da gehen die Menschen hin und bewundern die Höhe der Berge und die hohen Wellen des Meeres, die weiten Flußläufe . . . und auf sich selber haben sie nicht acht.» Petrarca faßt dies als Mahnung zur Selbsteinkehr und als Tadel an seiner Weltlichkeit auf. Unzufriedenheit mit sich selbst quält ihn, Unwille darüber, daß er die irdischen Dinge mit so viel Freude betrachtet, wo doch das einzig Betrachtenswerte die eigene Seele sei. Es ist der Widerstreit, der Petrarca zeitlebens bewegen wird. Im Jahre 1336 ist er noch weit von der Abgeklärtheit, die er anstrebt. Aus einer Liebesbeziehung geht im folgenden Jahre ein Sohn hervor, Giovanni. Einer anderen Verbindung entspringt seine Tochter Francesca. Zu Ende des Jahres 1336 erfüllt sich sein Wunsch, Italien, das er als Kind verlassen, wiederzusehen und Rom zu besuchen. Dort weilt er als Gast der Colonna. Staunend betrachtet er die Reste der antiken Denkmäler, ehrfurchtsvoll besucht er die heiligen Stätten des christlichen Glaubens. Im Juni 1337 kehrt er in die Provence zurück, nicht nach Avignon, sondern nach Vaucluse, wo er sich ein bescheidenes Häuschen gekauft hatte. Die stille Zurückgezogenheit, von gelegentlichem Freundesbesuch unterbrochen, inmitten seiner Bücher, die Schlichtheit seiner Lebensweise schildert Petrarca in der reizvollsten seiner metrischen Episteln, die an Giacomo Colonna (Metr. I, 6) aus dem Jahre 1338. Hier entstehen außer seinen italienischen Gedichten weitere lateinische Briefe in Versen und in Prosa; jetzt beginnt Petrarca an seinem großen lateinischen Epos «Africa» zur Verherrlichung des Scipio Africanus zu arbeiten und an dem historischen Werk «De viris illustribus», einer Reihe von Biographien berühmter Männer des Altertums. Keines von beiden sollte er je vollenden. In Vaucluse erreichen ihn 1340 zwei Einladungen zur Dichterkrönung; die eine geht von der Universität Paris aus, die andere vom römischen Senat. Dichterkrönungen hatten vor ihm der Paduaner Dichter und Gelehrte Albertino Mussato 1315 erlebt, eine Krönung auf der Totenbahre Dante und Petrarcas Lehrer Convenevole da Prato 1338. Die Wiederaufnahme der antiken Sitte an sich selbst zu erleben, aber an der richtigen Stelle, in Rom, war danach Petrarcas Verlangen. Diesen Wunsch hatte er schon mehrfach geäußert. Die Colonna halfen nach. Als die Einladungen eintrafen, wählte Petrarca Rom. Für die Kandidatur zählte seine sehr reichliche italienische Dichtung nicht mit, fiel aber dennoch ins Gewicht. Die Zahl der veröffentlichten lateinischen Gedichte war noch nicht groß, aber als Briefschreiber genoß er schon beträchtliches Ansehen; seine ungewöhnliche Kenntnis der antiken Schriftsteller war damals schon unbestritten.

Im Februar 1341 brach Petrarca in Gesellschaft seines Freundes Azzo da Correggio nach Rom auf, ging aber zuerst nach Neapel, wo er sich einer dreitägigen Prüfung durch seinen kunstliebenden und gelehrten Gönner König Robert von Neapel unterzog. Nachdem er für würdig befunden, wurde Petrarca am Ostertag des Jahres 1341 auf dem Kapitol für seine Verdienste als Dichter und Historiker mit dem Lorbeer bekränzt. Es war ein Höhepunkt in dem Leben des eitlen und ruhmsüchtigen Mannes. Die Rede, die er bei der Feier hielt, ist erhalten.

Auf der Rückreise hält sich Petrarca bei Azzo da Correggio, dem derzeitigen Herrscher von Parma, auf, zieht sich aber vor den kriegerischen Unruhen (Obizzo d'Este machte Azzo Parma streitig) ins Tal der Enza auf das Gut Selvapiana zurück; hier setzt er die Arbeit an der «Africa» fort, wozu er sich nunmehr nach der Dichterkrönung besonders verpflichtet fühlt. Im Frühjahr 1342 begibt sich Petrarca wieder in die Provence. Mehrere entscheidende Ereignisse fallen in das Jahr: Es wird ihm als zweites uneheliches Kind die Tochter Francesca geboren; sein Bruder Gherardo zieht sich in das Kartäuserkloster Montrieux zurück. Auf Petrarca, der immer noch schwer um die Überwindung der Fleischeslust ringt, macht der Entschluß des Bruders tiefen Eindruck. Die innere Krise, in die er gerät, schlägt sich in der Bekenntnisschrift «Secretum» nieder und in den «Psalmi poenitentiales», leidenschaftliche, inbrünstige Stoßgebete im Latein der Bibel. Im Herbst 1343 wird er als päpstlicher Beauftragter zur Königin Johanna nach Neapel entsandt. Bis Ende des Jahres 1345 hält sich Petrarca in mehreren Städten Oberitaliens auf. Aus Parma, das von den Viscontis belagert wird, flieht er mitten in der Nacht; eine dramatisch aufgebauschte Schilderung der abenteuerlichen Flucht gibt er in einem Brief an Barbato da Sulmona (Fam. V, 10). Unter den Städten, die er danach besucht, berührt er Verona, wo ihm ein aufsehenerregender Fund gelingt: er entdeckt Ciceros Briefe an Atticus, zusammen mit Ciceros Briefen ad Quintum und ad Brutum. Nach Vaucluse zurückgekehrt, Ende 1346, entfaltet Petrarca erneut eine eifrige literarische Tätigkeit; die Schriften dieses dritten Vaucluser Aufenthalts: «De vita solitaria», «De otio religiosorum» zeigen, daß seine innere Krise noch anhält. Im Mai des Jahres 1347 ergreift Petrarca öffentlich Partei für Cola di Rienzo, der die römische Republik ausgerufen hat und den er bei dessen Besuch in Avignon kennengelernt hatte. Petrarca sieht in ihm den Erneuerer der Größe Roms, des antiken wie des christlichen, den Verteidiger der republikanischen Idee. Im Herbst des gleichen Jahres reist Petrarca in päpstlichem Auftrag nach Italien. Unterwegs erfährt er von Colas Entwicklung zum Diktator. Petrarca schreibt ihm einen vorwurfsvollen Brief (Fam. VII, 7), der Cola nicht von seinem Irrweg abbringt. In diesem Brief rückte Petrarca von Cola ab, aber seine Beziehungen zu den Colonna waren getrübt; er löst seine langjährige Verbindung zum Kardinal. Von 1347–51 hält sich Petrarca wieder in Oberitalien auf; in Parma, wo er sein Standquartier hat, und in Padua tritt er neue Pfründen an. Er ist auf der Höhe seines Ruhmes; er wird wiederholt mit diplomatischen Aufträgen betraut; von allen Seiten erreichen ihn Einladungen; die Stadt Florenz will die Beschlagnahme von Petrarcas väterlichem Besitz rückgängig machen und den Dichter an die neugegründete Universität berufen. Boccaccio überbringt das Anerbieten persönlich nach Padua und wird dabei mit Petrarca bekannt. Aber dieser lehnt ab. Er bindet sich nicht, er hat es nicht nötig. Durch den häufigen Ortswechsel wird seine literarische Tätigkeit nicht behindert. Petrarca arbeitet weiter an der Ordnung seiner italienischen Dichtung, er beginnt seine lateinischen Prosabriefe und die metrischen Episteln zu sammeln und zu einem Ganzen zusammenzufassen. Im Jahr der Schwarzen Pest, 1348, erfährt er verspätet vom Tode Lauras, die am 6. April, dem Jahrestag der ersten Begegnung, verstarb. Er schreibt den «Trionfo della Morte». Die Pest rafft auch den langjährigen Gönner, den Kardinal Colonna, hinweg und viele andere Freunde. Petrarca leidet unter der Vereinsamung und der Heimatlosigkeit; seine innere Krise hält an; er spielt weiter mit Weltfluchtgedanken; dem Bruder Gherardo klagt er in einem langen Brief vom Elend der Welt und preist ihn in seiner klösterlichen Einsamkeit glücklich (Fam. X, 3). Petrarca sehnt sich nach Vaucluse. Im Frühjahr 1351 schreibt er die entzückenden Distichen: «Valle locus clausa . . .». Im Sommer 1351 kehrt Petrarca zum letzten Mal nach Vaucluse zurück, doch er fühlt sich dort nicht mehr wohl. Der 1352 neugewählte Papst Innozenz VI. ist ihm nicht sehr gewogen. Die Zustände am päpstlichen Hof erregen Petrarcas Unwillen; er äußert ihn in den Briefen, die er zu der Sammlung «Liber sine nomine» zusammenfaßt, sowie in einigen italienischen Sonetten. Es zieht Petrarca nach Italien, wo ihn allenthalben Freunde erwarten. Im Frühjahr 1353 verläßt er Vaucluse für immer; von der Passhöhe des Monginevra grüßt er die Heimat in der schönsten seiner metrischen Episteln: «Salve, cara Deo tellus sanctissima, salve . . .».

Da er den Boden Italiens betritt, hat er seine Fühler nach vielen Seiten ausgestreckt. Als der Erzbischof Giovanni Visconti, der Herr von Mailand, ihn zum Bleiben auffordert, kommt er damit einer stillen Hoffnung Petrarcas entgegen. Dieser nimmt an, denn es wird ihm Freiheit von allen Verpflichtungen zugesichert. Man gibt ihm ein ruhiges Häuschen in der Vorstadt nahe bei der Kirche Sant'Ambrogio. Im Sommer weilt er auf verschiedenen Landsitzen. Über Petrarcas Entschluß sind seine Freunde entsetzt; Boccaccio fürchtet, man habe auf ihn Zwang ausgeübt. Hinter diesen Befürchtungen, die vor allem von Freunden in Florenz, aber auch aus anderen Orten kamen, wo Feinde der Visconti saßen, steckte freilich auch eine gewisse Verärgerung. Petrarca ließ sich nicht beirren. Wonach er sich sehnte, war persönliche Unabhängigkeit und Ruhe zur geistigen Arbeit. Nirgends in dem politisch unruhigen Italien konnte ihm das besser gewährleistet sein als in dem mächtigsten Staat des Nordens, Mailand. Bis 1361 blieb Petrarca dort als geehrter und umworbener Gast; gelegentlich wird er als Festredner oder Sekretär herangezogen, außerdem mit diplomatischen Aufträgen entsandt nach Venedig (1354), nach Prag zu Kaiser Karl IV. (1356), der ihm den Titel eines Pfalzgrafen verleiht und nach Paris zu König Johann II. von Frankreich (1361), um ihm die Glückwünsche Galeazzo Viscontis zu seiner Befreiung aus englischer Gefangenschaft zu überbringen.

Die Mailänder Jahre waren für Petrarca äußerst fruchtbar. Er überarbeitete mehrere seiner lateinischen Schriften, brachte andere zum Abschluß, nahm neue in Angriff und ordnete und erweiterte die Sammlung seiner lateinischen Briefe und seiner italienischen Gedichte, nimmt die Arbeit an den «Trionfi» wieder auf.

Im Frühjahr 1361 verläßt Petrarca Mailand auf der Flucht vor der Pest und läßt sich zunächst in Padua nieder; hier erreicht ihn die Nachricht vom Tode seines Sohnes Giovanni. Im Jahre 1362 übersiedelt er nach Venedig, wohin er Tochter und Schwiegersohn nachkommen läßt. Die Republik schenkte ihm ein Haus an der Riva degli Schiavoni; zum Danke wollte Petrarca der Stadt seine Bücher vermachen, um eine öffentliche Bibliothek damit zu stiften, doch führte er diesen Vorsatz nicht aus. Seine Bücher kamen später nach Pavia und von dort mit einem Teil der Bibliothek der Visconti nach Paris. Mit den Visconti blieb er in freundschaftlicher Verbindung und weilte wiederholt als ihr Gast in Pavia. In Venedig wurde dic Sammlung der «Familiares» abgeschlossen, die der «Seniles» begonnen. Gegen vier jugendliche Anhänger der averroistischen Philosophie, die ihn einen Ignoranten genannt hatten, verfaßte Petrarca 1366 eine Streitschrift «De sui ipsius et multorum ignorantia». Im folgenden Jahre übersiedelt er nach Padua; im Jahre 1368 reist er als Begleiter des Bischofs von Padua und des Beherrschers von Padua, Francesco da Carrara, nach Udine, Kaiser Karl IV. entgegen, dann nach Pavia und Mailand als Gast zur Hochzeit von Galeazzos Tochter Violante. Auf dieser Reise kam er durch Gegenden, die durch Söldnerscharen unsicher gemacht wurden; aber Petrarca geschah nichts; als die Soldaten erfuhren, wer er war, brachten sie ihm sogar Speisen und Wein, wie er stolz berichtet (Seniles XI, 2). 1370 zog er sich in die Euganeischen Berge nach Arquà zurück, wo er sich ein Häuschen gebaut hatte. Hier arbeitete er weiter am «Canzoniere» und den «Trionfi», übersetzte Boccaccios Griseldisnovelle ins Latein, schrieb weitere lateinische Briefe und Invektiven. Trotz schwindender Gesundheit übernahm er noch eine diplomatische Aufgabe; im Oktober 1373 begleitete er den Sohn des Francesco da Carrara nach Venedig, um für diesen die beim Friedensschluß zwischen Venedig und Padua auferlegte Unterwerfungsrede zu halten. Im folgenden Sommer überraschte ihn der Tod zu Arquà, in den Morgenstunden des 18. Juli 1374, während er an einer Cäsarbiographie arbeitete. Die letzten Zeilen von seiner Hand sind ein Verweis auf Ciceros Briefe.

2. Persönlichkeit

Petrarca hat ein ebenso umfangreiches wie vielfältiges Oeuvre hinterlassen. Die Persönlichkeit, die sich darin offenbart, ist vielschichtig und bietet jedem Beschauer eine andere Ansichtsseite dar. Die Aufgabe, die dem Beurteiler zufällt, ist nicht leicht. Für Boccaccio und die Literaten seiner Zeit war es selbstverständlich, daß dem lateinischen Werk Petrarcas der Vorrang gebühre. Nachdem Bembo zu Beginn des 16. Jahrhunderts Petrarcas italienische Dichtung für mustergültig erklärt hatte, galt Petrarca drei Jahrhunderte lang schlechthin als der Verfasser des «Canzoniere». Mit der Romantik wird das anders. Die schöne Selbstverständlichkeit ist dahin. Petrarca erscheint problematisch. Während die einen noch schwärmerisch den schwermütigen Sänger einer idealen Liebe verehren, beginnen andere, den Vorwurf zu erheben, Petrarcas Dichtung sei keine echte Erlebnisdichtung und daher nur hohle Rhetorik, und je mehr gar die wirkliche Existenz Lauras in Frage gestellt wird, desto mehr will Petrarcas Lyrik als bloße Künstelei erscheinen. Dem Italiener der Risorgimento galt Petrarca überdies als der weltfremde Ästhet, der vaterlandslos und liebedienerisch gegenüber den Mächtigen sich dem politischen Leben fernhält und den Nöten des Vaterlandes verschließt. Während so der dichterische Stern Petrarcas im Sinken ist, steigt ein neuer Petrarca auf, der Humanist, das von den Banden der Mittelalterlichkeit befreite Individuum, der Entdecker der diesseitigen Welt, der «erste moderne Mensch». Während als Folge dieses Meinungsumschwungs das Verständnis für Petrarcas italienische Dichtung nachläßt, vor allem außerhalb Italiens, aber auch in Italien selbst, trotzdem De Sanctis auf die Bedeutung Petrarcas als Dichter hinweist, wendet sich im Laufe des 19. Jahrhunderts auch in Italien das Interesse zunehmend dem lateinischen Werk Petrarcas zu und trägt dazu bei, das Werk des italienischen Dichters in den Hintergrund zu drängen. Erst mit der in neuerer Zeit erfolgten Klärung des Renaissancebildes ist der Weg für eine richtigere Einschätzung des Humanisten Petrarca frei geworden. An der Verzeichnung Petrarcas als einem «modernen», ja irreligiösen Menschen hat die neuere italienische Forschung wesentliche Korrekturen angebracht; Petrarca erweist sich als weit weniger modern als die schwärmerische Renaissanceverehrung ihn haben wollte. Petrarca erscheint heute weit weniger modern, mittelalterlich und keineswegs heidnisch und unchristlich. Die Begeisterung für den Humanisten Petrarca hat die eifrige Durchforschung von Petrarcas lateinischen Schriften zur Folge gehabt. Die Frucht dieser Studien ist die vertiefte Kenntnis von Petrarcas reicher Persönlichkeit. Doch darf sich dies nicht als Verlockung auswirken, wiederum nur beim lateinischen Werk Petrarcas zu verweilen; auch seine unbestreitbare geistesgeschichtliche Bedeutung in der Entwicklung des Humanismus darf nicht zu einer ausschließlichen Betrachtung dieser Seite seines Schaffens verleiten. Dieser Gefahr droht weniger die italienische Forschung zu erliegen als die ausländische, bei der der Weg zur Würdigung des Dichters noch stärker durch ästhetische Vorurteile verlegt zu sein scheint. Unlängst noch schrieb ein englischer Kritiker, wenn Petrarca nur den Canzoniere verfaßt hätte, würde sich heute niemand mehr mit ihm befassen (Whitfield). Aber auch ein so vorzüglicher Kenner Petrarcas wie der Amerikaner E. H. Wilkins, der Petrarca sowohl als Dichter wie als Humanist gelten läßt, zeigt sich vor allem von der Persönlichkeit Petrarcas gefesselt, neigt also mehr zu einer geistesgeschichtlichen als einer ästhetischen Bewertung. Die neuere italienische Forschung indessen ist zu einem tieferen Verständnis der Lyrik Petrarcas vorgestoßen und damit zu einem entschieden positiven Urteil. Es gilt als unbestritten, daß das Verständnis der italienischen Gedichte Petrarcas oberstes Ziel der Beschäftigung mit Petrarca nur sein kann und daß andererseits erst die Kenntnis des Gesamtwerks auch das Verständnis des Canzoniere völlig erschließt. Noch treffender ist die Feststellung, daß erst vom Canzoniere und den «Trionfi» her ersichtlich wird, was an den lateinischen Dichtungen und Prosaschriften Petrarcas originell ist. Es darf wohl gesagt werden, daß heute niemand außer einem Kreis von historisch Interessierten sich mit Petrarca befassen würde, wenn er nicht der Dichter des Canzoniere gewesen oder von seinem Werk nur die lateinischen Schriften erhalten geblieben wären. Auch führt der Weg zu dem, was in seinem lateinischen Oeuvre am persönlichsten, und von der Bedeutung im Rahmen der Geschichte des Humanismus abgesehen, wesentlichsten ist, über den Canzoniere. Die lateinischen Werke müssen daher in erster Linie im Lichte von Petrarcas italienischer Dichtung betrachtet werden.

Das heißt jedoch nicht, daß sie ausschließlich unter diesem Gesichtspunkt zu bewerten seien. Sie verlangen vielmehr eine differenzierte Betrachtung. Im Zusammenhang mit dem italienischen Werk gesehen ist zu erkennen, daß aus dem lateinischen Gesamtwerk eines, die Schrift «De remediis», herauszulösen und den «Trionfi» zuzuordnen ist.

Damit wird ein Petrarca sichtbar, der nicht in das Schema: hie Dichter, hie Humanist hineinpaßt. Es ist der Moralphilosoph Petrarca – es ist die Seite seines Schaffens, die überhaupt im 15. Jahrhundert und lange darüber hinaus als die wesentlichste galt, ja die einzige die zunächst gesehen wurde.

Auch ist mit der Betrachtung der lateinischen Schriften die Wirkung Petrarcas als Humanist nicht voll erfaßt. Über seine in den Schriften, besonders den Briefen entfaltete Tätigkeit als Werber für das Verständnis und die Kenntnis der Antike hinaus, liegt ein wesentlicher Teil seiner Leistung als Humanist in seiner Tätigkeit als Philologe, als Hersteller guter Texte. Seine Leistung auf diesem Gebiet ist erst in allerneuester Zeit voll gewürdigt worden. Petrarca gebührt ein hervorragender Platz in der Geschichte der klassischen Philologie.

3. Die lateinischen Schriften

a) Die Briefsammlungen

Der wesentlichste Gewinn, den die Beschäftigung mit Petrarcas lateinischen Schriften bringen kann, ist die Vorbereitung darauf, im Canzoniere nicht eine Sammlung von Minneliedern oder – noch abwegiger – von Liebesgedichten in modernen Sinne zu erwarten, sondern ein poetisches Tagebuch, in dem viel mehr enthalten ist als nur die immer wiederkehrende Huldigung an eine schöne Frau. Ja das lateinische Werk erschließt den Canzoniere erst recht dadurch, daß die Gedanken und Gefühle, die in den Canzoniere in geläuterter, literarisch verarbeiteter Form eingehen, – schon etwas entpersönlicht und entrückt, stilisiert – in den lateinischen Schriften weit unmittelbarer zum Ausdruck kommen. Bei dem Egozentriker Petrarca ist alles, was er schreibt, im Grunde autobiographisch, die lateinischen Schriften, in denen er gesprächiger, mitteilsamer, ja geschwätziger ist, weit mehr als in seinem italienischen Werk. Das lateinische Oeuvre umfaßt die Briefe in Prosa, die Versepisteln, das Epos «Africa», philosophische oder besser gesagt: ästhetische Schriften, historische Werke und Streitschriften. Durch ihre Anzahl und die Unmittelbarkeit der Aussage heben sich die Briefe heraus. Schon Ugo Foscolo bemerkte die thematische Verwandtschaft vieler Briefe mit den italienischen Gedichten; ja er wies auf drei Etappen in der Verarbeitung des gleichen Motivs hin: ein freimütiges ungezwungenes Plaudern in den Prosabriefen, eine maßvolle, gezügelte Darbietung in den lateinischen Versepisteln, die fertige, endgültige Prägung in den italienischen Versen. Man muß sich dabei vergegenwärtigen, daß für Petrarca beim Schreiben das Latein die Sprache des alltäglichen Gebrauchs war; lateinisch schrieb er seine Notizen, die Randbemerkungen zu seiner Lektüre, die tagebuchartigen Aufzeichnungen in seinem Vergilkodex. Das Italienische hat er nur für seine Dichtung verwendet; nicht eine Zeile in italienischer Prosa ist von ihm erhalten.

Zwei Werke haben Petrarca durchs Leben begleitet: die Briefe und der «Canzoniere», das lateinische und das italienische Hauptwerk. Beide stückweise entstanden, von Tag zu Tag, beide in wohldurchdachten, monumentalen Kompositionen zusammengefaßt, in denen nichts dem Zufall überlassen ist, sorgfältig ausgewählt, – so daß von beiden, den Briefen und den Versen, ein Rest an «Verschiedenem» bleibt, – und nach einem bestimmten Plan geordnet; von beiden hat sich Petrarca unvergänglichen Ruhm bei der Nachwelt versprochen, eingestandenermaßen von den lateinischen Briefen, ja die Beachtung für sie fordernd, die italienischen Dichtungen ostentativ als Spielerei, Belanglosigkeit («nugae») hinstellend, zutiefst aber von ihrem Wert überzeugt und in der Tat durch sie, nicht durch die lateinischen Briefe, bei der Nachwelt berühmt. Den größten Ruhm bei der Mitwelt brachten ihm freilich die lateinischen Briefe.

Im Jahre 1349 beginnt Petrarca mit der Auswahl und Ordnung der seit 1325 verfaßten Briefe an die Freunde, «Epistolae de rebus familiaribus»; drei Fassungen durchläuft die Sammlung. Die endgültige ist die vom Jahre 1366, 350 Briefe insgesamt, in vierundzwanzig ‹Büchern›. Die nach 1361 verfaßten werden zu einer zweiten Sammlung, «Senilia», Altersbriefe, zusammengestellt; die beiden Sammlungen sollten eine Einheit bilden, mit einem Einleitungsbrief (Fam. I, 1) und einem abschließenden, an die Nachwelt gerichteten Brief («Posteritati»), als Abschluß der «Seniles», kurz: eine Lebensgeschichte in Briefen, absichtsvoll als literarisches Werk konzipiert und komponiert, als Ausdruck eines starken Selbstbewußtseins, ein Denkmal dichterischer Ruhmsucht. Gerichtet sind die Briefe an den Bruder Gherardo, an Freunde und Beschützer, Barbato da Sulmona, Giovanni Boccaccio, Giovanni und Giacomo Colonna, an hervorragende Zeitgenossen, an König Robert von Anjou, Kaiser Karl IV., Papst Clemens VI., an Cola di Rienzo; ein besonderer Abschnitt, das 24. Buch der «Familiares», enthält Briefe an die großen Persönlichkeiten der Antike.

Nur von wenigen Briefen Petrarcas sind die Originale überliefert. Sie weisen nicht die ursprüngliche Fassung auf. Für die Veröffentlichung hat Petrarca sie überarbeitet, mit Zitaten aus den antiken Dichtern ausgestattet, durch eingeschobene Betrachtungen allgemeiner Art erweitert, mit Sentenzen aus Seneca, Cicero, den Kirchenvätern versehen, stilistisch verbessert. Petrarcas Muster waren in Komposition und Diktion die Briefe Ciceros, besonders dessen Briefe an Atticus. Das Persönliche beließ er in der endgültigen Fassung nur, insofern es zur Darlegung allgemeiner Gedanken und Betrachtungen die Möglichkeit bot. Manche Briefe hat er zu langen Abhandlungen ausgesponnen, andere bleiben der Kürze der ursprünglichen Fassung näher. Mögen die «Seniles» spontaner sein, die «Familiares» reflektierter und zurückhaltender, so enthalten sie doch viel Persönliches, entzückende Schilderungen von Petrarcas alltäglichem Leben in Vaucluse, Berichte über seine Lebensweise, sein Haus, seine Kleidung, seine Speisen, seine Besucher, seine Bediensteten, über den Garten (XI, 12). Sie berichten überdies nicht allein von Petrarcas alltäglichen Erlebnissen und Sorgen, sondern sie gewähren einen tiefen Einblick in sein Denken und seine Stimmungen. Beständig kehrt sein Abscheu vor der Welt der Politik, des Kampfes, der Intrige, der Gewalttat, der Bosheit, der Sünde und des Lasters wieder und seine Sehnsucht nach der

Einsamkeit, der ländlichen Stille, der fruchtbaren Muße, die ihm den Umgang mit seinen Büchern gestattet, die Fertigstellung seiner Werke, dazu aber die Klage über seine eigene Wankelmütigkeit, sein Schwanken zwischen dieser Stille und dem Weltgetriebe, wo ihn Ehrenämter, Ehrungen, Ruhm und Lohn erwarten und die ständige Klage über die Unbeständigkeit des irdischen Glücks.

Als Petrarca die Sammlung der «Familiares» mit den vor 1360 verfaßten Briefen abzuschließen beschloß, löste er eine kleine Gruppe von 19 Briefen heraus und vereinigte sie zum Buch «Sine nomine.» Es sind Briefe – zwischen 1342 und 58 geschrieben –, in denen er in scharfen Worten die päpstliche Kurie in Avignon angriff. Um den Empfängern der Briefe keine Ungelegenheiten zu bereiten, tilgte er ihre Namen, daher der Titel der Sammlung. Petrarca tadelt und rügt, um zu bessern. Im Sinne des Franziskanertums seiner Zeit predigt er die Rückkehr zur Anspruchslosigkeit der Urkirche. Sehnsüchtig wartet er auf einen Erneuerer, der die Kirche in ihrer Reinheit wiederherstelle. Das Thema gehört zu den wesentlichen Anliegen Petrarcas. Es kehrt in einigen Eklogen des etwa zur selben Zeit verfaßten «Bucolicon carmen» wieder, ebenso auch in seinen italienischen Gedichten, im «Canzoniere».

Die Motive der Prosabriefe kehren in den Versepisteln wieder, «Epistolae metricae», 66 Briefe in lateinischen Hexametern. Die meisten stammen aus Petrarcas jungen Jahren; der älteste ist 1333 datierbar, nur wenige wurden nach 1350 verfaßt, keiner nach 1354. Um 1350 begann Petrarca diese Briefe zu sichten mit der Absicht, sie in drei Büchern zusammenzufassen. Manche wurden neu bearbeitet; andere sind nur in einer, der ursprünglichen Fassung überliefert, denn die endgültige Fertigstellung der Sammlung unterblieb. So sind viele dieser Episteln wirkliche, echte Briefe, unmittelbarer als die Prosabriefe und vielfältiger im Inhalt; der Bogen ist weit gespannt vom kurzen Dankesbrief zum freimütigen Bekenntnis. Nicht ohne Reiz ist die spielerische Eleganz des Briefes an Giovanni Colonna (III, 5) zum Dank für einen Hund, den dieser ihm schenkt. Aus dem Dank an Luchino Visconti, der ihm für seinen Garten Obstbäume geschenkt hat, spricht der Gartenfreund Petrarca. Als er aber die Früchte der Bäume zum Dank übersendet, macht er aus dem Begleitschreiben einen Hymnus auf die Fruchtbarkeit italienischen Landes (II, 11). Dieses Motiv kehrt mehrfach wieder in den Episteln. Am schönsten erklingt seine Heimatliebe in der Epistel, die er bei seiner endgültigen Rückkehr als Gruß an Italien verfaßt (III, 24: «Salve, cara Deo tellus sanctissima, salve»), sein schönstes lateinisches Gedicht.

Auffallend ist die ausgeprägte Bekenntnishaftigkeit von manchen dieser Episteln. Überraschend aber der breite Platz, den die Liebe zu Laura darin einnimmt. In der Zeit der eifrigsten Arbeit am «Canzoniere» entstanden, sind sie erfüllt mit den Motiven, die in den italienischen Gedichten wiederkehren, manchmal fast im Wortlaut übereinstimmend. Im Jahre 1338 an Giacomo Colonna berichtet Petrarca (I, 6), wie er sich vergeblich bemüht, sich von der Liebe zu Laura frei zu machen, wie er die Waldeseinsamkeit sucht, ein Baumstamm aber ihr Bild verzaubert (das Motiv kehrt wieder in der Kanzone «Di pensier in pensier»). Im gleichen Brief wechselt Petrarca die Tonart und entwirft, wie in den «Familiares», ein Bild seines Lebens in Vaucluse. Hier findet sich in reizenden Versen das Lob seiner besten Freunde, der Bücher nämlich, mit dem Preis der idyllischen Landschaft vereint, die das Schaffen befruchtet: «Et iuvat ingenti haurire silentia silvae,/ murmur et omne nocet, nisi dum vel rivus arene/ lucidus insultat, vel dum levis aura papirum verberat et faciles dant carmina pulsa susurros» (V. 227–230). Im Pestjahr 1340 ist verfaßt der Brief «An sich selbst» (Ad se ipsum, I, 14), eine Gewissensprüfung, voller Todesangst, voller Selbstvorwürfe über seine Unfähigkeit, sich von der Fleischeslust zu lösen, voller Klage über die Vergänglichkeit und die Unwiederbringlichkeit der Zeit, voller Sorge, sie könne um sein, ehe er sich aus den Verstrickungen der Sünde gelöst, ehe er sie genutzt habe für sein Schaffen, für seinen Ruhm; dazu vergleiche man das Sonett «La vita fugge e non s'arresta una ora». Und schließlich die Epistel, die als Einleitung dient, 1350 als Widmung an Barbato da Sulmona verfaßt, voller Zerknirschung über seine Liebe zu einem irdischen Weibe, aber gefaßter, durch den Tod Lauras von ihr entrückt; zu seiner – wohlgemerkt italienischen – Dichtung hat er Abstand gewonnen; er schämt sich ihrer, doch läßt er den Ruhm, die sie ihm eintrug, nicht unerwähnt. Stimmung und Motive berühren sich aufs engste mit dem Einleitungssonett des Canzoniere: «Voi ch'ascoltate in rime sparse il suono». Doch bleibt es bei aller thematischen Verwandtschaft zwischen den «Metricae» und dem «Canzoniere» beim bloßen Anklang. Was hier oft nur ein Wort ist, ein einzelner Vers, erscheint dort erst ausgeführt und voll ausgeschöpft. Die Motive, die hier nur Larven sind, schlüpfen erst im Canzoniere als Schmetterlinge hervor. Trotz des Canzoniere möchte man freilich die «Metricae» nicht missen, doch bestätigt der Abstand, der die «Metricae» von der Prosa der «Familiares» trennt, zugleich, daß Petrarca um so mehr an Echtheit und Wahrhaftigkeit gewinnt, je mehr er die Breite der Prosa meidet und sich der Disziplin der poetischen Form, die er selber sucht, unterwirft.

b) Zwei autobiographische Briefe

Unter den Briefen Petrarcas nimmt der Brief an die Nachwelt («Posteritati») eine Sonderstellung ein. Er ist als eine Art offizieller Lebensgeschichte angelegt. Der Brief ist nicht vollendet. Die Erzählung der äußeren Lebensumstände bricht bei den Ereignissen des Jahres 1351 ab. Die Annahme ist wohl zutreffend, daß die Schrift nach der Übersiedlung nach Mailand begonnen wurde; Petrarcas florentinische Freunde hatten daran Anstoß genommen, daß Petrarca sich bei den Visconti niederließ; als Teil einer Rechtfertigung entstand sein Lebensbericht, der aber abbricht, ehe er zum entscheidenden Jahr 1353 gelangt. Die Arbeit daran wurde 1370/71 wieder aufgenommen; denn inzwischen hatte Petrarca den Plan gefaßt, die Schrift als Brief an die Nachwelt an das Ende der Altersbriefe, der «Senilia», zu stellen; doch wurde der Lebensbericht wiederum nicht fortgeführt, und die Fassung blieb unfertig.

Der Brief gliedert sich in zwei deutlich geschiedene Teile. Der erste enthält eine Charakteristik seiner selbst, der zweite gibt erst eine Schilderung des äußeren Lebensganges. Im zweiten Teil steckt die ursprüngliche Apologie; der erste ist später vorangestellt, offenbar als der Gedanke auftauchte, den Brief an das Ende der «Senilia» zu stellen. Der erste Teil verrät durch seinen Stil die Absicht der Stilisierung in antiker Art. Er ist keine Biographie im modernen Sinn, sondern ein βίος, die Darstellung einer Lebensweise im antiken Sinn; sie will kein individuelles Leben darstellen, sondern einen Typ; daher spricht der Autor nicht von sich in der Ichform; nach den ersten Sätzen geht Petrarca zur dritten Person über (Corpus iuveni . . .). Er gibt keine Erzählung, sondern eine systematische Abhandlung nach Rubriken, so wie es das Schema der Kaiserbiographien Suetons ist und ebenso wie es Petrarcas Vorbild, Ovid, im letzten Gedicht seiner «Tristia» mit seiner Autobiographie gehalten hat: Anrede an die Nachwelt, Heimat, Herkunft, Geburt, Studien usw.; ebenso Petrarca in dem ersten Teil seiner

Biographie: Anruf an die Nachwelt, Allgemeines über den Lebenslauf (Rolle der Eitelkeit!), äußere Erscheinung, Abstammung, allgemeine Lebensweise, Verhalten zu Freunden, Bildungsgang, Tätigkeit als gelehrter Redner und Diplomat. Erst der danach einsetzende Teil ist ein Lebenslauf im modernen Sinne; Petrarca setzt hier von neuem ein, bei der Geburt beginnend und erzählt, nunmehr alles in der Ichform, seinen Lebensgang von Kindheit an, von seinen Studien, seinen Reisen, der Dichterkrönung in Rom und von seinen Werken, alles in chronologischer Ordnung, die Nennung der Werke zeitlich an der richtigen Stelle und motiviert. Hier ist im modernen Sinne das Leben als eine Entwicklung gesehen, dynamisch.

Dennoch läßt Petrarca wenig in sein Inneres blicken. Wichtige Punkte seiner inneren Entwicklung, von deren Bedeutung für ihn wir aus seinen anderen Schriften wissen, sind hier nur gestreift. Nur im ersten, systematischen Teil des Briefes erwähnt er kurz – ohne Namensnennung – die, wie er betont, reine Liebe zu Laura. Seinen Kampf gegen die Sinnlichkeit, die ihm schwer zu schaffen gemacht und von der er in anderen Schriften spricht, erwähnt er offenbar bloß der Vollständigkeit halber. Nur gestreift ist die Krisis der Jahre 1342/43, wo er mit dem Gedanken spielte, dem Bruder ins Kloster zu folgen; ebenso kurz ist die Krise der Jahre 1348/51 abgetan, wo ihn der Verlust Lauras, des Kardinals Colonna und mehrerer anderer Freunde traf. Fortgelassen ist auch jede Erwähnung seiner Dichtung in der Volkssprache.

Aufgeführt sind dagegen seine lateinischen Werke: die «Africa», das «Bucolicum carmen», das «De vita solitaria», dann aber vor allem seine prosaischen und metrischen Briefe, seine lateinischen Reden als Abgesandter hoher Herren. Er hebt seine Liebe zur antiken Dichtung und Philosophie hervor, seine Verehrung Roms, verweilt umständlich bei dem Bericht von seiner Dichterkrönung auf dem Kapitol, betont wiederholt, wie sehr ihm die zurückgezogene Lebensführung eines Gelehrten wichtig sei und gedenkt dankbar der Schaffensjahre in Vaucluse und Selvapiana, letzteres ihm besonders teuer als der Entstehungsort der «Africa». Hieran sollte sich wohl der Dank an die Visconti fügen, die ihm in Mailand ein neues Refugium boten, das ihm die Fortführung seiner Gelehrtenarbeit gestattete.

Auch der zweite Teil bleibt karg an Einblicken in Petrarcas Innerstes; er bleibt ein reichlich trockenes ‹curriculum vitae›; über den Dichter erfährt man wenig; die Motive seiner Dichtung klingen nur leise an; allein im Rampenlicht steht der Verehrer, Erforscher und Nachvollzieher der Antike. In dieses Bild gehört das Lob der weltlichen, der Gelehrsamkeit dienenden Muße, die Pflege der Freundschaft und des Gedankenaustausches unter Gleichgesinnten, die Würdigung des frei schaffenden geistigen Menschen, der den Mächtigen dieser Welt ebenbürtig ist. Der Brief «Posteritati» ist ein bedeutsames Zeugnis einer neuen geistigen Haltung, eines neuen Selbstgefühls und Persönlichkeitsbewußtseins.

Petrarcas Brief an die Nachwelt, durch Form und Inhalt aus dem Rahmen seiner übrigen Briefe herausfallend, hat von je her die Aufmerksamkeit der Biographen auf sich gezogen. Es muß vor seiner Überbewertung gewarnt werden. Er kann nicht als ein einwandfreies und auch nicht als ein erschöpfendes Zeugnis von Petrarcas Leben und Denken gewertet werden. Der Brief ist alles andere als eine Bekenntnisschrift; er ist eine programmatische Äußerung. Das Bild, das Petrarca hier von sich entwirft, ist stark stilisiert, nach einer Richtung hin stilisiert. Petrarca schildert sich hier nicht so, wie er sich selbst sah, sondern wie er – auf der Höhe des Lebens angelangt – gesehen werden wollte, oder, richtiger vielleicht noch: wie er wußte, daß seine Zeitgenossen ihn sahen und sehen wollten: als den Gelehrten, den Orator, den lateinischen Dichter, den Wiederbeleber des römischen Altertums.

Es ist ein völlig einseitiges Bild, aus dem das italienische Schaffen fortgelassen ist, in dem der Dichter des «Canzoniere» verschwiegen wird. Als Einführung in die Lektüre des «Canzoniere» ist es ungeeignet, ja irreführend, da es vom Dichter des «Canzoniere» weit abführt, zum Verständnis des «Canzoniere» keine Hilfe bietet, ja einige Stellen werden erst dem Kenner der italienischen Gedichte verständlich.

Das Bild von Petrarcas Persönlichkeit, das der Brief an die Nachwelt bietet, verlangt nach einer Berichtigung und Ergänzung. Diese findet sich in dem Brief, den Petrarca an seinen Jugendfreund Guido Sette, den Erzbischof von Genua, im Jahre 1367 schrieb (Senilia X, 2). Hier fehlt jede Pose, jede Zurschaustellung, jegliches Rechtfertigungsbedürfnis. Er ist so persönlich, warm und offenherzig, wie jener andere unpersönlich, kühl und verschlossen war. Ohne literarische Pose, im vertraulichen Plauderton, erinnert Petrarca den Freund an gemeinsam Erlebtes, die Kinderjahre in Carpentras, die Studienjahre in Montpellier und Bologna, den ersten Ausflug nach Vaucluse, den sie gemeinsam unternahmen; dann gedenkt er der glücklichen Schaffensjahre an den Ufern der Sorgue, der ersten großen Reise nach Paris und Flandern, der ersten Romreise und der Begegnung mit Stefano Colonna und des ersten Aufenthaltes in Neapel. Danach gedenkt er der übrigen italienischen Städte, wo er geweilt hat, besonderes Lob Mailand und Venedig spendend. In das selige Gedenken der Jugendjahre mischt sich von Anfang des Briefes an, immer wiederkehrend, die Betrachtung über die Veränderlichkeit aller Dinge, den unablässigen Wandel der Welt und der eigenen Person, nicht ohne Wehmut festgestellt, als unverrückbare Tatsache, mit der er sich abgefunden hat. Freilich meint Petrarca gegenüber seiner Jugendzeit eine Verschlechterung der Welt feststellen zu können, vor allem eine Verschlimmerung der politischen Verhältnisse; abschließend gedenkt er mit Grauen des Wütens der Pest. Die Natur von Vaucluse, Vergänglichkeit und Tod – wer den Petrarca des «Canzoniere» sucht, der findet ihn hier.

c) Die lateinischen Schriften außer den Briefen

Petrarcas lateinische Schriften machen etwa neun Zehntel seines gesamten Schaffens aus. Am nächsten stehen uns die Briefe. Sie allein reichen aus, um sich eine Vorstellung von der Vielfalt von Petrarcas reicher Persönlichkeit zu machen. Die übrigen Werke dienen als willkommene, aber nicht unentbehrliche Ergänzung. Langatmiger, umständlicher, gelehrter, wie sie sind, fehlt ihnen, soweit sie Dichtung sein wollen, der poetische Schwung, sofern sie belehren wollen, die Originalität und der gedankliche Tiefgang. Ein Interesse läßt sich ihnen nur abgewinnen, wenn man sie als Zeugnis von Petrarcas Persönlichkeit betrachtet; als solche sind sie wichtig, um vor einer Überschätzung von Petrarcas Modernität zu bewahren.

Zwei Gruppen lassen sich unterscheiden. Die einen fügen sich in das Selbstbildnis des «Posteritati», die anderen ergänzen das Korrektiv, das im Brief an Guido Sette gegeben ist. Die einen entspringen der Begeisterung für das alte Rom, die anderen sind mehr oder minder und letzten Endes immer Selbstbetrachtungen. Die einen wollen historische, die anderen philosophische Werke sein. Die einen bilden den Aufgesang, die anderen den Abgesang. Der

Wendepunkt liegt bei den Jahren 1341/42. Petrarca macht eine innere Wandlung durch. Er wird frommer. Der Eifer für den Themenkreis der früheren Jahre erlahmt. Alle historisch orientierten Werke bleiben unvollendet. Augustinus siegt über Cicero und Seneca. Die Ambition, als lateinischer Dichter zu Ruhm zu gelangen, wird stillschweigend beiseite gelegt; den grüblerischen Gewissenserforscher der moralphilosophischen Schriften der späteren Jahre begleitet bis zuletzt nur der Dichter des «Canzoniere».

Dem Erwecker des römischen Altertums lag sein Epos «Africa» am meisten am Herzen. Es ging aus der Arbeit an der Schrift «De viris illustribus» hervor; ihm folgten noch nach die «Rerum memorandarum libri».

Das Epos «Africa» wurde 1338 oder 1339 in Vaucluse begonnen, ein großer Teil 1341 in Selvapiana niedergeschrieben, von 1343 an mit Zusätzen versehen und überarbeitet, niemals vollendet. Einen Auszug konnte Petrarca 1341 vor der Dichterkrönung König Robert in Neapel vorlegen. Zu Lebzeiten wurde nur eine kleine Stelle, nur 34 Verse, durch die Indiskretion eines Freundes bekannt; das ganze Werk wurde erst aus dem Nachlaß 1396 veröffentlicht. Bei den Zeitgenossen genoß Petraraca wegen dieses Opus großen Ruhm, – ohne daß sie es gekannt hätten. Er selber war sehr stolz darauf; es war und blieb sein Lieblingswerk. Ihm verdankt er seine Dichterkrönung; im Brief an die Nachwelt hebt er es unter all seinen Schriften hervor. Die «Africa» schildert in neun Büchern den Kampf zwischen Rom und Karthago, zwischen römischer Virtus und karthagischer Tücke; Rom wird in der Person des Scipio Africanus verherrlicht. Das Gedicht beginnt mit einer Vision Scipios, in der ihm der Untergang Karthagos geweissagt wird; es folgt die Erzählung des zweiten Punischen Krieges mit verschiedenen Episoden und endet mit Scipios Rückkehr nach Rom. Mit seiner «Africa» hat Petrarca mit Vergil in Wettstreit treten, das antike Epos nachschaffend wieder aufleben lassen wollen.

Doch sollte die «Africa» ein lehrhaftes Werk werden, denn Petrarca hatte sich noch nicht vom mittelalterlichen Vorurteil gegen die Poesie als einem Lügengewebe freimachen können. Daher war er sorgfältig auf Quellentreue bedacht. So mißriet sein Epos zur versifizierten Historie. Dichtung ist es nicht geworden.

Als Einführung in die römische Geschichte und als Verherrlichung der Römertugend verfaßte Petrarca die Schrift «Über die berühmten Männer», «De viris illustribus»; begonnen wurde sie in

Vaucluse 1338 und vor der Aufnahme der Arbeit an der «Africa» vorläufig abgeschlossen in Selvapiana 1343, nachdem die «Africa» in großen Zügen vorlag. Es waren 23 Biographien bei Romulus beginnend und sollte bis Titus reichen; bei Scipio Africanus und Cato Censor angelangt, brach Petrarca ab, um sich der «Africa» zuzuwenden. Nach einem Jahrzehnt nahm er die Arbeit wieder auf, änderte aber den Grundplan; jetzt sollten nicht nur Römer, sondern große Männer aller Zeiten aufgenommen werden. Er fügte weitere 12 Biographien hinzu, 9 biblische Figuren, 2 Griechen. Auch hier ging es Petrarca um historische Treue: «neque mihi fabulam fingere sed historiam renarrare propositum est»; er gibt zahlreiche Daten und ist um genaue Zitate bemüht. Aber die Tendenz ist moralisch, erzieherisch. Die Römergestalten werden als Beispiele der Tugend, von den Nichtrömern einige als Beispiele der den Römertugenden entgegengesetzten Laster dargestellt. Durch die Aufgabe des ursprünglichen Plans wurde der Nachdruck von der Begeisterung für die Antike auf die christliche Morallehre verschoben. Noch mittelalterlicher in Geist und Anlage ist das Werk «Rerum memorandarum libri», im Anschluß an das «De viris» 1343 begonnen, 1345 unvollendet gelassen. Petrarca beabsichtigte, historische Anekdoten, Sagen und Geschichten nach dem Muster des Valerius Maximus und großenteils aus ihm schöpfend zusammenzutragen. Es ist eine Exempla-Sammlung, wie die des Mittelalters.

Den Höhepunkt erreicht Petrarcas Romverehrung, als er am vierten Teil des «De Viris» und an der «Africa» arbeitet; danach wird aus dem Bewunderer der Antike wieder der christliche Morallehrer.

Bemerkenswert an Petrarcas Bild der römischen Geschichte ist seine Abkehr vom Kaisertum. Das Kaisertum seiner Zeit schätzt er realistisch als eine abgestorbene Einrichtung ein. Das Römische Reich existiert nicht mehr, aber Italien ist berufen, Sitz eines erneuerten Römertums zu werden. Doch das zeitgenössische Italien ist im Bruderzwist zerrissen. Sein Anblick kann in ihm nur Trauer und Sorge erwecken, daher seine Begeisterung für Cola di Rienzo, in dem er die Größe Roms und die Tugenden der Republik wiedererstehen sieht, aber auch seine Abwendung von ihm, als dieser sich als ein Verräter am Ideal der republikanischen Freiheit, als ein Tyrann erweist (Ep. var. 92, Ep. sine nom. 2; Fam. VII, 7). Diese verschiedenen Einstellungen und Stimmungen schlugen sich auch in Petrarcas Dichtung nieder: seine Begeisterung für Italien als Wiege der römischen Dichtung in der Epistel «Salve, cara Deo» (III, 24: «mundoque dedere magistram»), seine Trauer über das politisch darniederliegende Italien seiner Zeit in der Kanzone «Italia mia» (Canz. 128), die auf den römischen Senator Bosone da Gubbio gesetzten Hoffnungen in der Kanzone «Spirto gentil» (Canz. 53) (sie bezieht sich nicht, wie man früher meinte, auf Cola).

Unter den philosophischen Schriften gebührt dem «Secretum» oder, wie es in einigen Handschriften heißt, «De secreto conflictu curarum mearum» «vom Widerstreit meiner inneren Nöte», der erste Platz. Es ist das wichtigste Korrektiv zum Brief an die Nachwelt, ebenfalls eine Selbstdarstellung, aber nicht für die Öffentlichkeit bestimmt, eine echte Bekenntnisschrift. Hier steht alles, was im Brief an die Nachwelt verschwiegen wird. Hier erklingt die Stimme des Dichters der Sonette und Kanzonen; hier schwingt die Stimmung, die den Unterton zum Kanzoniere bildet: Wehmut und Verzicht, Schuldgefühl und Erlösungsverlangen. Man muß das «Secretum» lesen, um sich von der Vorstellung des antikisch sich gebenden, von diesseitsbezogenem Selbstgefühl geschwellten Petrarca zu lösen. Hier macht sich Petrarca seine Ruhmsucht und seine Liebe zu Laura zum Vorwurf, denn beide, auch die Liebe zu Laura, obwohl ohne niedere Begierde und auf eine edle Frau gerichtet, sind Ausdruck weltlicher, unfrommer Haltung. Bei der Lektüre des «Canzoniere» ist es wesentlich, sich dieser Einstellung Petrarcas zu erinnern.

Das «Secretum» entstand in den Jahren 1342 und 1343; es war für Petrarca die Zeit einer schweren inneren Krise, in der er mit dem Gedanken spielte, dem Beispiel seines Bruders zu folgen, der sich 1343 ins Kloster zurückgezogen hatte. In dieser Zeit sind vermutlich auch Petrarcas lateinische «Bußpsalmen» entstanden, die Schrift «De vita solitaria», welche die Einsamkeit des Gelehrten in der ländlichen Stille bei seinen Büchern preist, sowie die Schrift «De otio religiosorum», eine Lobpreisung des Klösterlichen, der den weltlichen Leidenschaften entrückten Einsamkeit.

Der gleichen Zeit gehört das «Bucolicum carmen» an, 12 Eklogen in der Art Vergils, in der Hauptsache zwischen 1346 und 1348 entstanden. Wie das ganze Mittelalter Vergils «Bucolica» als allegorisches Gedicht, d. h. als lehrhafte Dichtung mißverstand, so auch Petrarca. Sein «Bucolicum carmen» ist von vornherein als Allegorie verfaßt, das heißt verschlüsselt, daher heute nicht mehr in allem verständlich, poetisch belanglos. Thematisch berührt es sich mit den philosophischen Dialogen. Petrarca zeigt sich hier wieder zwischen Weltverachtung und Weltsucht schwankend. Die elfte Ekloge, auf den Tod Lauras, erörtert das menschliche Verhalten angesichts des Todes, die Ratlosigkeit des Verstandes, die Tröstung durch den Glauben. Andere behandeln politische Fragen.

d) Die Schrift «De remediis»

Nach mittelalterlichen Begriffen, an einem Manne wie Dante gemessen, ist Petrarca ein philosophischer Ignorant: Aristoteles, Thomas, Averroes existieren nicht für ihn; er kennt sie nicht, und er schätzt sie gering. Dies bringt Petrarca selbst zum Ausdruck in der Streitschrift «De sui ipsius et multorum ignorantia» des Jahres 1367, in der er sich gegen einige Kritiker wendet, die ihn einen Ignoranten genannt hatten. Das gesamte aprioristische, formale Denken lehnt er ab. Nicht theologische Spekulation, nicht das Dogma interessiert ihn, sondern die Moralphilosophie. Ihr gilt die Schrift «De remediis utriusque fortunae» «Von den Abhilfen in Glück und Unglück», vor 1360 begonnen, 1366 vollendet, dem Freunde Azzo da Correggio, der sich im Glück und Unglück bewährt hatte, gewidmet. Es sind je 122 und 131 Dialoge. Die Gesprächspartner, die Vernunft, der Schmerz und die Furcht, unterhalten sich über Freuden, Leiden, Mühen und Kummer des irdischen Daseins. Für jede Lebenslage konnte der Leser hier, wie in einem Kalender oder in der Bibel, Tag für Tag Rat und Trost suchen. Nach dem Muster von Senecas «De remediis fortuitorum» hielt Petrarca hier ein Schatzkästlein an Sentenzen, Maximen, Betrachtungen und erbaulichen Beispielen bereit, überwiegend den antiken Schriftstellern, aber auch den Kirchenvätern entnommen, – ein Trostbüchlein nach christlicher Art, aber mit antikem Stoff. Petrarca lehrte hier nicht im mittelalterlichen asketischen Geiste Verachtung der irdischen Güter, sondern im stoischen Geiste empfahl er, sich durch die menschliche Klugheit leiten zu lassen. Doch blieb er in manchem völlig mittelalterlichem Geiste verhaftet, so in der Verurteilung der Ehe, wogegen schon sein Schüler Coluccio Salutati Einspruch erhob. Mittelalterlich war das Werk auch in seiner schematischen Anlage. Es ist daher völlig abwegig, im «De remediis» ein Zeugnis für Petrarcas angebliche Irreligiosität, seine Lösung vom Christentum zu suchen. Petrarcas Stoizismus tut seiner Gläubigkeit keinen Abbruch. Die stoische Philosophie ist ihm nur eine Abart der christlichen. Die Wahrheit bietet sich in mannigfacher Gestalt dar, so kann die christliche in der stoischen enthalten sein. Wo aber Petrarca sich vor eine Entscheidung zwischen der stoischen und ihrer Antithese gestellt sieht, entscheidet er sich immer gegen die Stoa. «Das Lehrgebäude der katholischen Religion steht für ihn felsenfest» (Heitmann). Moralphilosophische Betrachtungen ziehen sich wie ein roter Faden durch das Gesamtwerk Petrarcas. Daß er sich besonders zur Moralphilosophie hingezogen gefühlt hat, sagt er selbst im Brief an die Nachwelt (ad moralem precipue philosophiam . . . prono). Das «De remediis», das einzige seiner Werke, das ausschließlich moralphilosophischer Belehrung dient, ist somit als Petrarcas größte Anstrengung hinsichtlich dessen, was ihm am meisten am Herzen lag, anzusehen. Im Rahmen seiner lateinischen Werke nimmt es noch insofern eine Sonderstellung ein, als er es nicht für eine kleine Schar von Kennern schreibt, wie seine anderen Schriften, sondern ausdrücklich für ein breiteres Publikum; er wende sich, sagt Petrarca im Vorwort, «ad vulgares sepius quam ad philosophos.» Er veröffentlichte es, entgegen seiner sonstigen Gewohnheit, gleich nach der Fertigstellung, 1366; eine zweite Bearbeitung mit Berichtigungen und Zusätzen ließ er folgen.

Der Erfolg war ungeheuer. Coluccio Salutati bezeichnete es als ein «sacrum opus», ein Ehrentitel, den er sonst der Göttlichen Komödie und der Aeneis vorbehielt. Das «De remediis» verdankt sein Glück mehreren Umständen. Einmal wich es in seiner Anlage nicht von der gewohnten Darstellungsform mittelalterlicher Lehrschriften ab. Andererseits bot es die Weisheit der Antike in einer Form, die nicht mit dem christlichen Glauben im Widerspruch stand. Und es brachte eine Fülle von Belehrung. Für das erwachende Interesse an der Antike bot es überdies in allerlei Exkursen eine Unmenge von Sachwissen, über die Musik in der Antike, das Ballspiel, die Steinschneidekunst, den Selbstmord und derlei mehr. Das Wesentlichste war jedoch, daß der Verfasser hier ein zwar christliches, aber vom menschlichen Glück im Diesseits handelndes, auf die antiken Schriftsteller sich berufendes Trostbüchlein schuf. Als solches konnte es auch späteren Generationen gefallen.

Die Wirkung setzte unmittelbar ein und ergriff ganz Europa. Es sind nicht weniger als 113 Handschriften erhalten, von Spanien bis

Polen. Zu Petrarcas Lebzeiten wurde die Schrift auf Geheiß eines seiner Verehrer, König Karls V. von Frankreich, ins Französische übersetzt. Zweimal wurde es ins Italienische übertragen, einmal im 15. Jahrhundert und noch einmal im 16., außerdem ins Spanische, Englische, Holländische, Schwedische, Ungarische und Tschechische. Die Erfindung des Buchdrucks brachte neue Möglichkeiten der Verbreitung. Die «editio princeps» des lateinischen Textes aus dem Jahre 1474 gehört zu den frühesten italienischen Drucken. Von da an bis ins 18. Jahrhundert folgten insgesamt 28 Ausgaben des lateinischen Originals, wozu noch 19 Auszüge kommen und die Abdrucke in den Gesamtausgaben. Die besonders große Zahl der in Deutschland verbreiteten Handschriften und der deutschen Drucke zeigen, wie sehr Petrarca dort gerade als Moralphilosoph gegolten hat.

Die erste gedruckte deutsche Übersetzung erschien in Basel 1490. Den größten Erfolg hatte die illustrierte Ausgabe, die 1532 in Augsburg herauskam, mit 239 Holzschnitten eines unbekannten Meisters aus der Schule Hans Burgkmairs, «Von der Artznei bayder Glück des guten und widerwärtigen». Bis 1652 wurde dieses Prachtwerk nicht weniger als elfmal neu aufgelegt. Nach 1756 ist kein Druck des «De remediis» mehr erschienen; die Schrift geriet in völlige Vergessenheit.

4. Die italienischen Werke

a) Der Canzoniere

Petrarcas größte Leistung sind seine lyrischen Gedichte, die er selber zu einem Liederbuch zusammenfaßte, einem ‹canzoniere›. Selber gab er ihm den Titel «Rerum vulgarium fragmenta», «Bruchstücke in der Vulgärsprache». Stets hat er für seine lyrischen Gedichte eine gewisse Geringschätzung zur Schau getragen. Er bezeichnet sie wiederholt als «nugae», d. h. als Spielereien, Belanglosigkeiten. Das ist nicht nur Pose. Er stellte die lateinische Dichtung über die vulgärsprachliche, das Latein über das Volgare. Auch mag mitgespielt haben, daß er aus seiner christlich-asketischen Einstellung heraus den weltlichen Inhalt seiner Dichtung geringer einstufte. Doch sollte man auch nicht übersehen, daß schon Catull seine Gedichte als «nugae» bezeichnet hatte. Wenn Petrarca das Gleiche tut, so gibt er sich als Humanist, antikisch.

So kann man Petrarcas Geringschätzung seiner italienischen Lyrik nicht für bare Münze nehmen. Im Grunde war sich Petrarca des Wertes seiner Dichtung wohl bewußt. Nicht ohne Stolz berichtet er Giacomo Colonna (Ep. metr. I, 6), daß seine Gedichte Laura zum Schmuck gereichten und sie (und damit auch ihn) weithin bekannt gemacht hätten: «carminibusque ornata meis auditaque longe». An anderer Stelle (Sen. V, 2) stellt Petrarca zwar die antike über die vulgärsprachliche Dichtung, doch nur um festzustellen, daß die Vollkommenheit der antiken Dichtung noch nicht von der volkssprachlichen erreicht worden sei; gemeint ist aber, daß sie erreichbar ist. Dies war eben sein Anliegen als italienischer Dichter. Davon zeugen die unablässigen Verbesserungen, die Petrarca in unermüdlicher Arbeit an seinen Gedichten vorgenommen hat. Er hat ständig daran gefeilt.

Die Entstehung des Canzoniere zog sich über sein ganzes Leben hin. Sie läßt sich genau verfolgen. Den Entschluß, unter seinen Gedichten eine Auswahl zu treffen, faßte Petrarca wohl im Jahre 1336. Danach kam ihm der Gedanke, der Sammlung eine innere Ordnung zu geben und diese planvoll auszubauen. Dies ist in den Jahren 1342–47 geschehen; jetzt schon, vor dem Tode Lauras, war der Plan zu einer Zweiteilung angelegt; er wurde nach 1348, nach dem Tode Lauras ausgebaut. Die Gedichte an die tote Laura bilden den zweiten Teil der Sammlung, die 171 Gedichte enthielt. Eine erste vorläufige Ausgabe sandte Petrarca an Azzo da Correggio; eine Abschrift davon ist im Codex Chigiano L. V. 176 erhalten; sie umfaßte 215 Gedichte. Diese erste Sammlung wurde im Laufe der Jahre vom Dichter durch neue Gedichte erweitert, die nicht einfach angereiht wurden, sondern an verschiedenen Stellen, wie es dem Dichter nach Form oder Inhalt geboten erschien, eingefügt. Die neue Fassung sandte Petrarca im Jahre 1373 an Pandolfo Malatesta. Doch war es nicht die letzte. Diese liegt uns vor in der Ausgabe letzter Hand, die uns im Codex Vaticanus 3195 erhalten ist. Sie ist vom Autor selbst durchgesehen und trägt Randbemerkungen und Verbesserungen aus seiner Feder. Diese endgültige Fassung enthält 366 Gedichte.

Außer den Gedichten des «Canzoniere» ist eine kleine Anzahl von Gedichten auf uns gekommen, die der Dichter aus inhaltlichen oder formalen Gründen ausgeschlossen hatte, die sogenannten «rime stravaganti». Ihre Echtheit ist in einigen Fällen umstritten. Für die Beurteilung des Gesamtwerkes können sie außer Betracht bleiben; z. T. sind es Gelegenheitsgedichte, Dankesworte an Freunde und dergleichen, z. T. sind es unvollendete Entwürfe.

Die im ‹Canzoniere› zusammengefaßten Gedichte sind zunächst einmal Liebesgedichte, Minnelieder. Besungen wird eine Frau, die Petrarca am Karfreitag des Jahres 1322 in der Kirche der hl. Klara zu Avignon zum ersten Male erblickt haben will. Ihr Tod fällt ebenfalls auf den Karfreitag, nämlich des Jahres 1348. Man hat aus diesen Daten schließen wollen, daß es sich um eine gewisse Laura de Sade gehandelt habe. Die Angaben über Laura in den Gedichten bleiben aber von so allgemeiner Natur, daß man über eine Vermutung nicht hinauskommt. Das ist aber auch ganz unwesentlich. Die auffällige Datierung der ersten Begegnung und des Todes auf den Karfreitag läßt vielmehr erkennen, daß hier eine Stilisierung vorliegt, ein Heranrücken der Gestalt Lauras an die sakrale Sphäre, so wie es Dante mit Beatrice getan.

Aber weiter geht die Idealisierung Lauras bei Petrarca nicht. Laura ist nicht die engelgleiche Frau der Stilnovisten. Sie wird von Petrarca durchaus als wirkliche Frau geschildert und empfunden, als eine Frau aus Fleisch und Blut, die er nicht nur verehrt, sondern auch liebend begehrt. Nur so versteht man, daß seinem mittelalterlich frommen Sinn seine Liebesleidenschaft als Sünde erscheinen mußte. Der Dichter hat ihr sichtbare Gestalt verliehen, deren einzelne Züge, Augen, Haare, Mund, Wangen, Zähne ihn entzücken. Laura ist ein menschliches Wesen; sie schreitet, singt, lächelt; ihre Gebärden reißen den Dichter zu schwärmerischer Begeisterung hin. Sie ist eine lebendige Erscheinung inmitten der Natur, am Ufer der Sorgue. Sie ist auch darin menschlich, daß sie altert; sie altert zusammen mit dem Dichter, während die Beatricen der Stilnovisten alterslos sind, ewig jung. Und als menschliches Wesen rafft sie der Tod dahin. Dennoch bleibt sie ein kaum individualisierbares Idealbild. «Sie ist noch keine Einzelpersönlichkeit; in ihr verkörpert sich nur erst die Gattung, keine bestimmte Frau, sondern die Frau schlechthin,» so De Sanctis. Noch weit mehr als ihre äußere Gestalt, entzieht sich uns Lauras inneres Wesen. Erst im zweiten Teil der Sammlung, in den Gedichten ‹in morte›, gewinnt sie persönlichere Züge, zeigt sich fürsorglich, mütterlich.

Der «Canzoniere» beginnt mit den Gedichten, die nach der ersten Begegnung in der Kirche der hl. Klara einsetzen, das erste Erwachen der Liebe schildern; es folgen die Gedichte, in denen der Dichter der Geliebten verehrungsvoll huldigt, weiterhin bis zu ihrem Tod. Doch bringt dieser keinen Einschnitt; der Dichter lebt in der Erinnerung mit der Geliebten weiter und beteuert ihr unablässig seine Liebe, die er jedoch immer stärker zu entsinnlichen vermag, bis er selber die Hinwendung zum Jenseitigem, die Abwendung vom Diesseits vollziehen kann. So jedenfalls hat der Dichter seine Gedichte gruppiert und geordnet.

In der Abfolge der Gedichte zeichnet sich eine Entwicklung ab. Es wäre jedoch abwegig, den «Canzoniere» als eine Liebesgeschichte oder gar im romantischen Sinn die «Geschichte einer Leidenschaft» ansehen zu wollen, (wie es die Romantiker in der Tat getan haben). Dazu fehlt die Voraussetzung, denn Petrarcas Liebe ist ja in ihrer Beschaffenheit und Stärke gleichbleibend; es fehlt auch jeder Bezug auf die Umwelt. Wenn dennoch sich im Canzoniere eine fortlaufende Entwicklung feststellen läßt, so liegt das daran, daß neben die Liebe ein anderes, entscheidendes Motiv tritt. Es ist des Dichters christliche Einstellung, sein Gefühl der Sündhaftigkeit, seine asketische Verurteilung der sinnlichen Liebe, sein ständiges Bestreben, sich davon zu lösen, bis ihm das schließlich gelingt. Dieser Gewissenskonflikt, nicht die Liebe zu Laura allein, ist das Grundthema.

Die Liebe ist zu einem sittlichen Problem geworden, um dessen Lösung der Dichter ständig ringt. Der Canzoniere ist zu einem Bekenntnisbuch geworden, zu einer Beichte. In diesem Sinne will er gelesen werden.

Das ist in der stofflichen Gliederung deutlich zum Ausdruck gebracht. Im Eingangssonett weist Petrarca darauf hin, daß es hier um das Ringen einer Seele um das ewige Heil geht («Voi ch'ascoltate in rime sparse il suono»), daß in ihm selber ein Wandel stattgefunden hat von seinem jugendlichen Irrtum des Verliebtseins bis zu der Überwindung des Irdischen. Zu Beginn des zweiten Teils, der Gedichte, die an die verstorbene Laura gerichtet sind, steht die Kanzone «I' vo pensando», in welcher der Gewissenskonflikt eingehender dargestellt wird. Den Abschluß bildet das Dankgebet an die Heilige Jungfrau, in welchem die irdische Liebe überwunden ist. Damit steht Petrarca, nicht Laura im Mittelpunkt.

Zwischen diese drei Marksteine hineingeordnet sind die übrigen Gedichte. Huldigungen an die schöne hehre Frau, verliebtes Verlangen, Hoffen und Zagen, aber auch die Bedenken, die Selbstvorwürfe, die Befürchtung, nicht rechtzeitig sich von den Banden der Verstrickung irdischer Liebe lösen zu können, Gedichte der Selbsteinkehr und der Bußfertigkeit. Ein ständig begleitendes Motiv ist das Klagen über die Flüchtigkeit der Zeit, der Vergänglichkeit. In das Schmachten des Liebenden mischt sich die Bangigkeit des Christen. Den Canzoniere erfüllt der unablässige Kampf des Gewissens, das Ringen um Aussöhnung von irdisch-sinnlicher und göttlich-unirdischer Liebe, von Diesseitsfreude und Jenseitsverpflichtung, die Hilflosigkeit des Menschen im Ringen mit dem sinnlichen Triebe, Verzweiflung ob seiner Schwäche, sein Verlangen nach göttlicher Hilfe und Gnade. Dem entspringt die Schwermut, die weiche Melancholie, die das ganze Werk durchzieht.

Sie erklingt in der Selbstanklage des Eingangssonetts, in der Reue, die Petrarca ergreift bei dem Gedanken, seine Liebe einem irdischen Wesen geschenkt zu haben («Voi ch'ascoltate in rime sparse il suono»); sie erklingt in der Klage des Liebenden, der seine Pein im Abendfrieden der Natur doppelt empfindet («Ne la stagion che 'l ciel rapido inchina»); im Gebet des Gläubigen, der um Befreiung aus den Banden irdischer Liebe fleht («Padre del ciel, dopo i perduti giorni»); in dem Bild der Geliebten, das der Dichter rückschauend seiner Erinnerung entlockt («Erano i capei d'oro a l'aura sparsi»); in der Flucht in die Einsamkeit der Natur, wo der Dichter seine Gedanken zur fernen Geliebten schweifen läßt («Di pensier in pensier, di monte in monte»); in dem Bewußtsein der eigenen Vergänglichkeit, das der Gedanke an den Tod der Geliebten auslöst («La vita fugge»); in der Erinnerung an die Tote, die der Anblick der Natur im Dichter erweckt («Se lamentar augelli»); gesteigert zu tiefer Trauer und innerer Zerknirschung in der reumütigen Anrufung der Muttergottes am Schluß des ganzen Liederbuchs: «Vergine bella, che di sol vestita».

Aus der «Vita nuova» hatte Dante alles ausgeschlossen, was nicht mit der Liebe zu Beatrice zusammenhing. Im «Canzoniere» ist das anders. Er ist nicht nur eine Zusammenfassung von Minneliedern; er ist mehr, ein poetisches Tagebuch, in das der Dichter, der sich nun als der eigentliche Mittelpunkt erweist, auch andere Themen aufnimmt: Nachrufe auf Freunde, seine Sorge um den Nachruhm («La gola e 'l sonno»), außerdem auch politische und satirische Gedichte, so die Sonette, in denen er die römische Kurie rügt («De l'empia Babilonia»; «L'avara Babilonia») und die in der Zeit des Risorgimento so beliebte Kanzone «Italia mia», in der Petrarca die politische Zerrissenheit und Ohnmacht Italiens beklagt.

Blickt man von Petrarcas Lyrik aus zurück auf die provenzalische und sizilianische Minnedichtung, so gewahrt man, wie außerordentlich beschränkt deren geistiger Horizont war. Ja selbst der Gesichtskreis des «Stil nuovo» erscheint noch eng und begrenzt.

Das ist nun bei Petrarca anders. Seine Dichtung ist durchtränkt mit Gedanken, Motiven und Formulierungen aus allen Literaturen, die ihm zugänglich sind, d. h. aus dem «Stil nuovo», aus der provenzalischen Minnedichtung, vor allem aber aus jener Literatur, an deren Entdeckung er selber entscheidenden Anteil hat, aus der antiken und zwar der römischen, besonders aus Vergil und Ovid, aber auch aus Cicero, zumal aus dessen philosophischen Schriften, und aus Seneca. Dazu kommt die christliche Literatur, die Kirchenväter und die lateinische Hymnenpoesie, denen er in der gleichen Weise gegenübertritt wie der klassischen Dichtung, nämlich als literarische Quelle. Die Zahl dieser Quellen ist schier unerschöpflich. Eine Vorstellung davon bekommt man, wenn man sie in den Kommentaren, die seit der Renaissance zum Canzoniere angefertigt wurden, zusammengestellt findet.

Besonders augenfällig im Vergleich mit der vorausgehenden Dichtung ist die Menge des antiken Stoffes: Vergleiche aus der antiken Geschichte und Mythologie, literarische Motive, Sentenzen aus antiken Philosophen, Paraphrasen lateinischer Verse, Anspielungen auf dichterische Werke oder antike Vorstellungen. Mit dieser Fülle gedanklicher Anleihen verleiht Petrarca seiner Analyse des Seelischen und der Erörterung sittlicher Fragen eine bis dahin in der Minnelyrik nicht erreichte Tiefe. Freilich ist seinen Aufreihungen antiker Namen (z. B. im Sonett «Non Tessin, Po, Varo») und seinen Anspielungen auf weniger allgemein bekannte Sagenmotive oder Textstellen («Non al suo amante più Diana piacque») anzumerken, daß er auch mit seiner Kenntnis der antiken Dichtung prunken will.

Doch geht es nicht nur um gedankliche, stoffliche Entlehnung. Petrarca ist bestrebt, den Stil antiker Dichtung nachzuahmen, mit ihm in Wettstreit zu treten, Imitatio und Aemulatio. Petrarca hat zum literarischen Werk ein, verglichen mit seinen Vorgängern, anderes, nämlich bewußteres Verhältnis gewonnen. Mit der antiken Dichtung, insbesondere mit Ovid, einem seiner Lieblingsdichter, liebt er das Einflechten von Sentenzen, sei es, daß er eine antike Sentenz paraphrasiert (Canz. Nr. 60, V. 14) oder eine eigene prägt (Canz. Nr. 61, 10). Nach dem Vorbild der Antike verfährt er in seiner Technik der Vergleiche. Vor Petrarca war es nicht ungewöhnlich, bei der Verwendung antiker Namen zu Vergleichszwecken, z. B. etwa Hektors, eine Erklärung beizugeben, die oft genug obendrein noch ungenau oder unrichtig war, auf jeden Fall aber naiv und pedantisch. Dies unterläßt Petrarca, d. h. umgekehrt auch, daß er bei seinem Leser die Vertrautheit mit der antiken Dichtung voraussetzt. So kann er in der stilistischen Nachahmung derselben einen Schritt weiter gehen. Er kann sich mit der bloßen Anspielung auf eine historische Persönlichkeit, eine Sagenfigur, eine Örtlichkeit begnügen; statt Venus sagt er ‹Tochter der Leda›, statt Peneus sagt er «le tessaliche onde».

Es ist offensichtlich, daß erst die unmittelbare Beschäftigung mit der antiken Dichtung Petrarca den Begriff der literarischen Anspielung vermittelt hat. Der Vergleich mit dem Verhalten der Sizilianer zu den Provenzalen ist lehrreich. Ihre Gedichte atmen den gleichen Geist wie die der Provenzalen; es sind dieselben Gedanken, dieselben Bilder, dieselben Ausdrücke, die wiederkehren, und dennoch ist bei ihnen keine wörtliche Übernahme einer Stelle aus einer provenzalischen Dichtung nachzuweisen. Das Gleiche gilt für die Stilnovisten untereinander und für Dante im Verhältnis zu den Provenzalen. Man vermeidet offensichtlich die wörtliche Entlehnung ebenso wie die Übernahme eines fremden Reimschemas aus Rücksicht auf das Prinzip der formalen Originalität. Anders Petrarca. Er hat auf Grund seiner Einsicht in die literarische Technik der römischen, speziell den augusteischen Autoren erkannt, daß die Dichtung an Hintergründigkeit gewinnt, ohne an Originalität zu verlieren, wenn durch die Übernahme eines charakteristischen Ausdrucks, durch die Paraphrase einer ganzen Stelle an ein anderes dichterisches Werk als solches, d. h. nicht um des vermittelten Gedankens willen, sondern gerade wegen der Formulierung erinnert wird. Es ist dies vielleicht der grundlegendste Unterschied zwischen Petrarca und seinen Vorgängern. Er hat die Dichtung literarisiert.

Petrarca fühlt sich jedoch nicht an einen bestimmten Stoff (etwa die Antike) oder eine bestimmte Stilform gebunden. Er ist eklektisch. In der gleichen Weise, wie er sich zur antiken Dichtung verhält, tritt er auch den Provenzalen, dem ‹Stil nuovo› oder der lateinischen Hymnendichtung gegenüber. Auch auf sie wendet er den Grundsatz der Imitatio und Aemulatio an. Alle sind im gleichen Maße würdig, in das Medium seiner eigenen Poesie eingeschmolzen zu werden, und alle treten beliebig nebeneinander, je nachdem wie es seine ästhetische Absicht für geboten hält. So hat er beispielsweise in der Schlußkanzone des «Canzoniere» den einleitenden gebetsartigen Teil mit Anleihen aus der liturgischen Literatur durchsetzt, während im zweiten, dem persönlichen Bekenntnis gewidmeten Teil das liturgische Element zugunsten der klassischen Anspielungen zurücktritt.

Die 366 Stücke des Canzoniere, vorwiegend Liebesgedichte, könnten eintönig wirken; in der Tat haben dies auch einige Kritiker gemeint. Ein solcher Vorwurf ist nur bei einem vorwiegend vom Inhalt her bestimmten Urteil verständlich. Doch auch dann ist er nicht berechtigt, weil Petrarca sowohl Inhalt wie Form ständig abgewandelt hat. Mag der Themenkreis: Verehrung, Vergänglichkeitsbewußtsein, Schuldgefühl, auch verhältnismäßig eng sein, so hat Petrarca die Behandlung der Themen fortwährend variiert. Jedes einzelne Gedicht ist eine neue Variation, die für sich erfaßt und ausgekostet werden will, inhaltlich wie auch formal. Zu den Mitteln dieser Variationstechnik gehören die Vergleiche. Er bedient sich ihrer zur Veranschaulichung seiner eigenen Stimmung. Aber er weitet sie aus, spinnt sie aus, läßt sie zu selbständigen Bildern werden, auf denen dann der eigentliche Nachdruck liegt. Von den vierzehn Zeilen eines Sonetts füllt er zwölf mit dem Bild. Innerhalb einer Kanzone läßt er Strophe auf Strophe je ein anderes Bild folgen. Der Vergleich mit seiner eigenen Stimmung tritt zurück hinter der Schilderung des Geschauten: der müden Pilgerin, des heimkehrenden Landmanns mit der prächtigen Wiedergabe der Abendstimmung in der Natur («Ne la stagion che rapido inchina»), des von der Familie sich schmerzvoll trennenden Rompilgers («Movesi il vecchierel»), der elterlichen Liebe im Schlagen der Nachtigall («Quel rosignuol»). Mögen auch einige eine literarische Quelle haben, wie z. B. das Bild von der Nachtigall bei Ovid, so beeinträchtigt das nicht die Einprägsamkeit des Bildes. Der visuelle Eindruck steht gar im Mittelpunkt in der allegorischen Kanzone «Standomi un giorno alla finestra», in welcher Phantasiebild an Phantasiebild sich reiht, jedes eine Allegorie auf Laura. Ein Bild, wie das vom Lebensschifflein auf stürmischer See, eines seiner beliebtesten, hat er den Provenzalen entlehnt; aber was bei ihnen nur angedeutet war, führt er ausführlich aus und macht es wirklich anschaulich. Durch seine Bilder holt Petrarca in vielfältiger Weise die Umwelt, die Außenwelt, das ganze menschliche Leben wieder herein, das in dem Huldigungsgedicht an die Geliebte keinen Platz hat, außer, eben, als Vergleich.

An der Rolle der Vergleiche wird die Bedeutung der Form als Mittel zur Variation erkennbar. Der Vergleich ist jedoch nur eines unter vielen rhetorischen Mitteln die Petrarca verwendet. In der Tat, was seinen Stil von dem aller seiner Vorgänger auf das sinnfälligste unterscheidet, ist die geradezu verschwenderische Verwendung der rhetorischen Figuren. Das steht bei ihm unzweifelhaft im Zusammenhang mit dem stärkeren Durchbruch des Gefühls. Er bringt nicht nur eine konventionelle Huldigung dar, er theoretisiert nicht bloß, sondern er bringt seine Gefühle zum Ausdruck. Seine Dichtung ist weit innerlicher als die seiner Vorgänger; der Gedanke ist affektischer gefärbt; dem Ausdruck dieses Affektes dient bei ihm die rhetorische Figur. Zur Hervorhebung und Unterstreichung, zur logischen Präzisierung des Gedankens bedient er sich des Parallelismus, des Chiasmus, der Antithese; so sehr liebt er diese Mittel, daß Antithesenstil fast synonym geworden ist mit Petrarca-Stil. Zur Intensivierung des Gefühlselements benützt er besonders gern Stellungsfiguren: asyndetische und polysyndetische Reihung (oft mit Klimax verbunden), sowie Anapher und Epizeuxis, ferner Synonymendoppelung und Häufung der «epitheta ornantia». Weiterhin liebt er Überraschungseffekte durch Oxymoron; einen ausgiebigen Gebrauch macht er von der Hyperbel. Es ist kein Zufall, daß der Gebrauch dieser Figuren in so reichem Maße bei Petrarca zusammenfällt mit seiner stofflichen Anlehnung an die antike Literatur. Der Antrieb kam ihm von dort. (Antithesen mußten ihm besonders bei Cicero auffallen). Der Einsatz dieser Figuren ist nur eine andere Seite seiner Nachbildung des antiken Vorbildes, ebenso wie seine Verwendung der Antonomasie.

Darüber hinaus hat Petrarca den Stil der lateinischen Dichtersprache nachzubilden versucht durch Periodenbau, durch die Anordnung mehrgliedriger Ausdrücke in der Art, daß auf das kürzere das jeweils längere Glied folgt, (nach dem antiken rhetorischen «Gesetz der wachsenden Glieder»), durch die Nachahmung der grammatischen Figuren der klassischen Kunstsprache: Zeugma, constructio apo koinou, Ellipse der Kopula, Hyperbaton, – letzteres liebten die Augustäer, von denen vor allem Ovid und Vergil

Petrarca als Vorbild dienten. Alle diese Mittel hat Petrarca im vollen Bewußtsein der beabsichtigten und erreichten Wirkung angewandt, sodaß seine Lyrik wie keine europäische Vulgärdichtung vor der seinen formal der antiken Dichtung nahekommt.

Aber bei Petrarca findet sich nicht nur Antikes, sondern er bleibt in vielem noch dem Geschmack der Vorgänger treu. Die bei den provenzalischen und sizilianischen Dichtern, bei Guittone und den frühen Toskanern beliebten Klangfiguren: Annominatio und Alliteration hat auch er verwendet, nur sind sie nicht mehr nur um ihrer selbst willen da, bloß um die Virtuosität der Wortfindung zu demonstrieren, und auch nicht mehr vorwiegend als Mittel zur Unterstreichung des Reims, kurzum: nicht mehr nur formalistisch, sondern sinn- und absichtsvoll zur Hervorhebung des Gedankens, oft nur zusätzlich neben Parallelismus und Antithese. (Man lese daraufhin etwa das Einleitungssonett des Canzoniere). Mittelalterlich ist die Freude am Wortspiel («bisticcio»), von denen das mit dem Namen ‹Laura› das am häufigsten wiederkehrende ist. Der Name Laura wird versteckt: «l'aura» «der Wind», «lauro» «der Lorbeer». Auch ist der Einfluß der mittelalterlichen Kunsttheorie der «amplificatio», der variierenden Wiederholung und Ausschmückung eines und desselben Gedankens, bei ihm nicht zu verkennen, nicht nur etwa dort, wo, wie in der ‹Sestina›, durch die Wiederholung der gleichen Reimwörter zwangsläufig der Gedanke sich im Kreise bewegt, sondern auch vielfach anderweitig in Kanzonen und Sonetten. Es erhebt sich in diesem Zusammenhang auch die Frage, ob die eingehendere Beschreibung der Figur Lauras nicht auch gerade der Anwendung des Prinzips der «amplificatio» zu verdanken ist, da die «descriptio», zumal weiblicher Personen, eines der wichtigsten Mittel der «amplificatio» bildet und seit der zweiten Hälfte des 12. Jahrhunderts in der lateinischen Dichtung in Mode kommt. Diesem mittelalterlichen Stilideal entspricht die Übertragung der ‹versus applicati› der mittellateinischen Dichtung (der «vers rapportés» der französischen Petrarkisten der Renaissance, der Verschränkung paralleler Glieder) auf die vulgärsprachliche Dichtung in dem Sonett «Amor m'ha posto come segno a strale». Mittelalterlich ist schließlich die virtuose Häufung der Figuren («Quel foco») zum Zwecke einer überspitzten Steigerung der Effekte im Stile spätantiker Dichtung (Apollinaris Sidonius), deren Vorbild für das Mittelalter bestimmend war.

Durch die sinnvolle Verwendung der rhetorischen Figuren und

durch den Versuch, den lateinischen Sprachstil nachzuahmen, hat der dichterische Ausdruck eine ungeheure Belebung und Bereicherung erfahren. Um zu ermessen, eine wie glückliche Hand Petrarca hierin hatte, muß man jene Stücke lesen, wo diese Mittel nicht sofort ins Auge fallen, sondern sich erst der näheren Untersuchung offenbaren, während sie dem naiven Leser nur durch die ausgeübte Wirkung sich bemerkbar machen, wie etwa in den so stimmungsvollen Kanzonen «Ne la stagion che 'l ciel rapido inchina», «Di pensier in pensier, di monte in monte», «Vergine bella che di sol vestita». Besonders gilt dies für die Kanzone «Chiare, fresche e dolci acque», die dem modernen Empfinden als Naturschilderung so eingängig ist. Deswegen hatte De Sanctis sie gepriesen. Petrarca war jedoch vor allem auf den rhetorischen Schmuck stolz. Nur so ist das uns befremdliche «Geleit» verständlich, sagt der Dichter doch – in falscher Bescheidenheit – «Wär' dir der Schmuck, Canzone, den du wünschest,/ Du könntest sonder Zagen / Aus Waldesdunkel in die Welt dich wagen» (übers. K. Förster). Zum Stile der Dichtung Petrarcas gehören ebenso sehr die übersteigerten Effektstücke mittelalterlichen Gepräges und Gepränges, wie z. B. das berühmte Sonett «Pace non trovo e non ho da far guerra». Dem modernen Geschmack liegen sie zwar ferner, aber gerade sie haben auf die Zeitgenossen und die unmittelbare Folgezeit am stärksten gewirkt.

Dem gleichen Zwecke, nämlich der Variation, hat Petrarca wie die rhetorischen Kunstgriffe auch die metrische Gestaltung, Reim, Vers und Strophe, dienstbar gemacht. Äußerste Selbständigkeit und Originalität lassen ihn eine ungeheure, selbst von Dante nicht erreichte Mannigfaltigkeit der Formen hervorbringen. Dabei kommt es ihm aber nicht allein darauf an, die Vorgänger zu überbieten, sondern er erkennt auch die Möglichkeit, sich von ihnen inspirieren zu lassen. So wie er von der antiken Dichtung inhaltliche und formale Anregungen empfangen und verarbeitet hat, so läßt er sich von seinen Vorgängern, gleichviel ob von Italienern oder Provenzalen, von Guittonianern oder Stilnovisten, anregen. Er greift ihre Formen auf, aber er bildet sie auch um. Er nimmt die ganze bisherige Tradition der abendländischen Vulgärdichtung in sich auf, aber er sichtet sie und akzeptiert sie nur zum Teil. Die antike Metrik dagegen – das muß gesagt werden, um einer Überschätzung des Renaissancemäßigen und einer Verkennung des Mittelalterlichen an Petrarca vorzubeugen – hat er ganz unbeachtet gelassen. Versuche dieser Art bringt erst die eigentliche Frührenaissance.

Wie Petrarca die metrische Form zur Variation, zur Abwechslung verwendet, lehrt ein Blick auf die Verteilung der verschiedenen von ihm verwendeten Gattungen im ganzen «Canzoniere». Von den 366 Gedichten sind 317 Sonette, 29 Kanzonen, 9 Sestinen, 7 «ballate» und 4 Madrigale. Nur in einigen, törichten Editionen finden sich diese gattungsweise vereint. Petrarca hat sie über den ganzen «Canzoniere» verteilt, hat die Reihe der Sonette dadurch unterbrochen, sie zu Gruppen zusammengefaßt. Daß sich Petrarca von der Vorstellung einer bestimmten Funktion, eines bestimmten Sinngehaltes der metrischen Form an sich leiten ließ, mag daraus hervorgehen, daß er die bukolischen Madrigale, die ursprüngliche Tanzliedform des «ballata», aber auch die artistische Sestine auf den ersten Teil des Canzoniere, die Gedichte «in vita» beschränkte, aus dem Teil «in morte» ausschloß. In diesem zweiten Teil hat nur eine einzige Sestina Platz gefunden, die «doppelte» Sestina («Mia benigna fortuna»), ein besonders schwieriges Kunststück der zweimaligen Verwendung der sechs Reimworte, also wohl wegen dieses Schwierigkeitsgrades dem ernsteren Teil der Liedersammlung angemessen.

Petrarca hat zu seinen Vorgängern in der vulgärsprachlichen Dichtung eine durchaus selbständige, literarische Einstellung. Dies ist am besten erkennbar an seinen Kanzonen. Auch im Bereich des Metrischen überträgt er auf Provenzalen, Guittonianer, Stilnovisten das Prinzip der Imitatio; freilich nicht in dem Sinne, daß er sie einfach kopiert, ihre Strukturen in Bausch und Bogen übernommen hätte, sondern er greift die fremde Form nur so weit auf, daß er mit Hilfe einiger übernommener Eigentümlichkeiten auf das Vorbild anspielt, gerade genug, um erkennen zu lassen, was das Vorbild gewesen sein mag, aber doch wenig genug, um durch die Umbildung der Form vom Vorbild abzurücken und etwas Neues zu schaffen.

Petrarca wählt die betreffende Form im Zusammenhang mit dem Thema. Verfaßt er beispielsweise eine allegorische Kanzone («Una donna più bella»), so lehnt er sich an die Technik der allegorischen Kanzonen Dantes an. Gibt er dunkel allegorisierend und lehrhaft eine Geschichte seiner Liebe («Nel dolce tempo»), so baut er den Abgesang in der Art Guittones. Greift er ein provenzalisches Thema auf, so weicht er im Strophenbau entsprechend in der

Richtung auf provenzalische Gestaltungsprinzipien ab («Verdi panni»), – die letztgenannte Kanzone ist ein Meisterstück nacheifernder Imitatio.

Andererseits zeigt sich Petrarca völlig frei von konventionellem Zwang.

Es ist ein Grundprinzip der provenzalischen Dichtung, daß keine Kanzone das metrische Schema einer anderen schon vorhandenen (fremden oder eigenen) wiederholen darf. Auch die Italiener, auch die Stilnovisten, auch Dante und Cino halten sich an dieses Gesetz. Petrarca nimmt sich die Freiheit, hiervon abzugehen und baut drei Kanzonen nach dem gleichen Schema, um (echt mittelalterlich formalistisch) ihren inhaltlichen Zusammenhang in der Form zu dokumentieren, die drei Kanzonen, in denen Lauras Augen gepriesen werden (Canzoniere Nr. 71, 72, 73).

Bemerkenswert ist, daß Petrarca in den Reimen sich weitgehend von Extravaganzen frei hält: wenig gleichlautende Reime (rime equivoche), wenig abgeleitete Reime (rime derivate); selten verwendet er proparoxytone und oxytone Reime (rime sdrucciole und tronche), um den Normalreim, den paroxytonen Reim (rime piane) zu bevorzugen und damit dem allgemeinen Sprachgebrauch näher zu bleiben, ruhiger zu wirken. Kurz, er weicht den Reimspielereien der provenzalischen und sizilianischen Dichtung aus. Ebenfalls verzichtet er auf die Strophenverknüpfung durch die «coblas capfinidas» der Provenzalen. So wirkt Petrarca allein schon durch seine Reime weit moderner als die Dichter vor ihm. Völlig verzichtet er freilich nicht auf den kunstvollen Reim. Er sucht ihn aber dort, wo er schwieriger ist, in der Verwendung seltener und klangvollerer Reimwörter. Assonanzen sind natürlich verpönt. Aber Petrarca liebt den kunstvollen Kniff, die Reime eines Gedichts untereinander assonieren zu lassen (z. B. Sonette Nr. 48, 74, 75, 88 u. a.)

Ein weiter Abstand trennt Petrarca von Sizilianern, Guittonianern, und auch von Dante, in der Sprache. Deren Sprache mußte neben der Petrarcas veraltet erscheinen. Sie ist toskanischer als die des Cino da Pistoia. Sie ist auch moderner, indem Petrarca bereits veraltende Formen durch die neueren, heute noch gebräuchlichen ersetzt. An Provenzalismen behält er nur noch bei, was durch den Gebrauch bei seinem Vorgänger Cino sanktioniert ist. Sizilianisches ist ausgemerzt, erscheint nur noch in wenigen Reimen. Latinismen sind dagegen häufiger, aber nicht unmittelbar als solche erkennbar, da in der Lautform der italienischen angepaßt. Petrarca benützt sie, um seiner Sprache einen klassischen Anstrich zu geben, oft auch um sie als Anspielung auf eine lateinische Dichterstelle zu verwenden, etwa indem er ihnen den metonymischen Wortsinn läßt, den sie auch im lateinischen Text haben. Sein lateinisches Wortgut ist jedoch nicht nur klassisch, antik. Worte und Wendungen aus der Vulgata, den Kirchenvätern, der Hymnendichtung haben in der Sprache Petrarcas eine nicht zu übersehende Spur hinterlassen.

Indem er seine Sprache weiter toskanisierte und modernisierte hat Petrarca jene Sprachform geschaffen, die für die italienische Dichtung auf Jahrhunderte hinaus, bis in das 19. Jahrhundert hinein, Vorbild geblieben ist, zumal Pietro Bembo zu Anfang des 16. Jahrhunderts sie zur verbindlichen Norm für die Lyrik erklärt hatte. Die italienischen Dichter sind ihm immer gefolgt, wenn es galt, den sprachlichen Ausdruck zu adeln, ihn von der Plattheit der alltäglichen Rede fern zu halten und ihn geschmeidiger, hintergründiger und harmonischer zu gestalten. Das ist Petrarcas Verdienst. «Den Typ einer ‹erhabenen Sprache›, den Dante für die Prosa erträumte, – schreibt De Sanctis – hat Petrarca für die Poesie verwirklicht; alles Rohe, Unharmonische, Gewöhnliche, Groteske, Gotische – Elemente, die in der Commedia noch vorhanden sind – ist nun aus der Sprache verbannt. Diese schöne Form ist nicht nur durch ihren Bezug auf die Idee, sondern durch sich selber schön, eine höfische, elegante, aristokratische, melodische Form. Das Wort gilt nicht mehr nur als Zeichen, sondern auch als Wort. Der Vers steht nicht nur in Harmonie und Übereinstimmung mit dem Inneren, sondern ist auch Melodie, musikalisches Element in sich selbst».

b) Die «Trionfi».

Die Trionfi, eine allegorische Dichtung, 1352 begonnen, waren beim Tode des Dichters nicht zum Abschluß gebracht.

Offensichtlich ist das Bestreben, mit Dantes «Commedia» in Wettstreit zu treten. Es ist jedoch unzweifelhaft Petrarcas schwächstes Werk. Das Gedicht ist in Terzinen verfaßt und besteht aus der Schilderung von 6 Triumphzügen, dem Triumph Amors, «Trionfo d' Amore» (in des Dichters Worten «Triumphus Cupidinis», denn er hat die einzelnen Abschnitte jeweils mit einem lateinischen Titel überschrieben), dem Triumph der Sittsamkeit, des Todes, des Ruhmes, der Zeit und der Ewigkeit; die meisten Triumphe sind noch in Unterabschnitte, ‹capitoli›, gegliedert. Die «Trionfi» sind eine Traumvision. Am Jahrestag seiner ersten Begegnung mit Laura erscheint dem Dichter im Schlafe Amor auf einem römischen Triumphwagen; hinter ihm her ziehen berühmte Liebespaare aus Sage und Geschichte. Auch Petrarca befindet sich darunter; ein Freund, dessen Namen Petrarca nicht nennt und über dessen Identität viele Vermutungen angestellt wurden, begleitet den Dichter, dem er die vorüberziehenden Gestalten benennt und deutet.

Petrarca hat nicht nur Dante, sondern auch Boccaccios «Amorosa visione» nachgeahmt. Dieser ist der Gedanke des Triumphzuges entnommen. Für anderes war eindeutig Dante das Vorbild. Auch fehlt es nicht an wörtlichen Entlehnungen und Anspielungen auf die Göttliche Komödie. Der ungenannte Begleiter und Erklärer spielt die Rolle Vergils in der Commedia. Ebenso steht es mit der Erzählungstechnik, etwa wenn Petrarca die Reihung von Namen, wodurch jeweils bestimmte Personen zu Gruppen zusammengefaßt werden, mit der episodischen Erzählung von Einzelschicksalen abwechseln läßt.

Petrarcas Begeisterung für die Antike hat ihn dazu verleitet, sein Wissen darüber auszubreiten. Die überwiegende Mehrzahl der genannten Personen ist der antiken Geschichte und Sage entnommen. Mit ihnen stellt er die biblischen Gestalten und die großen Persönlichkeiten seiner eigenen Zeit auf die gleiche Stufe. Ebenso gruppiert er sie kategorienweise, nach mittelalterlicher Art, wie Dante in der «Commedia» und wie er selbst im «Rerum memorandarum liber» verfahren ist.

Als Allegorie hat das Gedicht einen doppelten Sinn. Einmal wird Petrarcas eigenes Schicksal, sein Widerstreit zwischen Liebesverlangen und Gottesfurcht, zwischen Ruhmsucht und ewigem Seelenheil dargestellt und die Versöhnung der widerstreitenden Gefühle im Jenseits («Triumphus Aeternitatis») vorgezeichnet; außerdem aber ist die Allegorie allgemein menschlich gemeint und für alle gültig: der Mensch läßt sich von seinen Begierden besiegen.

Es ist ein sehr christlicher und sehr mittelalterlicher Petrarca, der hier zum Vorschein kommt. Der Inhalt des «Triumphus Pudicitiae» berührt sich eng mit dem seiner lateinischen Bußpsalmen und des «Secretum» (weswegen Calcaterra als Entstehungszeit die Jahre 1343/44 annimmt). Der «Triumphus aeternitatis» steht im Einklang mit dem Grundtenor des «Canzoniere». Dies macht die «Trionfi» zu einem nicht unwichtigen autobiographischen Dokument; ihr dichterischer Wert bleibt freilich gering; den lyrischen Schwung des «Canzoniere» erreichen nur wenige Stellen.

Dem dichterischen Wert der «Trionfi» war Petrarcas Unfähigkeit zu einer großen übergreifenden Komposition abträglich. Hier ist der Dichter durch den Gelehrten, der Verfasser des «Canzoniere» durch den Kompilator des «De Viris» und der «Rerum memorandarum» erstickt worden.

5. Nachwirkung

Wie kein anderer Dichter der Weltliteratur hat Petrarca über die Grenzen seines Landes und seiner Zeit hinaus gewirkt. Doch dieser Weltruhm Petrarcas als lyrischer Dichter gehört einer späteren Zeit an. Zu seinen Lebzeiten beruhte seine europäische Berühmtheit auf seinem lateinischen Schrifttum, seinen Briefen, seiner Gelehrsamkeit, seiner Tätigkeit als Wiedererwecker der Antike. So hatte er in seinem Brief an die Nachwelt gesehen werden wollen; so sahen ihn seine ersten Biographen. Demgegenüber wird seine italienische Dichtung als von geringerer Bedeutung angesehen. Aber selbst wenn Petrarcas Lyrik eine größere Wertschätzung zuteil wird, so geschieht das mit einer charakteristischen Einschränkung. Zu Beginn des 14. Jahrhunderts meint der Humanist Leonardo Bruni, Petrarca übertreffe Dante in den Sonetten, doch seien die Kanzonen Dantes besser als die Petrarcas und die «Göttliche Kommödie» sei mehr wert als der ganze Petrarca zusammengenommen. Dem entspricht, daß bei den Lyrikern des Trecento wie des Quattrocento Petrarcas Einfluß sich mit dem Dantes und des «Stil nuovo» vermischt, er noch keineswegs als überragendes Vorbild empfunden wird. Dem lateinischen Werk erging es schlimmer. Wenn zu Ende des 14. Jahrhunderts das «Bucolicum Carmen» wiederholt mit einem Kommentar versehen, die «Africa» aus dem Nachlaß herausgegeben wurde, so schwand bei den Humanisten des Quattrocento Petrarcas Ansehen rasch dahin; sein lateinisches Werk veraltete schnell.

Zum großen und angesehensten Lyriker nicht nur Italiens, sondern des Abendlandes rückt Petrarca erst allmählich vom Ende des Quattrocento an auf. Seine Wertschätzung beginnt erst, als man in Florenz anfängt, der lateinischen Dichtung die italienische als ebenbürtig entgegenzustellen. Jetzt setzt auch die ausschließliche Nachahmung Petrarcas (Giusto dei Conti) ein. Doch P. Bembo und seine Generation wird Petrarca von dem Beginn des Cinquecento an als der große Lyriker, als der Dichter des Canzoniere voll gewürdigt. Jetzt beginnt auch der europäische Siegeszug Petrarcas mit dem Petrarkismus.

Nur einem von den lateinischen Werken war ein großer Erfolg beschieden, der den Ruhm der übrigen lateinischen Schriften überdauerte, das «De remediis». Dies und die «Trionfi», die mittelalterlichsten Werke Petrarcas also sind es, die den Zeitgenossen und der unmittelbaren Nachwelt am meisten, späteren Zeiten am wenigsten bedeuten. Im 15. Jahrhundert dagegen war Petrarca vor allem als der Autor dieser beiden Schriften bekannt und geschätzt. Die lateinische Fassung des «De remediis» fand schon zu Lebzeiten Petrarcas schnelle Verbreitung in einer Unzahl von Handschriften, auch wurden zahlreiche gekürzte Ausgaben hergestellt. Mit dem Aufkommen des Buchdrucks erschienen drei Drucke im 15. Jahrhundert, neun im 16. Jahrhundert, acht in der ersten Hälfte des 17. Jahrhunderts, außerdem wurde es neunmal in den Gesamtausgaben abgedruckt. Nach der Mitte des 18. Jahrhunderts fiel das Werk der völligen Vergessenheit anheim.

Die Zweigesichtigkeit von Petrarcas Werk spiegelt sich ebenfalls in dem Erfolg der «Trionfi», dank ihrem mittelalterlichen Charakter, ihrer unmittelbaren Nähe zur allegorischen Dichtung, sowie der Menge des darin verarbeiteten antiken Stoffes, nicht zuletzt auch, ja in noch höherem Maße der sprachlichen Form, in der die Vollkommenheit der lateinischen Dichtung auf das glücklichste nachgebildet erschien. Nicht zu unterschätzen ist das Maß an sittlicher Belehrung, das die «Trionfi» bergen. Es ist ein moralphilosophisches Werk ebenso wie das «De remediis». Die «Trionfi» übertrafen im 15. Jahrhundert bei weitem den Erfolg des «Canzoniere» und behaupteten sich neben ihnen auch noch im 16. Jahrhundert. Die Handschriften des 14. und 15. Jahrhundert enthalten vielfach sowohl die «Trionfi» wie auch den «Canzoniere»; von denjenigen aber, die nur eines der beiden Werke enthalten, sind die Handschriften der «Trionfi» nahezu doppelt so zahlreich wie die des Canzoniere.

Der Erfolg der «Trionfi» wie des «De remediis» zeigt deutlich, daß den Menschen des 15. Jahrhunderts, in Italien und außerhalb Italiens, Petrarca zunächst als der Autor dieser beiden Werke bekannt war. Ehe er als Dichter seinen Siegeszug im 16. Jahrhundert antrat, war Petrarca der große Moralphilosoph.

Kapitel V: Boccaccio

1. Lebensweg

Als letzter des strahlenden Dreigestirns, der «tre corone» der italienischen Literatur des Mittelalters, kam Giovanni Boccaccio auf die Welt, ein halbes Jahrhundert nach Dante, etwa ein Jahrzehnt nach Petrarca. Er ist in der zweiten Hälfte des Jahres 1313 wahrscheinlich in Florenz, nicht in dem unweit davon gelegenen Städtchen Certaldo geboren. Aus Certaldo stammte die Familie des Vaters. Zeitlebens bezeichnete Boccaccio aber Certaldo als seine Heimat. Er wurde als uneheliches Kind geboren. Die Mutter nannte er nie. Sein Vater, ein Mitarbeiter und späterer Teilhaber des mächtigen Bankhauses der Bardi, ließ sich in Florenz nieder und ehelichte eine Frau aus wohlhabendem Hause. Vernachlässigt wurde Giovanni keineswegs, denn der Vater ließ ihm Lesen und Schreiben und damit auch das Lateinische beibringen. Als der Vater wohl um das Jahr 1327 nach Neapel übersiedelte, wurde der junge Giovanni in das Bankhaus der Bardi in die Lehre gegeben. In einem Alterswerk, im «De Genealogiis», erzählt Boccaccio davon, wie man bemüht war, einen Kaufmann aus ihm zu machen, und wie sehr ihm das widerstrebte. Schließlich ließ sich der Vater dazu bewegen, ihn das Kirchenrecht studieren zu lassen. Der Sohn sollte reich werden. Aber auch dieses Studium behagte ihm nicht, denn vom Mutterleibe an «ex utero matris» (De geneal. XV, 10), zog es ihn, wie er sagt, mit aller Kraft zur Dichtung hin. Mit Vorliebe trieb er literarische Studien; bald lernte er in Neapel auch Gelehrte kennen, die ihn auf den bereits berühmten Petrarca hinwiesen, zu dessen Freunden sie gehörten, wie z. B. Barbato da Sulmona. Die Anregungen, die Boccaccio in diesem Kreis empfing, waren für seine geistige Entwicklung ausschlaggebend. Daneben standen die Geselligkeiten. Als Sohn eines Partners des am königlichen Hofe einflußreichen Bankhauses konnte Boccaccio das Leben eines wohlhabenden jungen Mannes führen und sogar am Hofe Eingang finden. Der Niederschlag dieses höfischen Lebens und Treibens findet sich in seinen Jugendwerken. Ins Reich der Fabel gehört die Liebschaft mit Maria d' Aquino. Eine wirkliche, stadtbekannte Liebschaft mit der Frau eines Adligen war für den bürgerlichen Boccaccio rein gesellschaftlich ein Ding der Unmöglichkeit – ganz abgesehen davon, daß es eine Maria d' Aquino in Wirklichkeit nie gegeben hat; weder die Urkunden noch die zeitgenössischen Biographen Boccaccios wissen etwas von ihr zu berichten. Wenig Genaues weiß man über die nächsten Lebensjahre Boccaccios; er verbrachte sie in Florenz, wohin er im Winter 1340/41, seinem Vater folgend, zurückkehrte. Hier lebte er im väterlichen Hause. Die nunmehr beengteren wirtschaftlichen Verhältnisse hielten ihn nicht von seinem dichterischen Schaffen ab. Weitere Werke entstanden, zu denen Florenz Anlaß und Hintergrund gab, wenn auch das Heimweh nach Neapel gelegentlich durchbrach. Als Schriftsteller bekannter geworden, scheint Boccaccio, wie andere Literaten der Zeit, vorübergehend außerhalb von Florenz Sekretärsposten bekleidet zu haben. Er weilte 1345/46 in Ravenna, 1347 in Forlì. Im Jahr 1348 ist er wieder in Florenz und erlebt dort die große Pest mit, die er in der Rahmenerzählung des Dekameron beschreibt. In den Jahren 1348 bis 1351 gibt er seinem Hauptwerke die endgültige Gestalt, nachdem Teile davon schon vorher im Umlauf gewesen waren.

Die Veröffentlichung des Dekameron lenkt die Aufmerksamkeit von Boccaccios Mitbürgern auf ihn. Stolz, einen so angesehenen Dichter in ihren Mauern zu haben, betrauten sie ihn zwischen 1350 und 1355 mit allerlei mehr repräsentativen Aufgaben. Auch nach seiner Übersiedlung nach Certaldo im Jahr 1361 unternahm er im Auftrag der Stadt verschiedene Reisen. Im Jahr 1365 besuchte er, als Botschafter zu Papst Urban V. entsandt, Montecassino, wo er einige seiner erregendsten Funde antiker Autoren machte (Varro, Apuleius, Tacitus). Ebenfalls in Montecassino hatte er auf einer Reise nach Neapel einige Jahre zuvor einen Kodex des Martial aufgespürt. Im Oktober 1373 erteilte ihm die Stadt Florenz den Auftrag, Dantes «Göttliche Komödie» öffentlich zu deuten und auszulegen; der Auftrag mag als finanzielle Unterstützung gemeint gewesen sein. Boccaccios geschwächte Gesundheit zwang ihn bald zur Rückkehr nach Certaldo, wo er am 21. Dezember 1375, ein Jahr nach dem von ihm lebhaft betrauerten Petrarca, aus dem Leben schied.

Brachten die Jahre nach der Veröffentlichung des Dekameron in Boccaccios äußere Lebensumstände keine nennenswerte Veränderung, so war der innere Wandel umso erheblicher. In den Jahren nach 1350 beginnt für ihn eine völlige geistige Neuorientierung. 1350 findet die erste persönliche Begegnung mit Petrarca statt, der 1351 ein Aufenthalt bei Petrarca in Padua folgt. (Boccaccio war in offizieller Mission geschickt worden, um Petrarca von der Aufhebung des Urteils gegen dessen Vater zu unterrichten). Noch mehrmals hat Boccaccio Petrarca besucht, 1359 in Mailand, 1363 und 1367 in Venedig, sowie 1368 in Padua. Durch die Beziehung zu Petrarca wurde eine offenbar schon seit 1350 sich anbahnende Wendung in Boccaccios Denken vorangetrieben und besiegelt, wenn, wie wahrscheinlich ist, der Beginn der Arbeit an dem Werk «De Genealogiis» auf das Jahr 1350 zu datieren ist. Boccaccio wendet sich nach 1350 von der schriftstellerischen Tätigkeit seiner Jugend ab und dem Studium der Antike zu; dessen Frucht sind seine gelehrten Werke. Hierbei fand er den Zuspruch Petrarcas, als dessen Schüler er sich in seiner Bescheidenheit stets bezeichnete. Petrarca war es auch, der Boccaccio zu religiösen Dingen hinlenkte, wie dieser ausdrücklich in einem Brief vom Jahre 1374 einem Freunde berichtete. Diese Hinwendung zum Glauben war bei Boccaccio sicher bereits um 1360 vollzogen, denn in diesem Jahr wird ihm, der ausdrücklich als Kleriker bezeichnet wird, auf sein Ansuchen von Papst Innozenz IV. die Genehmigung zur Seelsorge auch an Kathedralkirchen erteilt. An der Echtheit von Boccaccios Frömmigkeit lassen mehrere Umstände keinen Zweifel. Einmal die Achtung und das Vertrauen, das ihm hohe Geistliche entgegenbrachten, unter anderem der Patriarch Philip von Cabassoles, der Freund Petrarcas, ferner die etwas übereifrige Bußfertigkeit, in die sich Boccaccio im Jahre 1362 nach dem Besuch eines Kartäusermönchs stürzte. Vor übereilten Entschlüssen hat ihn ein besonnener Brief Petrarcas bewahrt.

So gliedert sich Boccaccios Leben in zwei deutlich sich gegeneinander abgrenzende Lebens- und Schaffensperioden; die Jugendzeit mit den in italienischer Sprache abgefaßten erzählenden Werken, als deren Höhepunkt und Abschluß das Werk des fast Vierzigjährigen erscheint, der Decamerone, und das Schaffen der ganz der Gelehrsamkeit gewidmeten reiferen Jahre; dieses macht das Bild von Boccaccios geistiger Persönlichkeit erst vollständig. Nichts ist irriger als die verbreitete Auffassung von Boccaccio als dem Autor eines einzigen Buches und eines leichtfertigen obendrein. Neben dem Autor des Dekameron darf der Wegbereiter des

Humanismus nicht übersehen werden. Nicht nur in der italienischen Dichtung, sondern auch in der italienischen Geistesgeschichte nimmt Boccaccio eine ebenso bedeutende Stellung ein wie Petrarca, mit dem ihn diese Doppelrolle verbindet.

2. Die Werke vor dem Dekameron

Dichterisch sind Boccaccios frühe Werke von ungleichem Wert, für den heutigen Leser durch ihre Weitschweifigkeit und Umständlichkeit des sprachlichen Ausdrucks wenig anziehend, überdies durch ihre Vorstellungswelt ohnehin heutigem Empfinden entrückt. Dagegen mögen sie den Leser wohl zu fesseln als Zeugnisse von Boccaccios innerer geistigen Entwicklung, sowie seiner mannigfaltigen Interessen, aus denen nicht allein das Hauptwerk, sondern auch die Werke seiner zweiten Schaffensperiode hervorgegangen sind.

Zusammengehalten werden diese frühen Werke durch ein sie verbindendes literarisches Motiv: die Figur der Fiammetta; in ihr fließen sicherlich Boccaccios Liebeserlebnisse mit einer oder mehreren Frauen zusammen; welche das in Wirklichkeit waren, entzieht sich, wie gesagt, unserer Kenntnis und ist auch belanglos; an ihrer Gestaltung hat jedoch die literarische Tradition, wie man heute sieht, nicht unerheblichen Anteil; ihr Name Fiammetta ist ein Deckname in der Art der höfischen Dichtung und ist schon in Boccaccios frühestem Werk, der «Caccia di Diana», (1334?) an zwei Stellen versteckt angegeben (IV, 12; XIII, 26–30); literarischen Ursprungs ist das Motiv, daß der Dichter sie zum ersten Male in der Kirche erblickt und zwar am Karsamstag. In «La caccia di Diana», – die Verfasserschaft Boccaccios, früher umstritten, ist heute erwiesen – schildert Boccaccio in 18 in Terzinen abgefaßten Gesängen eine Jagd, an der die vornehmen Damen Neapels unter der Führung Dianas teilnehmen – für den Dichter nur ein Vorwand zur Huldigung, im übrigen eine literarische Reminiszenz an Dantes Serventese auf die Damen von Florenz, von dem in der «Vita nuova» die Rede ist. Am Ende der Schilderung der Jagd, die sich über 13 Gesänge hinzieht, erhebt sich des Dichters Angebetete, Fiammetta, und fordert zur Rebellion gegen Diana auf.

Um 1336 schrieb Boccaccio sein erstes umfangreicheres Werk, den «Filocolo», ein Roman in Prosa, in fünf «Büchern» d. h. Abschnitten. Der Titel verrät bereits Boccaccios Vorliebe für geheimnisvoll gelehrt klingende Titel unter Verwendung griechischer Sprachbrocken. Der Titel bedeutet so viel wie «Liebesmüh», wie der Held des Romans selber erklärt (Buch III); der zweite Bestandteil des Wortes erklärt sich wohl daraus, daß Boccaccio sich bei einem griechischen Wort verlesen hat (-colo statt -pono). In einer venezianischen Ausgabe des Jahres 1527 hat der unbekannte Herausgeber den Titel in «Filopono» berichtigt. Hinter diesem Titel verbirgt sich eine Nacherzählung des altfranzösischen Minneromans von «Floire et Blanchefleur», dessen Inhalt Boccaccio teils aus mündlicher Überlieferung, teils aus der toskanischen Bearbeitung im Versmaß der volkstümlichen Epik, der Ottavarima, dem «Cantar di Fiorio e Biancifiore», teils aus einer verlorengegangenen franko-italienischen Fassung bekannt wurde. Die rührend-erbauliche Liebesgeschichte erzählt Boccaccio weitschweifig, ohne straffe Komposition; die Episoden bilden den heute interessanten Teil, z. B. schildert die Erzählung von Florios Aufenthalt in Neapel (Buch IV) das Leben der vornehmen Kreise. Die in dieser Episode erzählten dreizehn Novellen sind das Beste am ganzen Roman. Den Stoff seines nächsten um 1338 (oder schon 1335?) verfaßten Werkes des «Filostrato» entnahm Boccaccio wiederum einem aus Frankreich kommenden Werk, dem Trojaroman des Benoît de Sainte-More. Im Mittelpunkt von Benoîts Roman steht die Liebe der Briseis zu Diomedes. Boccaccio rückt die Liebe des Troilus zu Briseis, die er, vermutlich eine Ovidstelle falsch deutend, Criseida nennt, in den Vordergrund und macht Troilus zum eigentlichen Helden des Romans. Ihn bezeichnet er als den «Filostrato», «den von der Liebe niedergeschmetterten», ein Name, den er aus griechisch «filos» und lateinisch «stratus» zusammenfügt, wiederum weniger die Kenntnis des Griechischen als eine Neigung zum Griechischen verratend. Den antiken Stoff hat Boccaccio (nicht anders als Dante) in mittelalterliche Denk- und Lebensform übertragen. Für die Erzählung hat Boccaccio diesmal nicht die Prosa gewählt, sondern die Stanze, das Metrum der volkstümlichen Epik, die ohnehin auch für antike Stoffe verwendet wurde (Il cantare di Piramo e Tisbe u. a.).

Beim nächsten Werk, «Il Teseida», (nicht: La Teseida), das um 1340/41 zum Teil noch in Neapel entstand, aber in Florenz abgeschlossen wurde, behielt Boccaccio die Form des volkstümlichen Bänkelsängerliedes, die Ottavarima, bei, nahm sich aber vor, die volkstümliche epische Form auf die Ebene des klassischen Epos emporzuheben; am Schlusse rühmt er sich, als erster in italienischer Sprache, ‹nel volgar lazio›, das Beispiel eines kunstgerechten Heldenepos geliefert zu haben. Es ist im Grunde der gleiche Ehrgeiz, der Petrarca bei der Abfassung seiner «Africa» beseelte, nur daß Boccaccio das hohe Ziel mit den Mitteln der Muttersprache und der ihr eigenen Formen erreichen wollte. Den Stoff entnimmt er Vergil und der «Thebais» des Statius. Er teilt sein Gedicht nach klassischem Vorbild in 12 Gesänge ein. Viel Platz nehmen die Schlachtenschilderungen ein in den Kämpfen des Theseus gegen die Amazonen und gegen Theben. Das Hauptgewicht liegt aber wiederum nicht beim eigentlich epischen Geschehen, sondern bei der Liebesgeschichte; Architas und Pelamon (Arcita und Pelamone) werben um Emilia, die Schwester von Theseus Gemahlin Ippolita.

Die nächsten, in der Heimatstadt Florenz verfaßten Werke, verraten ein immer stärkeres Vordringen des gelehrten Elements und des Dranges zur kunstmäßigen Gestaltung. Zugleich macht sich, durch seine toskanische Zuhörerschaft bedingt, das starke Vordringen toskanischer Thematik bemerkbar. Ferner schließt sich Boccaccio enger an das Vorbild Dantes an. Das in den Jahren 1341–42 verfaßte «Ninfale d'Ameto» oder («Commedia delle ninfe fiorentine») ist eine allegorische Dichtung. In die erzählende Prosa sind Gedichte in Terzinen eingestreut, eine Mischung aus Prosa und Poesie, wofür die «Vita nuova» oder die lehrhafte allegorische Dichtung «De Planctu Naturae» des Alanus von Lille (1128–1202) das Beispiel lieferten. Der Grundgedanke ist derselbe wie in der «Caccia di Diana»: die Veredelung durch die Liebe. Boccaccios griechische Neigungen kommen zum Vorschein in den sprechenden Namen der Hirten: «Afron», der Unverständige, «Ibrida», der Überhebliche; «Dioneo», der Ausschweifende; «Apaten», der Leidenschaftslose; «Apiros», der Kalte; «Caleone», der Verzweifelte; «Ameto», der Gereifte, den die Nymphen als Ertrag ihrer Mühen ernten.

Vollends der modischen allegorischen Dichtung wendet sich Boccaccio zu mit der «Amorosa Visione», 1342 in Florenz verfaßt, im Metrum der lehrhaften Dichtung, der Terzine, wie die ebenfalls allegorische «Caccia», und, wie jene, in Anlehnung an Dante.

In einem nur scheinbaren Gegensatz zur «Amorosa visione» steht die wieder in Prosa in den Jahren 1343 und 1344 in Florenz geschriebene Geschichte von Fiammetta, die «Elegia di Madonna Fiammetta.» Die Sehnsucht nach dem Orte, wo er glückliche Jugendjahre verbrachte, hatte Boccaccio zu Beginn des «Ameto» hervorbrechen lassen, doch wählte er zum Schauplatz der Handlung die Toskana. Noch weiter weg von Neapel führt die Traumwelt der «Visione». Jetzt kehrt er mit der Erzählung von «Fiammetta» nach Neapel zurück. Doch erscheint die Heldin in einem anderen Lichte. In den früheren Werken ist Fiammetta die angebetete, gesellschaftlich höher gestellte Frau, der Boccaccio seine Verehrung beteuert, auf deren Wunsch hin er sein Werk verfaßt («Filolocolo») oder es ihr widmet («Filostrato», «Teseida»); sie ist die Frau, nach der er sich sehnt, selbst wenn sie sich von ihm abwendet und ihm untreu wird. Auch in seinen Gedichten bewahrt Boccaccio die Haltung des höfischen, bis in den Tod getreuen Liebhabers. Dies allein sollte davor bewahren, das traditionell Literarische in der Figur Fiammettas zu übersehen. Dann braucht auch die Umkehrung der Situation im Fiammetta-Roman nicht als ein Widerspruch im Leben und Empfinden Boccaccios aufgefaßt zu werden oder gar als ein Racheakt des enttäuschten Liebhabers, sondern als der künstlerische Wunsch, das literarische Thema zu variieren, ein Versuch, der literarisch seine Vorläufer hat in den Minneliedern der Troubadours, in denen die Frau ihre Sehnsucht nach dem abwesenden Geliebten, ihre Klage über das Verlassenwerden ausdrückt. Auch dürfte die Geschichte von Phyllis und Demophon aus den «Heroiden» Ovids Pate gestanden haben. Das ist im Grunde das, was Boccaccio zum Inhalt des Fiammetta-Romans macht, nur daß die Romanform ihm die Möglichkeit bietet, ausführlicher zu sein, und daß er diese Möglichkeit nützt, um seine Darstellung realistischer zu gestalten. Boccaccio schildert hier die Frau als die Sehnsüchtige und die Begehrende, den Mann als den, der sich entzieht. Die Erzählung beginnt damit, daß Fiammetta, eine junge verheiratete Frau, sich in einen Jüngling verliebt; Boccaccio schildert dann die Hemmungen, die Fiammetta überwindet, die Art, wie sie den Begehrten zu gewinnen versteht und das sorgsam geheim gehaltene Glück genießt. Das ist nur der Anfang des Romans. Der Hauptteil gilt der Schilderung der Trauer, der Sehnsucht, der Eifersucht, der Verzweiflung und der vergeblichen Hoffnung, als der Geliebte sie verlassen muß, um in seine Heimat

Florenz zurückzukehren und dort mit einer anderen Frau die Ehe eingeht.

Man hat diese Erzählung Boccaccios als den ersten modernen psychologischen Roman bezeichnet (H. Cochin). Unzweifelhaft erweist sich Boccaccio hier als ein vortrefflicher Schilderer seelischer Vorgänge und Zeichner von Charakteren. Am besten, weil am realistischsten und nüchternsten, ist die Schilderung des Auftaktes, die Gedanken und die Schritte Fiammettas, um zum Ziele ihrer Wünsche zu gelangen, aber für heutiges Denken und Empfinden befremdlich; der spätere, tragische Teil wird durch das Pathos wirklichkeitsferner. Gut geschildert ist die Sorge des Ehemannes um die Gesundheit der dahinwelkenden Fiammetta und das nur schrittweise sich von der Geliebten Lösen des Panfilo skizziert. Literarisch bedeutet «Fiammetta» gegenüber allen vorangehenden Werken einen großen Fortschritt durch die Einheit und Straffheit der Komposition: ein einziges Thema wird ohne Abschweifungen vollkommen durchgeführt. Überschwengliches Lob ist jedoch unangebracht, denn «Fiammetta» ist eine mühsame Lektüre. Das liegt daran, daß Boccaccio in der «Fiammetta» bestrebt ist, seine Prosa möglichst kunstvoll zu gestalten; der innere Monolog ebenso wie die fast ganz zurücktretenden direkten Reden sind in langen Perioden abgefaßt, in denen die oratorische Leistung zum Selbstzweck wird. Überdies aber schreitet Boccaccio in der «Fiammetta» auf der Bahn weiter, die er seit der Rückkehr nach Florenz mit größerer Entschiedenheit eingeschlagen hat: auf der Bahn der Gelehrsamkeit. Die Prosa der «Fiammetta» ist mit Anspielungen auf antike Sage und Geschichte überladen. Als Höhepunkt des Romans und als literarisches Glanzstück ist das vorletzte Kapitel gemeint, in dem Fiammetta ihr Los mit dem Schicksal berühmter Frauen des Altertums umständlich vergleicht: mit Io, Biblis, Tisbe, Hero, Phädra, Jokaste, Hekuba, Sophonisbe, Cornelia und Cleopatra. Hier hat der Gelehrte dem Dichter einen Streich gespielt.

Eine weit glücklichere Hand hat Boccaccio in dem letzten Werk, das er vor dem «Dekameron» vollendet, dem «Ninfale Fiesolano» (1344–46?). Zwar ist es auch hier der Literat, der Freund und Verehrer der antiken Dichtung, der sich in der Wahl des Themas und der äußeren Einkleidung verrät. In der Art der antiken Gründungssagen erzählt Boccaccio, um die Namen der beiden am Fuße des Hügels von Fiesole fließenden Flüßchen Affrico und Mensola zu erklären, die Geschichte von der Liebe des Hirten Africus zur Nymphe Mensola. Gegenüber der «Fiammetta» hat das «Ninfale» den Vorzug der Kürze, und schließlich war es ein glücklicher Einfall, wieder auf das Metrum der volkstümlichen Epik, die Ottavarima, zurückzugreifen, wie im «Filostrato» und im «Teseida».

Ihr folgt er in der Schlichtheit der Erzählweise; wie in den Versen des «Ameto» klingt hier auch die volkstümliche Bildersprache der toskanischen «rispetti» und «strambotti» an; an die Stelle der kunstvollen Periode seiner Prosa ist ein einfacher, ganz unliterarischer, die Regeln der schulmäßigen Syntax vernachlässigender Satzbau getreten. Unverkennbar ist Boccaccios Absicht, hier den Sprachstil dem ländlichen Hirtenmilieu anzupassen, so wie er im «Dekameron» den Sprachstil jeweils dem Charakter und der sozialen Stellung des Sprechers anpassen wird. Von den frühen Werken Boccaccios ist der «Ninfale Fiesolano», nicht die «Fiammetta», das geglückteste und lesenswerteste. Allein schon wegen dieses Werkes verdiene Boccaccio auch als Verfasser von Versen beachtet zu werden, meinte Giosuè Carducci.

Boccaccios lyrische Dichtung, rund 150 Stücke, meist Sonette, die meisten in seiner Jugend verfaßt, führt mehr die Art des «Stil nuovo», vor allem Cinos, Cavalcantis und Dantes weiter, als daß sie Petrarca folgte. Am meisten glücken ihm die Gedichte, in denen er das Thema der «Pastourelle» oder des «plazer», Daseinsfreude und Sinnenlust, weiterspinnt und auch Motive und Ausdrucksweise der volkstümlichen Dialoge anklingen läßt. Andere Sonette schließen sich inhaltlich der realistisch-sachlichen Dichtung eines Cecco Agiolieri an. In späteren Jahren verfaßte Boccaccio einige Gedichte religiösen Inhalts. Einen eigenen dichterischen Stil hat Boccaccio nicht gefunden; er bleibt ein geschmackvoller Eklektiker. Seine besten lyrischen Dichtungen sind die Balladen im Dekameron.

3. Das Dekameron

Die Entstehung des Dekameron hat sich über mehrere Jahre hingezogen. Für einige Novellen reichen die Ansätze bis in die Zeit des «Filocolo» zurück. Daß schon vor der Vollendung des Ganzen

Teile im Umlauf waren, bezeugt Boccaccio zu Beginn des IV. Buches, worin er sich über die unrichtige Beurteilung des noch unfertigen Werkes beklagt. Im Wesentlichen dürfte die Sammlung des Materials und die Ausgestaltung in der Zeit nach Boccaccios Rückkehr nach Florenz entstanden sein. Schon aus der Wahl der Stoffe geht hervor, daß er sich an seine Mitbürger wendet; er nennt Persönlichkeiten, die ihnen bekannt und vertraut sein mußten. So sehr auch letzten Endes die ganze Mittelmeerwelt im Dekameron eingefangen wird, so sehr ist es doch im Grunde in Florenz beheimatet und verwurzelt. Die endgültige Abrundung des Werkes durch die Rahmenerzählung fällt in die Zeit nach der großen Pest von 1348, die in der Einleitung des ersten Buches geschildert wird. Der Plan zu einer Rahmenerzählung reicht freilich weiter zurück, zum «Filocolo» und «Ameto». Von 1351 an, genauere Angaben lassen sich nicht machen, dürfte das Werk vollendet vorgelegen haben.

Der Titel Dekameron, was bald Dekámeron, bald irrig Dekamerón betont wird («Decamerone» ist davon die landläufige Italianisierung), lautet vollständig: «Comincia il libro chiamato Decameron, cognominato Prencipe Galeotto, nel quale si contengono cento novelle, in diece dì dette da sette donne e da tre giovani uomini». («Es beginnt das Buch, Dekameron genannt, mit dem Beinamen «Fürst Galeotto», worin hundert Novellen enthalten sind, die binnen zehn Tagen von sieben Frauen und drei jungen Männern erzählt werden».) Die Bezeichnung «Dekameron» teilt mit den Titeln früherer Werke Boccaccios das griechische Etymon (hier: deka hemerai, zehn Tage) sowie die sprachliche Verballhornung (richtig wäre: «dechemeron»). Diese Form oder Unform geht auf Boccaccios Vorbilder zurück: das «Hexameron» des hl. Ambrosius und andere patristische und mittelalterliche Werke, in denen ebenfalls eine bestimmte Anzahl von Tagen, nämlich die sechs Schöpfungstage, Haupttitel sind. Die Verschiedenheit des Inhalts zwischen Dekameron und den verschiedenen Hexamerons könnte eine versteckte satirische, ja gotteslästerliche Absicht vermuten lassen; doch wäre eine solche Vermutung abwegig, da Boccaccio jeder sakrilegische Hintergedanke fern lag; im Gegenteil, falls ihn noch ein tieferer Sinnbezug bewegte, so war es der, daß auch sein Dekameron als ein Trostbuch und damit im weitesten Sinne als ein Erbauungsbuch gedacht war. Dies ist nämlich der Sinn des Beinamens, den er selber seinem Werk gegeben hat; «cognominato

Prencipe Galeotto» ist kein späterer Einschub, sondern geht, wie heute erwiesen, auf den Autor zurück. Galeotto war als «Kuppler» mißverstanden worden, weshalb man die Bezeichnung als eine spätere Zutat abtun wollte. In Wirklichkeit war Galeotto, der König Galahot (Galehaut) des französischen Prosa-Lancelot, der höfisch vornehme Freund, Berater und Tröster der Liebenden: auch Boccaccio sieht ihn als einen guten, diskreten Freund, als einen fürstlichen Liebesboten, der sich nicht aufdrängt; nicht anders hatte ihn Dante in der Francesca-Episode (Inf. V. 137) verstanden (H. Morf; M. Barbi). Boccaccio nimmt im Untertitel lediglich das vorweg, was er im Vorwort ausführlich als die Grundabsicht seines Buches bezeichnet, nämlich die: den Frauen, die von der Welt abgeschlossen leben, wenn sie von Liebesnot oder von Liebeskummer heimgesucht werden, Trost zu geben in Gestalt eines Buches, das ihre Gedanken ablenken sollte; einer Ablenkung bedürften die Männer nicht, da sie in solcher Lage durch ihre Arbeit und Betätigung auf andere Gedanken gebracht würden. Diese praktische Absicht hat Boccaccio viermal betont: im Vorwort, zu Beginn der Rahmenerzählung, in der Einleitung zum vierten Tag und im Schlußwort. Es ist für die Beurteilung des Werkes nicht unwesentlich, diesen Hinweis Boccaccios, mit dem es ihm so ernst war, daß er ihn mehrfach gab, im Gedächtnis zu behalten: das Dekameron ist ein Trostbuch, und zwar für Frauen.

Wie der Titel angibt, werden im Dekameron hundert Novellen an zehn Tagen erzählt und zwar von sieben Frauen und drei Jünglingen. Nachdem Boccaccio im Vorwort erklärt hat, sein Buch solle dazu dienen, liebenden Frauen Trost zu spenden, beginnt er mit der Erzählung, die er seiner Novellensammlung als Rahmen gibt. Zur Zeit der Pest, die 1348 in Florenz wütete, beschließt eine Gruppe von sieben Frauen und drei jungen Männern vornehmen Standes, die sich in der Kirche Santa Maria Novella zu Florenz getroffen haben, sich auf einen Landsitz in der Umgebung zurückzuziehen, um der Gefahr zu entgehen; zum Zeitvertreib, aber auch um sich abzulenken, beschließen sie, einander Geschichten zu erzählen; die Geschichten eines jeden Tages dienen der Erläuterung eines bestimmten Themas; dieses wird wechselweise von demjenigen Mitglied des Kreises bestimmt, das für den betreffenden Tag zum König oder zur Königin gewählt wurde. Die Gesellschaft bleibt im ganzen 14 Tage auf dem Lande, aber da am Freitag und Samstag mit Rücksicht auf die religiöse Bedeutung der Tage nicht erzählt wird, ergeben sich genau zehn Tage. Vom sonstigen Leben und Treiben dieser vornehmen Gesellschaft wird zu Beginn und am Ende eines jeden Tages nur eben so viel erzählt, daß die Vornehmheit des Lebensstils ersichtlich wird; man vertreibt sich die Zeit mit Lektüre, Spiel und Spaziergängen; nach der Mittagsruhe wird erzählt; nach der Abendmahlzeit versammelt man sich noch einmal zu Musik und Tanz, und jeder Erzähler muß einmal als Abschluß des Tages eine «ballata» vorsingen. Am Ende des 14. Tages kehren alle nach Florenz zurück. Eine selbständige, eigene Handlung enthält dieser Rahmenbericht nicht, er skizziert lediglich die Situation, in der die eigentlichen Erzählungen vorgetragen werden. Die Personen tragen wiederum zum Teil «sprechende», manchmal gräzisierende Namen, die ihr Wesen schon andeuten sollen.

«Pampinea», (die Blühende) eine reife und ausgewogene Natur, «Lauretta», die Eifersüchtige, «Emilia», die in ihre eigene Schönheit verliebte, «Elisa», die unglücklich Liebende, «Neifile», (die «Neugierige») die naiv Lüsterne; «Filomena», die temperamentvolle und doch beherrschte; «Fiammetta», die vollkommene, die dennoch um die Treue ihres Liebhabers besorgt ist. Die männlichen Figuren spiegeln nicht, wie die biographisch orientierte ältere Literaturgeschichte es will, verschiedene Seiten von Boccaccios eigenem Wesen: dazu wissen wir von seinem Leben und Wesen zu wenig. Die Charaktere sind nur skizziert; sie sind mehr Symbole einer Verhaltensweise oder einer Seelenlage als wirkliche Personen; «Panfilo», der jugendliche Verehrer, «Filostrato», der von Liebeskummer verzehrt Liebende, «Dioneo», der frohgemute Lüstling; am ehesten individuelle Züge tragen «Fiammetta» und «Dioneo». Die Figuren dienen dazu den Grundton der Novellen, die am Tage ihres Vorsitzes erzählt werden, anzudeuten: umgekehrt wird ihr Charakterbild durch die Art der vorgetragenen Novellen ergänzt. Das Thema jedes Tages wird von dem Vorsitzenden bestimmt.

Unter Pampineas Vorsitz ist die Wahl des Themas jedem Erzähler freigestellt; im zweiten Buch wird unter Filomenas Vorsitz erzählt, wie jemand nach merkwürdigen Abenteuern wider Erwarten doch noch ungeschoren davonkommt; am Tag Neifiles im dritten Buch wird erzählt, wie man mit List zum Liebesgenuß gelangt oder ihn wiedererlangt; der Tag Filostratos gilt den unglücklich Liebenden; Fiammettas Tag den glücklich Liebenden; unter Elisas Vorsitz werden Anekdoten erzählt von Leuten, die durch ein Witzwort oder einen glücklichen Einfall sich aus der Patsche zogen; unter Dioneos Vorsitz wird erzählt, wie Ehefrauen dem Manne die Hörner aufsetzen; unter Lauretta wird von allerlei Streichen erzählt, die Männer und Frauen einander spielen; Emilia gestattet wieder freie Themenwahl, und abschließend läßt Pamfilo von denkwürdigen Fällen ungewöhnlichen edelmütigen Verhaltens berichten.

In den stichwortartigen Angaben der Themen, unter denen die Novellen der einzelnen Tage zusammengefaßt sind, verrät Boccaccio gerade so viel, wie nötig ist, die Neugier zu wecken. Sie lassen nur erahnen, welche Mannigfaltigkeit des Inhalts, welche Verschiedenheit der Motive und der Stimmungen, welche Fülle von Gestalten, welche Buntheit der Schauplätze dem Leser oder Zuhörer dargeboten wird, doch hat der Dichter gerade in der Art der Formulierung diesen unterhaltsamen und spannenden Wechsel andeuten wollen. Menschen aller Schichten und aller erdenklichen Natur lösen sich ab: Könige, Fürsten, Ritter, Landsknechte, Richter, Bürgermeister, Notare, Ärzte, Kaufleute, Handwerker, Geistliche, Pfarrer und Mönche, Angehörige weltlicher Bruderschaften, Spielleute, Höflinge und Bauern; Damen und Dirnen, treue und ungetreue Ehefrauen, verliebte Witwen und heiratslustige Mädchen bevölkern die Seiten des berühmten Buches. Edelmütige und Lumpen, Kluge und Toren, Trottel und Schlaumeier, Betrüger und Wüstlinge, Geizkragen und Verschwender sind die Figuren, die in diesen Erzählungen vorgeführt werden, die einmal lang und weitschweifig sind, ein andermal kurz und bündig; in den einen wird eine verrichtete Handlung umständlich bis zu ihrer Lösung geführt; in den anderen reihen sich locker Abenteuer an Abenteuer, zusammengehalten durch die Person des Helden; in anderen wird nur kurz anekdotenhaft ein Witzwort oder ein lustiger, harmloser oder auch gar nicht harmloser Streich erzählt. Der Schauplatz dieses bunten Treibens ist meist Florenz oder ein anderer Ort der Toskana, doch andere Geschichten führen den Leser weit herum in der Mittelmeerwelt, nach Tunis, nach Zypern, nach Babylon, nach Alexandrien in Ägypten, nach Marokko (Garbo), nach dem Peleponnes (Morea), aber auch dorthin, wo die italienischen Kaufleute ihre regsten geschäftlichen Beziehungen unterhielten, nach Frankreich, nach Paris, nach Burgund, nach der Gascogne, nach Flandern.

Nicht minder bunt ist das Spektrum der menschlichen Leidenschaften, das diese Gestalten treibt und bewegt. Die sinnliche Lust und die entsagende Liebe, Gier und Verzicht, Wonne und Weh, Geiz, Habgier und Verschwendung, Selbstsucht und Selbstlosigkeit, Tücke und Trug, Treue und Sittsamkeit, Frömmigkeit und Frevlertum, Scherz und Ernst, Heiterkeit und Trauer, Ritterlichkeit und Edelmut, Niedertracht und Gemeinheit, Komisches und Tragisches – alles dies hat in den Novellen Boccaccios seinen Platz gefunden: das Leben in seiner Mannigfaltigkeit, die menschliche Komödie in ihrer Buntheit. Dazu die Vielfalt der Erzählweise: neben dem feierlichen, weit ausholenden Schachtelsatz stehen der in kurzen Sätzen die Handlung vorantreibende Bericht und der spritzige, sprudelnde, lebensechte Dialog. Schließlich sind diese ungeschminkten Schilderungen des menschlichen Lebens in den Novellen umschlossen von der vornehmen Atmosphäre der Welt der Erzählenden, der edlen Damen und Jünglinge, in dem Landhaus in der lieblichen Landschaft.

Der stoffliche Reichtum des Dekameron, zu dem, wie angedeutet, die stilistische Variation kommt, wäre für sich allein nicht erheblich genug, wenn nicht hinzukäme, daß dieser Stoff von einem meisterhaften Erzähler gestaltet wäre, der Spannung zu schaffen und richtig zu lösen, und der in unvergleichlicher Weise Charaktere zu zeichnen versteht. Die Menschen des Trecento werden für uns greifbar lebendig, doch das nicht allein; das allgemein Menschliche, das ewig Gleichbleibende am Menschen lebt in diesen Gestalten, die die Zeit überdauern.

Das Dekameron ist vielfältig und abwechslungsreich, es ist aber auch von großer Tiefe, das Werk eines wirklichen Menschenkenners, und auch von echter Herzenswärme, das Werk eines Mannes, der für menschliche Schwächen ein gütiges, verzeihendes Lachen bereit hat, der den Leser zu amüsieren, doch auch zu rühren versteht.

Auf den tiefen menschlichen Gehalt des Dekameron, ebenso aber auf seine künstlerische Reife muß eigens hingewiesen werden, da dieses große Werk des Trecento vielfachen Mißdeutungen ausgesetzt gewesen ist, die nicht nur den Blick für den Sinn des Werkes, sondern auch für dessen künstlerische Eigenart getrübt haben. Dies gilt vor allem, wenn auch nicht allein, für die nichtitalienischen Leser, denen freilich der Zugang zum Kunstwerk Boccaccios erheblich erschwert ist.

Die Fehlbeurteilung des Dekameron beginnt damit, daß die Rahmenerzählung außer acht gelassen wird. Bereits in dem ersten deutschen Druck des 16. Jahrhunderts, dem von Cammerlander von 1536, fehlt sie. Auf diesen Druck gehen die weiteren des 16. und 17. Jahrhunderts zurück. In anderen Drucken wurde nur eine Auswahl der Novellen geboten. Am unbedenklichsten ging man im 18. Jahrhundert mit Boccaccios Text um. In der 1732 in Köln erschienenen französischen Ausgabe des Verlegers J. Gaillard ist nicht nur die Rahmenerzählung entfallen, auch die Einteilung in Tage, und der Text der Erzählungen ist gekürzt und dem Zeitgeschmack angepaßt. Wie die beigegebenen Illustrationen zeigen, ging es dem Bearbeiter um die Herausstellung des erotischen Elements. Nicht anders ist es mit der verbreitetsten deutschen Bearbeitung des 19. Jahrhunderts bestellt, der des Verlags Borngräber, in welcher zwar Rahmenerzählung und Vorwort des Verfassers beibehalten sind, doch stark gekürzt, der Text im ganzen aber um etwa ein Drittel zusammengestrichen ist, so daß vom eigentlichen Boccaccio nur wenig übrigbleibt. Auch von der Übersetzung Soltaus (1803) wurden Ausgaben veranstaltet, in denen nur eine Auswahl der Novellen geboten wird, und zwar die erotischen. Beigegeben wurden oft die Illustrationen, die den französischen Ausgaben des 18. Jahrhunderts zum Erfolg verholfen hatten, die Stiche von Gravelot, Cochin, Boucher und Eisen. Diese gekürzten, umgearbeiteten Fassungen sind es, die lange Zeit hindurch und in weiten Kreisen die Vorstellung von Boccaccios Dekameron geprägt haben: nämlich eine Sammlung leichtfertiger, schlüpfriger und anstößiger Geschichten. Es ist ein Dekameron im Rokokostil, der vom echten und eigentlichen Dekameron nur noch weniges bewahrt hat.

Es wäre nicht notwendig, diese falsche Auffassung und Einschätzung des Dekameron auch nur zu erwähnen, wenn sie nicht so verbreitet wäre. Daß sie auf Unkenntnis des Originals beruht, bedarf keines Nachweises. Das allgemeine Vorurteil ist aber so stark, daß mancher unkundige, nicht nur ausländische Beurteiler versucht wäre, über die durchaus positive Bewertung des Dekameron durch die italienische Kritik zu lächeln oder gar sie als eine Mohrenwäsche, ja als den Ausdruck des Nationalstolzes abzutun. Zu Unrecht. Vor dem Original haben solche Zweifel keinen Bestand.

Die Erotik, oder besser gesagt, das Triebleben, nimmt allerdings einen breiten Raum in den Erzählungen des Dekameron ein, aber beileibe nicht alle Novellen sind erotischen Inhalts; überdies ist das erotische Element sehr differenziert; es reicht von der elementaren Triebbefriedigung bis zur edelsten Selbstlosigkeit. Ferner ist das erotische Motiv nicht Selbstzweck. Es geht Boccaccio nicht darum, das Zustandekommen einer verfänglichen Situation zu berichten und bei ihrer Schilderung zu verweilen; der Nachdruck der Schilderung liegt bei der Darstellung der Charaktere bei der Beobachtung ihres Verhaltens. Boccaccio ergeht sich nicht in der Schilderung oder gar Ausmalung physischer Details; er meidet jede direkte Nennung von intimen Körperteilen und Vorgängen, jeden volkstümlichen, vulgären Ausdruck. Er bleibt in der Wortwahl immer dezent; alles lexikalisch Anstößige wird durch eine Periphrase, einen bildhaften Ausdruck ersetzt. Darin liegt nicht eine moralische Absicht, sondern eine künstlerische.

Nicht umsonst legt Boccaccio die Erzählungen jungen Männern und Damen der guten Gesellschaft in den Mund. Dadurch ist jede vulgäre Ausdrucksweise ausgeschlossen und ihr Ausschluß motiviert. Dies steht im Einklang mit dem Gesamtton edler Vornehmheit, auf den das Werk angelegt ist. Die Vermeidung des unmittelbaren Ausdrucks macht den verblümten Ausdruck erforderlich. Hiermit öffnet sich Boccaccio die Möglichkeit, in verschwenderischer Weise das in seine Erzählung einfließen zu lassen, woran ihm in hohem Maße gelegen ist: Scherz, Witz, Freude, Vergnügen. An Stelle des vulgären Wortes setzt er die witzige Umschreibung (die freilich gerade darum, weil sie bildlich umschreibt, erst recht obszön wirken mag). Oft bildet die witzige Periphrase den Abschluß oder die Pointe einer spaßigen Geschichte. Darin liegen zweierlei wesentliche Züge von Boccaccios erotischen Erzählungen beschlossen. Das erotische Element ist meist – doch durchaus nicht immer – mit Komik verbunden. Ja, die Erotik, das Verlangen nach Triebbefriedigung, ist es, die, wie Boccaccio zeigen will, die Menschen in die seltsamsten Situationen bringt. Boccaccios eigentliches Anliegen ist die komische Situation; er zeigt, wie Schläue oder Dummheit in die mißliche Lage hineinführen und wie der Geprellte sich darin verhält, beziehungsweise wie es ihm durch List gelingt, wieder herauszukommen. Nicht der Vorgang der Triebbefriedigung ist es, worauf es Boccaccio ankommt, sondern die Komik der Situation, in die diese hineinführt. Nicht Lüsternheit will Boccaccio wecken, sondern Lustigkeit; nicht die Sinne will er erregen, sondern zum Lachen reizen.

Die ebenso langweilige wie breite Ausmalung physiologischer

Einzelheiten ist Boccaccios Sache ebenso wenig wie die niederdrückende Trostlosigkeit, die damit verbunden sein kann. Negative Beurteilung alles Geschlechtlichen, die nicht allein der prüde Sittenprediger zu üben pflegt, ist Boccaccio fremd. Boccaccio nimmt den Geschlechtstrieb als natürliche Gegebenheit hin. Das ist der Sinn der Erzählung von den Gänsen, die als Erläuterung zu seiner Selbstrechtfertigung im Rahmenteil zu Beginn des 4. Buches erzählt wird und nicht eine der hundert Novellen bildet. Die Sonderstellung dieser Geschichte ist dadurch besonders hervorgehoben. Der Liebesdrang ist eine Naturgewalt, will Boccaccio damit sagen, die dem Menschen eingegeben ist. Darüber richtet Boccaccio nicht. Er nimmt sie hin. Er findet sie weder unmoralisch noch moralisch. Er will nur zeigen, wohin sie führt, sowohl in komische Situationen wie in tragische Verwicklungen.

Für Boccaccio ist der Geschlechtstrieb eine Naturgewalt, die an sich weder gut noch böse ist, aber Glück und Unglück bringen kann. Vor allem sieht Boccaccio sie als Lebenskraft. Unbändige Lebensfreude drückt sich in den Novellen aus, in denen gezeigt wird, wie der Liebestrieb allen Widerständen zum Trotz seine Erfüllung findet. Die Grundstimmung, die alle Novellen zusammenhält, und in der Rahmenerzählung in geläuterter Form auf einer höheren Ebene nochmals dargestellt wird, ist die Freude am Dasein. Sinnvoll wird damit kontrastiert die Schilderung der Pest zu Eingang des Buches: der Totentanz auf dem Teppich des Lebens.

Daß im Teppich des Lebens zugleich dunkle Strähnen laufen, war auch Boccaccio bekannt. Damit sind nicht allein etwa die Novellen gemeint, in denen der Tod auf irgend eine grausame oder tückische Art zwischen die Liebenden tritt: die Geschichte vom Herzen des getöteten Liebhabers, das der Ehefrau vom Gatten als Speise vorgesetzt wird (IV, 9); die Erzählung von Lisabetta, der die Brüder den Geliebten töten und dessen Kopf sie in einem Basilikumtopf aufbewahrt und mit ihren Tränen netzt (IV, 5). Weit eindrucksvoller erscheint die verhängnisvolle Gewalt des Liebestriebes dort, wo er getäuscht wird und in Haß und Rachsucht umschlägt. Dies ist das Thema einer der düstersten, in ihrer Grausamkeit erschütterndsten Novellen des Dekameron, der Geschichte von der Witwe Madonna Elena, die den Liebhaber Rinieri im Winter vor ihrem Hause fast erfrieren läßt und der sich damit rächt, daß er sie auf einem Turm der sengenden Sommersonne aussetzt (VIII, 7), eine Novelle von packendem Realismus in der

Schilderung der physischen Leiden wie der Gefühle der Hauptfiguren.

Neben den Eros tritt als zweites tragendes Motiv des Dekameron die Intelligenz. Auch sie ist eine Lebensmacht; sie dient dem Leben, sie dient der Erfüllung des Urtriebes, sie führt aber auch zu der Erfüllung anderer Wünsche, sie dient dem Selbsterhaltungstrieb, sie dient der Selbstsucht, sie kann aber auch der Überwindung der Selbstsucht dienstbar gemacht werden. Boccaccio verherrlicht die Intelligenz in allen seinen Novellen, sei es, daß sie zum Sieg über andere oder zum Sieg über das eigene Ich führt; er feiert sie als die Kraft, die zum Sieg führt, als die Kraft, in deren Betätigung sich ebenfalls die Freude am Dasein verwirklicht. In einer großen Anzahl der Novellen werden die beiden Hauptmotive vereinigt; viele der erotischen Novellen sind zugleich Novellen, in denen Mann und Frau einander betören und überlisten, der Sieg des Triebs zugleich einen Sieg der Schlauheit oder eine Niederlage der Torheit oder Einfältigkeit bedeutet, wo Verstand mit Verstand ringt und nicht immer der Mann unterliegt. Gerade dafür ist die Novelle von Elena und Rinieri bezeichnend (VIII, 7).

Ein nicht unbeträchtlicher und keineswegs der weniger vergnügliche Teil der Novellen ist ausschließlich dem Thema der Intelligenz gewidmet. Hier bot sich Boccaccio ein nicht minder weites Feld. Hierher gehören einige seiner bekanntesten Erzählungen und die geradezu sprichwörtlich gewordenen Typen von Betrügern, Einfaltspinseln, Spaßmachern und Dummköpfen, aber auch von Weisen und Weltklugen: die schlaue neapolitanische Dirne, die den einfältigen Andreuccio aus Perugia ins Garn lockt (II, 5); die Spaßvögel Bruno und Buffalmacco, die dem törichten Calandrino einreden, er sei schwanger (IX, 3) oder mit ihm den Stein suchen, der ihn unsichtbar machen soll, die Elitropia (VIII, 3). Am äußersten anderen Ende dieser reich besetzten Stufenleiter steht der Jude Melchisedech, der mit der Parabel von den drei Ringen sein Leben rettet (I, 3). Die berühmtesten Novellen in dieser Reihe der Triumphe des Intellekts sind die von Ser Ciappelletto (I, 1) und von Fra Cipolla (VI, 10). Sie gehören zugleich zu den Stükken, an denen sich Boccaccios Gestaltungskraft und Erzählkunst in meisterhafter Weise bewährt. Doch nicht allein deswegen verdienen sie Erwähnung, sondern auch weil gerade diese Erzählungen mißverstanden worden sind. Man hat aus ihnen eine irreligiöse, ja religionsfeindliche Haltung Boccaccios herauslesen wollen, eine ausgesprochen satirische Absicht, die sich gegen die Diener der Kirche richte. Wer diese beiden Erzählungen unbefangen liest, wird sich überzeugen können, daß Boccaccio hier und auch in anderen Novellen, in denen Geistliche vorkommen, nicht weiter geht als die vielen mittelalterlichen Schwänke, die Fabliaux, die sich über die Geistlichkeit lustigmachen, und daß es ihm weiter um nichts geht als um Komik.

Wo Boccaccio Mißstände darstellt, ist er nicht schärfer als sein Zeitgenosse Dante. Nur: wo Dante im Zorn spricht, lächelt Boccaccio verschmitzt. Ja, wer an den Geschichten von Ser Ciappelletto und Fra Cipolla die Satire sucht, wird gerade am Wesentlichsten dieser beiden Meisternovellen vorbeigehen. Die Erzählung von Fra Cipolla ist nicht ein Angriff auf den Reliquienhandel. Dieser ist nur eine selbstverständliche Gegebenheit, die lediglich die Voraussetzung für die vergnügliche Erzählung bildet. Nirgends wird auch bloß mit einem Wort der Reliquienhandel als solcher getadelt. Im Mittelpunkt steht die köstliche Figur des Fra Cipolla, den die Bauern von Certaldo für einen Einfaltspinsel halten und dem sie einen Streich spielen wollen; doch fallen sie dabei selbst herein. Fra Cipolla will ihnen eine Feder vom Flügel des Engels Gabriel zeigen; das Etui wird gegen eines vertauscht, in das man einige Stückchen Holzkohle gelegt hat. Erst mitten in seiner Predigt bemerkt Fra Cipolla die Vertauschung; geistesgegenwärtig gibt er seiner Rede eine andere Wendung und zeigt den schon schadenfroh Wartenden die Kohlen, auf denen der Hl. Laurentius geröstet wurde; nicht genug damit, er malt ihnen mit der Kohle auch noch große Kreuze auf die Kleider, Trug mit Hohn erwidernd. Das Kernstück der ganzen Erzählung ist jedoch die Predigt Fra Cipollas, eine köstliche Nachbildung des Predigtstils, jedoch nie in die Parodie abgleitend, sie will Wort für Wort ausgekostet sein.

Nicht mißverstanden werden darf auch die Novelle von Ser Ciappelletto (I, 1), die das Dekameron eröffnet. Ser Ciapelletto ist einer der in Frankreich lebenden italienischen Notare; er wird nach Burgund geschickt, um Außenstände einzutreiben; er erkrankt im Hause von Landsleuten, die seinen schlechten Charakter und seinen üblen Ruf kennen. Sie befürchten, er könne die Beichte verweigern und deshalb nicht in geweihter Erde begraben werden, oder aber er könne seine Sünden doch wirklich und wahrhaftig beichten, sodaß ihm das kirchliche Begräbnis wiederum verweigert würde. Das würde ihr Ansehen und damit ihre Geschäfte schädigen. Sie bitten daher Ser Ciappelletto, den Beichtiger nicht abzuweisen und ihnen keine Schande zu machen. Ciappelletto läßt sich darauf ein. Er legt eine Beichte ab, in der nur gute Taten vorkommen und ein frommer Sinn waltet; in Wirklichkeit aber ist sie der Gipfel von Heuchelei, Verstellungskunst und Lüge. Der fromme Beichtvater ist von dieser Beichte so entzückt, daß er in Ciappelletto einen Heiligen erkennt. Boccaccio mag vielleicht an die Voreiligkeit gedacht haben, mit der mancher zum Heiligen gemacht wurde. Ausdrücklich sagt er es nicht. Er läßt es bei der Feststellung bewenden, Ser Ciappelletto habe eher verdient, in die Hölle zu kommen. Auch wird der Beichtvater, dessen Gutgläubigkeit getäuscht und mißbraucht wird, nicht lächerlich gemacht. Der Nachdruck liegt auf der Figur des Ser Ciappelletto; sorgfältig entwirft Boccaccio zuerst ein düsteres Charakterbild, um dann in der Beichte, dem Kernstück der Erzählung, die ganze Verruchtheit des Menschen in seinem Verhalten sichtbar werden zu lassen, seine Fähigkeit zu schauspielern und seine niederträchtige Freude daran, andere hinters Licht zu führen. Boccaccios Hauptanliegen ist die Charakterzeichnung; er schafft eine Gestalt, die ebenso unvergeßlich ist wie Fra Cipolla. Das Kernstück ist die Beichte, voll köstlicher Komik; diese ergibt sich aus dem Gegensatz zwischen dem, was der Leser über den Charakter Ciappellettos schon weiß und der Scheinheiligkeit, mit der Ciappelletto in immer stärker übertreibender Weise sein tugendhaftes Verhalten vorspiegelt; sie beruht ferner auf dem Eifer des Beichtvaters, der, je weiter die Beichte fortschreitet, immer mehr in Begeisterung gerät über das wundervolle Beichtkind. Die arglose Täuschung des Beichtvaters, sein Eingehen auf den Beichtenden, sein wachsendes Entzücken, das zugleich das Ausmaß seiner Täuschung bedeutet, sind ebenso treffend dargestellt wie die List und die Verschlagenheit Ciappellettos. Die Gegenüberstellung der beiden bildet einen effektvollen Kontrast.

Die Novelle von Ser Ciappelletto hat noch einen tieferen Bezug. Es ist mit Recht hervorgehoben worden, daß im Dekameron alle großen und bedeutenden Standespersonen der Zeit Boccaccios und der zwei oder drei Generationen vor seiner Zeit in den Erzählungen auftreten: die großen Normannenherzöge, Tancred und Wilhelm, die Schwabenkaiser, die Anjou, die Päpste Alexander III. und Bonifaz VIII., Cangrande della Scala, Azzo d'Este. Von ihrer Anwesenheit strahlt ein Schimmer des Heroischen und Abenteuerromanhaften auf die Erzählung aus. Dazu gesellen sich die großen Dichter und Künstler der Zeit: Guido Cavalcanti und Cecco Angiolieri, Cimabue und Giotto. Diesen hat Boccaccio die Vertreter der neuen herrschenden Schicht des vornehmen Bürgertums, der Kaufleute und Geldmagnaten, beigegeben, die sich nicht weniger edelmütig zeigen als die Fürsten und Dichter, die bei ihren abenteuerlichen Unternehmungen, die sie in ferne Länder führen, nicht weniger Mut beweisen. Neben die Welt des alten Rittertums stellt Boccaccio somit die neuen Pioniere des Handels und des Gewerbefleißes (V. Branca). In diese Welt des kühn unternehmenden Kaufmanns stellt Boccaccio den Notar Ser Ciappelletto. An seiner Figur macht er deutlich, welchen Anfeindungen und Gefahren der italienische Kaufmann im fernen Frankreich ausgesetzt war. Die letzte Missetat Ser Ciappellettos war zugleich ein Akt landsmannschaftlicher Solidarität. Durch seine Beichte, die ihn, den Zyniker und Gottlosen nichts kostete, bewahrt er seine Landsleute vor Schaden und ärgerem Ungemach.

Seit dem 19. Jahrhundert ist Boccaccio als der Herold einer neuen Zeit, der Vorbote der Renaissance gefeiert worden, so durch De Sanctis. Er habe der mittelalterlichen Askese den Rücken gewandt, um sich dem Diesseits zuzuwenden. Das Dekameron wurde als eine menschliche Komödie zur Göttlichen Komödie Dantes in Gegensatz gestellt (Carducci); während Dante ganz auf das Jenseits gerichtet sei, verherrliche Boccaccio den Menschen; Dante lebe in der mittelalterlichen Welt der Askese, Boccaccio verkünde die Botschaft der irdischen Sinnenfreude. In diese Deutung, die keineswegs auf Italien beschränkt war (Quinet) und ist (Auerbach), lebt die aufklärerische Auffassung vom finsteren, abergläubischen Mittelalter, das durch Humanismus und Renaissance überwunden worden sei. So fand das Hauptwerk Boccaccios, das Dekameron, nicht nur eine günstige Beurteilung, sondern es wurde geradezu zum Symbol einer kulturellen Erneuerung erhoben. Wenn man in dem Durchbruch eines neuen Lebensgefühls, das in Boccaccios Dekameron zweifellos zum Ausdruck kommt, allein schon den Anbruch einer neuen Epoche erblicken will, so mag jene Auffassung eines De Sanctis, eines Carducci, eines Quinet und anderer zu Recht bestehen. (Man sollte freilich dann nicht vergessen, daß die gleiche Sinnenfreude, die gleiche unbekümmerte Bejahung des Diesseits in den durchaus mittelalterlichen französischen Fabliaux zum Ausdruck kommt.) Eine solche Beurteilung erfaßt aber weder den ganzen geistigen Gehalt des Dekameron, noch trägt er seiner literarischen Form Rechnung. Die neuere Forschung hat gerade die mittelalterlichen Züge des Dekameron hervorgehoben. So wie in Petrarcas «Canzoniere» die provenzalische Minnedichtung gipfelt und ausläuft, so steht das Dekameron in der Tradition der Exempla-Literatur.

Boccaccio hat in den seltensten Fällen seine Stoffe erfunden. Er schöpft aus den mittelalterlichen lateinischen Exempelsammlungen, aus Biographien, aus Chroniken, aus Heiligenlegenden. Nur für ganz wenige Novellen läßt sich mit Sicherheit eine bestimmte schriftliche Quelle nachweisen: zwei Erzählungen hat Boccaccio Apuleius entnommen (V, 10; VII, 2); drei der «Disciplina clericalis» des Petrus Alfonsi (VII, 4; VIII, 10; X, 8); zwei dem «Speculum historiale» des Vinzenz von Beauvais (V, 8; VII, 10); eine der «Comoedia Lydiae» (VII, 9), eine der provenzalischen Vida des Troubadours Guilhem de Cabestanh (IV, 9). Für die meisten ist anzunehmen, daß Boccaccio verschiedene Quellen nebeneinander benützt hat. Die Quelle ist übrigens fast nie mit Sicherheit feststellbar; es ist auch nicht auszumachen, ob er die Quelle direkt benutzt hat oder ob er aus der mündlichen Überlieferung geschöpft hat. Diese Frage ist auch ganz unwesentlich. Wesentlich ist, was er aus der Quelle gemacht, wie er seinen oft ungefügen, oft nur skizzenhaftem Vorwurf verwertet hat. Dies lehrt der Vergleich mit Behandlungen des selben Stoffes, die der seinen vorausgehen, auch wenn er nicht mit Sicherheit genau diese Quelle verwendete. Instruktiv ist beispielsweise der Vergleich der Novelle I, 3 (die Parabel von den drei Ringen) mit der gleichen Geschichte im «Novellino» (Nr. 73 der Ausgabe von Gualteruzzi, Nr. 111 der Ausgabe von Biagi) oder der Novelle I, 4 von dem Abt, der mit einem Mädchen so umgeht, wie er es einem jungen Mönch zum Vorwurf machen will, mit der Novelle Nr. 54 (Ausgabe von Gualteruzzi) des «Novellino». Aus trockenen Anekdoten macht Boccaccio erst eine richtige Erzählung mit einer sorgfältigen Exposition, Schilderung der Charaktere, Erläuterung der Situation mit allen Begleitumständen, genauer psychologischer Motivierung des Verhaltens der Personen, langsamer Schürzung des Knotens und pointenhafter Lösung am Schluß.

Boccaccios Verhältnis zu seinen Quellen ist nicht minder aufschlußreich für seine Geisteshaltung. Seine Quellen sind so gut wie ausschließlich mittelalterlich, der mittelalterlichen lateinischen und vulgärsprachlichen Tradition entnommen. Außerdem fehlt im

Dekameron die Welt der Antike. Selbst die Erzählung von Tito e Gisippo (X, 8), die zwar im Altertum spielt, ist in ihrem Geist und der Schilderung der Umstände ganz mittelalterlich; sie ist auch nicht aus einer antiken Quelle geschöpft, sondern ist eine Nacherzählung einer Geschichte aus der «Disciplina clericalis», in die für den ersten Teil Boccaccio noch die Geschichte von Athis und Prophilias des Alexander de Bernay hineinverwoben hat. Die einzigen Erzählungen, für die Boccaccio unmittelbar eine antike Quelle verwendet hat, V, 10 und VIII, 2, sind aus Apuleius geschöpft, den Boccaccio nach eigener Aussage («De genealogiis», V, 22), – ebenso wie das ganze Mittelalter – als einen Geistesverwandten und einen Vorläufer empfand. Charakteristisch für Boccaccio ist, daß er die antike Quelle unbedenklich mit späteren Quellen vermengt, sie erweitert und ausschmückt. Für die beiden genannten Novellen hat er auch den französischen Fabliaux Motive entnommen. In anderen Fällen gibt er gegenüber den ihm bekannten antiken Quellen den späten Fassungen den Vorzug. Für die Geschichte des Andreuccio da Perugia (II, 5) hält er sich an das Fabliau «Boivin de Provins», obwohl ihm die «Historia de Antheia et Habrocomia» des Xenophon Ephesios bekannt war. In der Novelle vom Engel Gabriel (IV, 2) verschwinden die Anklänge an Ovid hinter der Erzählung des Pseudo-Hegesipp. Ebenso ist Boccaccio für seine Schilderung der Pest weniger die Schilderung von Lukrez, die er aus Macrobius kannte, gefolgt als Paulus Diaconus in dessen «Historia Langobardorum» (II, 4–5). Den antiken Quellen kommt in Boccaccios Wertung kein besonderer Platz zu; sie sind für ihn Quellen wie alle anderen auch, und er verfährt mit ihnen ebenso ungezwungen und unbedenklich wie mit den anderen. Es liegt ihm ebenfalls durchaus fern, das typisch Antike beizubehalten, so wenig er etwa nicht antiken Stoffen einen antiken Anstrich gegeben hätte. Ein solches Verfahren war allein schon wegen der Personen der Erzähler ausgeschlossen, die nicht Buchgelehrte, Schulmeister und Entdecker der Antike waren.

Mittelalterlich sind, wie die neuere Forschung hervorgehoben hat, Grundplan und Aufbau des Dekameron, Rahmenerzählung und Sprachstil. Das Dekameron erweist sich bei genauerer Betrachtung als eine sorgfältig gefügte Komposition, einem gotischen Bau (V. Branca) vergleichbar, voll sinnreicher Entsprechungen. In seinem Grundplan entspricht es den für eine «comedia» gültigen Vorschriften der mittelalterlichen Rhetoriker, auf die sich Boccaccio auch in anderen seiner Werke beruft, z. B. im 14. Buch seiner Genealogien. Die «comedia» hat unerfreulich zu beginnen und glücklich zu enden: «inchoat asperitatem alicuis rei sed eius materia prospere terminatur». Entsprechend baut Boccaccio nach einem festen Plan auf, aber er vermeidet jede Starrheit durch geschickte Abweichungen, die sich als antithetische Bestätigungen des Grundprinzips erweisen. Mittelalterlich schematisch ist die Gliederung des Ganzen in 10 mal 10 Novellen (es findet sich noch andere Zahlensymbolik und Zahlensymmetrie im Dekameron!); für jeden Tag wird ein Thema festgesetzt, aber dieser Schematismus ist durchbrochen dadurch, daß an zwei Tagen das Thema freigestellt ist. Alle Erzähler halten sich an diese Bestimmung, doch einer, Dioneo, ist davon befreit: er erzählt immer anstößige Geschichten, aber am siebten Tag, an dem von allerlei gewagten Situationen in puncto eheliche Treue berichtet wird, erzählt Dioneo nichts Erotisches.

Die Freiheit der Themawahl des ersten Tages ist nur scheinbar. Offenbar hat Boccaccio den Gegensatz zu den nachfolgenden Erzählungen nicht zu stark hervorheben wollen. Die Novellen dieses Tages sind durchweg herb, fast scharf. Die Geistlichen kommen schlecht weg; die Adligen werden wegen ihres Geizes (Cangrande della Scala, Erminio Grimaldi) und ihrer Feigheit (der König von Zypern) getadelt, der schlimmsten Untugenden in den Augen mittelalterlichen ritterlichen Geistes. Dazu stehen im Gegensatz die Novellen des 10. Tages, in denen für den geistlichen Stand das fromme und würdige Verhalten des Abtes von Cluny vorgeführt wird, die Adligen als Muster höfischen Verhaltens treu und edelmütig gezeigt werden. Am Anfang des ersten Tages steht die verwerflichste Gestalt des ganzen Dekamerons, am Ende des 10. Tages die im mittelalterlichen Sinne musterhafteste weibliche Figur, die der Griseldis. So versinnbildlicht das Dekameron den Aufstieg des Menschen vom irdisch Unzulänglichen zum edlen tadelfreien Dasein. In diesem Gesamtplan nehmen die Novellen ihren Platz ein als beispielhafte Erzählungen, als Exempla. In den asketischen Schriften der Zeit, wie z. B. dem «Specchio della vera penitenza», wird die moralische Belehrung herausgestellt und ausgesprochen, aber zugleich durch ein reiches Beispielmaterial novellenhaften Charakters erläutert. Wenn im Dekameron auch die Gewichte umgekehrt verteilt sind, der Novellenstoff im Vordergrund steht, so ist darum doch die belehrende Absicht nicht aufgegeben; sie tritt weniger hervor, ist aber dennoch vorhanden. Der exemplarische Charakter ist an der ersten und an der letzten Novelle besonders deutlich ersichtlich, die erste dient als Abschreckung, die letzte fordert zur Nachahmung auf. Die Griseldis-Geschichte ist als märchenhaft und wirklichkeitsfremd bezeichnet worden. Dieses Unwirkliche ergibt sich aber gerade aus ihrem Exemplum-Charakter. Griseldis ist als das Gegenteil der mittelalterlichen, von Frauenhaß und Frauenverachtung bestimmten Frauenfigur der asketischen Literatur wie der Fabliaux gezeichnet, einer Auffassung von der Frau, wie sie auch in so vielen Frauengestalten des Dekameron erscheint. Griseldis ist die Umkehrung dieser Vorstellung und daher unwirklich wirkend, idealisiert fast bis zur Karikatur. Es ist falsch anzunehmen, daß Griseldis nur auf den heutigen Menschen so wirke. Auch Boccaccio hat sie als solche gesehen. Man darf nämlich nicht den Kommentar, den er Dioneo in den Mund legt, übersehen. Dioneo meint: der Ehemann habe verdient, daß sie mit einem anderen Mann durchgegangen wäre, der ihm ordentlich die Hörner aufgesetzt hätte. Auch für Dioneo-Boccaccio ist Griseldis unwirklich, ein Ausnahmefall, ein Muster. Ebenso wie Boccaccio den Bösewicht Ser Ciappelletto ganz deutlich als Bösewicht charakterisiert und verurteilt hat. Auf den beispielhaften Charakter der Novellen zurückzuführen ist überdies der Nachdruck, mit dem Boccaccio immer wieder ihren Wahrheitsgehalt betont, z. B. in der Einleitung zum 4. Tag, im Schlußwort und in Fiammettas Schlußworten zu ihrer Erzählung am 9. Tag (5. Novelle).

Nicht minder als die Novellen des ersten Tages, die Novellen gottloser Ruchlosigkeit und unritterlichen Verhaltens und des letzten Tages, Novellen des Triumphes der Frömmigkeit und des ritterlichen Edelmutes, sind die Novellen der übrigen Tage exemplarisch, Beispiele für den Triumph der Virtus, im Kampf mit den beiden rätselhaften Mächten, die das menschliche Leben beherrschen: Fortuna und Amor, deren Walten natürlich auch die Novellen des ersten und des letzten Tages bestimmt. Fortuna wird von Boccaccio nicht als blinde Macht, die zufällig Glück und Unglück verteilt, verstanden, sondern im mittelalterlichen, thomistischen Sinn (wie von Dante Inf. VII, 77f.) als Dienerin der göttlichen Vorsehung und Gerechtigkeit. Diese Auffassung erörtert Boccaccio sowohl im Dekameron (Einleitung zu II,2 und VI,2) wie mehrfach in seinen früheren und späteren Werken. Nicht anders als in den theoretischen Schriften der mittelalterlichen Philosophie ist seine Auffassung vom Wesen der Liebe, die er nicht nur unmittelbar vorträgt (im Vorwort, im Prolog zum 4. Tag, im Schlußwort), sondern auch seinen Erzählern in den Mund legt. Wenn Fiammetta (IV,7) die Liebe der Edlen der des Niedriggeborenen gegenüberstellt, paraphrasiert sie nur die Abhandlung «De Amore» des Andreas Cappellanus; ähnlich in anderen Novellen. Die Erörterungen über das Verhältnis zwischen Verstand und Trieb im 5. und 7. Tag spiegeln Gedanken des hl. Thomas wieder. Im ersten Teil des Dekameron steht im Vordergrund das unerforschliche Walten des Glücks. Im zweiten Buch erscheinen die Figuren als Spielball des Schicksals, im dritten wirken sie aktiv an der Gestaltung ihres Schicksals mit, im 4. Buch dient das Schicksal dazu, der Liebe eine tragische Wendung zu verleihen, im 5. werden die plötzlichen von Fortuna verursachten Wechselfälle der Liebe gezeigt; der Tag schließt mit der Novelle von Federigo degli Alberighi, dessen tiefe und edle Neigung die Liebesgeschichten des 10. Buches ankündigt. Der 6. Tag bringt eine neue thematische Wendung: von nun an tritt das Wirken des menschlichen Verstandes in der Auseinandersetzung mit Amor und Virtus in den Vordergrund, die Betätigung der umana industria. Vor den 10. Tag legt Boccaccio den 9. Tag mit freier Themenwahl, als Wiederholung und Zusammenfassung der bereits berührten Thematik, ehe er zu dem Höhepunkt der im letzten Tag vereinten Novellen der Virtus, der 10. Novelle, gelangt. Dieser folgerichtige Aufbau in der Anordnung des Stoffes gibt dem Dekameron eine innere Einheit, die dadurch auch formal unterstrichen wird. Am Dekameron als Kunstwerk geht vorbei, wer diesen Aufbau mißachtet; wer die vom Autor gewollte Ordnung zerstört, indem er den Novellen eine andere Reihenfolge gibt oder sie nur in Auswahl bringt, zerstört damit auch das Werk.

Das Formgefüge wird noch durch andere, vom Regelkanon der mittelalterlichen Rhetorik diktierte Beziehungen und Symmetrien unterstrichen. Das älteste von den jungen Mädchen, Pampinea, führt den Vorsitz am ersten Tag; der älteste Jüngling ist der König des letzten Tages; im übrigen führen Jünglinge und Mädchen den Vorsitz im regelmäßigen Wechsel: die Jünglinge präsidieren am 4., 7. und 10. Tag. Die Balladen, die den Tageslauf beschließen, bilden thematisch die Gruppe 3:4:3, die ersten drei sind allegorisch, die vier mittleren sind Liebesklagen, die drei letzten sind ein Jubelgesang. Dreigliedrig ist jeweils das Ende eines jeden Tages: Festsetzung des Themas für den folgenden Tag; Aufbruch und restlicher Tagesverlauf; Verabschiedung zur Nacht mit einer ballata. Mittelalterlicher Rhetorik gemäß sind auch die «sprechenden» Namen und die Namen mit senhal-Charakter, d. h. Decknamen im Sinne der Minnelyrik sowie die Verwendung symbolischer Farben, um Charakter oder Stimmung der Erzählerinnen zu kennzeichnen.

In der mittelalterlichen Tradition verwurzelt ist die Rahmenerzählung. Nicht allein, daß die Rahmenerzählung an sich ein im Mittelalter üblicher Kunstgriff ist, um Exempelsammlungen zusammenzufügen, wie etwa in der «Disciplina clericalis» des Petrus Alfonsi oder dem «Dolopathos», der Geschichte der sieben weisen Meister, des Johannes de Alta Silva. Es kommen bei Boccaccio noch andere traditionelle Motive hinzu. Die Erörterung von Fragen des Minnedienstes im geselligen Kreise – den literarischen Hintergrund bilden die Streitgedichte der provenzalischen Minnedichtung – ist ein Motiv, das Boccaccio bereits früher verwendet hatte, im «Filocolo» und im «Ameto». Er nimmt es im «Dekameron» wieder auf in der Fiktion von der Gesellschaft der zehn jungen Leute, die sich von Florenz entfernen, um auf dem Lande das Ende der Pest abzuwarten. Auch sie diskutieren über das Wesen der Liebe; ihre Novellen sind hundert Exempla der Liebeskasuistik, und an alle Novellen schließt sich eine Diskussion an.

Eine Frage der Liebeskasuistik, aber auf der Ebene der niederen Minne, bildet auch den Gegenstand des Streites zwischen den Bediensteten Licisca und Tindaro in der Rahmenerzählung zum 6. Tage. (Es geht darum, ob die Mädchen erst die Ehe abwarten sollen, um die Freuden der Liebe kennenzulernen, oder nicht). Boccaccio gibt damit der ‹cour d'amour›, dem Gerichtshof in Minnefragen, eine parodistische Umkehrung. Zugleich hat die Szene eine ästhetische Absicht: sie wird in Gegensatz gestellt zu der vornehmen Atmosphäre des in dem Landhaus versammelten Kreises, nur eine von den vielen Kontrastwirkungen, mit denen der Rahmen auch sonst ausgestattet ist; die wichtigste, die einleitende Schilderung der Pest wurde bereits erwähnt. Der Rahmen als Ganzes steht seinerseits im Gegensatz zu den Novellen. Die Rahmenerzählung spielt in einer unrealen, fast märchenhaften Welt, in einer Welt ohne Sorgen, einer Wunschwelt, in einer idealen Landschaft, dem ‹Locus amoenus› der mittelalterlichen Rhetorik; die jungen Mädchen und Jünglinge leisten sich die Vergnügungen der vornehmen Welt, Gesang, Tanz, Spaziergänge in der schönen

Umgebung; ihre Gebärden und ihr Verhalten bleiben immer im Rahmen einer gemessenen und abgezirkelten Sittsamkeit und vornehmen Anstandes. Die Gesellschaft der Rahmenerzählung vertritt die Gesellschaft, an die sich Boccaccio mit seinem Werk wendet. Er weist damit auch dem Leser einen Standort zu: über der Wirklichkeit des Daseins, wie es sich in den Novellen darbietet, und ihr entrückt. «Im Dekameron ist unermeßlich viel erlebtes Leben gegenwärtig; doch ist es nicht derart gegenwärtig, wie es dem gegenwärtig ist, der an ihm teilnimmt, sondern wie es dem ist, der es von einem hohen und herrschaftlichen Belvedere aus betrachtet» (G. Getto).

Zum mittelalterlichen Charakter des Dekameron gehört ferner, daß Boccaccio in der sprachlichen Gestaltung den Vorschriften der mittelalterlichen Rhetoriker in der Unterscheidung eines niederen, mittleren und hohen Stils folgt. Im hohen, erhabenen Stil sind Vorwort und Nachwort abgefaßt, desgleichen die Schilderungen in der Rahmenerzählung, die Einleitungen zu den Novellen, die in feierlichem Ton gehaltenen ernsteren Novellen. Wo aber von alltäglichen Vorfällen und von Menschen niederen Ranges erzählt wird, wird der Stil schlichter und einfacher, um in den Dialogen und scherzhaften Reden der Alltagssprache ganz nahe zu kommen. Der hohe Stil unterscheidet sich vom niederen im Wortschatz, aus dem das banale, triviale Wort verbannt ist; überdies aber durch den Bau langer Schachtelsätze, in denen der Hauptsatz oder das Verbum des Hauptsatzes an das Ende der Periode gerückt, der Ablauf des Satzes unterbrochen wird durch Einschübe, Partizipial- und Gerundialsätze, Relativsätze, Konjunktionalsätze, Infinitivsätze in Nachahmung des lateinischen Accusativus cum infinitivo; die Satzglieder sind oft parallel geführt, zwei- und dreigliedrig, oft durch Anaphern oder Allitterationen miteinander verbunden. Die Satzabschnitte erhalten jeweils eine charakteristische rhythmische Kadenz, den ‹cursus›, nach dem Vorbild der lateinischen Kunstprosa des Mittelalters. Die im erhabenen Stil geschriebenen Partien des Dekameron stehen syntaktisch der heutigen italienischen Prosa sehr fern; dem modernen Geschmack erscheinen sie schwerfällig und eintönig (Vittorio Rossi). Bedenkt man die Abweichungen im Wortschatz, so ist diese Prosa in ihren kunstvollen Partien auch für den italienischen Leser von heute keine leichte Lektüre, für den Ausländer ist sie es erst recht nicht. Bearbeiter und Übersetzer haben sich denn auch an den im gehobenen, feierlichen Stil geschriebenen Stellen am meisten vergangen, sie gekürzt und vereinfacht, damit aber auch eine wesentliche Eigentümlichkeit des Kunstwerkes ausgelöscht.

Wir Heutigen sind eher geneigt, Boccaccio dort als Künstler am meisten zu bewundern, wo er durch die Rede Menschen zu charakterisieren versteht, etwa in Ser Ciappellettos Beichte und den Fragen des Beichtvaters oder in der Predigt Fra Cipollas. Für Boccaccio waren die im Sinne der zeitgenössischen Rhetorik ornamentalen Partien die Prunkstücke. Für uns haben sie noch die Bedeutung, daß sie uns zeigen, wie sehr Boccaccio um formale Vollendung bemüht war. Das Dekameron war in seinem Gesamtaufbau ein wohl durchdachtes Werk; es war in der sprachlichen Gestaltung bis ins letzte sorgfältig ausgefeilt. Nicht weniger als Dante und Petrarca hatte sich Boccaccio ein hohes Ziel künstlerischer Vollkommenheit gesteckt.

Um so merkwürdiger erscheint das literarische Schicksal des Dekameron. Die überlieferten Handschriften zeigen, daß es zunächst nicht von den Gebildeten als Kunstwerk gewürdigt und gewertet wurde. Es erschien als ein Werk ohne literarische Ahnen, ohne ein Vorbild, das ihm den literarischen Adel verliehen hätte, – eine Novellensamlung, ein Exempelbuch, kurzum als Werk aus einer Gattung, die weder im lateinischen noch im volkssprachlichen Schrifttum jemals als Kunstwerk angesehen worden war. Daran ändert auch nichts, daß eine Generation später ein Sacchetti voll Bewunderung erwähnt, daß das Dekameron schon ins Französische und Englische übersetzt sei und allenthalben gelesen werde. Die Handschriften des 14. und der ersten Hälfte des 15. Jahrhunderts sprechen eine andere Sprache. Sie wurden nicht von gewerbsmäßigen Schreibern hergestellt. Sie zeigen (wie Vittore Branca dargetan hat), daß das Dekameron zunächst außerhalb der Literatenkreise gelesen wurde, und zwar von jener Schicht gebildeter Kaufleute, der die Personen der Rahmenerzählung zuzurechnen und zu der ein großer Teil der Figuren der Novellen zu zählen sind: die unternehmungslustigen toskanischen Kaufleute fanden sich selber in dieser Welt der Abenteuer und des Verstandes wieder, wenn sie freilich wohl kaum mehr als bloß geahnt haben mochten, daß Boccaccio hier das große Epos des mittelalterlichen italienischen Kaufmannstums geschaffen hat.

Vom mittelalterlichen Publikumserfolg des Dekameron zeugt die große Anzahl der überlieferten Handschriften, von denen mehrere mit reichem Bilderschmuck ausgestattet waren. Die älteste von diesen illuminierten Handschriften ist die von Giovanni d'Agnolo Capponi um 1380 hergestellte, heute in Paris verwahrte Handschrift (Cod. par. ital. 482). Vom Erfolg des Dekameron zeugt auch die Häufigkeit, mit der Motive der Novellen in der bildenden Kunst des Quattrocento auftauchen, für die Beliebtheit die Verwendung dieser Motive in der alltäglichen Gebrauchskunst, bei der Bemalung von Mitgifttruhen, der «cassoni nuziali». Aber sowohl die Auswahl der Motive, die Bevorzugung der mehr phantastischen, märchenhaften oder heroischen Erzählungen, sowie die mehr nur inhaltlich erzählende realistische Art dieser Darstellungen zeigt ein eher volkstümliches Behagen, das noch nicht die Hochachtung vor dem Kunstwerk verrät, sondern nur stofflich orientiert ist. Erst mit dem Wiedererwachen des Interesses am italienischen Schrifttum im letzten Drittel des 15. Jahrhunderts setzt die eigentlich literarische Würdigung des Dekameron als Wortkunstwerk ein. Diese neue, die endgültige Einschätzung des Dekameron als eines der großen Werke der italienischen Dichtung spiegelt sich dann auch in der Tatsache, daß die Dekameron-Manuskripte von berufsmäßigen Kopisten hergestellt und von namhaften Künstlern illustriert werden. Eines der frühesten Zeugnisse dieser neuen Einschätzung ist der Codex, der für Alberto d'Este geschrieben, von Taddeo Crivelli mit Illustrationen versehen wurde und sich jetzt in der Bibliothek des Lord Leicester in Holkham Hall befindet.

Ein völlig anderes Schicksal erlebte die abschließende Novelle des Dekameron, die Geschichte von der treuen Griseldis (X, 10). An ihr fand Gefallen Petrarca, der sie ins Lateinische übersetzte und in das XVII. Buch seiner Altersbriefe, der «Seniles», aufnahm. In lateinischem Gewand erlebte die Novelle eine ungeheure Verbreitung; außer in den Manuskripten der «Seniles» ist sie in rund hundert selbständigen Handschriften überliefert. Mußte diese weite Verbreitung der Griseldis auch den Ruhm Boccaccios vermehren und zur Verbreitung des Dekameron beitragen, so ist das Schicksal der lateinischen Griseldis doch davon zu trennen. Der europäische Ruhm der Griseldis ist ihrer lateinischen, von Petrarca geschaffenen Fassung zu verdanken, mindestens ebenso sehr der Autorität Petrarcas wie der Erzählkunst Boccaccios. Der Leserkreis war auch ein anderer: Petrarcas Latein machte die Griseldis zur Lektüre der Lateinkundigen, der Humanisten. Nicht weniger beruhte der Erfolg auf ihrem moralischen lehrhaften Charakter, dem ‹exemplum› der idalen Gattin.

Die zu Ende des 15. Jahrhunderts einsetzende Anerkennung des literarischen Wertes des Dekameron findet ihre endgültige Bestätigung durch das Urteil Pietro Bembos, der Boccaccios Prosa für mustergültig erklärt. Diesem Urteil schlossen sich die Sprachtheoretiker des 16. Jahrhunderts an. Bis zu den Puristen des 19. Jahrhunderts gilt das Dekameron als sprachlich beispielhaft, als «libro di testo», wenn auch im 17. und 18. Jahrhundert besonders vom Kreise der Arkadier Boccaccio Künstelei und Geschraubtheit vorgeworfen wurde. Das literarische und sprachliche Ansehen, das das Dekameron in der Renaissance genoß, brachte es auch über die Fährnisse der Gegenreformation hinweg. Im Jahre 1571 wurde es auf den Index der verbotenen Bücher gesetzt, sofern es nicht expurgiert, «gereinigt» würde: «Decades sive novellae centum, quamdiu expurgatae non prodierint». Die Akademie der Crusca griff ein und wandte sich an Großherzog Cosimo mit der Bitte um Vermittlung. Seine Bemühungen hatten Erfolg; im gleichen Jahre traf aus Rom ein Exemplar des Dekameron ein, in dem alle auszumerzenden Stellen angegeben waren. Der Großherzog ernannte eine Kommission, die die Reinigung vornehmen sollte. Das Ergebnis war die Ausgabe von 1573; textkritisch war sie eine gute Leistung, aber literarisch eine Verunstaltung. Eines ist freilich für den heutigen Leser überraschend, nämlich daß alles, was nach unseren Begriffen anstößig oder unzüchtig erscheinen würde, erhalten blieb. Die Umarbeitung war ausschließlich nach kirchenpolitischen Gesichtspunkten erfolgt. Alle Anspielungen auf Priester, Mönche, Nonnen wurden unterdrückt. Die anstößigen Novellen blieben erhalten, indem Geistliche, Nonnen, Äbtissinnen in Beamte, Kaufleute, Edeldamen umgewandelt wurden. Die romfeindliche Polemik des protestantischen Lagers tat ein übriges dazu, das Dekameron als ein kirchenfeindliches, polemisch-satirisches Werk erscheinen zu lassen, ein Vorurteil, das sich bis weit ins 19. Jahrhundert hielt, ja dann sogar neu belebt wurde. Andererseits erlebte das Dekameron im 19. Jahrhundert eine neue und gerechtere Würdigung. Foscolo befreite es aus der allzu engen Wertschätzung durch die Puristen, indem er auf den ganz persönlichen Charakter von Boccaccios Sprache hinwies, die keinesfalls mit dem Volksflorentinischen gleichzusetzen sei. Ein Carducci, ein De Sanctis sahen in Boccaccio den Ebenbürtigen des großen Idols der Romantik, Dantes. Dabei stellten sie das Dekameron in Gegensatz zur Divina Commedia, als den Ausdruck einer neuen Zeit, den Renaissancemenschen Boccaccio in Gegensatz zum mittelalterlichen Menschen Dante. Wie schief, ja unhaltbar diese Auffassung ist, hat, wie oben gesagt, die neuere Forschung gezeigt.

Außerhalb Italiens kam der Erfolg des Dekameron nicht weniger rasch als in Italien. Zu Ende des 15. Jahrhunderts war es schon ins Französische, Englische, Spanische, Katalanische, Deutsche und Lateinische übersetzt. Die Zahl dieser in Handschriften überlieferten Übersetzungen ist noch nicht erfaßt. Von der Wertschätzung, die das Dekameron in Frankreich genoß, zeugt die stattliche Reihe illuminierter Prachthandschriften der französischen Version, welche für Diana von Poitiers, die Herzöge von Berry, Franz I. und andere hergestellt wurden. Die erste gedruckte französische Übersetzung erschien 1485; und zwar war es die, welche Laurent de Premierfait nach einer lateinischen Übertragung im Jahre 1414 fertigte. Aus Boccaccio schöpften die Verfasser der «Cent Nouvelles Nouvelles», Margarete von Navarra für ihr «Heptameron», schöpften La Fontaine und Molière. Der erste spanische Druck erschien 1496 in Sevilla und wurde mehrfach aufgelegt, bis 1559 das Werk durch die Inquisition verboten wurde. Das hinderte nicht, daß es in Spanien im 17. Jahrhundert für Novellen, Romanzen und Theaterstücke weidlich ausgeschlachtet wurde, mehrfach von Lope de Vega. Vom Ende des 17. Jahrhunderts an kam dann das «Dekameron» dort aus der Mode und geriet in Vergessenheit. Im 18. und bis in die zweite Hälfte des 19. Jahrhunderts war es in Spanien unbekannt. In England lernte man das Dekameron später kennen als auf dem Kontinent, wahrscheinlich wegen der Schwierigkeit der Beschaffung, und zwar zunächst in lateinischer und französischer Übersetzung. Ob Chaucer Boccaccios Text gelesen hat, ist fraglich. Painters «Palace of Pleasure» enthält nur eine unvollständige Auswahl. Die erste vollständige Übersetzung erscheint erst 1620. Einzelne Novellen waren freilich schon im 15. Jahrhundert in englischer Sprache verbreitet, die von Ghismonda (IV,1) und vorher schon die lateinische «Griseldis». Der Griseldis-Stoff wurde von den englischen Renaissance-Dramatikern öfters auf die Bühne gebracht. Aus dem Dekameron schöpft mehrfach Shakespeare, nach ihm Beaumont und Fletcher, Shirley und andere. Eine neue Begeisterungswelle erfaßte die Romantiker: Keats, Walter Savage Landor und Leigh Hunt.

In Deutschland wurden im 15. Jahrhundert zunächst einzelne Novellen bekannt; außer der lateinischen Griseldis war es, wie in England, vor allem die Ghismonda (IV,1), die weitere Verbreitung fand. Auf das Ansehen, das Boccaccio schon im 15. Jahrhundert in Deutschland genossen haben muß, läßt jedoch die Tatsache schließen, daß die erste vollständige deutsche Übersetzung schon 1472 in Ulm gedruckt wurde, der erste Druck einer Dekameronübersetzung überhaupt. Gleichzeitig damit erschien in Ulm der erste deutsche Druck in italienischer Sprache, kurz nach dem venezianischen Erstdruck von 1471. Beide Drucke haben für die Verbreitung des Dekameron große Bedeutung gehabt. Weitere deutsche Drucke folgten 1490, 1509, 1519, 1547. Der Dekameron-Stoff fand im 16. Jahrhundert zahllose Bearbeiter. Die deutsche Literatur erfährt eine ähnliche Überflutung mit Dekameron-Stoffen, wie wir sie an der spanischen Comedia des 17. Jahrhunderts beobachten können. Die literarische Verwendung reicht von ziemlich getreuer Übertragung bis zur freiesten Verwendung des erzählerischen Kerns. In sämtliche Gattungen der deutschen Literatur finden Boccaccio-Stoffe Eingang. An der Spitze der Bearbeiter steht Hans Sachs, sowohl zeitlich wie der Zahl der bearbeiteten Stoffe nach, zwischen 1516 und 1540 tauchen Novellenstoffe Boccaccios bei ihm auf in Meistergesängen, Spruchdichtungen, Fastnachtsspielen, Komödien und Tragödien. Gleichzeitig mit Sachs tut sich auch Jacob Ayrer als Boccaccio-Bearbeiter hervor. Das Dekameron wurde außerdem für die Schwankbücher ausgeschlachtet. Mit dem 16. Jahrhundert schließt die Zeit der breiten Wirkung des Dekameron in Deutschland ab. Im 18. Jahrhundert tauchen Boccaccio-Stoffe nur vereinzelt auf: Hagedorns Falkennovelle (aus La Fontaine, nicht unmittelbar aus Boccaccio geschöpft), Goethes Entwurf zu einem Drama «Der Falke», die Parabel von den drei Ringen in Lessings Nathan (auch nur auf indirektem Wege, denn Lessing kennt den Begriff Novelle noch nicht). Zu Ende des 18. Jahrhunderts erscheint die Übersetzung von A. G. Meissner, bezeichnenderweise mit falscher Angabe des Verlagsortes, St. Petersburg, d. h. Leipzig, im Jahr 1782. Es ist eine Übertragung in der Art der französischen Bearbeitungen des 18. Jahrhunderts, mehr freie Nacherzählung, mit Kürzungen und erklärenden Einschüben, in kurzen Sätzen, die die Prosa Boccaccios nicht im entferntesten wiedergeben, ganz auf prickelnde Erotik eingestellt – der übliche Rokoko-Boccaccio. Der echte wird wie in England, so in Deutschland erst durch die Romantiker wiederentdeckt, die in ihm nicht nur den Stoff sehen, sondern das Kunstwerk erkennen und schätzen lernen. An eine Übersetzung machen sich Sophie Brentano, Malte Overbeck, A. W. Schlegel und der als Dante-Forscher bekannte Karl Witte. Aus Wittes Feder stammt auch die erste philologisch gewissenhafte, vollständige Übersetzung des Dekameron (1827), die verdientermaßen erneut aufgelegt und von H. Bode sorgfältig modernisiert und verbessert wurde. Sinngemäßer, flüssiger, originalnäher und doch formschön ist die von Grund auf neue Übertragung, die Albert Wesselski 1909 für den Insel-Verlag herstellte; die Balladen hat Th. Däubler nachgedichtet.

Von besonderer Bedeutung wurde Boccaccios Dekameron für die deutsche Literatur dadurch, daß die Romantiker, A. W. Schlegel, Fr. Schlegel, L. Tieck aus dem Werk Boccaccios ihre Theorie vom Wesen der Novelle ableiteten und entwickelten. Friedrich Schlegels Aufsatz «Nachrichten über die poetischen Werke des G. Boccaccio», in neuerer Zeit des öfteren nachgedruckt, sah in der Novelle das «Sinnbild» als das Wesentliche an. Die theoretischen Erörterungen gaben Anlaß zur Nachbildung. Novellen mit Sinnbildgehalt und Novellensammlungen mit Rahmenerzählung kamen in Mode (Goethes «Novelle», seine «Unterhaltungen deutscher Ausgewanderter», Brentanos «Märchen», Tiecks «Phantasus», E.T.A. Hoffmanns «Serapionsbrüder», dann Hauff «Die Karawane» u. a. m.).

4. Die Werke nach dem Dekameron

a) Der «Corbaccio»

Das Dekameron bezeichnet den Höhepunkt und den Abschluß von Boccaccios poetischem Schaffen. Um 1350 herum wendet sich Boccaccio entschieden den gelehrten Studien zu. Nur ein Werk, um 1365 (nicht, wie man bisher annahm, zwischen 1354 und 1355) entstanden, hängt mit seiner früheren dichterischen Tätigkeit zusammen, unterscheidet sich aber von ihr durch den satirischen Ton, die belehrende Absicht. Es ist sein letztes erzählendes Werk in italienischer Sprache, dem er den Titel «Il Corbaccio» gegeben hat. Der Sinn des Titels ist rätselhaft. Wenig spricht für die Deutung: ‹corbaccio› = ‹corvaccio›, «häßlicher Rabe», im Sinne von Unglücksbote; zutreffender ist wohl die Annahme, daß er das spanische Wort ‹corbacho› «Geißel» ist – ein Wort, das Boccaccio ohne weiteres in dem mit Spanien in enger Beziehung stehenden Neapel gehört haben kann – ein Titel, der zu dem satirischen Inhalt paßt; es sei denn, es handele sich um einen Ausdruck der Gaunersprache, dessen Bedeutung uns nicht mehr faßbar ist. Dem undurchsichtigen Titel gaben verschiedene Kopisten einen erklärenden Zusatz; der beste ist der, welcher in der Florentiner Ausgabe von 1487 als Untertitel erscheint: «Laberinto d'amore» – «Irrgarten der Liebe». Das Werk entstand aus einem persönlichen Anlaß. Der vierzigjährige Boccaccio hatte versucht, zu einer jungen Witwe Beziehungen anzuknüpfen; sie führte ihn aber an der Nase herum und machte sich über ihn lustig. Der alternde Dichter rächte sich, indem er seine «Geißel» verfaßte, um die tückische Kokette, aber auch die Frauen im allgemeinen damit zu züchtigen.

Der «Corbaccio» ist eine allegorische Traumvision, wie so viele lehrhafte Dichtung der Zeit, wie auch Dantes Lehrgedicht. Der Dichter erzählt, wie er im Traume sich in lieblicher Gegend (dem utopischen und topischen Locus amoenus) ergeht und sich plötzlich in einem von dichtem Gestrüpp überwucherten Wald (Dantes selva oscura) wiederfindet, dem Irrgarten der Liebe, dem Schweinestall der Venus, wo in Tiere verwandelt, diejenigen, die den Frauen ins Garn gingen, es büßen müssen. Da erscheint als Retter der verstorbene Ehemann der von Boccaccio angebetenen Schönen. Er schildert, ausgehend von seiner eigenen Frau, dem Dichter ausführlich die Charakterfehler und Untugenden der Frauen überhaupt und nicht minder eingehend auch ihre physischen Mängel und Gebrechen. Schließlich führt er Boccaccio auf einen Berg, von wo dieser erkennt, daß der Irrgarten der Liebe in die Hölle führt. Reumütig geht Boccaccio in sich. Kein anderes seiner Werke ist nach Geist und Form so sehr mittelalterlicher Denkweise verhaftet. Die Meinung von De Sanctis, Boccaccio habe dem Mittelalter den Rücken gekehrt und die moderne Literatur eingeleitet, findet in diesem Werk am allerwenigsten eine Bestätigung.

b) Die lateinischen Werke. Boccaccio als Humanist

Mit dem «Corbaccio» beendet Boccaccio seine Tätigkeit als Erzähler in der Volkssprache, im «Volgare». Die letzten zwanzig Jahre seines Lebens widmet er der gelehrten Forschung, die er allerdings in den Dienst der Dichtung stellt. Selbstverständlich bedient er sich hierfür der Sprache der Gelehrten.

Lateinisch geschrieben sind bereits seine Versepisteln, vierundzwanzig an der Zahl, von denen die ersten bis ins Jahr 1339 zurückreichen. Interessant sind sie nur, insofern sie den Wandel von Boccaccios lateinischem Stil zeigen. In den frühen mischt sich die Gesuchtheit des Apuleius mit den mittelalterlichen «artes dictandi»; die späteren verraten den Einfluß Petrarcas und die Vertrautheit mit Vergil und Ovid.

Von ausschließlich biographischem Interesse sind Boccaccios sechzehn Eklogen, die er in den Jahren von 1351 bis 1366 schrieb und unter dem Titel «Bucolicum carmen», dem Beispiel Petrarcas folgend, zusammenfaßte. Boccaccio hatte sich, wie er angibt, unmittelbar Vergils «Bucolica» zum Vorbild genommen, die er freilich im mittelalterlichen Sinn allegorisch interpretierte. Nach Petrarcas Beispiel hat er die pastorale Fiktion benutzt, um Zeitgeschehen und persönliches Erleben verhüllt darzustellen. Vier Eklogen handeln von politischen Ereignissen.

Die 10. Ekloge enthält eine Schilderung der Hölle; sie ist voller Reminiszenzen an Dante. In der 15. Ekloge singt Boccaccio ein Loblied auf Petrarca (Filostropo), der ihn in christlichem Sinne zur Selbsteinkehr mahnt.

Von den lateinisch geschriebenen Werken lagen nicht die poetischen, sondern die gelehrten Boccaccio am meisten am Herzen; ihnen war auch der größte Erfolg beschieden. Zwei davon sind historisch und zugleich moralisch-belehrend, zwei als Nachschlagewerke gedacht. Historisch sind die neun Bücher «De casibus virorum illustrium»: sie wurden zwischen 1355 und 1360 geschrieben, danach überarbeitet und vor Juli 1374 in die endgültige Form gebracht. Es ist eine Sammlung von Biographien berühmter Persönlichkeiten von Adam bis hinunter zu den Zeitgenossen, die aus einer hohen Stellung infolge ihrer Torheit oder ihres Übermuts herab ins Unglück stürzten. Die belehrende Absicht drückt sich im Titel aus. Das Grundthema ist dasselbe, das in den «Trionfi» Petrarcas, im Dekameron, in historischen und moralischen Sirventesen der Zeit behandelt wird: das Walten Fortunas. Diese moralisch belehrende Exempelsammlung erfreute sich bei den Zeitgenossen und der unmittelbaren Nachwelt schon wegen des Grundthemas, aber auch als Tatsachensammlung, großer Beliebtheit. Sie fand vor allem in Frankreich rasch Verbreitung und trug Boccaccio im 15. Jahrhundert den Ruf eines strengen Sittenpredigers ein, lang ehe das Dekameron einen anderen Boccaccio bekannt machte. Vor 1500 waren französische, spanische und englische Übersetzungen gedruckt; eine deutsche erschien zu Augsburg 1545.

Kurz nach der ersten Niederschrift des «De casibus» begann Boccaccio 1360 mit der Abfassung der Schrift über die berühmten Frauen, «De claris mulieribus», der er ebenfalls 1374 die endgültige Form gab. Er vereinte hier einhundertvier Lebensbeschreibungen berühmter Frauen, von Eva bis zur Königin Johanna von Neapel. Ausgeschlossen blieben biblische Gestalten und Heilige. Den Anstoß zu diesem Werk gab, wie der Autor selber berichtet, Petrarcas Buch über die berühmten Männer, ebenso aber auch der Erfolg seines eigenen «De casibus», zu dem das neue Werk die Ergänzung bilden sollte. Hier zeigte sich Boccaccio bestrebt, unterhaltsam zu sein, da er, wie er ausdrücklich sagt, sich besonders an die Frauen wende. Freilich, moralische Betrachtungen begleiten die Erzählung. Boccaccios Einstellung ist die gleiche frauenfeindliche, mittelalterliche wie im «Corbaccio». Er schildert die Frau als schwach, allen Lastern ergeben, zumal der Wollust. Doch ist seine Einstellung nicht nur ablehnend. Er tritt für die Frau auch ein. Er schildert nicht allein lasterhafte Frauen, sondern auch tugendhafte, an denen er durchaus nicht nur im Sinne mittelalterlicher Askese die menschliche Würde ihrer Taten und Aussprüche hervorhebt. So nimmt er beispielsweise Dido gegen Vergil in Schutz.

Wie das «De Casibus» fand das «De claris mulieribus» lange vor dem Dekameron zahlreiche Leser auch außerhalb Italiens; in Spanien und England war die Schrift bereits zu Anfang des 15. Jahrhunderts bekannt. Besonderen Erfolg hatte sie in Deutschland. Die Übersetzung des Humanisten Heinrich Steinhöwel erschien 1473 und wurde mehrfach nachgedruckt: 1479, 1488, 1541, zuletzt 1566. Entschiedener als es Boccaccio selbst gemeint hatte, faßten die deutschen Humanisten das Werk als eine Verteidigung der Frau auf, so Nikolaus von Wyle, Albrecht von Eyb. Johannes Butzbach lieferte sogar eine Ergänzung in seinem «De illustribus seu studiosis doctisque mulieribus», worin die geistigen Leistungen der Frauen weit mehr hervorgehoben wurden als bei Boccaccio. Zusammen mit dem «De casibus» trug das «De claris» dazu bei, das im 15. Jahrhundert für ganz Europa gültige Boccaccio-Bild zu prägen, nämlich das des Moralisten Boccaccio, als der der Certaldese auch in der «Comedieta de Ponça» (1444) des Marqués de Santillana gefeiert wird.

Boccaccios kritischer Sinn tritt am deutlichsten in Erscheinung in seinem Hauptwerk in lateinischer Sprache, seinen «Genealogiae», wie der Titel in dem eigenhändigen Manuskript, oder «De genealogiis deorum gentilium», wie er in den übrigen Manuskripten und in den Drucken lautet. Mit der Arbeit an diesem Werk begann Boccaccio um 1347 auf Anregung des Königs von Zypern, Hugo IV. von Lusignan; eine erste Fassung war 1360 vollendet, wurde aber noch bis zu seinem Tode von ihm umgearbeitet und erweitert. Es ist Boccaccios Lebenswerk als Humanist und dasjenige, dem er seine persönlichen Bekenntnisse über seine Arbeit als Gelehrter und seine Tätigkeit als Dichter anvertraut hat.

Boccaccio unternahm hier, alles Wissenswerte und Erfahrbare über die Abkunft und das Verwandtschaftsverhältnis der Gottheiten des klassischen Altertums zusammenzutragen und systematisch zu ordnen.

Bei der Deutung der Mythen folgt er der mittelalterlichen Auffassung, wonach sie nicht nur im wörtlichen Sinn zu nehmen seien, sondern ein verborgener Sinn in ihnen stecke, den es herauszustellen gelte. So hat jeder Mythos außer dem wörtlichen historischen Sinn, im allegorischen Sinn interpretiert, einen moralischen Sinn und, anagogisch gedeutet, einen speziell christlichen. Doch wendet Boccaccio nicht immer alle drei Auslegungen an, sondern jeweils diejenige, die ihm für die Erklärung von Ursprung und Entstehung des Mythos am gelegensten kommt. Oft folgt er der antiken euhemeristischen Erklärungsweise, wonach Götter und Heroen nichts anderes gewesen seien als hervorragende Menschen, deren Taten absichtlich übertrieben dargestellt wurden. Neuartig und einmalig waren Plan und Absicht des Verfassers, ein erschöpfendes Repertorium der antiken Mythologie zu schaffen, neu der kritische Geist, mit dem die Quellen untersucht, neu die philologische Gewissenhaftigkeit und Sorgfalt in der genauen Angabe der Belegstellen. Heute noch vermag die Zahl der von Boccaccio benutzten Quellen und die Menge der von ihm gesammelten Tatsachen Bewunderung zu erregen.

Von dem unmittelbaren Erfolg des «De genealogiis» zeugen mehr als siebzig Handschriften der lateinischen Originalfassung und die mehr als hundert Handschriften der Übersetzungen ins Italienische, Französische, Englische und Spanische. Den Zeitgenossen kam das Werk als die Erfüllung eines lang gehegten Wunsches. Es gehörte zu den Lieblingsbüchern Coluccio Salutatis. Voller Bewunderung sprechen davon die ersten Biographen Boccaccios, im 14. Jahrhundert Filippo Villani und im 15. Jahrhundert die Humanisten Leonardo Bruni und Giannozzo Mannetti. Im 16. Jahrhundert schreibt sogar der deutsche Humanist Jakob Micyllus (Moltzer) einen Kommentar dazu. Bei den französischen Humanisten genoß es größtes Ansehen; ein Beispiel dafür ist die ausgiebige Verwendung, die Jean Lemaire de Belges von dem «De genealogiis» in seiner «Concorde des deux langues» macht. Der als unzulänglich empfundenen Übersetzung des Laurent de Premierfait (erster Druck Paris 1493), ließen die französischen Humanisten zwei neue folgen (beide Paris 1531).

Gegen 1355 reifte in Boccaccio der Plan, als Ergänzung zum «De genealogiis» ein historisch-geographisches Nachschlagewerk: «De montibus, silvis, fontibus, lacubus, fluminibus, stagnis seu paludibus, et de nominibus maris liber», folgen zu lassen. Boccaccio vereinigte hier in alphabetischer Anordnung die ihm erreichbaren Daten zur Erläuterung aller im antiken Schrifttum vorkommenden geographischen Namen. Doch betrachtete er das Werk mehr als einen Zeitvertreib und maß ihm nicht die Bedeutung bei wie dem «De genealogiis». Entsprechend verfuhr er weniger sorgfältig mit den Belegen und zitierte manches aus dem Gedächtnis.

Dennoch fand das Werk bei den Zeitgenossen wegen seiner Nützlichkeit Beifall. Auch hier war Boccaccio ein Bahnbrecher. Mit dem «De montibus» schuf er das erste geographische Nachschlagewerk als Hilfe bei der Lektüre der antiken Schriftsteller. Das Buch wurde in zahlreichen Handschriften verbreitet (Branca verzeichnet ein halbes Hundert) und zu Ende des 15. Jahrhunderts ein halbes dutzend mal gedruckt. Wegen seiner geringeren philologischen Genauigkeit und Boccaccios mangelhaften geographischen Kenntnissen veraltete es jedoch rascher als das «De genealogiis», so daß nach 1500 in Italien kein Druck mehr erschien.

Boccaccios italienische Werke, zumal das Dekameron, haben seine Leistung als Gelehrter überschattet. Nicht allein das. Bei der Bewertung seines gelehrten Schaffens ist der gerechten Würdigung der Vergleich mit Petrarca abträglich gewesen, den man dem Certaldesen übergeordnet hat. Gewiß ist Boccaccios Latein weniger klassisch, weniger ciceronianisch, stärker der mittelalterlichen Rhetorik verhaftet als das Latein Petrarcas. Auch besitzt Boccaccio als Abschreiber und Herausgeber antiker Texte nicht den gleichen kritischen Scharfsinn wie Petrarca, ist als Textkritiker nicht so bahnbrechend wie der Aretiner. Aber sein Eifer beim Aufspüren antiker Schriftsteller ist nicht geringer als der Petrarcas, ja seine Kenntnis der antiken Literatur umfassender als die seines Freundes. Boccaccio entdeckt nicht nur als erster Tacitus (Annales XI–XVI und Historiae I–V, wahrscheinlich schon 1355 in Montecassino), sondern auch zahlreiche andere antike Autoren. Aus seinem Hause, das von 1360 an zum Mittelpunkt des italienischen Frühhumanismus wird, wo ein C. Salutati, ein F. Villani, ein G. Marsili ihre entscheidende Ausprägung erfahren, gehen Boccaccios Funde in alle Welt hinaus: die Epigramme Martials, Verros «De lingua latina», mehrere Reden Ciceros, einige Werke Senecas, Ovids «Ibis», Schriften des Apuleius, Columella, Cassiodor. Vor allem aber hat Boccaccio einen weiteren Horizont als Petrarca. Als erster erkennt Boccaccio die Bedeutung der griechischen Literatur. Während Petrarca noch nach echt mittelalterlicher Denkweise und mittelalterlicher Unkenntnis unbedenklich die römische Literatur über die griechische stellt, stellt Boccaccio die griechische höher und erkennt auch, daß erst die griechische Literatur das volle Verständnis der lateinischen ermöglicht und die Kultur des Altertums schlechthin erschließt. Als erster im Abendland erkennt Boccaccio die Einheit der griechisch-römischen Kultur, die Einheit der Antike. Auch sieht er, daß die römische Kultur uns nur einen Teil der griechischen überliefert hat und daß es dieses unbekannt gebliebenen Schrifttums habhaft zu werden gilt (De genealogiis, XV, 7). Aus diesem Grunde nimmt er unter finanziellen Opfern den unkultivierten kalabresischen Basilianermönch Leontius Pilatus in sein Haus, erträgt jahrelang dessen Unsauberkeit und Rüpelhaftigkeit, nur um von ihm die griechische Sprache zu erlernen und um ihn während der Übersetzung der homerischen Gedichte ins Latein bei der Stange zu halten. Die griechischen Vorlagen hatte sich Boccaccio ebenfalls auf eigene Kosten beschafft. Er sorgte ferner dafür, daß Leontius an der Universität in Florenz Vorlesungen halten konnte. Außer Homer übersetzte Leontius auf Boccaccios Veranlassung Euripides und Aristoteles. Die Leistungen des Kalabresers hielten sich durchaus auf der Höhe des damals in Byzanz herrschenden Wissensstandes, das geringschätzige Urteil Petrarcas über ihn war unberechtigt (Pertusi). Seiner Leistung für die Wiederentdeckung der griechischen Kultur ist sich Boccaccio voll bewußt. Im «De genealogiis» (XV,7) rühmt er sich mit Recht, als erster Westler (primus ex Latinis) die Ilias auf griechisch gelesen zu haben. In griechischer Sprache gibt er überdies im «De genealogiis» Zitate aus griechischen Autoren, insgesamt fünfundvierzig.

Moderner als Petrarca ist Boccaccio auch in seiner Auffassung von Wesen und Wert der Dichtung. Freilich ist er – nicht weniger als Petrarca – in der mittelalterlichen Auffassung der Dichtung als einer verblümten Philosophie befangen – darauf gründeten sich seine Eklogen ebenso wie seine Deutungen des antiken Mythos –, aber über den Wert der Poesie als einer eigenständigen und durch nichts anderes vertretbaren Betätigung des menschlichen Geistes ist sich Boccaccio völlig im klaren. In diesem Sinne greift er in den schon seit Albertino Mussato und Giovanni del Virgilio währenden Disput über den Wert der Dichtung ein. Ebenso wie Petrarca verteidigt er sie gegen die Angriffe von Theologen und Juristen; in dieser Rechtfertigung der Poesie und zugleich seines eigenen Schaffens gipfelt das «De genealogiis», von dem die beiden letzten Bücher der Erörterung dieser Frage gewidmet sind. Zum besseren Verständnis der Dichtung hatte er ja auch sein Nachschlagewerk geschaffen. Mit größerem Nachdruck als Petrarca hat Boccaccio den Ruhm des Dichters über den des Kriegers gestellt; er nahm damit den Standpunkt der Humanisten des 15. Jahrhunderts vorweg. In seinem berühmten Kommentar zu den Trionfi macht Bernardo Lapini da Montalcino (Ilicino) Petrarca seine Unentschiedenheit zum Vorwurf. Weniger voreingenommen als Petrarca war Boccaccio auch darin, daß er mit seiner Verehrung für die antike Dichtung zugleich die für die moderne Poesie verband, für Dante, für Petrarca, für die Dichter des Stil nuovo, für Francesco da Barberino («De genealogiis» XV, 5–6). Boccaccio verteidigt nicht die antike Dichtung allein, sondern die Dichtung schlechthin. Mit den späteren Humanisten verbindet ihn die Wertschätzung der Dichtung und des Dichters als Spendern und Bewahrern des Ruhmes. Nicht ein königlicher Name, sondern der Beifall hervorragender Männer sichert den Ruhm («De genealogiis» XV, 13). Auch für sich selbst erhofft Boccaccio, durch sein Schaffen Ruhm erlangt zu haben, wie er an mehreren Stellen seiner Werke gesteht; nicht ohne die ihn kennzeichnende Bescheidenheit schreibt er im «De Genealogiis»: «nulla est tam humilis vita quae dulcedine gloriae non tangatur» (XV, 7).

c) Boccaccio als Biograph und Interpret Dantes

So wie Boccaccio im «De genealogiis» das Werk Dantes als Kronzeugen für seine Verteidigung der Poesie verwendete, hat er einen nicht unwesentlichen Teil der Gelehrtenarbeit seiner zweiten Lebenshälfte Dante gewidmet. Die «Göttliche Komödie» hat Boccaccio mehrfach abgeschrieben: drei Codices stammen von seiner Hand (Rom, Chigiana; Florenz, Riccardiana; Toledo). Eine Abschrift sandte er 1359 als Geschenk an Petrarca mit einer lateinischen Versepistel, die bei dem Empfänger für das Verständnis von Dantes Dichtung warb. Boccaccio verfaßte außerdem für seine Handschriften der «Komödie» Inhaltsangaben («argomenti») in Terzarima und Titel («rubriche») in Prosa. Ferner hat sich Boccaccio in zwei Schriften speziell mit Dante befaßt. Beide sind, obwohl sich Boccaccio auch an die Gelehrten wendet und hier selber als Gelehrter spricht, nicht lateinisch geschrieben, sondern italienisch: der «Trattatello in laude di Dante» (auch kurz: «Vita di Dante») und der Kommentar zur Göttlichen Komödie. Die erste Fassung des «Trattatello» entstand kurz nach 1351, die zweite um 1360, die dritte, etwas abgeänderte, vor 1372. Der volle Titel des längeren und wohl ursprünglichen Textes (die Originalhandschrift wird in der Bibliothek des Domkapitels von Toledo verwahrt) lautet: «De origine vita studiis et moribus clarissimi Dantis Aligerii florentini poete illustris et de operibus compositis ab eodem». Eine ausführliche Biographie hat Boccaccio nicht geben wollen; von den äußeren Lebensumständen bringt er nur so viel als nötig, um Dantes Gelehrsamkeit ins Licht zu rücken. Die Auffassung, daß Boccaccio nur eine Art «biographie romancée» gegeben habe, hat sich längst als irrig erwiesen.

Boccaccio ist mehr daran gelegen, das geistige Antlitz Dantes zu zeichnen und ihn zum Typ des Dichters überhaupt zu erheben; in der Gestalt Dantes rechtfertigt er die Poesie.

Das zweite Dante gewidmete Werk ist der Kommentar zur Göttlichen Komödie. Boccaccio war 1373 vom Rat der Stadt Florenz mit der Abhaltung einer öffentlichen Danteauslegung – die erste öffentliche «Lectura Dantis» überhaupt –, die täglich, außer an Feiertagen, stattfinden sollte, beauftragt worden. Mit der Vorlesungsreihe begann Boccaccio am 23. Oktober 1373 in der Kirche Santo Stefano della Badia, mußte sie aber Anfang Januar 1374 krankheitshalber einstellen. Er brach mitten im 17. Gesang des Inferno ab, nachdem er etwa sechzig Vorlesungen gehalten hatte. Die Frucht dieser Tätigkeit ist der «Comento» (sic) (wie ihn eine Handschrift des 15. Jahrhunderts bezeichnet), von dem insgesamt vier Handschriften aus dem Ende des 14. und vom Beginn des 15. Jahrhunderts erhalten sind. Sie geben das Original Boccaccios wieder. Der «Comento» oder, wie man zutreffender sagen sollte, die «Esposizioni sopra il Dante», ist kein fertiges Werk; es handelt sich um einen ersten Entwurf, eine Materialsammlung. Den größeren Teil machen Exzerpte aus, die Boccaccio ins Italienische übersetzt. Die Erörterung widersprechender Nachrichten sollte einer späteren Arbeit überlassen bleiben. Von den allegorischen Deutungen seiner «Genealogie» übernimmt er nur solche, die zu Dantes Text passen. Er verteidigt Dante gegen den Vorwurf, den man ihm gemacht hatte, nicht Latein geschrieben zu haben. Boccaccios Gelehrsamkeit verleiht diesem Kommentar neben den übrigen des Trecento besonderes Gewicht. Seine Bedeutung wurde sofort erkannt. Kurz nach dem Tode des Verfassers wurden vier Abschriften gefertigt. Die unmittelbar auf ihn folgenden Kommentatoren haben ihn eifrig benützt: Buti, der Florentiner Anonymus, Filippo Villani. Danach aber spielt er für die Dante-Interpretation keine Rolle mehr. Der Vergessenheit wird er erst im 18. Jahrhundert entrissen durch A. M. Salvini, der 1724 die Editio princeps besorgte.

Im ganzen ist der «Comento» ein Erzeugnis mittelalterlichen Geistes: von der allegorischen Auslegung bis zur Verwendung der Etymologie als Beweismittel, von der Berufung auf die Auctoritates bis zu den scholastischen Redewendungen des Vortrags. Doch nimmt Boccaccio den Humanismus vorweg in der Hochschätzung der antiken Dichtung als Dichtung, obwohl sie nicht christlich ist, und in seiner niedrigeren Einschätzung der Vulgärsprache, deretwegen er meint, Dante in Schutz nehmen zu müssen.

Kapitel VI: Das Schrifttum des Trecento vom Tode Dantes bis zum Ende des 14. Jahrhunderts

1. Überblick

Neben und um Petrarca und Boccaccio breitet sich ein umfangreiches Schrifttum. Nur weniges erhebt sich über das Mittelmaß. Von einem strengen Formwillen ist allein die Lyrik getragen, doch nur, wenn sie an bestimmte Themen gebunden ist. Einen breiten Raum nimmt die religiöse Literatur ein: Lyrik, Erbauungsliteratur in Prosa, Heiligenleben und Legenden, moralisch-belehrende Kompilationen, Predigten. Daneben erscheint ein umfängliches profanes Schrifttum in Prosa: Novellen, Schwänke, Chroniken und dazu die beliebteste Unterhaltungsliteratur der Zeit: Epenstoffe in Prosa und in der neuen Modegattung der ‹cantari› in Ottavarima. Die toskanische Lyrik des Dolce stil nuovo und Petrarcas findet in zunehmendem Maße Nachahmer in Norditalien. In der Poebene hält sich für das Epos zwar noch die fanko-italienische Mischsprache, zugleich aber finden die epischen Stoffe von der Toskana aus in italienischer Prosa und italienischen Versen Verbreitung.

2. Lehrhafte Dichtung

Die lehrhafte Dichtung neben und nach Dante erhebt den Anspruch, als Kunstdichtung betrachtet zu werden; allein schon die Anlehnung an das Vorbild, die «Commedia», macht das sichtbar. Doch ein Kunstwerk ist keine dieser Schöpfungen geworden. Kurz nach Dantes Tod ist das seltsamste Werk dieser Gattung entstanden, die «Acerba» des Francesco Stabili, der, 1209 in Ascoli Piceno geboren, unter dem Namen Cecco d'Ascoli in die Literaturgeschichte eingegangen ist. Er lehrte Astrologie in Bologna, mußte aber die Stadt verlassen, da er wegen Ketzerei angeklagt wurde. Er ließ sich dann in Florenz als Astrologe nieder, wurde Hausarzt Karls von Kalabrien; er fiel jedoch der Inquisition wieder in die Hände und endete 1327 auf dem Scheiterhaufen. In der Volkssage lebte er weiter als mächtiger Zauberer und Hexenmeister. Zu Ende des 19. Jahrhunderts hat man in ihm ein Opfer klerikalen Fanatismus sehen wollen. Das unvollendet gebliebene Werk, «L'acerba», beschreibt die Einrichtung der Himmel, den Lauf der Gestirne und deren Einfluß auf das Menschenschicksal; weiterhin die Tiersymbolik – der Elephant versinnbildlicht das Gebet, das Einhorn die Liebe u. ä. – und schließlich bespricht Cecco die Wahrsagekunst, die Geomantik, Negromantik und andere Geheimwissenschaften.

Aus astrologischen Werken, Tierbüchern, Steinbüchern hat Cecco alles nur Mögliche zusammengetragen, um ein Handbuch des damaligen Wissens über das Naturgeschehen einschließlich des menschlichen Seelenlebens zusammenzustellen. Offenkundig ist seine Absicht, mit Dantes «Komödie» in Wettstreit zu treten, ja er fühlt sich als der eigentlich Berufene, als der Fachmann. An anderen Stellen weist er Dante Irrtümer nach. Er wirft Dante vor, kein rechter Gelehrter zu sein. So kurios dem heutigen Leser dieser Vorwurf vorkommen mag, er zeigt, wie die «Commedia» aufgefaßt wurde, nämlich in erster Linie als ein Lehrbuch. Rätselhaft bleibt der Name ‹L'acerba›. Man hat ihn gedeutet als «das Unreife», «das Herbe», als das dem an schlichtesten Stil Gewöhnten weniger leicht Eingängige oder als «Anhäufung von Wissen» (lat. acervus ‹Haufe›, ‹Menge›) oder als die «Hirschkuh» (la cerva), die in den mittelalterlichen Tierbüchern als Symbol der Klugheit und des Wissens gedeutet wurde.

Ungefähr den gleichen Stoff wie Cecco d'Ascoli behandelt der jüngere Sohn Dantes, Jacopo Alighieri (gest. 1341 in Florenz), in seinem «Dottrinale», einem ebenfalls enzyklopädischen Werk. Er beginnt mit einer Erdbeschreibung; danach legt er die christliche Morallehre auseinander und flicht hier Betrachtungen über die Herrschaft der Kirche und über die weltliche Macht des Kaisers ein, mit denen er an seines Vaters «Commedia» anknüpft.

Dem Geiste und der Dichtung Dantes viel näher steht das «Dittamondo» (Dicta mundi) betitelte, zwischen 1346 und 1367 verfaßte Lehrgedicht des Fazio (d. h. Bonifazio) degli Uberti (1305/10–1368), dem bedeutendsten und originellsten unter den

Lyrikern neben und nach Petrarca. Die Erdbeschreibung, die bei Cecco d'Ascoli und Jacopo di Dante Alighieri schon so eine bedeutende Rolle spielt, ist Fazios Hauptgegenstand. Geplant war eine Schilderung der bekannten Erdteile, aber das Werk blieb unvollendet; von Asien wurde nur die Beschreibung des Heiligen Landes fertig. Dantesk ist das tragende Gerüst der Erzählung. In seines Lebens Mitte unternimmt Fazio in Begleitung des antiken Geographen Solinus, dem Gegenstück zum Vergil der Commedia, eine phantastische Reise durch die drei Erdteile. An die Commedia erinnern die persönlichen Begegnungen Fazios, zuerst mit Solinus, dann mit Plinius. Wie die Commedia ist das «Dittamondo» in Terzinen abgefaßt. Auch in Sprache und Stil finden sich reichlich Anklänge an das Vorbild. Bei all der Dantesken Technik entlehnten Darstellungsmittel ist Fazio vorwiegend um Belehrung bemüht. Er führt den Leser durch Italien, nach Griechenland, Skandinavien, Deutschland, England und Frankreich, schließlich nach Spanien, Afrika, Ägypten und das Heilige Land. Das «Dittamondo» wurde eine beliebte Lektüre. Es ist in nicht weniger als 57 Handschriften des 14. und 15. Jahrhunderts auf uns gekommen. Es erschien zu Ende des 15. Jahrhunderts zweimal im Druck. Zwischen 1435 und 1437 schrieb sogar ein gewisser Guglielmo Capello in Ferrara im Auftrag Nicolò III. Este einen ausführlichen Kommentar dazu.

In der zweiten Hälfte des 14. Jahrhunderts entstanden noch weitere Lehrgedichte, von denen nur zwei Erwähnung verdienen, das «Quadriregio» und die «Leandreide»; keines von beiden besitzt künstlerischen Wert. Der Verfasser des «Quadriregio», Federigo Frezzi, geboren zu Foligno um die Jahrhundertmitte, 1416 zu Konstanz verstorben, gehört ebenfalls dem toskanischen Kulturkreis an. Er lehrte Theologie in Florenz, Pisa und Bologna und wurde Bischof in seiner Heimatstadt. Das «Quadriregio», vor 1394 begonnen, abgeschlossen zwischen 1400 und 1403, schildert in Terzinen eine phantastische Reise, die der Verfasser in Begleitung Minervas durch die vier Reiche Amors, Satans, der Laster und der Tugenden unternimmt, zum Zwecke der sittlichen Belehrung und Erziehung der Menschheit. Die «Leandreide», wahrscheinlich zwischen 1381 und 1383 geschrieben stammt wohl aus der Feder eines venezianischen Patriziers, Giangirolamo Natali. Wie das «Dittamondo» zeigt auch dieses Werk die für das späte Trecento charakteristische Vermischung von danteskem und petrarkeskem

Stil. In vier «Büchern» wird hier frei nach Ovid die Geschichte von Hero und Leander erzählt, aber mit einem üppigen Beiwerk an allegorischen Figuren. Um die Gestalt Amors hat der Autor in der Art von Petrarcas «Trionfi» außer einer Anzahl von klassischen Dichtern auch italienische und provenzalische Poeten gruppiert; von den letzteren hat man nur durch ihn Kunde, ein Zeichen dafür, wie lange in Oberitalien die Vertrautheit mit dem provenzalischen Minnesang anhielt.

3. Die Lyrik

Die Lyrik des 14. Jahrhunderts zeigt ein Nebeneinander verschiedener Stilarten. Neben der Kunstdichtung höfischen oder gelehrten Gepräges wird die scherzhafte, realistische, biographische oder scheinbar biographische, bürgerliche und gnomische Dichtung in der Art Cecco Angiolieris und Rustico di Filippos fortgeführt. Neu tritt hinzu die für die neue musikalische Technik der «ars nova florentina» geschaffene Textdichtung.

In der aristokratischen Kunstdichtung lebt das Vorbild des «Dolce stil nuovo» weiter, aber bald macht sich der Einfluß Dantes stärker bemerkbar, denn auch der Dante der Commedia wirkt auf die Lyrik, naturgemäß am stärksten auf die politische und moralische Dichtung; schließlich kommt der Einfluß Petrarcas hinzu. Bemerkenswert ist, daß die Dichter der zweiten Jahrhunderthälfte meist eklektisch sowohl Dante wie Petrarca nachahmen; es fehlt ihnen noch das Gefühl für die Eigenart und die besondere Leistung des Aretiners. Die ausschließliche Nachahmung von Petrarcas Lyrik setzt erst im 15. Jahrhundert ein, zuerst mit Bonaccorso di Montemagno. Auffallend ist die Menge der Dichtungen politischen und religiös-moralischen Inhalts. Besonderer Beliebtheit erfreut sich die Gattung der ‹disperata›, einer Kanzone moralischphilosophischen Inhalts, in welcher der Dichter über die Bosheit und Schlechtigkeit der Welt klagt und sein Los voller Verzweiflung verwünscht.

Die Dichter des ‹süßen neuen Stils› finden früh Nachahmer in Oberitalien. Zu ihnen gehört Guido Novello da Polenta, welcher Dante in seiner Stadt Ravenna eine Zuflucht bot. In Venedig gehören dazu die Patrizier Niccolò und Giovanni Quirini. Von Giovanni verdient Erwähnung sein Sonett auf den Tod Dantes. Am längsten blieb man dem ‹Stil nuovo› in seiner Heimatstadt Florenz treu, wo noch zu Ende des Jahrhunderts Cino Rinuccini (etwa 1350–1417) mit Vorliebe an Motive von Guido Cavalcanti anknüpfte.

Enger an Dante als an die Dichter des ‹Stil nuovo› schließt sich der eigenartigste unter den Kunstdichtern, Fazio degli Uberti, an. Sein nicht sehr umfangreiches lyrisches Werk ist recht vielfältig und nicht unoriginell. Seine Minnelieder knüpfen mit ihren einprägsamen Bildern und ihrer kräftigen Sinnlichkeit an Dantes «rime pietrose» an.

Die gleichen dantesken Erwartungen wie Fazio knüpfen an das Kaisertum Bindo di Cione aus Siena und der Oberitaliener Antonio de' Beccari aus Ferrara (1315–1370). Seine moralische Kanzone «Le stelle universali e'l ciel rutilanti», in der er Tag und Stunde seiner Geburt, sein ganzes Leben und Streben verwünscht, ist eines der ältesten Beispiele der Gattung der «disperata». Typisch dafür, wie die oberitalienischen Dichter die verschiedenen aus der Toskana kommenden Anregungen in ihrem Schaffen vereinen, ist, daß Beccari auch realistische, scherzhafte autobiographische Sonette über seine Geldnöte verfaßt. Das gleiche Nebeneinander von höfischer und bürgerlich-alltagshafter Dichtung findet sich im Werk des Francesco di Vannozzo aus Padua (1330/40 – nach 1389). Originell ist die Verwendung des venezianischen Dialekts in einer «frottola», in der Vannozzo die Gespräche der kleinen Leute während des Krieges zwischen Venedig und Genua (1380) wiedergibt und zugleich eine Hochzeit schildert; in einer anderen ‹frottola› läßt er ein paar Glückspieler zu Worte kommen.

Die Dichtung des Florentiners Giannozzo Sacchetti (ca. 1340–1379), des Bruders des Novellisten Franco Sacchetti, ist vorwiegend politisch-moralisch: Kanzonen über Fortuna als dem Werkzeug der göttlichen Vorsehung; Klage über den Tod der Geliebten u. a. Auch im Ausdruck ist Giannozzo Sacchettis Dichtung ein typisches Beispiel für das Ineinanderfließen der von Dante wie von Petrarca übernommenen Anregungen. Das Gleiche gilt für eine Sestina, «Fra l'Ariete e'l Tauro è giunto il giorno», des Florentiners Antonio degli Alberti (1360–1415). In seiner «Villa Paradiso» trafen sich die führenden Geister von Florenz. Diesen Zusammenkünften wurde in einer Novellensammlung des 15. Jahrhunderts ein Denkmal gesetzt im «Paradiso degli Alberti».

Von dem wachsenden Ansehen Petrarcas gegen Ende des Jahrhunderts zeugt ein Sonett des Frühhumanisten Dondi dall'Orologio aus Padua (gest. um 1385): «Nel summo cielo con eterna vita», das er nach einem Besuche am Grab des Dichters verfaßte: «cum visitasset sepulcrum domini Francisci Petrarche in Arquada».

Neben der Dichtung des hohen Stils lebt die Dichtung niederen Stils, die man als «bürgerlich» oder «realistisch» bezeichnet hat, weiter. Sie ist nicht ohne weiteres als volkstümliche oder Volksdichtung anzusehen. Ihre Formen sind die der Kunstdichtung: Kanzone, Ballata und Sonett, vor allem das Sonett, insbesondere das Schweifsonett. Die Sprache ist natürlich nicht die provenzalisierende und latinisierende Sprache der hohen Minne und der philosophisch-moralischen Kanzonen, sondern die Sprache des Alltags, da es hier um die Thematik des Alltags geht und das Alltägliche auch aus der Perspektive des Durchschnittsmenschen, ja des kleinen Mannes gesehen und dargestellt wird. Der scherzhafte Ton herrscht vor, doch fehlt nicht das Ernsthafte, wenn praktische Lebensregeln und nüchterne Lebensweisheit vorgetragen wird.

Diese Alltagsdichtung wird während des ganzen Jahrhunderts vor allem in der Toskana gepflegt und zwar von Dichtern, die nur dieser Gattung sich widmen. Bloß in Oberitalien betätigen sich die Dichter des hohen Stils unbedenklich auch in der niederen Stilart. Unter den zahlreichen Toskanern der ersten Jahrhunderthälfte steht an erster Stelle der Florentiner Pieraccio Tedaldi (gest. nach 1350); seine Sonette bilden eine Art poetisches Tagebuch seines bürgerlichen Lebens. Ermahnungen zum guten Lebenswandel enthalten die in kerniger volkstümlicher Ausdrucksweise gehaltenen, meist ein Sprichwort erläuternden Sonette des senesischen Ratsherrn Bindo Bonichi (gest. 1338). In Sonettenform gehaltene Kommentare zu Sprichwörtern verfaßten auch Franco Sacchetti, Antonio Pucci und andere. Der beachtlichste Dichter dieser Gattung ist der ungemein fruchtbare Antonio Pucci aus Florenz (geb. um 1310, gest. 1388). Er diente der Stadtgemeinde als Glöckner und Ausrufer. Seine vielen ernsten und heiteren Schweifsonette geben einen Querschnitt durch das kleinbürgerliche Leben seiner Zeit. Heimatstolz erfüllt die umfangreiche erzählende historische

Dichtung Puccis. Er brachte die Chronik Giovanni Villanis in Verse; hundert Capitoli in Terzinen sollten es werden, daher der Titel «Centiloquio»; es wurden aber nur einundneunzig. Das 15. «capitolo», das vom Leben und Werk Dantes handelt, ist heute in fast allen Anthologien abgedruckt. Ferner berichtet Pucci in zahlreichen Serventesen von der Pest des Jahres 1348, die Boccaccio in der Rahmenerzählung des Dekameron schildert.

Einblick in das gesellige Leben des vornehmen Bürgertums geben die Dichtungen, die als Gesangstexte verfaßt und bei Festlichkeiten vorgetragen wurden. Das Entstehen dieser Liedliteratur steht im Zusammenhang mit dem Aufblühen des neuen kontrapunktischen mehrstimmigen Gesangsstils, der «ars nova», der von Frankreich kommend in Florenz eine besondere Pflegestätte fand. Einige Kanzonen, Madrigale und «ballate» Dantes, Petrarcas und Boccaccios wurden im neuen Stil vertont. Viele Gedichte wurden jedoch von vornherein als Liedtexte verfaßt. Eigens für diesen Zweck schrieben Alessio Donati (tätig in der zweiten Hälfte des Jahrhunderts), Niccolò Soldanieri (tätig zwischen 1350 und 1370),Cino Rinuccini. Von ihnen der bekannteste ist Franco Sacchetti, dessen «ballata» «O vaghe montanine pastorelle» und die «caccia» «Passando con pensier per un boschetto» in allen Anthologien stehen. Auch schrieben die Komponisten ihre Texte selber, so der namhafteste von ihnen, der blinde Francesco Landini (1325–1397), wie schon früher der von Dante erwähnte Pietro Casella, so wie umgekehrt auch ein Dichter wie Franco Sacchetti eigene Texte selber in Musik setzte.

Der neue Gesangsstil gab zwei Formen der Kunstdichtung den Vorzug, der «ballata» und dem Madrigal. In beiden kam es auf Kürze an. Der «ballata» gab man dem Refrain meist nur eine einzige Strophe bei. Hinzu kam als neue Gattung die «caccia», eine freie Abfolge von Elf- und Siebensilblern, ja auch Fünfsilblern, ohne strophische Gliederung. Vorzugsweise hatte die «caccia» eine Jagdszene zum Inhalt, aber auch sonstige bewegte Szenen, in denen die Ausrufe mehrerer Personen einander ablösten. Die Bezeichnung «caccia» rührt jedoch nicht vom Inhalt her, sondern von der musikalischen Form, da die verschiedenen Stimmen mit der Melodie nacheinander einsetzten und gleichsam hintereinander herjagten (lat. fuga; der französische Ausdruck lautete «chace» ‹Jagd›). Die Musik war fröhlich und heiter; die schlichten Texte, Ausdruck der Sinnenfreude und des frohen Lebensgenusses, gehören mit zum Ansprechendsten, was die italienische Literatur des Trecento hervorgebracht hat.

Nicht der Formen der Kunstdichtung bedient sich die teils nur berichtende, aber meist doch gleichzeitig emotionell gefärbte, polemische oder moralisierende oder lyrisch klagende gereimte Nachrichtendichtung, die in volkstümlicher, dem Volk verständlicher Sprache von ungewöhnlichen Zeitereignissen berichtet. Die Verfasser sind manchmal bekannt; einer von ihnen ist Antonio Pucci; meist werden sie nicht genannt. Je nach der Form, die immer die der kunstlosen erzählenden Dichtung ist, nannte man diese Gedichte ‹Cantari›, wenn in Ottarima verfaßt, oder ‹Serventesi›, wenn aus drei- oder vierreimigen Strophen mit Reimverkettung (wozu auch die danteske Terzarima gehört) bestehend; außerdem wurde die Form der mehrstrophigen Ballata verwendet. Auch wurden diese Dichtungen chronistischen Inhalts, ob in Serventesenstrophen, als Ballata oder in Oktaven verfaßt, kurzweg Serventese genannt, wobei man auf Grund des Inhalts eigens «lamenti» und «profezie» unterschied. Der «lamento», die Klage, wurde der besiegten Stadt, die man personifizierte, in den Mund gelegt, beziehungsweise dem unterlegenen oder verstorbenen Fürsten oder Kriegsmann. Bei den «profezie» wurde über ein inzwischen eingetretenes Ereignis berichtet, als ob es noch bevorstünde. Als Verfasser von solchen Prophezeihungen tat sich der Franziskaner Tommaso di Foligno (1309–1377) hervor.

Manche von diesen Lamenti sind durch ihre Anschaulichkeit oder ihre gefühlvolle Teilnahme recht eindrucksvoll, so zum Beispiel der ohne Namen des Verfassers überlieferte feierliche Serventese auf den Tod des Cangrande della Scala.

4. Epische Stoffe in Vers und Prosa

In Oberitalien werden weiterhin von Italienern Epen in franko-italienischer Mischsprache verfaßt. Auf die «Prise de Pampelane» folgt die «Pharsale» eines Nicolò da Verona. Am Hof der Este in Ferrara verfaßt ein anderer Nicolò, Nicolò da Casola, um die Mitte des 14. Jahrhunderts einen «Attila». Ein unbekannter Verfasser schreibt vor 1341 einen Abenteuerroman nach dem Muster des französischen «Huon de Bordeaux», das Epos «Huon d' Auvergne».

Die Epen der frankoitalienischen Ependichter des 14. Jahrhunderts sind durchaus selbständige Schöpfungen. Aus Roland wird ein Ritter im Sinne der Artusepik, ebenso der Huon d'Auvergne. Die Romane des karolingischen Kreises werden mit Märchenmotiven, Feen und Zaubergeistern erfüllt. Der Roland der «Entrée d'Espagne» erlebt Abenteuer in fernen Ländern. Der schalkhafte Estout der «Prise de Pampelune» führt ein wesentliches neues Element ein: den Humor, den er bis zum Astolfo Ariosts behält. Der «Attila» ist mit seinem «antiken» Stoff im wesentlichen ein Abenteuerroman, in dem die Frauen und die Liebesgeschichten eine ebenso große Rolle spielen wie im «Huon d'Auvergne». In allen tritt das italienische Element stärker zu Tage, sei es, daß der Schauplatz in zunehmendem Maße nach Italien verlegt wird – im Attila wird die Verheerung Venetiens durch den Hunnenkönig geschildert –, sei es, daß dem nationalen Empfinden des Publikums Rechnung getragen wird, etwa indem in der «Prise de Pampelune» der Langobardenkönig Desiderius und seine Langobarden herausgestrichen werden, sei es, daß im «Attila» den Fürsten des Hauses Este gehuldigt wird, so wie es Ariost und Tasso tun werden. Schließlich findet sich ein Wiederhall toskanischer Dichtung im «Huon d'Auvergne»; in ihm begegnet man bereits einer Spiegelung der erst kurz vorher verbreiteten Göttlichen Komödie in Anspielungen, ja sogar wörtlichen Entlehnungen. Die im Veneto entstandenen frankoitalienischen Epen des 14. Jahrhunderts sind bereits dem Stoff und dem Geiste nach italienisch. Der Siegeszug der Epenstoffe beginnt allerdings erst mit der Übernahme durch die italienischen Bänkelsänger.

Der Übergang zum Italienischen erfolgt beim Heldenepos zuerst in der Toskana im Laufe des 14. Jahrhunderts. Früher, schon im 13. Jahrhundert, erfolgt der Übergang zum Italienischen beim höfischen Epos. Dieses war freilich zunächst ebenfalls in französischer Sprache verbreitet, jedoch bereits in der späteren Form, nämlich in Prosa. So besaß die Bibliothek der Este viele Romane der Tafelrunde in Prosa, keinen in Versen. Die Tristanromane in der Bibliothek der Gonzage sind gleichfalls alle in Prosa. So vollzieht sich die Weiterbildung in Italien zunächst auch in Prosa. Rusticiano da Pisa, der das Erinnerungsbuch Marco Polos französisch niederschrieb, verfaßte um 1270 für Eduard I. von England eine

Kompilation mehrerer Artusromane, den «Meliadus», so heißt bei ihm der Vater Tristans. Schon vor den Heldenepen werden die höfischen Romane ins Italienische umgegossen. Nach französischen Vorlagen wurde der nach seinem Aufbewahrungsort so genannte «Tristano riccardiano» der Bibliothek Medici Riccardi vor oder nach 1300 angefertigt. Dem 14. Jahrhundert gehören an der «Tristano veneto» (1347) und die «Storia di Merlino». Eine Zusammenfassung der gesamten Artusepik bildet «La Tavola ritonda» eines unbekannten Toskaners aus den ersten Jahren des 14. Jahrhunderts. Der Verfasser benützt bereits den «Tristano riccardiano» und Rusticianos «Meliadus».

In der Toskana wurde für die erzählende nicht didaktische Dichtung (für die didaktische blieb die Serventesenstrophe noch im Gebrauch) eine neue, leicht zu handhabende Form gefunden in Gestalt der der Kunstdichtung entlehnten Ottavarima, der achtzeiligen Stanzenstrophe (Reimschema: abababcc). Eine der frühesten, zwischen 1320 und 1330 entstandenen erzählenden Dichtungen in Ottavarima ist das «Cantare di Fiorio e Biancifiore», nach einer frankoitalischen Fassung des französischen «Floire et Blanchefleur». Das Cantare diente Boccaccio als Vorlage zu seinem «Filocolo» (vollendet 1339).

Die Oktave wurde bald zum herrschenden Metrum der unterhaltenden Dichtung, die von literarisch beschlagenen Dichtern für ein literarisch anspruchsloses Publikum verfaßt, von berufsmäßigen Bänkelsängern (cantastorie) vorgetragen wurde. Diese Ependichter sind dem Namen nach nicht bekannt. Nur einer ist es: Antonio Pucci. Sein umfangreiches Werk ist bezeichnend für die Mannigfaltigkeit der Themen der ‹cantari›. Seine «Reina d'Oriente» ist ein Abenteuerroman; ein Epos mit «antikem» Stoff ist sein «Apuloni di Tiro»; den Stoff zu seinem «Brito di Brettagna» entnahm er dem Artuskreis; für seinen «Cantare di Madonna Lionessa» schlachtete er Sercambis «Pecorone» aus.

Die neue Dichtungsgattung der ‹Cantari in ottavarima› macht einen großen Teil des Schrifttums im 14. Jahrhundert aus. Ursprünglich für die weltliche erzählende Literatur benützt, wurden sie auch für die Legendendichtung verwendet sowie auch für chronistische Berichte über Tagesereignisse, so etwa durch den vielseitigen Pucci in seinem «Cantare della guerra di Pisa» (1362–65). Vorwiegend sind die Cantari jedoch erzählende Werke. Von den kürzeren, einen oder zwei oder drei Gesänge (cantari) umfassenden Epen, die der Novellendichtung näher stehen (davon unten mehr), sind die längeren, eine eigene Gattung bildenden Epen zu unterscheiden, für die man die Bezeichnung ‹cantari ciclici› eingeführt hat. Sie sind aus den älteren Karls- und Artusepen hervorgegangen und umfassen viele Gesänge: der «Buovo di Antona», zweiundzwanzig, der «Fierabraccio» dreizehn, der «Rinaldo di Montalbano» einundfünfzig, die «Spagna in rima» vierzig.

Unter den Epen des Karlskreises, zu denen, außer den genannten, noch ein «Ruggieri il Danese», ein «Viaggio di Carlo Magno», eine «Rotta di Roncisvalle» u. a. m., gehören, ragt der «Orlando» in 40 Gesängen hervor. Er fußt auf der «Entrée d'Espagne» und der «Prise de Pampelune». Aus ihm schöpften Boiardo und Ariost für ihre Rolandsepen, ebenso Pulci für die ersten 23 Gesänge seines «Morgante Maggiore». Dem «Orlando» gingen noch zwei Epen des gleichen Stoffes voraus: die «Spagna in rima» in 40 Gesängen, auch «La Spagna maggiore» genannt zur Unterscheidung von einer kürzeren Fassung in 34 Gesängen, «La Spagna Magliabechiana». Die Abfassungszeit der längeren Fassung liegt zwischen 1350 und 1380. Derselbe Stoff wurde nach 1400 außerdem zweimal in Prosa erzählt. Obwohl die Artusepik in der Toskana zuerst in Prosabearbeitungen Eingang fand, ging man im Laufe des 14. Jahrhunderts dazu über, auch diese in ‹cantari› umzugießen und volkstümlich zu machen: «Lancillotto», «Carduino», «Febresso il forte», «Febusso e Breusso», «La sala di Malagigi» u. a. m.

Neben den längeren «cantari», den «cantari ciclici», gab es auch kürzere Erzählungen in Oktaven, ebenfalls ‹cantari› genannt, oft nur aus einem einzigen Gesang (cantare) bestehend. Ihr Stoff ist novellistisch, teils märchenhaft, teils realistisch-schlüpfrig, je nachdem ein französischer ‹lai› oder ein ‹fabliau›, beziehungsweise ein einheimischer Schwank nacherzählt wird. Berührungspunkte mit dem «Lai de Lanval» der Marie de France hat die «Storia di Liombruno», die Geschichte von der Liebe eines jungen Mannes zu einer Fee; das gleiche Motiv wird in anderen ‹cantari› behandelt: «Il bel Gherardino», «La pulcella gaia», «Gibello». Das ‹cantare› von der «Donna del Vergiù» (von Boccaccio im Dekameron am Schluß des 3. Tages erwähnt) geht auf das französische «fabliau» «La chastelaine de Vergy» zurück. Oft ist eine franko-italienische Zwischenstufe die Vorlage.

Auch die französischen Epen mit «antikem» Stoff fanden in Italien Aufnahme. Die «Les faits des Romains» betitelte französische

Kompilation wurde mehrfach übersetzt – eine Prosafassung ist in einer auf 1313 datierten florentiner Handschrift erhalten – und fand in der Überarbeitung unter dem Titel «Fatti di Cesare» weite Verbreitung. Der «Roman d'Edipus» – ein Teil der «Histoire ancienne jusqu'à César» – wurde mehrfach in italienische Prosa, auch ins Venezianische, übersetzt und diente als Quelle für die zahlreichen «cantari», die die Thebensage zum Gegenstand haben. Ein Bänkelsängerrepertoire des 15. Jahrhunderts, der «Cantare dei cantari», weiß von sechsunddreißig «cantari» dieses Sagenkreises zu berichten.

Im 14. Jahrhundert nimmt das Interesse an antikem Stoff rasch zu und schlägt sich sowohl in romanhaften Prosakompilationen wie in Dichtungen in Ottavarima nieder. Neben den französischen Quellen gewinnen die lateinischen an Bedeutung. Die französische Zwischenform wird mitunter übersprungen. Man schöpft unmittelbar aus der antiken Quelle. Im Mittelpunkt des Interesses steht die Geschichte Roms. Die Erinnerung an Roms Größe und Untergang liegt diesem Interesse ebenso zu grunde wie den politischen Klagen Petrarcas. Mit den «Fatti di Cesare» und verwandten Darstellungen gibt man sich nicht mehr zufrieden. Die Popularisatoren der römischen Geschichte im 14. Jahrhundert schreiben in Prosa, so Armannino aus Bologna, der für seine Kompilation «La fiorita» unterschiedslos ebenso aus den französischen Epen wie aus Vergil, Lukan, Statius schöpft. Beachtlicher als Armanninos Machwerk ist der historische Prosaroman des Guido da Pisa, sein «Fiore d'Italia», aus der ersten Hälfte des 14. Jahrhunderts. Dessen zweites ‹Buch› ist eine Prosaversion der Aeneis, doch geht der Autor mit dem Stoff frei um, verändert die Reihenfolge der Geschehnisse, ergänzt, erläutert. Bald bemächtigen sich die Bänkelsänger dieses Stoffes. Ein Gedicht über den trojanischen Krieg, «Guerra di Troja», zwischen 1325 und 1389 verfaßt, ist eines der ältesten «cantari» dieses Themas. Der Verfasser beruft sich als Quelle auf Dares, Vergil und Homer. Sprache und Stil seiner Verse sind eines der ältesten Zeugnisse für den Einfluß der «Divina Commedia». Diese «Guerra di Troja» wurde sehr beliebt. Bruchstücke von ihr finden sich in vielen Handschriften. Zwei weitere «Guerre di Troja» in Oktaven wurden gegen Ende des 14. Jahrhunderts verfaßt. Die Fortsetzung dazu, die Geschichte des Aeneas, hat ein Cantastorie in einem 22 «cantari» umfassenden Gedicht erzählt; ein Kopist des 15. Jahrhunderts gab ihm den Titel «Liber Vergilii de Eneydos». Dieses Werk ist nichts anderes als die Bearbeitung in Versèn der «Fiori D'Italia» des Guido da Pisa. Besondere Aufmerksamkeit schenkte man der Person Caesars. Nachdem in Oberitalien Nicolò da Verona um 1343 Lukans Pharsalia in französische Verse gebracht hatte, wurde etwas später (vor 1360) eine toskanische Version in Ottavarima verfaßt. Von ihr sind nur Bruchstücke erhalten. Doch wurde diese toskanische Version bald darauf (um 1370) in ein zehn Gesänge umfassendes Cantare, insgesamt 1006 Stanzen, umgearbeitet. Diese zweite Fassung fand große Verbreitung; im 15. Jahrhundert wurde sie in Mailand und Venedig mehrfach gedruckt. Außerdem wurde diese Fassung im 15. Jahrhundert im humanistischen Sinne umgearbeitet; der Bearbeiter ließ es sich angelegen sein, alles zu tilgen, was aus den «Fatti di Cesare» stammte, um dem Text Lukans wieder näher zu kommen.

Dem 15. Jahrhundert gehören die kürzeren novellistischen «cantari» mit «klassischem» Stoff an. Nur vom «Cantare di Progne e Filomena» ist anzunehmen, daß es noch zu Ende des 14. Jahrhunderts in der Toskana verfaßt wurde. Dieses «cantare» sowie die von «Perseo», «Orfeo», «Giasone e Medea», «La caccia di Meleagro», sind unmittelbar aus Ovid geschöpft. Sie entspringen einer neuen, durch den Humanismus geprägten Geisteshaltung. Unter den «cantari» novellistischen Inhalts genoß besondere Beliebtheit das «Cantare di Piramo e Tisbe». Aus dem 14. Jahrhundert sind nicht weniger als drei verschiedene Fassungen davon bekannt. Sie sind unabhängig voneinander entstanden und weisen merkliche Unterschiede im Verhältnis zum Text Ovids auf. Der größte Erfolg war einer späteren Redaktion (Redaktion B) beschieden, zu Beginn des 15. Jahrhunderts in der Nähe der Toskana verfaßt. Diese Fassung ist im Ton die volkstümlichste und kunstloseste. Der Dichter nimmt der Geschichte den Hauch des Märchenhaften, mit der Ovid sie umhüllt hatte, um in nüchterner Sachlichkeit und mit moralisierenden Anmerkungen zu erzählen. Er macht aus Ovids Märchen die Moritat von einer bürgerlichen Liebesgeschichte mit traurigem Ende. Doch verrät er literarischen Ehrgeiz, indem er seine Rede mit Worten und Wendungen aufputzt, die er Dantes «Commedia» entlehnt. Der volkstümliche Moritatenstil hat dieser zweiten toskanischen Fassung den großen Erfolg beschieden. Sie erfuhr eine weite Verbreitung durch den Buchdruck; noch dem 16. Jahrhundert gehören nicht weniger als 20 Drucke an.

Bemerkenswert ist, daß der französische Alexanderroman, ‹Li

romans d'Alexandre› des 12. Jahrhunderts in Italien zunächst unbeachtet blieb. Es sind davon nur wenige in Oberitalien geschriebene Handschriften und bloß als Bruchstücke erhalten. Die verschiedenen Fassungen des Alexanderromans, die in Frankreich und Deutschland im 12. und 13. Jahrhundert im Umlauf waren, wurden in Italien kaum bekannt und haben für die spätere Entwicklung eine nur untergeordnete Rolle gespielt. Für Italien hat als Quelle der italienischen Alexanderromane eine späte, um 1150 entstandene Fassung der lateinischen «Historia de preliis» (J 3) Bedeutung erlangt. Im 13. Jahrhundert wurde diese Fassung durch einen gewissen Quilichinus von Spoleto in lateinische Verse gebracht (1236). Diese beiden Texte sind erst im 14. Jahrhundert von den Italienern literarisch entdeckt worden. Zu Anfang des 14. Jahrhunderts sind einige Übersetzungen der «Historia» angefertigt worden, zunächst in Prosa, wie bei den Artusromanen. Die Stunde des Alexanderstoffes brach in Italien erst an mit dem Aufkommen der Bänkelsängerdichtung in Oktaven. Der erste und zugleich vollständig erhaltene italienische Alexanderroman ist auch eine der ältesten Dichtungen in Oktaven. Sie ist von einem jüngeren Zeitgenossen Dantes, Domenico Solari, in den ersten Jahrzehnten des 14. Jahrhunderts in Umbrien verfaßt, die «Istoria Alexandri Regis». Zwar wurde im 14. Jahrhundert noch einmal über Alexander ein ‹cantare› in zehn Gesängen verfaßt, doch fand das Interesse an Alexander seinen Höhepunkt erst im 15. Jahrhundert, nachdem die Humanisten die griechische Antike zum neuen Modestoff gemacht hatten. Von der «Historia de preliis» wurden noch drei Prosabearbeitungen in der Toskana, eine in Venedig gemacht. Eine spätere Prosabearbeitung geriet zur erfolgsreichsten, da sie gedruckt wurde, und zwar zwischen 1474 und 1501 nicht weniger als sechsmal. Den lebhaftesten Wiederhall fand jedoch eine um 1440 in zwölf Gesängen in Umbrien verfaßte poetische Bearbeitung in Oktaven, die «Alessandreida in rima»; sie wird einem Jacopo di Carlo zugeschrieben. Dieses Gedicht, dessen Verfasser ein Bänkelsänger war, dem es weniger um historische Wahrheitstreue als um Unterhaltung ging, erlebte im 16. Jahrhundert und bis ins 17. Jahrhundert hinein einen großen Erfolg. Es wurde zwischen 1512 und 1712 zwölfmal gedruckt, davon zehnmal im 16. Jahrhundert. Zu Anfang des 16. Jahrhunderts haben noch zweimal humanistisch gebildete Dichter ein anspruchsvolleres Alexanderepos verfaßt.

Obwohl die Mode der «cantari» das ganze 14. Jahrhundert erfüllt und im 15. Jahrhundert anhält, ja auch den ursprünglich in der Toskana der Prosa verhafteten Artuskreis erfaßt, macht sich dennoch im Laufe des 14. Jahrhunderts und in zunehmendem Maße das Verlangen bemerkbar, die gleichen Stoffe in Prosa vorgesetzt zu bekommen, und zwar zur Lektüre. Einer der ältesten Prosaromane ist das von einem ungenannten Toskaner zwischen 1315 und 1340 verfaßte «Libro della Storia di Fioravante», eine Bearbeitung des französischen «Floovant»-Epos. Ein unbekannter Norditaliener verarbeitete in der zweiten Hälfte des 14. Jahrhunderts den Anfang der «Entrée d'Espagne» zu einem Prosaroman in franko-italienischer Mischmundart, «Li fatti di Spagna».

Diese Wendung des literarischen Geschmacks beobachtete und machte sich zunutze Andrea di Jacopo de' Magnabotti da Barberino (Andrea da Barberino), geb. etwa 1370 in Barberino, Valdelsa, gest. nach 1431. Andrea war von Beruf Gesangsmeister, «maestro di canto», und wahrscheinlich auch bestallter Geschichtenerzähler, denn es ist anzunehmen, daß er seine Romane auch öffentlich vorlas. Andrea nahm sich vor, den gesamten Epenstoff in Prosa nachzuerzählen. Er war dabei bemüht, zusammenzufassen (wie schon vor ihm der Kompilator des Kodex XIII der Marciana und der Verfasser der «Tavola ritonda») und eine gewisse logische Ordnung in das Ganze zu bringen, sowie die zeitliche Abfolge der einzelnen Erzählungen aufeinander abzustimmen. Andrea läßt sich eine möglichst realistische Schilderung der äußeren Umstände angelegen sein. Er ist ferner bemüht, die Handlung mit den geschichtlichen Daten, den Ort der Handlung mit den geographischen Kenntnissen der Zeit in Einklang zu bringen – hierin spiegelt sich das starke Interesse der Zeit an geographischem Wissen, das sich schon zu Anfang des Jahrhunderts in den Werken Cecco d'Arcolis und Fazio degli Ubertis äußert wie auch an dem Erfolg von Marco Polos Reisebuch abzulesen ist. Ferner ist Andrea bestrebt, seine Erzählung wahrheitsgetreu erscheinen zu lassen, wozu die ständige Berufung auf seine Quellen gehört. Die Handlung wird wie schon in der franko-italienischen Epik, stärker nach Italien verlegt. Die Sehnsucht des Jahrhunderts nach einer Auferstehung römischer Größe entspricht der Verknüpfung der missionierenden Rolle Frankreichs und Karls des Großen mit der Sendung Roms und des Kaisertums, die sich u. a. darin spiegelt, daß Orlando in der Grotte von Sutri auf die Welt kommt, daß Orlando auf dem

Aspromonte Karl dem Großen aus aller Not hilft und noch in anderen Einzelheiten.

Aber Wahrheitstreue hindert Andrea nicht daran, mit Historie und Geographie nach Belieben zu schalten und zu walten. Die Abenteuer seiner Helden führen sie durch die ganze Mittelmeerwelt, – die Welt des «Dekameron» –, sowie in das bunte Asien und das geheimnisvolle Afrika, außerdem in eine Märchenwelt, wo es an verwunschenen Schlössern, Feen, Zauberern und Zauberinnen nicht mangelt. In den Mittelpunkt der Handlung ist Roland-Orlando gerückt, doch Karl der Große bleibt als eine würdige und ehrwürdige Gestalt im Hintergrund. Die Liebe wird zum beherrschenden Motiv; die Ritter unternehmen ihre Abenteuer um der Gunst ihrer Dame willen. Nicht immer ist die Liebe hehr und edel; sie ist auch elementar, stürmisch. Sie geht auch heimliche Wege, die zu Situationen führen, die in der gleichzeitigen Novellenliteratur zu schlüpfrigen und heiteren Anekdoten ausgenutzt werden. Und auch das zugehörige Personal, Diener, Kammerjungfern, Wirte und boshafte Zwerge umgeben die Rittergestalten. Selbst manche Standesperson wird von Andrea mit boshaftem Humor geschildert; daneben streut er allerhand Sentenzen und Sprichwörter ein. Seine Sprache ist nicht von Französismen frei, was ja fast unvermeidlich war, aber sonst schlichtes Volkstoskanisch. Dabei weiß er seinen Stil zu variieren: realistisch in den Schlachtenschilderungen, höfisch in der Schilderung höfischen Lebens, schlicht-sachlich in der Beschreibung des ‹ambiente›.

Groß ist die Zahl seiner Werke: «Il Guerin meschino», «I reali di Francia», «La storia di Aiolfo del Barbicone», «Le storie narbonesi», «La storia di Ugone d'Alvernia» (nach dem fast gleichzeitigen franko-italienischen Epos), «La discesa di Guerino allo inferno», «L'Aspromonte» und noch einiges mehr. Alle diese Werke wurden noch während des 15. Jahrhunderts eifrig gelesen. Die beiden ersten erschienen zu Ende des 15. Jahrhunderts im Druck (1475; 1491).

Das epische Schrifttum des 14. Jahrhunderts, sei es in Prosa, sei es als «cantare», fand im 15. Jahrhundert und darüber hinaus aufnahmebereite Leser. Es war ja von vorneherein für ein ästhetisch anspruchloses Publikum geschaffen, Unterhaltungsliteratur für das Volk, die Trivialliteratur jener Zeit. Schließlich geriet es in Vergessenheit. Doch drei der beliebtesten Volksbücher der Italiener bis in unsere Tage sind aus ihm hervorgegangen: «I reali di Francia», «Guerino il Meschino», «Piramo e Tisbe»; ein Volksbuch war auch bis ins 18. Jahrhundert die «Alessandreida».

Es bleibt eine Eigenart der italienischen Literatur, daß der Prosaroman die «cantari» nicht ganz verdrängt hat – wie das in Frankreich geschah –, sondern, daß die Form des «cantare» beim Wiederaufleben des italienischen Schrifttums in der zweiten Hälfte des 15. Jahrhunderts von der Kunstdichtung wieder aufgenommen, ja erst dann zur künstlerischen Vollendung geführt wurde.

5. Die Prosanovelle. Franco Sacchetti

Neben und nach dem Dekameron entstehen drei weitere Novellensammlungen: der «Pecorone» eines nicht näher bekannten Giovanni, der vielleicht aus Florenz stammt, die Novellen des Giovanni Sercambi aus Lucca und die «Trecentonovelle» des Florentiners Franco Sacchetti. Allen dreien ist gemeinsam, daß sie sich nicht der kunstvollen Prosa eines Boccaccio bedienen.

Der Verfasser des «Pecorone» ist der Sprache nach Florentiner. Seine Geschichten schrieb er um 1378 nieder. Der Titel des Buches bleibt rätselhaft. Hieß der Verfasser etwa Ser Giovanni del Pecorone und wurde der Beiname auf das Buch übertragen, oder umgekehrt, erhielt er den Beinamen, wohl ein Spitzname, nach dem Buch? Oder geht der Titel auf das von einem Kopisten stammende Vorwortsonett zurück, worin der Autor sich als «pecorone», das heißt als «großer Schafskopf» bezeichnet, weil er von derselben Art sei wie die vielen Trottel («barbagianni»), von denen er erzählt? Oder spielt bei «Pecorone» eine Assonanz auf «Decamerone» mit? Der «Pecorone» ist nach dem Vorbild des Dekameron eine Rahmenerzählung. Aber der Rahmen ist höchst seltsam und weder in sich noch durch die Beziehung zum Inhalt der Novellen motiviert. Der Verfasser erzählt, daß er Mönch geworden sei, um als Kaplan in einem Nonnenkloster mit Saturnina, in die er sich verliebt hat, zusammentreffen zu können. An 25 Tagen erzählen die beiden jeder eine Novelle (im ganzen 53, da zu drei Tagen eine Variante gegeben wird) und singen eine «ballata». Während die Ballaten noch eine gewisse volkstümliche Frische besitzen, sind die Novellen ohne rechte Spannung und breit ausgewalzt. Der größte

Teil, nicht weniger als dreißig, sind Geschichten, die der Chronik Villanis kürzend oder erläuternd nacherzählt sind; zwei Erzählungen sind Apuleius zwei sogar dem Dekameron entnommen; nur fünfzehn sind vom Autor selbst erfunden. Die meisten Geschichten berichten von einer ‹beffa›, einem Streich, der jemandem gespielt wird; viele sind tragisch, ja schaurig, einige komisch und etliche schlüpfrig. In der Geschichte von Gianetto und der Hafendirne wird erzählt, wie das Mädchen Gianettos Paten Ser Ansaldo vor einem Juden rettet, der ein Pfund von seinem Fleisch forderte. Hieraus entnahm Shakespeare den Stoff zu seinem «Kaufmann von Venedig».

Eine interessantere Erscheinung ist Ser Giovanni Sercambi aus Lucca (1347–1424). In einem Kodex sind hundert Novellen nach Art des Dekameron angeordnet, ein anderer Kodex enthält 155 Novellen. Auch Sercambi ahmt Boccaccio nach. Er läßt seine Geschichte von einer Schar von Männern und Frauen verschiedenen Standes, junge Mädchen, Witwen, die vor der Pest des Jahres 1374 aus Lucca flüchtend an verschiedenen Orten Italiens Aufenthalt nehmen, vortragen. Sercambi ist kein begnadeter Erzähler. Es kommt ihm nur auf den Tatsachenbericht an, auf die neue und neuartige Begebenheit, nur auf den Stoff. Er schöpft aus allen erreichbaren Quellen. Dem Dekameron entnimmt er einundzwanzig Geschichten, verändert Namen und Personen und schält nur das Faktische heraus. Er bringt Anekdoten, Witzworte, Beispiele listigen Verhaltens, Schnurren, aber auch ausgesprochene Märchen (z. B. «Pincaruolo»), dazu unanständige und anstößige Geschichten, die er mit einem moralischen Schwänzchen versieht. Der literarische Wert dieser skurrilen und platten Erzählungen ist gering. Dagegen sind sie von großem volkskundlichem Interesse, da viele der abendländischen Märchen- und Sagenmotive hier zum ersten Male schriftlich festgehalten werden.

Sercambi hat noch zwei weitere Werke hinterlassen. Im Jahre 1400 schrieb er für die Familie Guinigi, die Herrscher von Lucca, einen Fürstenspiegel, «Monito» betitelt, eine Staatslehre, in der er Gedanken über ein staatlich geschütztes und gefördertes Wirtschaftsleben entwickelte. Zu Ende seines Lebens schrieb er eine Chronik seiner Heimatstadt Lucca für die Jahre 1164–1424. Hierin klagt er in bewegten Worten über die Zerrissenheit Italiens und die Ohnmacht Roms, kurz: das politische Grundmotiv des Trecento seit Dante aufnehmend.

Von ganz anderem Format ist Franco Sacchetti. Geboren zwischen 1332 und 1334 in Florenz, heiratete er eine Frau aus der Patrizierfamilie der Strozzi, bekleidete verschiedene hohe Ämter, war Abgesandter und bis zu seinem Tode Gouverneur, «podestà», in Bibbiena, San Miniato, Faenza und Portico. Er hinterließ ein umfangreiches literarisches Oeuvre. Sein Erstlingswerk war ein Gedicht in Ottavarima «La battaglia delle belle donne di Firenze», «Der Streit der schönen Frauen von Florenz», eine Huldigung an die schönen Frauen seiner Stadt, so wie schon Dante und Antonio Pucci in Serventesen die bekannten Schönheiten aufgezählt hatten und wie Boccaccio ihnen in Ottavarima huldigte. An die Form Boccaccios, die «ottavarima», die auch die Form der «cantari» war, hielt sich Sacchetti. Unter der Führung von Francos Frau, Felice Strozzi, triumphieren die schönen Frauen über die häßlichen, ein literarischer Scherz. Sacchettis an seine Braut und Frau gerichteten Gedichte sind in der Art des «Dolce stil nuovo». Außerdem schrieb Sacchetti für den Gesang bestimmte Madrigale, ‹ballate› und «cacce», der «ars nova» folgend, sowie politische und moralische Kanzonen, Sonette, «frottole» und «capitoli». Aus seinen Kanzonen auf den Tod Petrarcas (1374) und Boccaccios (1375) sprechen Verehrung und Heimatstolz. In anderen Gedichten greift er die Politik der Visconti und des Papstes Gregor XI. an. Nach dem Tode seiner Frau schrieb Sacchetti in der Fastenzeit des Jahres 1381 zu jedem Fastentag einen Kommentar der Evangelienstelle oder der Messe des Tages, die «Sposizioni» («Auslegungen»), insgesamt neunundvierzig Kapitel. Aus der technischen Erfahrung als Erzähler heraus in den «Sposizioni», aber auch an deren moralische Absicht anknüpfend, schrieb Sacchetti nach 1388 das Novellenwerk «Trecentonovelle».

Von den dreihundert Novellen der «Trecentonovelle» sind lediglich zweihundertdreiundzwanzig auf uns gekommen, davon einige nur bruchstückhaft. Boccaccios Dekameron hat sich Sacchetti nicht zum Vorbild genommen. Er verzichtet auf eine Rahmenhandlung; er bringt seine Novellen nicht in ein starres Schema. Die Erzählungen sind locker aneinandergereiht. Ebenso locker ist seine Erzählweise. Oft schachtelt er eine Geschichte in die andere ein. Die eingeschlossene Erzählung gewinnt dabei mitunter das Übergewicht. Sacchettis Erzählungen sind meist kurz; fast bloße Anekdoten, Witzworte, Späße, Streiche, Listen, seltsame Abenteuer und lächerliche Begebenheiten; Spaßmacher, Käuze, Narren,

Witzbolde, Schlaumeier, Dummköpfe, aber auch Männer von Geist und Rang, Giotto, Dante, in komischen Situationen oder in Umständen, wo sie ihren Geist oder ihren gesunden Menschenverstand zeigen – das sind die Figuren, die Sacchetti den Stoff zu seinen spaßigen, drolligen, heiteren, immer neuartigen und überraschenden Erzählungen, Schnurren und Schwänken liefern. Boccaccio und die anderen Novellisten suchen sich ihre Stoffe von überall her und kennen keine Grenzen von Ort und Zeit. Sacchetti schließt das Wunderbare und Märchenhafte aus. Seine Geschichten spielen in der unmittelbaren Gegenwart. Er erzählt von Menschen, die er selber gekannt hat oder von solchen, von denen ihm Augenzeugen berichtet haben. Es sind, möchte man sagen, seine Nachbarn, Leute mittleren Standes, oft noch Lebende. Eine besondere Vorliebe hat Sacchetti für Kriegsleute und Fürsten. Der Schauplatz ist meist Florenz oder die Romagna. Die Schilderungen der Außenwelt sind kurz, ebenso die Charakterschilderungen, doch der Charakter wird mit einem kurzen Wort gezeichnet. Sacchetti erzählt knapp, ohne Umschweife, immer auf die Pointe zustrebend.

Seine Sprache ist klar, ohne rhetorisches Beiwerk, ohne gelehrten Aufputz. Allen will er verständlich sein, sagt er ausdrücklich im Vorwort. Er spricht die Alltagssprache seiner Mitbürger. Es kommt ihm auf Wirklichkeitsnähe an. Die wenigsten Novellen sind der herkömmlichen Erzählstoffüberlieferung entnommen. Seine Umwelt liefert ihm die Stoffe und von dieser seiner Umwelt vermittelt er ein köstliches Bild, voller Humor und Lebensklugheit.

Wie keine anderen Novellen seiner Zeit verraten die seinen ihre Verwandtschaft mit dem Exemplum. Doch handelt es sich nur um nüchterne, praktische Lebensklugheit, die er bietet, ohne moralische Schwere. Alle Novellen Sacchettis sind mit einem Lächeln auf den Lippen geschrieben und entlocken ein Lächeln. Mit den «Sposizioni» hatte Sacchetti ein Erbauungsbuch geben wollen, seine «Trecentonovelle» sind ein Trostbüchlein. Er weiß wohl, daß die Leute unterhaltsame Neuigkeiten, ‹novelle› hören wollen, sagt er im Vorwort, besonders wenn sie leicht zu verstehen seien (ein Seitenhieb auf Boccaccios schwerfällige Prosa?), und die Leser mögen sie besonders, wenn sie Trost spenden, «e massimamente quando danno conforto». Ein ständig wiederkehrendes Motiv seiner Erzählungen ist das von der Wandelbarkeit des Glücks, ebenso wie in den moralischen Kanzonen der Zeit über das Rad der Fortuna meditiert wird. Das war ja auch das Thema von Petrarcas Trostbüchlein «De remediis utriusque fortunae».

Im 19. Jahrhundert, zur Zeit des Risorgimento, hat man an Sacchetti vor allem sein staatsbürgerliches Gewissen, sein politisches Verantwortungsgefühl hervorgehoben; dies tat vor allem Carducci, der dabei besonders Sacchettis politische Lyrik im Auge hatte. Doch ist Sacchetti kein Gesellschaftskritiker.

Mit Recht hat man gegen das abwertende Urteil eines De Sanctis, der Sacchetti menschlich und künstlerisch mittelmäßig fand, protestiert, nicht nur um auf den tiefen sittlichen Ernst Sacchettis hinzuweisen, sondern auch, um dessen künstlerische Originalität herauszustellen. Um Sacchetti gerecht zu werden, darf man ihn nicht mit Boccaccio vergleichen, sondern man muß ihn vielmehr im Gegensatz zu Boccaccio sehen. Sacchettis Kunst ist anders als die Boccaccios, anspruchsloser, aber auch ausruhender, erholsamer und dennoch Kunst.

6. Chroniken

Schon im 13. Jahrhundert hatte man begonnen, für die Niederschrift von chronikartigen Berichten und Aufzeichnungen sich der Muttersprache, des Volgare, zu bedienen. Dies wurde im 14. Jahrhundert erst recht üblich, nachdem das Volgare, besonders das Florentinische, in zunehmendem Maße an Ansehen gewann. Die bedeutendsten Chroniken werden nun in der Toskana verfaßt. Hier regte sich ja am stärksten das bürgerliche Selbstbewußtsein. Die hervorragendsten Chroniken der Zeit stammen aus der Feder von Männern, die politisch eine wichtige Rolle in ihrer Heimatstadt gespielt haben. Zwei Werke verdienen hervorgehoben zu werden, die Chronik Dino Compagnis und die des Giovanni Villani.

Dino Compagni ist kurz vor 1260 in Florenz geboren. Die Familie gehörte der Zunft der Seidenweber an (‹Arte della Seta›) und hing der Partei der Guelfen an. Dino hatte sechsmal das Amt eines «Console» seiner Zunft inne (zwischen 1282 und 1289). Er war «Priore» im Jahre 1289 während des Krieges mit Arezzo, der mit dem Sieg der Florentiner bei Campaldino endete. Im Jahr 1293 war er «gonfaloniere di giustizia»; in seine Amtszeit fällt der Friedenschluß mit Pisa, der Florenz die Vorherrschaft in der Toskana sicherte. Dino war ein Vorkämpfer der demokratischen Reform des Florentiner Staatswesens im Jahr 1282 und stand Giano della Bella bei, als dieser 1293 durch seine «Ordinamenti di giustizia» die Stellung der kleineren Zünfte festigte. Dino widersetzte sich auch den Bemühungen Bonifaz VIII., die reichen und mächtigen Vertreter der großen Zünfte, der «Arti maggiori», wieder an die Macht zu bringen. Nach dem Sturz des Giano della Bella (1295) und der Spaltung der Guelfen in die Partei der Schwarzen, der ‹Neri›, und die der Weißen, der «Bianchi», gelangten die «Neri» am 5. November 1301 zur Macht, wodurch die Oligarchie der Magnaten der «Arti Maggiori» besiegelt wurde. Dino Compagni, der ebenso wie Dante Alighieri zur Partei der Weißen gehörte, entging dem Schicksal Dantes; er wurde nicht verbannt, lebte aber fortan zurückgezogen in Florenz, ohne sich wieder am politischen Leben zu beteiligen. In Florenz ist er 1324 gestorben. In der Zurückgezogenheit schrieb er seine «Cronica delle cose occorrenti ne' tempi suoi», die Chronik der Dinge, die sich zu seiner Zeit zugetragen haben.

Die Bezeichnung «Cronica», die Compagni seinen Aufzeichnungen gab, bedeutet in der Tat «Aufzeichnung von Begebenheiten». Aber die Chronik Dinos ist nicht allein das. Sie fällt aus dem üblichen Schema der Chronik heraus. Dino schrieb, was man heute als Memoiren bezeichnet. Es ist eine in sich geschlossene Schrift, die nicht einer Ergänzung bedarf und zu der nicht ein beliebiger Nachfolger eine Fortsetzung schreiben konnte und sollte; allein schon dadurch keine Chronik in der herkömmlichen Art. Seine Chronik ist zugleich eine Kampf- und eine Verteidigungsschrift, eine Rechtfertigung des eigenen Tuns und ein Angriff auf die Gegner. Sie schließt mit der Androhung der nahen Strafe (in Gestalt Kaiser Heinrichs VII.). Der leidenschaftlich anklagende Ton und die scharfe Kritik an der herrschenden Partei erklären, daß die Handschrift in der Zeit der Herrschaft der Neri vom Autor und seinen Erben versteckt gehalten wurde. Das Original ist nicht auf uns gekommen, sondern nur eine Abschrift aus dem 15. Jahrhundert. Diese wurde im 18. Jahrhundert aufgefunden und von Muratori in seinen «Rerum italicarum scriptores» (1726) veröffentlicht. Im 19. Jahrhundert wurde die Echtheit angezweifelt, nachgewiesenermaßen (I. Del Lungo, 1879) zu Unrecht.

Dem heutigen Leser ist die Chronik Compagnis von besonderem Wert, weil mit ihr ein Leidens- und Gesinnungsgenosse Dantes zu Worte kommt. Es hieße jedoch ihren Eigenwert verkennen, wollte man sie nur als einen Kommentar zur Göttlichen Komödie verstehen. Compagnis Chronik genießt in Italien eine große Wertschätzung. Wegen ihres kraftvollen Ausdrucks und der Lebendigkeit der Darstellung gilt sie als die beste Leistung der italienischen Geschichtsschreibung des Mittelalters.

Nimmt Compagnis Chronik im Rahmen der mittelalterlichen Chronikenliteratur eine Sonderstellung ein, so fügt sich die Chronik Giovanni Villanis nach Angabe und Absicht ohne weiteres ihr ein. Überdies trennt nahezu ein halbes Jahrhundert die beiden Werke sowie die ganz andere Geistesart der Verfasser. Giovanni Villani gehörte zu der florentinischen Führungsschicht, die durch ihre Geldgeschäfte die politischen Geschicke Europas bestimmte, sich ihrer Bedeutung und Verantwortung voll bewußt war. Dies prägt sich auch in Villanis Werk aus. Er verfaßt es in der Absicht, seinen Mitbürgern nützliche Kenntnisse von der Welt zu vermitteln, in der sie zum Handeln aufgerufen sind, um sie damit vor Irrtümern zu bewahren. Das Publikum, an das er sich richtet, sind die Männer in leitender Stellung. Villani ging aus jenen Kreisen hervor, die mit dem Sturz der Bianchi zur Macht gelangten. Er ist zwischen 1274 und 1276 zu Florenz geboren. Er stand zunächst im Dienst der Bank der Peruzzi, für die er viele Reisen unternahm. Von 1308 an blieb er in Florenz, bekleidete hohe Ämter (mehrmals war er Priore) und spielte in den Staatsgeschäften eine nicht unwichtige Rolle. Beim Zusammenbruch der Bank der Bardi wurde er in Mitleidenschaft gezogen, war kurz in Schuldhaft. Im Jahre 1348 wurde er ein Opfer der großen Pest.

Villanis Chronik folgt äußerlich dem Schema der Weltchronik. Er beginnt beim Turmbau zu Babel, aber nur um zu berichten, daß Atalante, ein Nachkomme Giafets, des Sohnes Noah, die erste Stadt in Europa gründete, nämlich Fiesole, aus der Florenz hervorging. Die Geschichte Trojas, des Eneas und der Gründung Roms dient nur dem Nachweis, daß Florenz nach der Zerstörung Fiesoles von Caesar gegründet wurde und damit berufen war, die Rolle Roms zu übernehmen. Das ist Inhalt und Sinn des ersten Buches. Dem Anschein nach eine kritiklose Geschichtsklitterung nach dem Muster der pseudohistorischen Romane antiken Inhalts, in Wirklichkeit nicht nur Ausdruck der Heimatliebe und des Heimatstolzes, sondern auch aus der Betrachtung der realen Machtverhältnisse erwachsen. Daß Florenz tatsächlich die Nachfolge Roms angetreten habe, war damals eine durchaus nicht unberechtigte Vorstellung. Der Anblick der Trümmer Roms, die Villani im Jubiläumsjahr 1300 mit eigenen Augen gesehen hatte, hatte ihm überhaupt den Gedanken eingegeben, die Geschichte seiner aufstrebenden Heimatstadt zu schreiben. Sein Werk umfaßt zehn «Bücher». Die ersten acht bilden etwa ein Drittel, die letzten vier zwei Drittel des Ganzen. Im achten Buch gelangt Villani zu den Dingen, die er selber miterlebt hat; die letzte Eintragung datiert vom 11. April 1348.

Villani war bemüht, seine Leser möglichst vielseitig und möglichst genau zu unterrichten. Das von ihm zusammengetragene Material ist ungeheuer. Er benützt alle ihm zugänglichen literarischen Quellen, vorweg die antiken: Livius, Sallust, Valerius Maximus und andere; ferner die älteren florentinischen Chroniken, darunter auch die Chronik des Ricordano Malispini, die er nicht, wie man gemeint hat, einfach nur plagiiert, sondern überarbeitet.

Doch schöpft Villani nicht allein aus literarischen Quellen. Er benützt die Akten, in die er als Beamter der Stadt Florenz Einblick hatte. Er wendet sich an Augenzeugen um Auskunft. Er prüft sein Material; er korrigiert oder ergänzt fehlerhafte oder unvollständige Angaben. Er verwendet zwar auch die bretonischen Romane und die sagenhaften Romane von der Gründung Roms. Aber er ist nicht naiv. Zur Sage steht er kritisch. Er erzählt, Romulus und Remus seien die Söhne des Mars, «so wie die Vestalin Rea angab und die Dichter erzählen», aber, fügt er hinzu,: «oder wohl eher die Söhne des Priesters des Mars» (I,25).

Außer durch Reichtum des Stoffes und Genauigkeit der Information zeichnet sich das Werk Villanis durch den nüchternen Vortrag aus. Damit Hand in Hand geht die Sachlichkeit des Urteils. Seine Unvoreingenommenheit kann man an den Ausführungen über Dante ermessen. Zunächst zeigt er sich über den Dichter bestens unterrichtet; er gibt einen kurzen Lebensabriß und zählt in der richtigen chronologischen Reihenfolge alle Werke auf. Er erkennt auch Dantes ungewöhnliche geistige Leistung; er bewundert den großen Dichter und Gelehrten, doch verschweigt er auch nicht die Schattenseiten von Dantes Charakter, seine Überheblichkeit und Anmaßung. Dantes Ausfälligkeiten gegen Florenz tadelt er und weiß sie doch auch gleichzeitig verständnisvoll zu entschuldigen: «Freilich gefiel es ihm in jener Commedia zu schelten und zu eifern nach der Art der Dichter, wohl gar mehr als es sich geziemte: vielleicht rührt das jedoch daher, daß er in der Verbannung lebte.»

Villanis Weltbild ist noch durchaus mittelalterlich. In der Geschichte sieht er das Walten der göttlichen Vorsehung. Aber er ist nicht wundergläubig, und er ist nicht asketisch, weltverneinend. Was seine Chronik von denen der Vorgänger wesentlich unterscheidet, ist die ausführliche Behandlung der äußeren Umstände, der realen Gegebenheiten, die den historischen Ablauf und die politischen Entscheidungen bedingen. Mit großer Sorgfalt schildert er die Entwicklung der Verfassung von Florenz. Ausführlich stellt er die wirtschaftlichen Verhältnisse dar; berühmt ist seine Schilderung von Florenz, in die er auch statistisches Material über Bevölkerungszahl, staatliche Einnahmen u. a. einarbeitet.

Die Chronik Giovanni Villanis kam in Umlauf, noch ehe sie vollendet war. Sie besaß in ihren neueren Teilen Aktualitätswert. Wie eine Reportage mußte der Bericht über die Anfänge des hundertjährigen Krieges in Frankreich wirken.

Nach dem Tode Giovannis gab der Chronik eine Fortsetzung sein Bruder Matteo, der seiner Erzählweise einen gehobenen, literarischen, rhetorisch schmuckvolleren Anstrich gab und dadurch an Ausdruckkraft einbüßte. Nachdem auch Matteo an der Pest des Jahres 1363 gestorben war, führte dessen Sohn Filippo (ca. 1325 – nach 1404) das Werk bis zum Jahre 1364 weiter.

Außer der Chronik Villanis sind in Florenz weitere Chroniken verfaßt worden, private Aufzeichnungen, nicht für ein großes Publikum bestimmte Werke. Ein ungenannt Gebliebener führte ein Tagebuch über den «Tumulto dei Ciompi» (1378). Ein Mann von ähnlicher sozialer Stellung wie Giovanni Villani und der ebenso wie dieser mehrere staatliche Ämter bekleidete, Marchionne di Coppo di Stefano Buonaiuti (1336–1385), schrieb eine «Cronica fiorentina» von der Erschaffung der Welt an, wobei er zunächst Villani ausschlachtete; er führte dessen Bericht bis zum Jahre 1385 fort. Anderen Charakter haben die Aufzeichnungen des Donato Velluti (1313–1370). Seine «Cronica domestica» ist eine Familienchronik, für seine Söhne und Enkel geschrieben. In die Geschichte seines Lebens flicht er den Bericht über die Zeitereignisse ein, in die er als Beamter der Stadt Florenz Einblick gehabt hatte. Für den heutigen Leser liegt das Interesse an der Schilderung des häuslichen Lebens der Zeit.

Außerhalb von Florenz schrieb eine Chronik von Pistoia für die

Jahre 1300–1346 ein Unbekannter. Giovanni Sercambi schrieb seine Chronik von Lucca. Völlig anders geartet als diese in Prosa verfaßten Chroniken, deren Verfasser der selbstbewußten florentiner und toskanischen Beamtenschicht angehören, ist die ganz volkstümliche, im bänkelsängerischen altertümlichen Versmaß assonierender Alexandrinervierzeiler in der Mundart abgefaßte «Cronica aquilana» des Buccio di Ranallo (gest. 1363). Auch in anderen Teilen Italiens werden Chroniken in der Mundart niedergeschrieben. Unter diesen verdient, nicht nur wegen ihres Bezugs zu Petrarca, sondern auch als Ausdruck der Romideologie jener Zeit Erwähnung die in römischer Stadtmundart aufgezeichnete «Vita di Cola di Rienzo».

7. Erbauungsschriften und erbauliche Dichtung

Das religiöse Schrifttum des Trecento ist nahezu unübersehbar: Predigten, Briefe als Ausdruck der Frömmigkeit oder als Schriften zur Bekehrung und zur Ermahnung des Empfängers, Heiligenleben, Marienlegenden, Wundergeschichten, Abhandlungen asketischen Inhalts, Sammlungen von exemplarischen Geschichten, die zum frommen Lebenswandel ermahnen sollen, dazu Legenden in Versen, die Lauden der Laienbruderschaften und die ersten Ansätze eines kirchlichen Schauspiels, die ersten «rappresentazioni sacre» – allein schon die Aufzählung der verschiedenen Gattungen dieses Schrifttums vermag eine Vorstellung von dessen Umfang und Bedeutung zu geben.

Die literarischen Gattungen sind für diese Literatur nach wie vor dieselben wie zuvor; an neuen haben sich nur hinzugesellt die speziell toskanische Verwendung der Bänkelsängeroktave für die Heiligenlegende und das außerhalb der Toskana aufkommende religiöse Drama. Ansonsten sind es die Gattungen, wie sie schon im lateinischen Schrifttum des Mittelalters sich ausgebildet hatten. Der überwiegende Teil des vulgärsprachlichen Schrifttums des Trecento schöpft aus lateinischen Quellen, besteht aus Nacherzählung, Umarbeitung, Kürzung oder Erweiterung lateinischer Vorlagen; ein großer Teil ist schlechthin bloße Übersetzung, freilich meist popularisierende. Die außerordentlich rege Übersetzertätigkeit ist ein Zeichen der Verbürgerlichung, Laizisierung (nicht Säkularisierung) der religiösen Bildung. Eine breite Leserschaft, der ein umfangreiches profanes Schrifttum in der Sprache des Volkes geboten wird, verlangt auch das fromme Schriftwerk lesen zu können. Diesem Bedürfnis kommen die Lateinkundigen entgegen. Aus ihrer Feder fließt die Flut vulgarsprachlichen frommen Schrifttums für die Laien. Das erklärt das volkstümliche Gepräge dieser ganzen Literatur – zwar von Lateinkundigen geschrieben, aber für das Volk, ohne den Wunsch oder den Anspruch, kunstmäßig zu schreiben, ebenso fern den Künsten der mittelalterlichen Rhetorik wie der neuen vulgärsprachlichen Dichtung entrückt, sie gar nicht kennend oder ignorierend, in der schlichten, aber auch saftigen und pittoresken Ausdrucksweise des Volkes. Dies verhindert freilich nicht, daß hie und da die rhetorische Bildung durchschlägt oder der Einfluß der italienischen Kunstdichtung sich bemerkbar macht. Der Mittelpunkt dieser Vulgarisierungstätigkeit ist die Toskana, ohnehin das geistige Zentrum Italiens in dieser Zeit; toskanisch, volkstoskanisch ist dieses Schrifttum. Daher bildete es das Entzücken der Puristen, der Sprachreiniger des 19. Jahrhunderts, die hier die echteste italienische Sprache zu finden glaubten und diese Schriften als ‹testi di lingua› veröffentlichten. Aufschlußreich für die Absicht sind die Titel: «Rime e prose del buon secolo della lingua», herausgegeben von T. Bini, Lucca 1852; «Collezione di leggende inedite scritte nel buon secolo della lingua toscana», herausgegeben von F. Zambrini, Bologna 1855. Den Puristen galt die Sprache des toskanischen Trecento als mustergültig.

Unter den Übersetzungen vorweg zu nennen sind die des Alten und Neuen Testaments durch verschiedene anonyme Autoren; sie fanden in vielen Handschriften Verbreitung. Eine Zusammenfassung dieser verschiedenen Übersetzungen wurde 1471 in Venedig von Nikolaus Janson gedruckt. Die Übersetzungen gehen, nach ihrer Sprachgestalt zu schließen, auf das 14. Jahrhundert zurück. Ins Volgare übertragen wurden auch die apokryphen Evangelien, Teile der Liturgie sowie die Kirchenväter: Johannes Chrysostomus, Gregor der Große, – aber auch die Theologen des Mittelalters: die «Meditationes Sancti Augustini» des Johannes von Fécamp, die Gebete an die Hl. Jungfrau des hl. Anselm von Canterbury, die «Epistola ad fratres de Monte Dei», der «Tractatus de vita solitaria» des Wilhelm von Saint-Thierry, die Briefe des hl. Bernhard von Clairvaux, ferner die Schriften italienischer Kirchenlehrer: das «Speculum vitae spiritualis» des hl. Bonaventura von Bagnorea. Einer besonderen Beliebtheit erfreuten sich die Legenden: jetzt wurde die «Legenda aurea» des Giacomo da Varazze ins Volgare übertragen; ein sonst unbekannter Duccio di Gano aus Pisa legte eine Sammlung von insgesamt zweihundertdreißig Marienlegenden an, die in zwei Handschriften erhalten ist: «I miracoli della gloriosa Vergine Maria». Eine andere Sammlung von fünfzig Marienwundern stellte nach 1331 ein Unbekannter im venetischen Dialekt zusammen.

Die Übersetzer sind meist bekannt. Mehr Bearbeiter als Übersetzer ist der Dominikanerpater Domenico Cavalca aus Pisa (geb. um 1270, gest. 1342). In seiner Heimatstadt lehrte er Theologie. Sein Ruhm gründet sich auf die freie Bearbeitung der «Vitae patrum», die «Vite dei Santi Padri». Dieses Werk ist von jeher von allen Freunden des volkstümlichen, unverfälschten Toskanischen sehr hoch geschätzt worden. Zu Anfang des 19. Jahrhunderts verstieg sich der Purist Pietro Giordani zu der Behauptung, Cavalca sei der «Vater der italienischen Prosa», historisch gesehen freilich ein falsches Urteil. Immerhin haben noch Dichter wie Carducci und D'Annunzio seine Sprache bewundert. Doch war es nicht allein die Reinheit der Sprache, die Cavalca anziehend machte, sondern auch die Naivität seiner Erzählweise und die Märchenstimmung seiner Geschichten, wodurch die trockene Lehrhaftigkeit mitunter durchbrochen wird.

Ein anderer Dominikaner, Jacopo Passavanti (geb. Florenz 1302, gest. 1357), ist Cavalca als Erzähler überlegen. Passavanti studierte in Paris, lehrte dann Philosophie und Theologie in Pisa, Siena und Rom; er bekleidete das Amt eines Priors in Pistoia, San Miniato al Tedesco sowie von S. Maria Novella in Florenz; schließlich stieg er zum Generalvikar seines Ordens für die Lombardei auf. Passavanti war ein berühmter Prediger. Nicht unmittelbar für das Laienvolk der Gläubigen, aber für diejenigen, die zu ihm sprechen wollten, für Mönche und Priester, schrieb er seinen «Specchio della vera penitenza», eine «summa», eine Zusammenstellung seiner Fastenpredigten, vor allem derer, die er 1354 in der Kirche S. Maria Novella in Florenz gehalten hatte. Er behandelt in fünf Abschnitten die Fragen, was die Buße sei, was zu ihr hinführe, wie sie beschaffen sein müsse. Passavantis literarischer Ruhm beruht im wesentlichen auf den erzählenden Partien, den eingelegten

Exempla. Er versteht sich darauf, lebendig und anschaulich zu erzählen; er gibt das charakteristische Detail; er zeichnet in knappen Worten einen Charakter; er weiß die Beweggründe der handelnden Personen aufzuzeigen; er weiß einen Dialog zu gestalten. Unter allen religiösen Erzählern der Zeit ist er der dichterisch begabteste. Kennzeichnend für den Grundton von Passavantis Exempelsammlung ist ein tiefer Pessimismus hinsichtlich der Natur des Menschen; alles malt er schwarz in schwarz; er erzählt nur von Sünden und Missetaten; am längsten verweilt er bei den Strafen und Bußen. Er schildert das Grausige und Abschreckende im Gegensatz zu Cavalca, der das Erbauliche bevorzugt und die Geschichten, die den Weg ins Paradies weisen.

Unter der Exempla-Literatur nicht nur des 14. Jahrhunderts, sondern des ganzen Mittelalters nimmt ein Werk einen besonderen Platz ein; das sind die «Blümlein des Heiligen Franz von Assisi», «I fioretti del glorioso messere santo Francesco e de' suoi frati». Dieses Büchlein hat nicht nur die Exempla eines Passavanti und eines Cavalca, seiner Zeitgenossen, überlebt; es hat den Umbruch vom Mittelalter zur Renaissance überdauert und schließlich im 19. Jahrhundert einen neuen Kreis glühender Bewunderer gefunden.

Die «Fioretti» ragen aus einem umfangreichen Schrifttum hervor, das sich um den Heiligen gerankt hatte. Auf die lateinischen Biographien des Heiligen aus dem 13. Jahrhundert folgen weitere im 14. Jahrhundert, davon rund ein Dutzend in lateinischer Sprache, die die Geschichte des Ordens, die Person des Heiligen und den Sinngehalt seiner Lehre behandeln. Bereits von dem Beginn des Jahrhunderts an werden einige dieser Schriften ins Italienische übersetzt, einige unmittelbar in italienischer Sprache verfaßt, so die «Considerazioni delle gloriose stimmate del beato padre nostro messer santo Francesco». Andere italienische Schriften über die Weggenossen des hl. Franz gehen auf lateinische Vorlagen zurück, wie «La Vita del beato frate Egidio», «La vita di frate Ginepro» u. a.

In den breiten Strom dieses franziskanischen Schrifttums gehört das Buch von den «Blümlein des Heiligen Franz». Sie sind aus dem Lateinischen übersetzt, etwa zwischen 1370 und 1390; als Vorlage diente das «Floretum Sancti Francisci assisiensis» (1328) des Ugolino di Montegiorgio. Der historische Quellenwert ist gering; manche Tatsachen fehlen oder sind falsch; einigen Stellen ist sogar eine polemische Absicht anzumerken. Aber dem Kompilator lag nichts ferner als ein Geschichtsbuch. Es ging ihm vielmehr darum zu zeigen, wie in der Person des Heiligen und seiner zwölf Jünger das Leben Jesu nachgebildet wurde. Dies sagt er ausdrücklich im ersten Satz seines Vorworts: ‹In prima è da considerare che il glorioso messere santo Francesco in tutti gli atti della vita sua fu conformato a Christo›. Die nachfolgenden zweiundfünfzig Erzählungen liefern je ein Beispiel für diese Übereinstimmung mit Christus; alle schließen mit der Anrufung oder der Lobpreisung Christi. Der innere Zusammenhalt und die Einheit des Buches sind gegeben durch die im Mittelpunkt stehende Person des Heiligen und den stets gegebenen Bezug zur Gestalt Jesu. Die Erzählungen stehen jede für sich, locker dem chronologischen Ablauf des Heiligenlebens folgend, ohne Beziehung zueinander, jede für sich lesbar und auch jede für sich zu lesen, kurz ein «floretum», ein Blumengarten, «fioretti», einzelne «Blümlein», d. h. eine Sammlung von beispielhaften Geschichten, Exempla, im Sinne der anderen Exempelsammlungen, denen man den Titel «Fiore di . . .» gegeben hatte. Die Verkleinerungsform «fioretti» bedeutet wohl kaum, daß es sich um kurze Geschichten handelt, denn es sind durchaus nicht alle kurz, sondern eher, daß sie in das bescheidenere Gewand der Volkssprache gekleidet sich darbieten. Der Kompilator dachte gewiß nicht an Leser, die alle Geschichten hintereinander weglesen würden.

Die «Blümlein» sind ein Erbauungsbuch, nicht als literarisches Kunstwerk angelegt und auch nicht als solches zu werten. Dennoch besitzt es einen gewissen poetischen Reiz durch die Schlichtheit der Erzählweise, die köstliche altertümliche Sprache, die Einfachheit der kurzen aneinander gereihten Sätze; märchenhaft ist auch die Gesamtstimmung des Werkes – ja diese verleiht ihm eine tiefere Einheit als nur formale Mittel es vermöchten; es ist eine Zauber- und Märchenwelt, in der die Engel zu den Irdischen niedersteigen, um mit ihnen Zwiesprache zu halten; es ist eine Welt, in der auch die Tiere reden und mit den Menschen Umgang haben; eine Märchenwelt, die offen ist zum Jenseits hin, aber auch geöffnet für die stumme Kreatur.

Es ist nicht die Welt der Sünde, der Gewalttat und der grausamen Strafgerichte, wie die Passavantis. Hier atmet alles Güte und Frieden. Der unbekannte Mönch, dem wir die Fassung des «Floretum» in der Volkssprache verdanken, erzählt von Heiligen, von heiligmäßigen Personen und von der wundervollen Bekehrung der

Sünder zum frommen, seligmachenden Leben. Der Erzähler ruft dazu auf, dem Vorbild zu folgen: er lehrt Demut, Gehorsam, Nächstenliebe und die Caritas, in die auch die Tiere, alle Geschöpfe Gottes, einbezogen sind. Er predigt fernerhin Armut, Bescheidenheit, Bedürfnislosigkeit. Er freut sich an den kleinen, unscheinbaren Dingen ebenso sehr wie an der Schöpfung im Großen. Diese Freude drückt er in einer fast kindlichen Sprache aus; kosend, ja verniedlichend hängt er an die Worte Verkleinerungssilben an: auch der Heilige selbst ist ‹il poverello di Cristo›. Kein anderes von den vielen Werken des franziskanischen Schrifttums hat in solcher Vollkommenheit den Geist der Lehre des hl. Franziskus einzufangen verstanden, kein anderes vermag besser eine Vorstellung davon zu geben, mit welchen Augen die Zeitgenossen den Heiligen von Assisi sahen und was er ihnen bedeutete. Es ist das Epos der franziskanischen Lebensweise.

Die «Fioretti» haben im 19. Jahrhundert einen weiten Leserkreis gefunden, auch außerhalb Italiens, nicht nur bei katholischen Lesern, auch bei Protestanten. Die Ausgabe der «Fioretti», die A. Cesari 1822 in Verona besorgte, war freilich noch eher dem italienischen Purismus und der Sprachreinigerei zuzuschreiben gewesen. Doch sind die bald folgenden Ausgaben der späteren Zeit getragen von einem neu erwachten Interesse an der Person des hl. Franz, ein Interesse, das in der Religiosität der Romantik wurzelt. Der Bahnbrecher dieser neuen Franziskusverehrung war Frédéric Ozanam mit seinem Buch: «Poètes franciscains en Italie au XIIIe siècle» (1852). Neue Nahrung fand die Franziskusverehrung durch die Begeisterung für die italienische Kunst der Renaissance; wegbereitend war das Buch des deutschen Kunsthistorikers Henry Thode: «Franz von Assisi und die Anfänge der Kunst der Renaissance» (1885). Erneuten Antrieb gab der theologischen und historischen Forschung die Franziskusbiographie des Protestanten Paul Sabatier «Vie de Saint François», Paris 1893, das 1894 auf den Index gesetzt wurde.

Vom gleichen Geiste wie die «Fioretti» erfüllt sind andere Schriften, die vom Leben der Jünger des hl. Franz erzählen. In einer etwas anderen Tonart ist die «Vita di frate Ginepro» gehalten. Humorvoll, aber mit gütiger Nachsicht wird von dem frommen Tun des einfältigen Tölpels Fra Ginepro berichtet, einem tumben Toren der Heiligkeit, vergleichbar Boccaccios Calandrino.

Zum geistigen Bilde des Trecento, wenn auch nicht unbedingt

zur Dichtung des Trecento, gehören die ohne jegliche literarische Absicht, rein für die praktische Wirkung bestimmten, beratenden und zur Tat aufrufenden Briefe der beiden aus dem Siena Duccios und Simone Martinis stammenden Mystiker, des seligen Giovanni Colombini und der heiligen Caterina Benincasa. Das mystische Feuer und der leidenschaftliche Erneuerungswille, die in den «disciplinati» Umbriens und im Heiligen von Assisi gelodert hatten, brannten im 14. Jahrhundert weiter und fanden neuen Ausdruck in den beiden Senesen. Die sanftere Natur war Giovanni Colombini (1304–1367). Wie Franz von Assisi stammte er aus begütertem Hause. Im Jahre 1355 entsagte er dem weltlichen Leben, zog predigend durch die Lande, scharte einen Kreis Gleichgesinnter um sich, aus dem die Laienbruderschaft der Gesuati, der Jesuaten, hervorging. Colombinis literarische Hinterlassenschaft besteht aus Lauden und Briefen an Freunde sowie an die Nonnen des Klosters S. Bonda. Darin rief er zur Weltflucht auf, lehrte Demut, Opferbereitschaft und pries die engelgleiche Armut, die «angelica Povertà».

Von der Sanftheit und Milde der Briefe Colombinis unterscheiden sich die Briefe der hl. Katharina von Siena durch ihre kraftvolle Energie und ihren ganz persönlichen Stil. Caterina wurde 1347 im Stadtviertel Fontebranda als das vierundzwanzigste Kind des Färbermeisters Jacopo Benincasa geboren. Mit fünfzehn Jahren trat sie, 1362, in den Tertiarierorden der Dominikanerinnen ein und wandte sich der Armen- und Krankenpflege zu. Nach einer Vision, die sie im Jahre 1370 hatte, begann sie sich mit politischen Fragen zu befassen. Sie erregte damit das Mißtrauen ihrer Oberin, wurde jedoch 1374 von jedem Verdacht der Ketzerei freigesprochen. Von da an begann ihre vielfältige politische Tätigkeit. Ihr höchstes Anliegen war die Herstellung des Friedens in den Familien, in den Städten, im Bereich der Kirche, unter den Staaten. Die Reform des Klerus, die Rückkehr des Papstes aus der ‹babylonischen Gefangenschaft› in Avignon, die Vermeidung des Schismas, die politische Befreiung Italiens waren die Ziele, die sie zwischen 1370 und 1380 in ihren etwa dreihundertachtzig Briefen an Fürsten und Päpste auf ihren Reisen, die sie nach Avignon, Rom, Florenz führten, verfocht. Während ihrer Bemühungen, Urban VIII. mit den Florentinern auszusöhnen, starb sie in Rom, wohin sie auf Bitten des Papstes gereist war, im Jahre 1380.

Auch um die hl. Katharina rankte sich bald ein Kranz von lateinisch geschriebenen, dann ins Italienische übersetzten, oder gleich italienisch geschriebenen Legendensammlungen, Viten und Memoirenwerken. Der erste Druck der Briefe (nur einunddreißig) erschien 1492 in Bologna, der zweite, nahezu vollständige, im Jahr 1500 in Venedig. Von der Volkstümlichkeit der Heiligen zeugen die vielen Darstellungen in der bildenden Kunst. Für die italienische Literatur, vor allem aber für das italienische Nationalgefühl wurde die hl. Katharina von Siena in der Zeit der Romantik und des Risorgimento entdeckt. Niccolò Tommaseo sang das Lob der großen Heiligen, der großen Italienerin, der großen Patriotin. Ihm erschien sie auch als große Schriftstellerin, ein Urteil das heute nicht mehr uneingeschränkt Zustimmung findet. Zu ihrer Bekanntheit außerhalb Italiens hat zweifelsohne die Begeisterung für die italienische Kunst der Renaissance beigetragen, die die Aufmerksamkeit auf die italienischen Mystiker lenkte; davon zeugen die Werke Émile Gebhardts (Moines et Papes, Paris 1896, u. a.). Merkwürdigerweise haben die pedantischen Puristen des 18. und 19. Jahrhunderts, die sonst so für die Sprache des Trecento schwärmten, die Briefe Katharinas nicht zu den Mustern italienischen Sprachgebrauchs, zu den ‹testi di lingua›, gezählt. Dazu war ihnen der mundartliche, senesische Einschlag zu stark.

Im Vergleich zur Erbauungsliteratur in Prosa spielt die Versdichtung eine untergeordnete Rolle. Nach wie vor findet die Frömmigkeit des einfachen Volkes ihren Ausdruck in den Lauden, die für die Laienbruderschaften verfaßt werden. Kein Dichter ragt so hervor wie Jacopone da Todi unter den Umbrern des 13. Jahrhunderts. Der bedeutendste von ihnen stammt aus Siena, das ja der Mittelpunkt der toskanischen Mystik des 14. Jahrhunderts ist, Giovanni Colombini.

Außerhalb der Toskana wird die Laudendichtung weiterhin gepflegt, macht aber eine wesentliche Wandlung durch. In Umbrien um die Wende zum 14. Jahrhundert sowie in der Stadt Aquila in den Abruzzen beginnt man Lauden in Dialogform zu verfassen und geht dazu über, sie mit verteilten Rollen zu singen und zu spielen. Die metrische Form ist der erzählenden religiösen Dichtung entlehnt: für die Stücke mit gutem Ausgang die ‹ballata maggiore›, für die Stücke tragischen Inhalts die sechszeilige Strophe aus Achtsilblern. In den Abruzzen ging man eigene Wege, unbeeinflußt von den Umbrern; hier wählte man zuerst den Vierzeiler aus einreimigen Zehnsilblern mit Mittelzäsur, später den Sechszeiler aus Elfsilblern. Erst gegen Ende des Jahrhunderts ging man auch in der Toskana zum religiösen Drama, zum ‹dramma sacro›, über und verwendete die inzwischen dort in Mode gekommene Bänkelsängerstrophe, die Ottavarima. Wiederum wurde Siena führend. Von dort stammen drei Lauden über das Leiden Christi. Verfasser sind zwei Geistliche aus dem Freundeskreis der hl. Katharina.

Kleriker waren auch die dem Namen nach nicht bekannten Verfasser der geistlichen Spiele, der «drammi sacri». Gegenstand der Darstellung waren Geburt und Leidensweg Christi, das jüngste Gericht, das Leben eines Heiligen (z. B. Johannes des Täufers, des hl. Martin von Tours, des hl. Dominicus; des hl. Franz von Assisi) oder ein Wunder, wie z. B. das Wunder von Bolsena, (das Raffael später als Thema für die Stanzen des Vatikans wählte). Es ist schlichte Volkskunst mit naiver Schwarz-Weiß-Malerei in der Charakterzeichnung. Auch im szenischen Aufwand bescheiden und von einfacher Handlung bildeten diese Stücke den Auftakt zu der Entfaltung der «rappresentazione sacra», den Mysterienspielen des 15. Jahrhunderts, zu denen schon die komplexeren Stücke aus den Abruzzen überleiteten. Sie bildeten jeweils das Repertoire einer bestimmten Bruderschaft. Für diese wurden die Sammelhandschriften der Lauden, die «laudari», angefertigt, in Perugia, Assisi, Gubbio und Orvieto, um nur von den umbrischen die wichtigsten zu nennen.

8. Rückblick und Ausblick. Die Übersetzer lateinischer Klassiker. Coluccio Salutati

Die Literatur des Trecento wird von den drei Großen: Dante, Petrarca, Boccaccio, überschattet. Sie sichern der Dichtung in der Vulgärsprache eine Stellung, die, man sollte meinen, unbestritten bleiben sollte. In ihrem Schaffen vollzieht sich alles, was an geistiger Entwicklung in der Zeitspanne bis zu ihrem Tode für die italienische Kultur wesentlich ist. Dennoch darf das Trecento nicht allzu ausschließlich nur im Hinblick auf die drei Großen betrachtet werden. Schaut man um sich, so wird man einer ganzen Reihe von interessanten Persönlichkeiten gewahr, deren Werke zwar nicht ersten Ranges sind, aber doch bemerkenswert und für den Geist ihrer Zeit zum mindesten ebenso bezeichnend wie die drei Koryphäen: Man denke an Giovanni Villani, Andrea da Barberino, Antonio Pucci und den anonymen Verfasser der «Fioretti di San Francesco», an Franco Sacchetti, Fazio degli Uberti und die hl. Katharina. Ferner dürfte ein Blick auf das umfangreiche erzählende Schrifttum sowie die Berücksichtigung des bloßen Umfanges und der Verbreitung der erbaulichen Dichtung davor bewahren, in die Literatur des Trecento allzu moderne Züge hineinzutragen, sie zu sehr auf die Erscheinungen hin zu durchforschen, die eine neue Zeit ankündigen. Dies gilt besonders hinsichtlich der Tätigkeit der Übersetzer und der Verehrer des klassischen Altertums.

Daß das klassische Altertum in zunehmendem Maße im Laufe des Trecento in das Blickfeld nicht nur der Literaten trat, ist offenkundig. Es kommt aber auf die Beschaffenheit dieses Interesses an. Es ist zunächst nur die römische Antike, das lateinische Schrifttum, und es sind zunächst die lateinischen Schriftsteller, die schon das ganze Mittelalter hindurch bekannt waren: Vergil und Ovid. Nur daß jetzt mit Eifer daran gegangen wird, sie in der Volkssprache zugänglich zu machen. Arrigo Siminintendi da Prato übersetzt zu Anfang des Jahrhunderts die Metarmorphosen des Ovid; Domenico da Monticchiello übersetzt Ovids «Heroiden»; ihnen folgen andere – vor allem aber wird Ovid von den Bänkelsängern der Cantari ausgeschlachtet und populär gemacht. In der ersten Hälfte des Jahrhunderts übersetzt Ciampolo di Meo degli Ugugieri die «Aeneis», recht getreu und um stilgerechte Wiedergabe bemüht; es ist die beste Übersetzung der Aeneis des ganzen Jahrhunderts; aber sie bleibt nicht die einzige; einige weitere folgen. Doch dem Zeitgeist näher steht Guido da Pisa, der die «Aeneis» zu einem Prosaroman, seinem «Fiore d'Italia», umarbeitet.

Die Menschen des Trecento dürsten nach historischer Unterrichtung: sie schreiben Memoirenwerke und Chroniken. Und nun erwacht das Interesse an Livius, von dem die ersten vier Dekaden übersetzt werden, sowie ein Auszug, vier Reden, «Concioni tratte dalle istorie di Tito Livio». Dahinter steht die sentimentale Schwärmerei für die Größe Roms, wie in Petrarcas «Africa» und dem Abenteuer Cola di Rienzos, aber auch wie bei den Übersetzungen der «Pharsalia» und dem Kopisten der «Fatti dei Cesari». Im Stil sind die Übersetzer der «Dekaden» um die Erhaltung der römischen Gravitas bemüht, ebenso gibt der Verfasser der «Concioni» seinen Perioden eine majestätische Abrundung. Auch Sallust wird übersetzt, von Bartolomeo da San Concordio. Derselbe will die Spruchweisheit der Antike erschließen, aber er wertet sie nicht höher als die der Kirchenväter und Theologen, aus denen er ebenfalls schöpft. Das Verlangen nach Unterrichtung über die Antike läßt die Übersetzer auch die Enzyklopädie eines Petrarca («De viris illustribus») und eines Boccaccio («De claris mulieribus») ins Volgare übertragen. Es stört sie nicht, daß auch hier Mittelalterliches und Antikes vereint sind, ebenso wie in den moralischen Belehrungen von Petrarcas «De remediis utriusque fortunae», das Fra Giovanni da San Miniato, ein Geistlicher, ins Italienische wendet. Eine breite, des Lateins unkundige Leserschicht verlangt nach dem Wissen und der moralischen Belehrung, die die lateinischen Schriften, gleichwie welcher Epoche, enthalten. Boëthius' «De consolatione philosophiae» und der «Arrighetto», die «Elegia» des Arrigo da Settimello, werden ebenfalls übersetzt.

Fortsetzer der mittelalterlichen Bildungstradition sind auch diejenigen, in denen man vor allem die Vorboten und Vorläufer des Humanismus hat sehen wollen. Was sie von den bloßen Übersetzern unterscheidet, die für die Bedürfnisse eines wissensdurstigen, aber lateinunkundigen Publikums tätig sind, ist weniger eine grundsätzlich neue Einstellung zur antiken Literatur als lediglich der Unterschied der Bildungsstufe; ihr Verhältnis ist reflektierter, stärker auch beruflich vorbestimmt. Es sind Juristen, Notare, Grammatiker, Lateinlehrer, die von Berufs wegen sich mit der lateinischen Literatur als Literaten befassen. Es ist dieselbe Bildungsschicht, von der die neue italienische Dichtung geschaffen und getragen wird. Vorläufer Petrarcas hat man in den beiden Paduaner Juristen Lovato Lovati (1241–1309) und Albertino Mussato (1261–1329) sehen wollen. Wenn aber Lovati von der Überlegenheit der lateinischen Dichtung im Vergleich zur Dichtung im Volgare überzeugt ist, so ist das gegenüber der traditionellen mittelalterlichen Einstellung nichts Neues. Wie sollte er auch anders denken zu einer Zeit, da gerade erst Dante die Gleichwertigkeit des Volgare durch sein eigenes Schaffen überzeugend dargetan hatte? Da war doch Dante der Modernere, der sich für das Volgare auch in seinen theoretischen Schriften grundsätzlich eingesetzt hatte. In die Zukunft weisend ist am Werk Lovatis lediglich seine Untersuchung der Metrik von Senecas Tragödien. Albertino Mussato steht in der Thematik seiner historischen Werke, der «Historia

Augusta», die das Leben Heinrichs VII. und seinen Italienzug zum Gegenstand hat, und der Fortsetzung dazu, dem «De gestis Italicorum post mortem Henrici VII», der Absicht Dino Compagnis nahe, nämlich Zeitgeschichte zu schreiben. Für seinen Versuch, die Ereignisse in einen inneren logischen Zusammenhang zu bringen, wird man bei Compagni seine Entsprechung finden. Zeitgeschichte behandelt sein «Eccerinis», der Bericht von den Untaten des Ezzelino und des Alberico da Romano und deren grausigem Ende, thematisch den gleichzeitigen «lamenti» der Bänkelsänger gleichlaufend. In seinen Historien bemüht Albertino sich, Livius nachzuahmen, was ihm nicht gelingt – im übrigen wird Livius auch von anderen übersetzt und mit mehr Erfolg nachgeahmt. Neuartig ist sein Einfall, den «Eccerinis» in die Form einer Seneca'schen Tragödie zu kleiden. Aber der Versuch zeigt, daß ihm für das Wesen der Dramatik Senecas jeder Sinn fehlte. Sein Drama bleibt eine rein äußerliche Nachbildung der Form, eine rhetorische Schulaufgabe. Überdies hatte Mussato sein Drama als eine politische Mahnschrift verfaßt; sie gehört zur moralischen Erbauungsliteratur.

Etwas wirklich Neues in der Einstellung zur antiken Literatur bringen erst Petrarca und Boccaccio. Sie stehen nicht allein. Ein Kreis von Gleichgesinnten umgibt sie; mit Petrarca und Boccaccio stehen diese in Korrespondenz. In ihrem Verhältnis zur Antike unterscheiden sie sich nicht von den beiden Meistern, die auch die führenden Persönlichkeiten sind.

Den Tod Boccaccios beklagt Sacchetti in einer Kanzone mit folgenden Worten:

> Ora è mancata ogni poesia
> E vote son le case di Parnaso . . .

Er sollte in einer Hinsicht Recht behalten; die italienische Poesie sollte auf Jahrzehnte verstummen. Dafür lebte das andere weiter, das in Petrarcas und Boccaccios Werk angelegt war: das Studium der Antike.

Einen Fortsetzer ihres Strebens in dieser Richtung fand das Freundespaar in der Gestalt des Coluccio Salutati (1331–1406). Er war nicht ein bloßer Nachahmer Petrarcas. Aber er steht der Geistesart Petrarcas weit näher als der der Generation, die nach 1400 erst zu Worte kommt und ihren hervorragendsten Vertreter in Poggio findet, mit dem eine neue Geistesepoche anbricht. Mit

Petrarca, Cola di Rienzo, aber auch mit der hl. Katharina von Siena teilte er die Hoffnung auf einen italienischen Staatenbund. Ist er mit seiner Verteidigung der «vita activa» gegen die «vita contemplativa» der Künder einer neuen Lebensauffassung, der Wegbereiter eines neuen Menschenbildes oder verleiht er nicht doch zugleich einem Lebensgefühl Ausdruck, das durchaus das seiner eigenen Altersgenossen war und seine Verwirklichung fand in der Person der hl. Katharina, die ein Tatmensch war und ebenfalls den Primat der Tat verkündete und vorlebte? Ist er mit seiner Schilderung der sündigen Welt als dem Tummelplatz des Teufels in seiner Schrift «De seculo et religione» nicht auch ein Geistesverwandter Passavantis? Er war dies und mehr.

Bibliographischer Hinweis

Puppo, Mario, Manuale critico-bibliografico per lo studio della letteratura italiana. Torino, SEI, 12ª ediz. completamente rinnovata, 1972 u. ö.
(Für Studenten; verzeichnet Bibliographien, Zeitschriften, Textsammlungen, Klassikerausgaben, Anthologien, Literaturgeschichten mit kritischen Angaben; in einzelnen Abschnitten werden behandelt methodische Fragen, Epochencharakter, die bedeutendsten Autoren, jeweils mit ausführlicher Sekundärliteratur).

Wittschier, Heinz Willi, Die italienische Literatur. Einführung und Studienführer. München, Goldmann, 1977; 2. Aufl. Tübingen, Niemeyer, 1979.
(Je zur Hälfte Abriß der Literaturgeschichte und Bibliographie; ergänzt Puppo hinsichtlich der nichtitalienischen Forschung)

V. Turri – U. Renda – P. Operti, Dizionario storico-critico della letteratura italiana. Torino, Paravia, 1959 u. ö.
(Autoren in alphabetischer Anordnung, ausführliche Bibliographie; Nachschlagewerk).

Literaturgeschichten:

Momigliano, Attilio, Storia della letteratura italiana dalle origini ai nostri giorni. Messina- Milano, Principato, 1936 u. ö.
(Ohne Bibliographie; als kritisches Werk sehr geschätzt)

Sapegno, Natalino, Compendio di storia della letteratura italiana. Florenz, La Nuova Italia, 1963 u. ö. 3 Bde.
(Ausführliche Bibliographie zu den einzelnen Abschnitten)

De Sanctis, Francesco, Storia della letteratura italiana. Neapel, 1870; neuere Ausgaben: besorgt von B. Croce, Bari, Laterza, 1950; besorgt von N. Gallo, Turin, Einaudi, 1958).

ders. Geschichte der italienischen Literatur, übersetzt von Lili Sertorius, mit Einleitung von F. Schalk. Stuttgart, Kröner, 1941.
(Mit Bibliographie der deutschen Übersetzungen der italienischen Autoren)

Gaspary, Adolf, Geschichte der italienischen Literatur. Straßburg, Trübner, 1885, 2 Bde.
(Ausführlichste deutsche Darstellung, reicht bis zum Ende des 16. Jahrhunderts; immer noch sehr lesenswert)

(Weitere Hinweise auf Literaturgeschichten bei Puppo)

Zur Verslehre und deren Terminologie:

Elwert, W. Theodor, Italienische Metrik. München, Hueber, 1968.
(Italien. Übersetzung: Versificazione italiana dalle origini ai nostri giorni. Firenze, Le Monnier, 1973, ³1979)

NAMENREGISTER